GÉOGRAPHIES DU MONDE
sous la direction de Frank Lestringant
32

Christophe Colomb et la Corse

Ouvrage publié avec le soutien du Centre de recherche interdisciplinaire en sciences de la société (CRISS) de l'Université Polytechnique Hauts-de-France

Nicolas Balutet

Christophe Colomb et la Corse

La « possibilité d'une île » ?

PARIS
CLASSIQUES GARNIER
2021

Nicolas Balutet est docteur en études mexicaines et chercheur en civilisation hispano-américaine au sein du Centre de Recherche Interdisciplinaire en Sciences de la Société (CRISS) dont il codirige l'axe « Identités : cultures, mémoires, valorisation ». Il est actuellement professeur des universités à l'Université Polytechnique Hauts-de-France à Valenciennes.

ISBN 978-2-406-12341-5 (livre broché)
ISBN 978-2-406-12342-2 (livre relié)
ISSN 1279-8428

À Patrick et à ma belle-famille insulaire.

Il existe au milieu du temps
La possibilité d'une île.
Michel HOUELLEBECQ[1].

Éparses, les mises au monde de notre histoire. La destruction éparpille tout : choses, corps, âmes, espaces, temps. Tout est fracassé, fractionné, fragmenté. On ne verra d'abord que les gravats. Tout est déchiré. Tout part, en morceaux épars, à la dérive. Plus rien n'est un. Mais, de ce multiple en éclats, il peut naître aussi quelque chose, pour peu qu'un désir se lève à nouveau, qu'une voix s'élève, qu'un signe soit jeté vers le monde futur, qu'une écriture prenne le relais.
Georges DIDI-HUBERMAN[2].

---

1 M. Houellebecq, *La Possibilité d'une île*, Paris, J'ai lu, 2012, p. 399.

2 G. Didi-Huberman, *Éparses. Voyage dans les papiers du ghetto de Varsovie*, Paris, Les Éditions de Minuit, 2020, p. 157.

INTRODUCTION

La genèse du débat

LA NÉBULEUSE COLOMB

La vie de Christophe Colomb est nimbée de nombreux mystères. L'essayiste Michel Lequenne résume la situation ainsi :

> Si l'on confiait à un ordinateur toutes les données biographiques aléatoires des innombrables histoires de l'amiral de la mer Océane [il s'agit là d'un des titres les plus prestigieux de Colomb], on risquerait fort d'affoler la machine logique. Pas un fait qui ne soit contredit, contesté ; pas une de ses affirmations qui n'ait été taxée de mensonge ; pas un de ses talents qui ne soit nié ; pas une de ses vertus qui ne soit soupçonnée d'hypocrisie[1].

Dans cette nébuleuse, l'origine, l'enfance et la jeunesse du navigateur constituent les points les plus obscurs, ceux qui ont suscité les débats les plus enflammés, les hypothèses les plus fantaisistes et controversées. Depuis la fin du XIXe siècle et la publication de la *Raccolta Colombiana*[2], de volumineux recueils de pièces originales ou présentées comme telles et censées dresser la généalogie du « découvreur[3] » de l'Amérique, l'histoire officielle fait de Christophe Colomb un plébéien de Gênes, tisserand ou marchand. Néanmoins, l'ensemble s'avère très confus pour

1 M. Lequenne, « Christophe Colomb, l'homme et sa pensée », *La découverte de l'Amérique. III. Écrits et documents. 1492-1506*, traduit par S. Estorach et M. Lequenne, Paris, La Découverte, 1991, p. 9.

2 *Raccolta di documenti e studi pubblicati dalla R. Commissione colombiana*, Roma, Ministerio della pubblica istruzione, 1892-1896.

3 Le terme « découvreur » se trouve entre guillemets en raison de sa coloration colonialiste. En effet, si le continent américain constitue une « découverte » pour les conquérants et missionnaires espagnols, ce n'est pas le cas, bien entendu, pour les peuples qui y vivent depuis des millénaires.

expliquer comment un homme sans expérience maritime avérée aurait pu conduire en si peu d'années une entreprise navale d'une aussi grande envergure et épouser auparavant une dame de la noblesse portugaise. Par ailleurs, pourquoi Colomb n'a-t-il jamais revendiqué la République de Gênes, pourtant florissante et puissante, comme son berceau et sa patrie[4] ? Serait-ce, comme le suppose Antonio Rumeu de Armas, en raison de ses longues années passées au Portugal et en Espagne, ce dernier pays l'ayant en quelque sorte adopté[5] ? Ou bien parce que la notion de la « nationalité » est encore floue au tournant du Moyen-Âge et de la Renaissance ? Par son mutisme, l'Amiral de la mer Océane tenterait-il de cacher des activités hétérodoxes ou un passé inavouable[6] ? Pourquoi les sources sont-elles si rares et certains documents falsifiés ? Pourquoi la ville de Gênes n'a-t-elle revendiqué son illustre ressortissant putatif que fort tardivement, au XIXe siècle ? Voici quelques-unes des nombreuses interrogations qui, depuis plusieurs siècles, hantent et fascinent les chercheurs. Que la plupart des documents de la *Raccolta Colombiana* soient véridiques, cela ne fait pas le moindre doute, mais qu'ils s'appliquent effectivement au navigateur et à sa famille est bien plus discutable. Les incohérences sont multiples et l'anthroponymie ne peut suffire. Le seul nom de Colombo, sur lequel s'appuient particulièrement les documents italiens, était très courant en Italie et dans les pays de langues romanes[7], de même que les prénoms des membres de la parentèle de l'Amiral.

---

4 Comme nous le verrons, il existe un document dans lequel Christophe Colomb évoque Gênes comme sa patrie mais il est apocryphe, c'est-à-dire non authentique, faux.

5 A. Rumeu de Armas, *El « portugués » Cristóbal Colón en Castilla*, Madrid, Ediciones Cultura Hispánica del Instituto de Cooperación Iberoamericana, 1982, p. 50.

6 C'est l'opinion de plusieurs auteurs : C. García de la Riega, *Colón, español. Su origen y patria*, Madrid, Establecimiento tipográfico « Sucesores de Rivadeneyra », 1914, p. 11 ; J. Terrières, « Christophe Colomb était-il corse ? », *L'Intermédiaire des chercheurs et curieux*, vol. XCVII, n° 1820, 15 novembre 1934, p. 829 ; P. Balsac, « Où est né Christophe Colomb », *Hispaniola. Revue trimestrielle du comité français des amis de la République Dominicaine*, 1re année, n° 2, 1938, p. 23 ; S. de Madariaga, *Christophe Colomb*, Paris, Calmann-Lévy, 1968, p. 50 ; P. Bonnet, « Un cas intéressant de nomenclature. Le vrai nom et la véritable nationalité de Christophe Colomb », *Bulletin de la Société d'histoire naturelle de Toulouse*, 106e année, t. 107, fasc. 3 et 4, 1971, p. 377 ; A. Cioranescu, « Christophe Colomb et ses biographes », *Europe*, n° 70, 1992, p. 22.

7 Plusieurs auteurs n'ont pas manqué de le signaler : A.-P. Fioravanti, « Christophe Colomb », *Le Conservateur de la Corse*, 7e année, n° 365, jeudi 15 novembre 1888, p. 1 ; C. Horta y Pardo, *La verdadera cuna de Cristóbal Colón*, New York, Imprenta de John B. Jonathan C°, 1912, p. 45 ; H. Vignaud, « Les thèses nouvelles sur l'origine de Christophe Colomb.

Au fil du temps, la figure de Christophe Colomb, déjà originellement énigmatique, s'est complexifiée. Les louables hypothèses de certains auteurs ont été prises par d'autres pour des faits avérés, des fables ont comblé les vides, des mensonges ont sciemment été proférés afin d'asseoir telle ou telle théorie. Ainsi, loin de dissiper les ombres, l'historiographie colombine a engendré un volumineux palimpseste dans lequel, sans discernement, le vrai côtoie le faux, l'incontestable l'incertain. Si le navigateur, par ses silences, est responsable en partie de cette situation, la faute incombe davantage, nous semble-t-il, à tous ceux qui, loin d'employer une démarche scientifique, ont souvent répondu aux sirènes d'un patriotisme de mauvais aloi. Outre la capitale de la Ligurie, une quinzaine de villes italiennes revendiquent (ou l'ont fait à une certaine époque) d'être le berceau de Colomb, mais aussi des territoires espagnols comme la Galice, la Catalogne et les Baléares, sans compter les présomptions portugaise, grecque, anglaise, écossaise, norvégienne, croate… ou bien corse.

L'examen de cette dernière hypothèse constitue l'objet du présent ouvrage. Il ne s'agit pas de contribuer, à notre tour, à la « dérive spéculative », pour reprendre l'expression de Philippe Remy-Wilkin[8], mais, à partir du cas corse et plus précisément calvais, de retracer le débat qui, depuis la fin du XIXe siècle, suscite les passions les plus explosives entre partisans et détracteurs de l'origine autochtone du « découvreur » de l'Amérique. En 1983, Lucien Saladini émettait le vœu que des « étudiants de l'Université de Corse se penche[nt] sur ce mystérieux problème afin de l'étudier à fond[9] ». La Università di Corsica Pasquale Paoli n'est pas notre *Alma mater*, néanmoins nous espérons que notre travail pourra approcher « la vraie Vérité[10] » tant désirée par l'historien local. Pour cela, nous commençons par revenir aux sources originales afin d'éviter autant que possible la corruption des interprétations. Il y a tôt fait de partir sur une fausse piste quand le document princeps n'a pas été consulté.

Espagnol ! Juif ! Corse ! », *Revue critique d'histoire et de littérature*, n° 18, 3 mai 1913, p. 339 ; C. García de la Riega, *op. cit.*, p. 90.

8 P. Remy-Wilkin, *Christophe Colomb. Le Découvreur et la Découverte : mythes et réalités*, Bruxelles, Édition Samsa, 2015, p. 57.

9 L. Saladini, « Les origines de Christophe Colomb. Étude comparative des thèses en présence génoise, espagnole, calvaise et cap-corsine », *Cahiers Corsica*, n° 103, 1983, p. 14.

10 *Ibid.*

LES SOURCES

Quelles sont ces sources précisément ? Nous pouvons compter, tout d'abord, sur les témoignages des contemporains de Christophe Colomb recueillis dans des lettres, des actes juridiques, des chroniques et de nombreux ouvrages. Parmi ces documents, de grande importance s'avère l'*Historia de las Indias* de Bartolomé de Las Casas écrite entre 1527 et 1559[11]. Dans ce vaste ouvrage, l'historien et ecclésiastique dominicain, qui a connu le navigateur, a eu nombre de ses manuscrits entre les mains avant qu'ils ne disparaissent, à qui nous devons d'ailleurs la seule copie de l'original du journal de bord de l'Amiral, offre de très précieuses informations sur l'épopée colombine. Au nombre des sources figure également une œuvre du fils cadet de Christophe Colomb, Fernando Colón[12], qui a eu accès aux archives personnelles de son père. Étant donné les polémiques qu'elle a suscitées, il convient de s'y arrêter quelques instants.

Cette biographie de l'Amiral, déjà terminée en 1539 au moment du décès de son auteur, n'a été publiée que 32 ans plus tard en italien sous le titre *Historie del S. D. Fernando Colombo…*, l'original en castillan ayant disparu. D'après le prologue rédigé par Giuseppe Moletti, professeur de mathématiques et d'astronomie à l'Université de Padoue au moment des faits, le manuscrit aurait été confié au destinataire de la dédicace, le Génois Baliano de Fornari, par son ami Luis Colón de Toledo, petit-fils de l'Amiral de la mer Océane et héritier direct de son oncle Fernando Colón[13]. Baliano de Fornari aurait chargé Giovanni Battista de Marini d'éditer le texte, tâche qui fut déléguée ensuite à Giuseppe Moletti :

> […] On ne saurait douter que ce que Votre Seigneurie [Baliano de Fornari] a vu n'ait pas été écrit de la main de l'illustre D. Hernando et ne soit l'original

11 B. de Las Casas, *Historia de las Indias*, Madrid, Imprenta de Miguel Ginesta, 1875.

12 Dans cet ouvrage, nous utilisons le nom francisé de Christophe Colomb mais maintenons les noms espagnols ou italiens sous lesquels ont été connus d'autres protagonistes.

13 La date de remise de l'original n'est pas connue mais nous savons, en revanche, que Baliano de Fornari vécut à Séville entre 1548 et 1560, tandis que Luis Colón de Toledo rentra d'Hispaniola où il était capitaine-général en 1551 avant d'être exilé à Oran en 1567. Se reporter à A. Rumeu de Armas, « La época de Hernando Colón y su *Historia del Almirante* », *Boletín de la Real Academia Sevillana de Buenas Letras*, vol. 18, 1990, p. 8.

> même, lui ayant été donné comme tel par l'illustrissime D. Luis Colombo, un très bon ami de votre seigneurie [...] comme gentilhomme d'honneur, de la plus grande bonté, et désireux que la gloire d'un homme si excellent restât toujours immortelle, ne regardant ni votre âge, soixante-dix ans, ni la saison, ni la longueur du voyage, vous vous rendîtes de Gênes à Venise dans le but de faire imprimer ledit livre, tant en castillan, langue dans laquelle il a été écrit, qu'en italien, et même avec l'intention de le faire traduire en latin, afin que la vérité des actes d'un homme si éminent, certainement la gloire de l'Italie, et surtout du pays de Votre Seigneurie, soit claire et manifeste. Mais voyant le temps que cela demandait, obligé par vos nombreuses occupations, tant publiques que privées, de retourner dans sa ville, Giovanni Battista di Marino, gentilhomme paré des plus nobles qualités, de grand esprit et très studieux, s'en chargea ; lequel, étant mon maître, voulut que je [Giuseppe Moletti] fusse en grande partie responsable de cette affaire, et je ne cherchai pas à m'y soustraire, sachant que cela plairait audit gentilhomme et que cela ne serait pas désagréable à Votre Seigneurie[14] [...]

Les *Historie* ont déchaîné moult commentaires quant à leur authenticité. Tout d'abord, les personnalités de Luis Colón de Toledo et d'Alfonso de Ulloa, chargé de traduire l'ouvrage en italien, sont quelque peu troubles. En effet, le petit-fils de Christophe Colomb apparaît à bien des égards comme un « aventurier [...] sans scrupules » pour reprendre les mots

14 « Ne à ancora da dubitare, che no sia scritta di mano del sudetto Illustr. D. Ernando, & che questo che V. S. ha hauuto no sia il proprio originale ; essendo che a V. S. su dato per tale dall' Illustr. D. Luigi Colombo, amico molto a V. S. E' [...] como gentil'huomo & di honore, & di somma botà, & desideroso, che la gloria di cosi eccel. huomo resti sempre immortale, non hauedo riguardo all età di LXX anni, ne alla stagione, ne alla lunghezza del viaggio, venne da Genoua a Venetia, con proponimento di far stampare il sudetto libro, cosi nella lingua Castigliana, nella quale fue scritto, come nell'Italiana, & appresso con fine di farlo tradurre nelle latina ; accioche per tutto potesse la verità de' fatti di cosi valoroso huomo, honore veramente dell'Italia, & specialmente della patria di V. S. farli chiara, & aparta. Ma vedendo il molto tempo, che a far ciò bisognaua, astretto dalle molte fue occupationi, & publiche, & priuate, a tornarsene nella sua città ; se ne prese cura il S. Gio. Battista di Marino, gentil'huomo ornato di nobilis parti, di molto valore, & studioso molto : il quale essendo como è molto moi Sig. ha voluto che'n buona parte la cura di tal negotio fosse mia, ne io ha voluto a ciò mancare, conoscendo fi far appiacere al sudetto S. & che a V. S. non doueua ciò essere discaro, osseruandola io come fo ». F. Colombo, *Historie del S. D. Fernando Colombo...*, Venetia, appresso Francesco de Francesci Sanese, 1571, prologue [sauf mention contraire entre crochets, toutes les traductions en français sont les nôtres]. – Lire également H. Harrisse, *D. Fernando Colón, historiador de su padre*, Sevilla, Imprenta y Librería Española y Extrangera de D. Rafael Tarascó, 1871, p. 9-10 ; A. Rumeu de Armas, « La época de Hernando Colón y su *Historia del Almirante* », *op. cit.*, p. 8 ; L. Arranz Márquez, « Introducción » *Historia del Almirante* de Hernando Colón, Madrid, Dastin, 2000, p. 31.

d'Henry Vignaud[15], terminant sa vie en exil à la suite d'une condamnation pour polygamie[16], tandis que le second, traducteur laborieux et reconnu, s'est lui aussi retrouvé en prison pour avoir falsifié une autorisation d'impression en langue hébraïque[17]. C'est d'ailleurs là, malgré sa détention, qu'il aurait effectué la traduction de l'ouvrage, terminée peu de temps avant sa mort en 1570. Par ailleurs, certains critiques soulignent que, en l'absence du manuscrit original, il est impossible de savoir si l'œuvre attribuée à Fernando Colón est une traduction fidèle, complète et scrupuleuse ou bien, au contraire, si elle est emplie de retraits, d'ajouts, de mensonges. Sans aller jusqu'aux excès d'Alexandre Cionarescu pour qui ce texte n'est rien moins qu'une « fraude », « une spéculation de libraire peu scrupuleuse[18] », force est de reconnaître que les *Historie* ne constituent pas, de prime abord, une source indiscutable. Comment accepter, à titre de simple exemple, que l'ignorance de Fernando Colón quant aux origines de son père provienne, selon ses propres affirmations, de sa jeunesse à l'époque et du respect qu'il lui témoignait[19] ? N'avait-il pas un frère aîné mais aussi des oncles qui auraient pu le renseigner sur la question ? Ce silence, comme tant d'autres dans l'œuvre, ne traduirait-il pas plutôt une forme de vanité, le souhait d'élaborer une apologie voire une hagiographie de l'Amiral ? Plusieurs passages des *Historie* suggèrent cette conclusion comme nous le verrons.

Néanmoins, tout en ne perdant pas de vue les intentions du fils du navigateur et les circonstances confuses autour de sa première édition,

---

15 H. Vignaud, « Le lieu de naissance de Colomb. Prétendue énigme historique », *La Revue de la Corse historique, littéraire, documentaire et bibliographique*, 3e année, n° 17, septembre-octobre 1922, p. 143.

16 H. Harrisse, *op. cit.*, p. 9-10 ; H. Vignaud, « Le lieu de naissance de Colomb. Prétendue énigme historique », *op. cit.*, p. 143.

17 L. Arranz Márquez, *op. cit.*, p. 31 ; J. Solís de los Santos, « Alfonso de Ulloa », *Real Academia de la Historia*, http://dbe.rah.es/biografias/4335/alfonso-de-ulloa (consulté le 15/03/2021).

18 A. Cioranescu, « Christophe Colomb : les sources de sa biographie », *La découverte de l'Amérique. Dixième stage international d'études humanistes (Tours, 1966)*, Paris, Vrin, 1968, p. 46. – Voir aussi A. Cioranescu, « Christophe Colomb et ses biographes », *op. cit.*, p. 19.

19 « [...] di molte altre cose di quei primi dì io non hò piena notitia ; percioche egli venne a morte a tempo, che io non haueua tanto ardire, o prattica, per la riuerenza filiale [...] ; ò, per parlar più veramente, alhora mi ritrouaua io, come giouane, molto lontano da cotal pensiero » [« sur beaucoup d'autres choses de ses premières années, je n'ai pas une connaissance complète, car il est mort alors que je n'avais pas osé ou pensé à le lui demander, par respect filial [...] ; ou, pour parler plus sincèrement, en tant que jeune homme, tout cela était alors loin de mes préoccupations »]. F. Colombo, *op. cit.*, p. 7-8.

l'ouvrage est aujourd'hui considéré comme « une source indispensable pour l'historien de la découverte de l'Amérique[20] ». L'*Historia de las Indias* de Las Casas vient, en effet, apaiser nos doutes sur cette question. Non seulement l'auteur cite plus d'une trentaine de fois le manuscrit original du cadet de Christophe Colomb[21], prouvant ainsi que l'œuvre a bien existé avant sa traduction italienne, mais, utilisant la même documentation compulsée par Fernando Colón pour l'écriture de son ouvrage, le dominicain en rapporte des faits souvent similaires à ceux contenus dans les *Historie*. Si ce texte est « suffisamment "authentique" pour emporter l'adhésion et inspirer confiance[22] », le chercheur ne doit pas prendre toutes les informations qu'il contient pour paroles d'évangile mais les confronter à d'autres sources.

Au-delà des témoignages des XVe et XVIe siècles et en raison de l'orientation de notre recherche consacrée à l'analyse du débat intellectuel autour de l'hypothèse du berceau calvais de Colomb, une grande partie de notre documentation provient de la presse corse éditée à partir de la fin du XIXe siècle, moment où la revendication se fait puissamment entendre et la dispute croît. Nous avons ainsi retrouvé et compulsé près de six-cents articles de presse et de revues tirés, notamment, de *L'Aigle*, du *Bastia-Journal*, du *Petit Bastiais*, du *Conservateur de la Corse*, du *Journal de la Corse*, etc. Enfin, cette étude ne serait pas complète sans l'examen approfondi des nombreux livres et brochures qui, de 1874 à 2020[23], ont animé la controverse.

---

20 « [...] une fuente de manejo imprescindible para el historiador del descubrimiento de América ». L. Arranz Márquez, *op. cit.*, p. 33.

21 Il serait fastidieux de citer textuellement tous les passages où Bartolomé de Las Casas fait référence à Fernando Colón, mais le lecteur intéressé peut se rapporter directement à : B. de Las Casas, *op. cit.*, t. I, chap. V, p. 55, 57 ; t. I, chap. VII, p. 67 ; t. II, chap. XCVI, p. 62 ; t. II, chap. CII, p. 87 ; t. II, chap. CIV, p. 98-99 ; t. III, chap. XX, p. 119 ; t. III, chap. XXII, p. 121 ; t. III, chap. XXIII, p. 123-124 ; t. III, chap. XXV, p. 132 ; t. III, chap. XXVI, p. 134 ; t. III, chap. XXVII, p. 139-140, 142 ; t. III, chap. XXIX, p. 148-149, 151 ; t. III, chap. XXX, p. 153 ; t. III, chap. XXXIII, p. 168.

22 J. Heers, « Préface », *Christophe Colomb raconté par son fils* de Fernando Colomb, traduc. et annot. d'E. Muller, Paris, Librairie Académique Perrin, 1986, p. II-III.

23 La dernière brochure en date est la suivante : O. Bianconi et M. Vergé-Franceschi, *Christophe Colomb calvais. Entre mythe et réalité*, Ajaccio, Éditions Alain Piazzola, 2020. Nous remercions Olivier Bianconi pour son envoi.

L'AFFRONTEMENT DE DEUX CAMPS

Trois articles écrits en italien et publiés en 1874 dans *Le Messager corse* constituent le point de départ du débat qui nous occupe[24]. Leur auteur, Martin Casanova, est un prêtre originaire du village de Pioggiola qui, quelques années plus tard, en 1880, fait paraître le premier ouvrage sur la question, *La vérité sur l'origine et la patrie de Christophe Colomb à Calvi*[25]. Si le sol granitique de l'île de beauté a produit plusieurs grands personnages, comme Sambucucciu d'Alandu, Sampieru Corsu, Pascal Paoli et, bien entendu, Napoléon Bonaparte, les travaux de Casanova entendent ajouter au plus grand des capitaines le plus grand des navigateurs, voire le plus grand des apôtres par la diffusion du catholicisme que permit la « découverte » de l'Amérique, et inscrire ainsi Christophe Colomb dans la longue lignée des héros insulaires :

> Lui, le noble héritier des enseignements de Sambucuccio d'Alando, qui a été le premier émancipateur du peuple corse ; lui, l'inspirateur de Pascal Paoli, qui répandit sur les monts et les plaines de notre île les plus purs rayons de soleil splendide de la liberté ; lui, le beau génie de celui qui, avant de donner l'Europe à la France, devait fouler, sous ses pieds d'airain, tous les oppresseurs de la liberté, de l'indépendance et de l'honneur du pays natal ; lui surtout, l'ambassadeur du Christ et de son Église, contemple son ouvrage[26] !

---

24 M. Casanova, « Cristofaro Colombo », *Le Messager corse*, 1re année, nº 21, vendredi 20 mars 1874, p. 1 ; M. Casanova, « Cristoforo Colombo », *Le Messager corse*, 1re année, nº 23, vendredi 3 avril 1874, p. 2-3 ; M. Casanova, « Dell'origine du Cristoforo Colombo », *Le Messager corse*, 1re année, nº 25, vendredi 17 avril 1874, p. 3-4.

25 M. Casanova, *La vérité sur l'origine et la patrie de Christophe Colomb à Calvi*, Nîmes, C. Lacour Éditeur, 1996 [réimpression de l'édition de 1880]. – La biographie de l'ecclésiastique peut être consultée dans A. Rovère, « Casanova, Antoine Martin », *Comité des travaux historiques et scientifiques*, https://cths.fr/an/savant.php?id=112632 (consulté le 26/04/2021).

26 M. Casanova, *Vie de Christophe Colomb écrite au point de vue de son origine française*, Tourcoing-Lille, Mouscron, Fondation Augustin Boisleux, 1889, p. 14. – Le conseil municipal d'Île-Rousse aurait ainsi eu l'intention d'acquérir les portraits de Sambucucciu, Sampieru, Colomb, Paoli et Napoléon pour décorer sa salle de réunion. « Gazette départementale », *Le Petit Bastiais*, 13e année, nº 2544, lundi 2 juillet 1888, p. 2. Malgré nos recherches, nous ne savons pas si les portraits peints par Antoine Corteggiani furent finalement achetés. À ce sujet, nous remercions Annie Panunzi.

Certains commentateurs ne vont pas manquer de célébrer l'honneur fait à la Corse d'avoir enfanté « deux géants[27] », deux « demi-dieux[28] » et l'obligation insulaire de dignité face à un tel héritage[29]. Pour d'autres, tout cela n'est qu'une fable et les railleries fusent quoique, souvent, sous couvert d'anonymat… : « […] vous verrez qu'on finira par prouver que Christophe Colomb est un ancêtre des Bonaparte. Il est déjà Corse, demain il sera bonapartiste[30] ! » ; « La Corse est gourmande, Christophe Colomb et Napoléon ! Le découvreur du Nouveau-Monde et l'émancipateur de l'Ancien ! Rien que cela[31] ? ».

L'ironie et la morgue font rapidement place à une grande violence verbale. De 1880, quand paraît la brochure de Martin Casanova, à 1892, année du quatrième centenaire de la « découverte » de l'Amérique, le débat cède la place à des affrontements à couteaux tirés. Le premier oppose, d'un côté, Paul Leca, professeur d'histoire au collège Fesch d'Ajaccio et rédacteur du *Journal de la Corse*, qui dénonce l'origine calvaise de Colomb et, de l'autre, les prêtres Martin Casanova et Ange-Pierre Fioravanti[32], ainsi que plusieurs autres partisans de cette théorie. Leca est l'un des premiers à s'insurger publiquement et avec véhémence contre « la prétention de refaire la vérité historique sur de simples présomptions avec des raisonnements

---

27 « Le centenaire de Christophe Colomb », *Le Conservateur de la Corse. Journal politique et religieux*, 5e année, n° 219, jeudi 21 janvier 1886, p. 1.

28 *Ibid.*

29 Orso, « Une grande œuvre », *Le Petit Bastiais*, 14e année, n° 3009, vendredi 12 juillet 1889, p. 1. Le lecteur lira aussi, à titre d'exemples : « Un patriote », *Le Conservateur de la Corse*, 1re année, n° 47, jeudi 5 octobre 1882, p. 3 ; P. Tonelli, *Seppa. Scènes de la vie corse*, Paris, Librairie Mondaine, Joseph Doucher Éditeur, 1890, p. 8 ; N. P. Graziani, *Discours prononcé à l'occasion de la pose de la première pierre où doit être érigée la statue de Christophe Colomb à Calvi le 12 octobre 1892*, Menton, Imprimerie coopérative mentonnaise, 1895, p. 11 ; H. Spont, « Christophe Colomb était-il Corse ? », *Le Petit Journal*, 51e année, n° 18306, samedi 8 février 1913, p. 1 ; H. Spont, « Christophe Colomb était-il Corse ? », *Le Petit Bastiais*, 38e année, n° 44, jeudi 13 février 1913, p. 1 ; P. Dominique, « La mère des héros », *L'annu côrsu / L'année corse*, 16e année, n° 2, 1938, p. 98.

30 « Chronique du jour », *Le Charivari*, 52e année, mercredi 25 juillet 1883, p. 2.

31 C. B., « Christophe Colomb… français », *Le Pays. Journal quotidien de la République nationale*, 43e année, n° 39, lundi 9 février 1891, p. 1.

32 Né à Letia, Ange-Pierre Fioravanti (1831-1900) est ordonné prêtre en 1854 avant d'enseigner au petit séminaire d'Ajaccio, puis à l'école normale primaire à partir de 1867. Connu pour ses positions conservatrices et sa lutte contre les républicains, il dirige successivement deux journaux, *Le Messager de la Corse* (1873-1876), puis *Le Conservateur de la Corse* (1881-1900). Lire sa biographie dans M. Casta, « Fioravanti, Ange-Pierre », *Dictionnaire historique de la Corse*, éd. A.-L. Serpentini, Ajaccio, Albiana, 2006, p. 375.

alambiqués[33] », « sur des données fantaisistes et purement imaginaires[34] ». S'abat alors sur lui une campagne de dénigrement qui n'a rien à envier aux déchaînements que nous constatons aujourd'hui sur les réseaux sociaux. Il est taxé de « mauvaise foi[35] », mû par la jalousie vis-à-vis de Casanova[36] ; qualifié d'anticlérical[37] et d'antipatriote[38] et on s'étonne qu'il porte « le beau nom des Leca[39] » ; il est traité de « kroumir[40] », un terme qui, à cette époque, désigne un voyou ; son travail, réduit à de simples « notes criardes[41] », est méprisé ; des menaces physiques à peine voilées sont proférées à son encontre, Émile Savelli évoquant, par exemple, « Calvi frémissant [q]ui pose son fer chaud sur [s]on front grimaçant[42] » ; bref, il inspire du « dégoût » selon Ange-Pierre Fioravanti[43]. Le point d'orgue de cette « croisade » se produit dans *L'Aigle. Journal de l'appel au peuple* où un long supplément de deux pages est consacré exclusivement à traîner Leca dans la boue. Outre un poème anonyme mais écrit sans aucun doute par Émile Savelli car il reprend les mêmes menaces qu'auparavant[44],

33 P. Leca, « Encore Christophe Colomb », *Journal de la Corse*, 73e année, n° 3792, mardi 25 novembre 1890, p. 2.

34 P. Leca, « La patrie de Christophe Colomb », *Journal de la Corse*, 4e année, n° 169, mardi 19 avril 1881, p. 1.

35 « Les distractions ou la mauvaise foi de M. Leca », *L'Aigle. Journal de l'appel au peuple*, 7e année, n° 372, samedi 21 mai 1881 (suppl.), p. 2.

36 F. Nicoli, « La patrie de Christophe Colomb », *L'Aigle. Journal de l'appel au peuple*, 7e année, n° 369, samedi 30 avril 1881, p. 1-2 ; « À M. Paul Leca, rédacteur en chef du *Journal de la Corse* », *Le Conservateur de la Corse*, 5e année, n° 224, jeudi 25 février 1886, p. 2.

37 « Préface », *L'Aigle. Journal de l'appel au peuple*, 7e année, n° 372, samedi 21 mai 1881 (suppl.), s. p.

38 « Lettre d'Émile Savelli à Paul Leca », *L'Aigle. Journal de l'appel au peuple*, 11 juin 1881 (suppl.), s. p. ; P. C., « M. Leca réfuté par sa personne », *L'Aigle. Journal de l'appel au peuple*, 11 juin 1881 (suppl.), s. p. ; *« Lettre de P. Bozzo-di-Borgo à P. Leca »*, *L'Aigle. Journal de l'appel au peuple*, 11 juin 1881 (suppl.), s. p.

39 « Lettre d'Émile Savelli à Paul Leca », *op. cit.*, s. p.

40 P. C., « Un homme aux abois », *L'Aigle. Journal de l'appel au peuple*, 11 juin 1881 (suppl.), s. p.

41 « Les Calvais à M. Paul Leca », *L'Aigle. Journal de l'appel au peuple*, 11 juin 1881 (suppl.), s. p. ; Casanova, Martin, « Lettre », *Le Conservateur de la Corse*, 5e année, n° 242, jeudi 1er juillet 1886, p. 2.

42 « Lettre d'Émile Savelli à Paul Leca », *op. cit.*, s. p.

43 Fioravanti, Ange-Pierre, « Réponse au *Journal de la Corse* du 1er juin », *Le Conservateur de la Corse*, 5e année, n° 238, jeudi 3 juin 1886, p. 2.

44 « Ne t'avais-je pas dit, maladroit professeur : / "Cesse ta polémique et sois moins radoteur. / C'est dans ton intérêt que je tiens ce langage ?" / Tu n'as pas écouté mon avis juste et sage. / Eh bien, tant pis pour toi, tant pis pour ton cerveau. / Aujourd'hui je m'en vais t'annoncer du nouveau ; / Te révéler des faits de taille à te confondre. / Cours vite te cacher, cours vite te morfondre, / Car ta cause est perdue et ton nom, écrasé. /

l'attaque la plus virulente est portée par F. Nicoli, lequel compare Paul Leca à Érostrate, l'incendiaire du temple d'Artémis à Éphèse en Turquie, l'une des sept merveilles du monde antique. Ce rapprochement permet à l'auteur de l'article d'affirmer que l'enseignant et journaliste n'est animé, comme Érostrate, que par « un sot et vil amour propre[45] », « une soif immodérée de célébrité[46] », « l'ambition de léguer son nom à la postérité[47] ». Ne pouvant y parvenir par ses propres qualités, Leca passerait son temps à vilipender les autres, à ne rien produire sinon à « détruire le miel des travailleurs et à remplir toutes les oreilles du bruit de [ses] bourdonnements incommodes[48] ».

Le second grand affrontement par organes de presse interposés concerne, d'un côté, le prêtre Laurent-Marie Casabianca[49], auteur de deux articles publiés en 1889 dans la *Revue du monde catholique* et rassemblés ensuite en brochure[50], et, de l'autre, les mêmes protagonistes qu'auparavant, particulièrement Ange-Pierre Fioravanti, auxquels s'ajoute l'abbé Jean Peretti[51] qui vient de terminer un long ouvrage intitulé *Christophe Colomb. Français, Corse & Calvais. Étude historique sur la patrie du*

Fallait-il être drôle, imprudent, insensé / Pour vouloir dépouiller la Corse de sa gloire, / Sans aucune vergogne, en dépit de l'histoire, / Et pour vouloir donner notre Illustration / Aux Génois, aux tyrans de notre nation ! / Ce sont là les effets de la prêtrophobie ! / Tu veux manger du prêtre et cette lasse envie / Dans ton journal amène écart après écart. / En vain Thiers, fin matois, a-t-il dit quelque part : / "Ne mange pas du prêtre, autrement tu te crèves". / Les paroles d'Adolphe avaient pour toi des rêves. / Toujours satisfaisant *tes appétits gloutons*, / Tu n'écoutais jamais ni conseils, ni raisons. / Gourmand, sois donc puni de ta gloutonnerie ; / Subis ton châtiment. C'est la fière patrie / De Christophe Colomb, c'est Calvi frémissant / Qui te rend pour la lutte à jamais impuissant ». « Préface », *op. cit.*, s. p.

45 F. Nicoli, « L'Érostrate moderne », *L'Aigle. Journal de l'appel au peuple*, 11 juin 1881 (suppl.), s. p.

46 *Ibid.*

47 *Ibid.*

48 *Ibid.*

49 Laurent-Marie Casabianca (1843-1909) est né à Pigna. Après des études secondaires au collège de Corbara et au petit séminaire d'Ajaccio, il part à Paris pour étudier la théologie. Ordonné prêtre en 1869, il devient rapidement vicaire à Boulogne-sur-Seine, puis à l'église parisienne de Saint-Ferdinand-des-Ternes. En 1890, il est le chanoine honoraire de Fréjus, puis d'Ajaccio. Membre de plusieurs sociétés savantes, il publie une vingtaine d'études entre 1875 et 1908. Pour sa biographie, se reporter à E. Gherardi, « Casabianca, Laurent-Marie », *Dictionnaire historique de la Corse*, éd. A.-L. Serpentini, Ajaccio, Albiana, 2006, p. 216-217.

50 L.-M. Casabianca, *Le berceau de Christophe Colomb et la Corse*, extrait de la *Revue du monde catholique* (des 1er juillet et 1er août 1889), Paris, H. Welter Éditeur, 1890.

51 Le parcours de Jean Peretti (1846-1906), né à Muro, est peu connu, si ce n'est qu'il devint vicaire général d'Ajaccio en 1895.

grand Amiral de l'Océan[52]. Comme Paul Leca, Casabianca parle d'« arguties[53] » pour qualifier les travaux de ceux qu'il appelle « les trois champions de la fable calvaise[54] », c'est-à-dire Casanova, Fioravanti et Peretti. Visiblement assez convaincu de la haute qualité de sa personne, ce qui a le don d'agacer ses contradicteurs, lesquels, dans un concert unanime, lui reprochent son fiel, sa superbe, son mépris et sa grande vantardise[55], Casabianca fait l'objet lui aussi d'une suspicion de trahison envers sa mère patrie. Ange-Pierre Fioravanti se plaît à le renvoyer à sa condition de Parisien, car il exerce alors à l'église de Saint-Ferdinand-des-Ternes dans le XVIIe arrondissement, le traitant de buveur d'eau de la Seine[56], lui reprochant son éloignement de la Corse[57] et voyant dans ses propos de « petites malices » caractéristiques de la capitale[58]. Gentiment…, le directeur du *Conservateur de la Corse* prévient Casabianca contre les menaces qui pèsent sur sa personne tout en éprouvant pour lui un soulagement ironique puisqu'il ne craint rien « au milieu de l'immense population de Paris[59] ». Un lecteur anonyme se fait moins subtil et plus direct quand il s'adresse à l'ecclésiastique : « Insolent écrivain, étrange patriote, taisez-vous. Votre nom est détesté. La Corse se lève pour vous jeter son mépris au visage. Osez donc venir à Calvi[60] ». La menace d'un

52 J. Peretti, *Christophe Colomb. Français, Corse & Calvais. Étude historique sur la patrie du grand Amiral de l'Océan*, Paris, Bastia, Chantrel Éditeur, Ollagnier Imprimeur, 1888.

53 « Variétés », *Le Conservateur de la Corse*, 8e année, n° 419, jeudi 28 novembre 1889, p. 3.

54 Lettre de L.-M. Casabianca datée du 28 mai 1890 et publiée dans A.-P. Fioravanti, « La lettre de M. Casabianca », *Le Conservateur de la Corse*, 9e année, n° 449, jeudi 26 juin 1890, p. 2.

55 A.-P. Fioravanti, « L'Institut de France de M. Casabianca », *Le Conservateur de la Corse*, 9e année, n° 446, jeudi 5 juin 1890, p. 2 ; A.-P. Fioravanti, « À Calvi », *Le Conservateur de la Corse*, 10e année, n° 496, jeudi 21 mai 1891, p. 2 ; J.-A. Franceschi, « Lettre », *Le Conservateur de la Corse*, 10e année, n° 515, jeudi 1er octobre 1891, p. 2 ; A.-P. Fioravanti, « Aux Corses », *Le Conservateur de la Corse*, 10e année, n° 526, jeudi 17 décembre 1891, p. 1.

56 « Deux lettres à lire », *Le Conservateur de la Corse*, 9e année, n° 444, jeudi 22 mai 1890, p. 2.

57 A.-P. Fioravanti, « Le IVe centenaire de Christophe Colomb », *Le Conservateur de la Corse*, 10e année, n° 503, jeudi 9 juillet 1891, p. 1.

58 « Deux lettres à lire », *op. cit.*, p. 2.

59 A.-P. Fioravanti, « Un monument à Christophe Colomb », *Le Conservateur de la Corse*, 10e année, n° 513, jeudi 17 septembre 1891, p. 2. – Quelques mois plus tôt, un commentateur sous pseudonyme avait tenu des propos similaires, semblant soulagé que L.-M. Casabianca vive à Paris « où il n'a rien à craindre pour les mailles qu'il a endossées en vue d'une croisade insensée ». Lire A. Plato, « Monsieur et Madame (à propos de Christophe Colomb) », *Le Conservateur de la Corse*, 9e année, n° 454, jeudi 31 juillet 1890, p. 2.

60 « Christophe Colomb et la Corse », *Le Conservateur de la Corse*, 10e année, n° 515, jeudi 1er octobre 1891, p. 1.

dévoilement de documents supposément compromettants ou l'appel à un huissier[61] constituent d'autres manœuvres d'intimidation.

Face aux invectives, Casabianca ne manque pas de répartie et de sarcasmes. Martin Casanova lui ayant reproché de ne tenir à la Corse « que par la dent de la jalousie[62] », l'intéressé raille aussitôt son confrère, coupable de s'être trompé d'expression et de parler, au lieu d'œil de la jalousie, de dent. Face à cette erreur lexicale, le commentaire est cinglant :

> Comme on le voit, tout le monde lui donne [à la jalousie] des yeux et personne n'avait encore songé à lui donner des dents ; M. l'abbé Casanova apparaît et vite il la gratifie d'un râtelier. Que voulez-vous ? Quand on a assez d'imagination pour trouver à Calvi le berceau de Christophe Colomb, il n'est pas étonnant qu'on découvre des dents là où personne n'en a mis ; c'est le progrès de l'art dentaire[63] [...]

Par ailleurs, le vicaire de Saint-Ferdinand-des-Ternes considère que le titre du livre de Jean Peretti, *Christophe Colomb. Français, Corse & Calvais*, est « assurément un beau vers » quoiqu'il le trouve « trop prétentieux » et le compare, non sans humour, à « un vers solitaire[64] »... pour souligner l'isolement international des partisans de l'origine calvaise du navigateur. Ange-Pierre Fioravanti, qui mène la fronde, va trouver dès lors un angle d'attaque original pour révéler combien, en matière de prétention et de solitude, quand certains veulent rétablir un simple fait historique, un autre ne cherche qu'à tromper et s'enorgueillir égoïstement de soutiens aussi illustres qu'imaginaires.

Quelques mois après la publication de sa brochure *Le Berceau de Christophe Colomb et la Corse*, Laurent-Marie Casabianca en publie une nouvelle, largement consacrée à la réception de la première par l'Institut de France. Cette prestigieuse institution rassemble, depuis 1795, les

61 A.-P. Fioravanti, « L'Institut de France de M. Casabianca », *Le Conservateur de la Corse*, 9e année, n° 447, jeudi 12 juin 1890, p. 2.

62 L.-M. Casabianca, *Le berceau de Christophe Colomb devant l'Institut de France et l'opinion publique*, Paris, H. Welter Éditeur, 1890, p. 70-71.

63 *Ibid.* – L'année suivante, J.-A. Franceschi viendra à la rescousse de Casanova. Se plaignant que Casabianca « daub[e] à bras raccourcis sur cet honorable ecclésiastique », il rappelle qu'Ovide fait allusion à la morsure de la jalousie. Lire J.-A. Franceschi, *Réponse de l'abbé Franceschi à la brochure* Le berceau de Christophe Colomb *par l'abbé Casabianca*, Ajaccio, Imprimerie Joseph Pompeani, 1891, p. 19.

64 L.-M. Casabianca, *Le berceau de Christophe Colomb devant l'Institut de France et l'opinion publique*, *op. cit.*, p. 65.

membres de cinq académies scientifiques, littéraires et artistiques[65]. Or, Casabianca n'a jamais soumis son étude à ces académiciens, contrairement à ce que proclame le titre, mais à ce qu'il qualifie trop rapidement d'« organe officiel de la science française, des savants d'Italie, d'Espagne, de Portugal et de l'Amérique, et de tout le Clergé de l'arrondissement de Calvi[66] », autant de personnalités qui ne maîtrisent pas forcément le sujet colombin ou qui, au contraire, œuvrent ouvertement pour le compte de Gênes, tels Henry Harrisse[67] ou le comte Roselly de Lorgues. D'ailleurs, l'œuvre n'est en grande partie qu'une compilation de lettres d'appui dûment sélectionnées, dont leurs auteurs s'étonnent parfois qu'elles soient publiées, à l'instar du curé de Nonza, Antoine-Constantin Maraninchi[68]. Fioravanti a tôt fait de démonter le stratagème de Casabianca[69] qui s'apparente à « une mise en scène », selon l'adéquate formule de Jean-Augustin Franceschi[70].

Les deux camps paraissent irréconciliables. Pour les opposants à l'hypothèse calvaise, l'attitude de Casanova, de Peretti, de Fioravanti et de tous leurs soutiens traduit un « esprit de clocher[71] », un « préjugé

65 Académie française, Académie des inscriptions et belles-lettres, Académie des sciences, Académie des beaux-arts et Académie des sciences morales et politiques.

66 Lettre de L.-M. Casabianca datée du 28 mai 1890 et publiée dans A.-P. Fioravanti, « La lettre de M. Casabianca », *Le Conservateur de la Corse*, jeudi 26 juin 1890, *op. cit.*, p. 2.

67 H. Harrisse est d'ailleurs accusé par A.-P. Fioravanti de manque d'impartialité car le gouvernement italien a voté un budget équivalent à 60 000 francs pour financer des chercheurs dont les travaux vont dans le sens d'une origine génoise de Colomb. A.-P. Fioravanti, « L'Institut de France de M. Casabianca », *Le Conservateur de la Corse*, jeudi 12 juin 1890, *op. cit.*, p. 2. – Lire également A. M., « Christophe Colomb et la Corse », *Le Conservateur de la Corse*, 10e année, n° 490, jeudi 9 avril 1891, p. 2.

68 Lettre d'A.-C. Maraninchi datée du 6 juin 1890 et publiée dans A.-P. Fioravanti, « L'Institut de France de M. Casabianca », *Le Conservateur de la Corse*, jeudi 12 juin 1890, *op. cit.*, p. 2.

69 A.-P. Fioravanti, « L'Institut de France de M. Casabianca », *Le Conservateur de la Corse*, jeudi 5 juin 1890, *op. cit.*, p. 2 ; A.-P. Fioravanti, « La vérité sur l'origine et la patrie de Christophe Colomb », *Le Conservateur de la Corse*, 9e année, n° 470, jeudi 20 novembre 1890, p. 1. – Lire également « Dernière heure », *Le Conservateur de la Corse*, 9e année, n° 470, jeudi 20 novembre 1890, p. 1.

70 J.-A. Franceschi, « La Patrie de Christophe Colomb », *Le Conservateur de la Corse*, 9e année, n° 452, jeudi 17 juillet 1890, p. 2. – Plus récemment, J. Guerrini-Graziani parle très justement, à propos de cet « Institut de France », d'« un cénacle tout imbibé de consignes romaines ». J. Guerrini-Graziani, *Christophe Colomb démythifié*, Biguglia, Imprimerie Sammarcelli, 1991, p. 195.

71 H. Harrisse, « Christophe Colomb et la Corse », *Revue critique*, 18 juin 1883, p. 10 ; L. Gallois, « Christophe Colomb. À propos du IVe centenaire de la découverte de l'Amérique »,

nationaliste[72] », c'est-à-dire « la plaie des études historiques[73] ». À croire qu'ils ne sont pas entendus car, quelques décennies plus tard, A.-Édouine Paoli Cesarini et Joseph Chiari ne tentent même pas de cacher le but de leurs ouvrages. Il s'agit, pour la première, professeure d'espagnol en Uruguay, de « persuader [...] tous [ses] compatriotes qu'il est de [leur] devoir de revendiquer hautement et d'ajouter à [leurs] gloires insulaires, et partant aux gloires françaises, l'une des gloires les plus pures qui aient jamais existé[74] ». Cet appel patriotique n'est pas sans rappeler le « Levez-vous tous » du père Lacome en 1886, invitant les Corses à suivre « les traces que l'âme patriote et religieuse d'un de [leurs] frères [leur] a déjà ouvertes[75] ». Le second, écrivain et enseignant ayant accompli une grande partie de sa carrière au Royaume-Uni, manifeste une exaltation identique en reprenant, à un siècle de distance, la comparaison avec Bonaparte :

> Le but de ce petit livre est la restitution à la Corse d'une grande partie de la gloire d'un de ses fils, qui est aussi corse que l'est Napoléon. Et que l'on ne me dise pas qu'un génie de cette stature suffit amplement à une petite île comme la Corse sans qu'il soit nécessaire d'y en ajouter un autre, car on pourrait alors dire que Dante suffit à Florence sans besoin d'y ajouter Da Vinci et Michel-Ange, et qu'Eschyle et Sophocle suffisent à Athènes sans besoin de Socrate ou de Platon[76].

Bulletin des travaux de l'Université de Lyon, t. V, 1892, p. 236 ; P. Mandonnet, « La littérature du centenaire de la découverte de l'Amérique », *Revue Thomiste*, 1re année, 1893, p. 769 ; H. Vignaud, « Le lieu de naissance de Colomb. Prétendue énigme historique », *op. cit.*, p. 137.

72 P. R., « Toujours la nationalité de Colomb », *Journal de la Société des Américanistes*, nouvelle série, t. XXIII, fasc. 2, 1931, p. 465. – Lire également L.-M. Casabianca, *Le berceau de Christophe Colomb devant l'Institut de France et l'opinion publique*, *op. cit.*, p. 30.

73 H. Harrisse, « Christophe Colomb et la Corse », *op. cit.*, p. 10 ; L. Gallois, *op. cit.*, p. 236. – Lire également H. Harrisse, *Christophe Colomb, la France et les Corses* [autre titre : *Christophe Colomb, les Corses et le gouvernement français*], Paris, H. Welter, 1890, p. 3.

74 A.-É. Paoli Cesarini, *La Corse est le berceau de Christophe Colomb*, trad. de l'espagnol par P. Guitet-Vauquelin, Bastia, Imprimerie Vve J. Santi et Fils, 1928, p. 39.

75 B.-P. Lacome, *Discours prononcé à l'occasion des fêtes de Christophe Colomb le 30 mai 1886, à Calvi*, Bastia, Imprimerie et Librairie Veuve Eugène Ollagnier, 1886, s. p. – À la veille de la seconde guerre mondiale, la *Gazette de la Corse* souhaite de même qu'« un mouvement prenne naissance, que la cité de Calvi sorte de sa torpeur coupable, que la population corse tout entière collabore pour qu'un point de notre histoire soit rectifié ». « À la gloire de Christophe Colomb. La Corse se doit d'honorer le nom d'un de ses plus illustres enfants », *Gazette de la Corse*, nº 34, lundi 29 mai 1939, p. 1.

76 J. Chiari, *Christophe Colomb, corse*, Marseille, E. P. C, s. d., p. 15.

Sur la question de l'origine calvaise de Colomb, une certaine tension reste palpable jusque dans les années 1930 avec la parution de nombreux autres articles, brochures et ouvrages. Après la seconde guerre mondiale, le sujet n'est pas relégué dans les oubliettes de l'Histoire mais ne passionne plus autant. Seule l'approche du cinquième centenaire de la « découverte » de l'Amérique en 1992 suscite de nouvelles publications, principalement sous la forme de livres, qui retombent souvent dans les mêmes travers antérieurs par leur manque de distance critique et de scientificité.

Pour leurs informations et leur aide, mes remerciements à M. Banegas Saorín, O. Bianconi, E. Camp-Pietrain, S. Le Berre-Albertini, J.-C. Liccia, G. Lovito, A. Panunzi, A. Pontalier, H. Portafax, D. Tempère, S. Visciola ainsi qu'au personnel de la médiathèque Sampiero d'Ajaccio et des archives départementales de Corse-du-Sud. Une mention très spéciale à M. Lebrun, J.-F. Luciani, M.-É. Nigaglioni et M. Vergé-Franceschi.

L'APATRIDE COLOMB

L'ÉTRANGER

Plusieurs auteurs espagnols des XVe et XVIe siècles, dont certains ont personnellement connu Christophe Colomb, le qualifient d'« étranger » : Francisco González, le trésorier des Rois Catholiques[1], Bartolomé de Las Casas[2] ou bien l'historien Francisco López de

1 « [...] este dicho día dí á Christóval de Colomo, extrangero, tres mill maravedis, que está aquí hasiendo algunas cosas complideras a servicio de sus Altezas, por cédula de Alonso de Quintanilla » [« ce jour-là [5 mai 1487], j'ai donné à Christophe Colomb, un étranger, trois mille maravédis, car il est ici en train de faire des choses au service de leurs Altesses, d'après l'acte d'Alonso de Quintanilla »]. Cité dans *Colección de los viages y descubrimientos que hicieron por mar los españoles desde fines del siglo* XV, ed. M. Fernández de Navarrete, Madrid, Imprenta Real, 1825, t. II, p. 4.

2 « Cristóbal Colon, viéndose cercado de tantas amarguras, que le angustiaban el corazon más, por ventura, que si se viera dentro de las olas de la mar, extranjero y entre gente mal domada, suelta de palabra, y de obras más que otra insolentísima » [« Se voyant entouré de tant d'aigreurs qui lui serraient le cœur, plus peut-être que s'il s'était vu plongé dans les flots marins, étranger et au milieu de gens peu obéissants, à la parole libre et aux actes les plus insolents qu'on puisse imaginer »]. B. de Las Casas, *op. cit.*, t. I, chap. XXXVII, p. 274 [*Histoire des Indes 1*, trad. de l'espagnol par J.-P. Clément et J.-M. Saint-Lu, Paris, Seuil, 2002]. – « Para esto decian, que era gran locura y ser homicidas de sí mismos, aventurar sus vidas por seguir la locura de un hombre extranjero, que por hacerse gran señor se habia puesto á morir » [« Et ils disaient que c'était grande folie et être homicide de soi-même que d'aventurer sa vie pour suivre la folie d'un étranger qui, pour devenir grand seigneur, était disposé à mourir »]. *Ibid.*, t. I, chap. XXXVII, p. 275-276 [*Histoire des Indes 1, op. cit.*]. – « [...] como era extranjero, pocos ó nadie habria que pidiese la cuenta » [« comme il était étranger, il y aurait peu de monde et même personne pour leur en demander compte »]. *Ibid.*, t. I, chap. XXXVII, p. 276 [*Histoire des Indes 1, op. cit.*]. – « [...] y el Almirante era extranjero y sin favor » [« et comme l'Amiral était étranger et sans appui »]. *Ibid.*, 1875, t. I, chap. LXV, p. 425 [*Histoire des Indes 1, op. cit.*]. – « [...] hombre extranjero y sólo (como él decia, desfavorecido) » [« en tant qu'étranger et seul (défavorisé, comme il disait) »]. *Ibid.*, t. II, chap. CV, p. 104 [*Histoire des Indes 1, op. cit.*]. – « [...] é yo ausente y invidiado extranjero » [« je suis rejeté et envié comme étranger »]. *Ibid.*, t. II, chap. CXXVI, p. 200 [*Histoire des Indes 1, op. cit.*]. – « Yo he sido culpado en el poblar, en el

Gómara[3]. Mais que signifie être « étranger » dans l'Espagne de la fin du XVe siècle et du début du XVIe ? Depuis 1479, à la suite du décès de Jean II d'Aragon, le pays se présente comme l'union de deux couronnes, la Castille et l'Aragon, chacune comprenant plusieurs royaumes, dirigées par les mêmes monarques, Isabelle Ire et Ferdinand II. Malgré cette association dynastique, chaque entité reste souveraine et conserve une indépendance juridique, institutionnelle et financière. Cette situation particulière ne débouche pas, pour les habitants des deux territoires, sur le sentiment d'appartenir à une même « nation ». Ainsi, un habitant de la couronne d'Aragon continue d'être perçu comme « étranger » au sein de la couronne de Castille et inversement. Les Lois de Tolède de 1480 ont beau appeler au développement d'une attache commune[4], cette perception intime, qui ne peut se décréter et ruisseler d'en haut, n'évolue que très lentement au cours du siècle suivant[5].

Si Christophe Colomb est qualifié d'« étranger », cela peut signifier, tout d'abord, qu'il n'est pas originaire d'un des royaumes de la couronne de Castille. En effet, bien que les Rois Catholiques aient tous deux

---

tratar de la gente, y en otras cosas muchas, como pobre extranjero envidiado, etc. » [« J'ai été accusé au sujet de ma façon de peupler, de traiter les gens et de bien d'autres choses, comme un pauvre étranger envié, etc. »]. *Ibid.*, 1875, t. II, chap. CLV, p. 342 [*Histoire des Indes 1*, *op. cit.*]. – « [...] y porque via que, como extranjero, era dellos en ménos de lo que debieran tenido » [« et parce qu'il voyait qu'en tant qu'étranger, il était moins bien considéré par eux qu'ils ne l'auraient dû »]. *Ibid.*, t. II, chap. CLX, p. 371 [*Histoire des Indes 1*, *op. cit.*]. – « ¿ Quién creerá que un pobre extranjero se hobiese de alzar en tal lugar contra Vuestras Altezas » [« Qui croira qu'un pauvre étranger se lèvera en un tel lieu contre Vos Altesses »]. *Ibid.*, t. III, chap. XXXIII, p. 172.

3 « Mas como era estrangero » [« Mais comme il était étranger »]. F. López de Gomara, *La Historia general de las Indias*, Anvers, En casa de Juan Steelsio, 1554, chap. XV, p. 20.

4 « Pues, por la gracia de Dios, los nuestros reynos de Castilla e de Leon e de Aragon son unidos, e tenemos esperanza que por su piedad de aqui adelante estaran en union e permanesceran en nuestra corona real, que ansi es razon que todos los naturales dellos se traten e comuniquen en sus tratos e fazimientos » [« Car, par la grâce de Dieu, nos royaumes de Castille, de León et d'Aragon sont unis, et nous espérons que, par sa miséricorde, ils resteront désormais unis et au sein de notre couronne royale, de sorte qu'il est souhaitable que tous les habitants établissent des contacts entre eux et communiquent à travers leurs relations et leurs actions »]. « Ordenamiento de las Cortes de Toledo de 1480 », *Cortes de los antiguos reinos de León y de Castilla, publicadas por la Real Academia de la Historia*, Madrid, Establecimiento tipográfico de los sucesores de Rivadeyra, 1882, t. IV, p. 185.

5 Sur cette question, se reporter à M. Gloël, « Los conceptos de España durante los Reinados de los Austrias », *Revista de Humanidades*, n° 38, 2018, p. 191-216.

approuvé et signé les Capitulations de Santa Fe, c'est-à-dire le contrat qui autorise le navigateur à préparer son voyage et lui accorde divers titres et prébendes, l'entreprise apparaît comme une résolution d'Isabelle Ire. De fait, par la bulle papale du 4 mai 1493, les îles et terres fermes des Indes occidentales, premier nom de l'Amérique, intègrent la seule couronne de Castille[6]. Le fait que Christophe Colomb ne soit pas castillan est d'ailleurs écrit noir sur blanc par Bartolomé de Las Casas : « Ce sont là toutes les paroles de l'Amiral, dans un style humble et manquant du vocabulaire approprié comme celui d'homme qui n'était pas né en Castille[7] ». Un document officiel va dans le même sens que le dominicain. En 1508, le procureur royal, Pedro Ruiz, s'oppose à la demande de Diego Colón, le fils aîné de l'Amiral de la mer Océane, qui souhaite hériter des privilèges jadis octroyés à son défunt père, mort deux ans plus tôt. La raison de ce refus évoque clairement le statut d'étranger au royaume :

> [...] mais si la donation ou la cession a été accordée à une personne qui n'est pas née et qui ne réside pas dans le royaume ou bien qui est étrangère au royaume, dans ce cas-là, la donation ou la cession des dites choses n'est pas valable et ne doit pas être conservée, ce dont on conclut que, étant donné que ledit Christophe Colomb était étranger, qu'il n'était pas né dans le royaume, qu'il n'y était pas résident et domicilié, selon ladite disposition de ladite loi, la grâce qui lui a été accordée, bien que pour toujours et pour ses héritiers, n'était pas valable et ne doit pas être conservée. Selon le droit commun et les lois du Recueil, pour pouvoir se dire résident et domicilié, il faut avoir eu une maison dans le royaume pendant dix ans auparavant. Il est de notoriété publique que tout cela manqua au dit Christophe Colomb[8] [...]

---

6 Sur le sens complexe de cette incorporation unilatérale, lire J. Manzano Manzano, « ¿Por qué se incorporaron las Indias a la corona de Castilla ? », *Revista de estudios políticos*, n° 5, 1942, p. 95-124.

7 « Todas estas son palabras del Almirante, con su humilde, y falto de la propiedad de vocablos, estilo, como que en Castilla no habia nacido ». B. de Las Casas, *op. cit.*, t. II, chap. CXLII, p. 281 [*Histoire des Indes 1, op. cit.*].

8 « [...] pero si la donación o enajenación se hiziese en persona no natural ny vecino del reino o estranjero del reino, en tal caso la donación o enajenación de las dichas cosas no vale ny debe ser guardada, de donde se concluye que pues el dicho don Cristóbal Colón era extranjero, no natural, ny vecino del reino ni morador en él, según la dicha dispusyción de la dicha ley, la merced que le fué fecha, aunque fuera para syempre e para sus heredaros, no valió ny se debe guardar, que según derecho común e leyes del Ordenamiento, para que uno se pueda decir vecino e morador, ha menester que por diez años antes tenga casa en el reino : pues notorio es que todo esto faltó en el dicho don Cristóbal Colón [...] ». Cité par L. de Torre y Franco-Romero, « Cristóbal Colón fué extranjero. Prueba documental irrefutable », *Boletín de la Real Academia de la Historia*, t. 90, 1927, p. 234. Nous tenons

Par ailleurs, l'autre Diego Colón, l'un des frères de Christophe, souhaitant obtenir des charges ecclésiastiques auprès de la couronne de Castille, s'est vu contraint de demander une lettre de naturalisation, obligatoire pour les exercer dans cette couronne. Il l'a obtenue le 8 février 1504 : « [...] par la présente nous vous faisons ressortissant de nos Royaumes de Castille et de León, pour que vous puissiez avoir et jouir de toutes les dignités et de tous les avantages ecclésiastiques qui vous seront accordés[9] ».

Fort de ces éléments qui montrent que le célèbre navigateur n'est pas originaire de la couronne de Castille, nombreux sont les chercheurs qui défendent l'idée qu'il est natif d'un territoire aragonais : la Catalogne, les îles Baléares ou bien la Corse, pour ne donner que les théories les plus souvent avancées[10]. Dans le cas de l'île de beauté, il convient de préciser dès à présent que, de la fin du XIIIe siècle au milieu du XVe siècle, au moment où naît le futur Amiral, la couronne d'Aragon y exerce sa souveraineté, quoique celle-ci soit, selon les endroits et les époques, plus symbolique qu'effective[11]. Les partisans des différentes hypothèses aragonaises s'interrogent sur l'octroi de tant d'avantages et de qualités, dont celle de vice-roi, à un individu allochtone. Dans ce cas, les monarques n'auraient-ils pas fait procéder à la naturalisation castillane du navigateur, ce qui ne fut jamais le cas[12] ? Il s'agit là d'une

---

à remercier Mercedes Banegas Saorín et Delphine Tempère pour leurs renseignements concernant la traduction de certains termes.

9 « [...] por la presente vos facemos natural de estos nuestros Reinos de Castilla é de Leon, para que podais haber é hayais cualesquier dignidades é beneficios Eclesiásticos que vos fueren dados [...] ». « Naturaleza de Reinos á D. Diego Colon, hermano del Almirante D. Cristóbal », *Colección de los viages y descubrimientos que hicieron por mar los españoles desde fines del siglo* XV, *op. cit.*, t. II, p. 300.

10 E. Bayerri y Bertomeu, *Colón tal cual fué. Los problemas de la nacionalidad y de la personalidad de Colón y su resolución más justificada*, Barcelona, Porter Libros, 1961, p. 532 ; S. de Madariaga, *op. cit.*, p. 47 ; G. Garrigue, *Christophe Colomb le Catalan*, Millas, Confluences, 1992, p. 29 ; J. Chiari, *op. cit.*, p. 37.

11 P. Rocca, *Connais-tu la Corse ?*, Paris, Agence Parisienne de Distribution, 1960, p. 55-56, 104-105 ; M.-J. Loverini et J.-F. Galletti, *Calvi*, Aix-en-Provence, Édisud, 1991, p. 30 ; M. E. Cadeddu, « Aragon », *Dictionnaire historique de la Corse*, éd. A.-L. Serpentini, Ajaccio, Albiana, 2006, p. 61-62 ; P. Colombani, « Istria, Vincentello d' », *Dictionnaire historique de la Corse*, éd. A.-L. Serpentini, Ajaccio, Albiana, 2006, p. 521 ; P. Colombani, *Les Corses et la couronne d'Aragon (fin* XIIIe*-milieu* XVe *siècle). Projets politiques et affrontements des légitimités*, Thèse de Doctorat en histoire, histoire de l'art et archéologie, Corte, Université de Corse Pascal Paoli, 2015.

12 À ce sujet, lire : R. Calzada, *La patria de Colón. Obras completas*, Buenos Aires, Librería y Casa editora de Jesús Menéndez, 1926, t. III, p. 161-162 ; O. Vaquer Bennasar, *¿ Dónde*

remarque frappée au sceau du bon sens. Bien qu'il y ait eu de rares exceptions[13], les vice-rois étaient originaires de leur royaume natal ou, à tout le moins, de leur couronne.

Les témoignages sont souvent flous sur le véritable sens du mot « étranger ». Comment comprendre les propos de Fernando Colón qui, en 1511, assurant la défense de son demi-frère Diego, reconnaît que les Capitulations de Santa Fe ont été signées à une époque où son père n'était pas un « sujet[14] » ? Se réfère-t-il à un ressortissant de la seule couronne de Castille ou bien de l'union dynastique ? La même hésitation se produit à la lecture d'une déclaration de Juan Martín Pinzón, le fils de Martín Alonso Pinzón, l'un des armateurs du navigateur : « [...] étant donné qu'il [Christophe Colomb] était un homme pauvre et étranger à ces royaumes[15] ». Sont-ce les seuls royaumes de la couronne de Castille ou bien, également, ceux appartenant à la couronne d'Aragon ? Bartolomé de Las Casas, dans son *Historia de las Indias*, laisse penser, tout de même, que le terme « étranger » renvoie à un individu extérieur à l'Espagne, puisqu'il affirme que le navigateur et ses frères étaient, pour les expéditionnaires et marins « espagnols », des « supérieurs d'une nation étrangère » :

> [...] car l'Amiral et ses frères étaient étrangers et seuls, et qu'ils gouvernaient à des Espagnols, lesquels, bien qu'ils soient extrêmement soumis à leurs seigneurs naturels, sont moins humbles, moins patients et plus entêtés que quiconque lorsqu'ils ont au-dessus d'eux des supérieurs d'une nation étrangère, surtout lorsqu'ils sont hors de chez eux, [...]. C'est pourquoi toute chose qui n'était pas du goût de tous, et particulièrement de nombreux gentilshommes qui avaient suivi l'Amiral, et des officiers du roi plus nombreux encore, qui d'ordinaire se montent la tête plus que d'autres, devait être jugée et tenue par eux plus dure et plus insupportable que si c'étaient des gouverneurs de notre propre nation qui l'avaient faite ou ordonnée[16].

---

nació Cristóbal Colón ?, Palma de Mallorca, El Tall editorial, 1991, p. 27-28 ; A.-É. Paoli Cesarini, *op. cit.*, p. 11 ; J. Chiari, *op. cit.*, p. 37.

13 Nous pensons, par exemple, à Gonzalo Fernández de Córdoba y Aguilar. En tant qu'Andalou (et donc ressortissant de la Couronne de Castille), il occupa cette charge à Naples pour le compte de l'Aragon de 1504 à 1507.

14 « [...] se concedió al dicho almirante, que a la sazón no era subdito » [« elle [la Capitulation] a été accordée audit amiral qui, à l'époque, n'était pas un sujet »]. L. de Torre y Franco-Romero, *op. cit.*, p. 235-236.

15 « [...] por ser como era hombre pobre y estrangero destos reinos ». Cité dans C. Fernández Duro, *Colón y Pinzón*, Madrid, Imprenta y Fundación de Manuel Tello, 1883, p. 247.

16 « [...] como el Almirante y sus hermanos eran extranjeros y solos, y gobernaban á gente española, que aunque á sus naturales es subyectísima, pero ménos humilde y paciente y

Dans un autre passage, le dominicain oppose également les « Espagnols » à l'Amiral : « On ajoutait une autre caractéristique qui le [Christophe Colomb] défavorisait davantage encore, à savoir qu'il était étranger et ne jouissait pas de faveur en Castille, raison pour laquelle les Espagnols, et surtout les gens de qualité, qui sont par nature plus hautains, ne l'aimant pas, ne le tenaient pour rien ou presque[17] ».

Colomb était-il dit « étranger » dans la couronne de Castille car il était originaire de la couronne voisine ou bien parce qu'il venait d'un territoire tiers ? Il est difficile de trancher cette question lexicale précise avec les seules sources à notre disposition. Néanmoins, en 1500, le navigateur, alors déchu, se lamente auprès des Rois Catholiques, leur rappelant qu'il est venu les servir « de si loin[18] ». Cette expression reste ambiguë mais suggère davantage une extériorité à la péninsule. D'ailleurs, il est loisible de se demander pourquoi le navigateur, s'il était natif d'un territoire de la couronne d'Aragon, n'a pas proposé ses services à Ferdinand II avant de le faire à Jean II du Portugal. Il est vrai que le pays lusophone était alors très réputé pour ses marins d'exception et son goût pour les découvertes. Quoi qu'il en soit, les deux hypothèses autour du terme « étranger » n'invalident nullement les prétentions corses : né sur l'île de beauté dans les dernières années de la domination aragonaise, le futur Amiral aurait pu se prévaloir de cette « nationalité », tandis que, natif de Calvi, partie intégrante de la République de Gênes comme nous le verrons en détail par la suite, il était aussi, bien entendu, un « étranger » dans le sens courant que nous lui donnons aujourd'hui.

---

más dura de cerviz para tener sobre sí superiores de estraña nacion que otra, mayormente hallándose fuera de sus tierras, [...], y por tanto, cualquiera cosa que no fuese á sabor de todos, en especial de muchos caballeros que con el Almirante habian ido y mucho más de los oficiales del Rey, que suelen subir con sus pensamientos más que otros, habia de serles juzgada y tenida por dura y ménos sufrible que si la hicieran ó ordenaran otros gobernadores de nuestra propia nacion ». B. de Las Casas, *op. cit.*, t. II, chap. CI, p. 80-81 [*Histoire des Indes 1*, *op. cit.*].

17 « Allegábase otra calidad que hacia más desfavorable su partido, conviene á saber, ser extranjero y no tener en Castilla favor, por lo cual, de los españoles, mayormente de la gente de calidad, que en sí son altivos, como no le amasen, era en poco estimado ». *Ibid.*, t. II, chap. X, p. 41 [*Histoire des Indes 1*, *op. cit.*].

18 « [...] de tan lejos ». « Copia literal de una hoja suelta en papel de mano del Almirante D. Cristóbal Colon, escrita al parecer, cuando le trajeron preso », *Colección de los viages y descubrimientos que hicieron por mar los españoles desde fines del siglo* XV, *op. cit.*, t. II, p. 255.

LE MAJORAT DE 1498

Si Christophe Colomb n'était probablement pas castillan mais originaire d'un territoire aragonais ou bien d'ailleurs, il existe une source dans laquelle il affirme clairement être né dans la ville de Gênes : le majorat du 22 février 1498. Ce document, qui vise à transmettre à Diego Colón la propriété de certains biens et rentes, stipule les points suivants :

> [...] afin que Dieu Notre Seigneur Tout-Puissant soit servi, pour l'établissement de mon lignage et en souvenir des services que j'ai rendus à Leurs Altesses, car, étant né à Gênes, je suis venu les servir en Castille, et je leur ai découvert au ponant la terre ferme des Indes et les îles susdites.
> [...]
> *Item* : j'ordonne audit don Diego, mon fils, ou à la personne qui héritera ledit Majorat de toujours avoir et soutenir, dans la ville de Gênes, une personne de notre lignage qui y ait femme et maison, et de lui fournir un revenu qui lui permette de vivre honorablement [...], parce que c'est de là que je viens et où je suis né[19].

L'affaire paraît entendue : l'Amiral était génois et il n'y a pas lieu de poursuivre plus avant nos investigations. Pourtant, les apparences s'avèrent trompeuses. Tout d'abord, il est surprenant de constater que l'auteur de ce document s'adresse aux deux monarques, la reine Isabelle et le roi Ferdinand, mais aussi au prince héritier Jean[20], lequel est décédé quelques mois auparavant. Par ailleurs, n'y figurent aucune indication de lieu ni l'une des signatures formelles de Christophe Colomb. La sibylline mention « L'Amiral », si elle n'est point inhabituelle, ne manque pas

---

19 « [...] porque sea servicio de Dios Todopoderoso y raíz y pie de mi linage y memoria de los servicios que á sus Altezas he hecho, que siendo yo nacido en Génova les vine á servir aquí en Castilla, y les descubrí al Poniente de tierra-firme las Indias y las dichas islas sobredichas. [...] Item : mando al dicho D. Diego, mi hijo, ó á la persona que heredare el dicho Mayorazgo, que tenga y sostenga siempre en la ciudad de Génova una persona de nuestro linage que tenga allí casa é mujer, é le ordene renta con que pueda vivir honestamente, [...] pues que della salí y en ella nací ». *Relaciones y cartas de Cristóbal Colón*, Madrid, Librería de la viuda de Hernando y C^{a}, 1892, p. 248, 254.

20 « [...] y asimismo lo suplico al Rey y á la Reina nuestros Señores, y al Príncipe D. Juan, su primogénito nuestro Señor » [« et de même je prie le Roi et la Reine, nos Seigneurs, et le Prince Jean, leur fils aîné, notre Seigneur »]. « Institución del Mayorazgo », *Colección de los viages y descubrimientos que hicieron por mar los españoles desde fines del siglo* XV, *op. cit.*, t. II, p. 228.

d'étonner dans un document de cette importance[21]. Certains chercheurs soulignent également la suspecte et peu naturelle insistance sur le lieu de naissance dans l'expression « c'est de là que je viens et où je suis né[22] ». Enfin, fait plus étrange, dans le testament qu'il remet devant témoins au notaire royal Pedro de Hinojedo à la veille de sa mort en mai 1506, le navigateur affirme avoir rédigé « une ordonnance ou majorat de [s]es biens » lors de son départ d'Espagne en 1502[23]. Nulle mention du document de 1498 comme s'il n'existait pas. Le mandement de 1502 ayant disparu, la succession de Colomb fut réglée en suivant le testament du 19 mai 1506, lequel transmettait l'héritage uniquement par voie masculine, sauf en cas de disparition totale de celle-ci : « Et que n'héritent pas les femmes, sauf si on en vient à ne plus trouver d'hommes ; et si cela devait arriver, que ce soit la femme la plus proche de ma lignée[24] ». Le 28 janvier 1578, l'arrière-petit-fils du navigateur décède sans laisser de descendant masculin. C'est alors, face à cette situation inédite et aux différends successoraux, qu'apparaît opportunément ce fameux majorat de 1498, dont personne n'avait connaissance jusque-là, pas même, visiblement, son supposé auteur[25]. Le document ne fut d'ailleurs pas pris en considération par le tribunal chargé de statuer sur la succession en raison de son manque de fiabilité[26].

---

21 « El Almirante ». « Institución del Mayorazgo », *Ibid.*, t. II, p. 235.

22 C. García de la Riega, *Cristóbal Colón ¿español ?*, Madrid, Establecimiento tipográfico de Fortanet, 1899, p. 9 ; P. Graziani, « Christophe Colomb et la Corse (seconde partie) », *La Revue de la Corse historique, littéraire, documentaire et bibliographique*, 3e année, n° 15, mai-juin 1922, p. 72.

23 « Cuando partí d'España el año de quinientos e dos yo fize una ordenança e mayorazgo de mis bienes » [« Quand j'ai quitté l'Espagne en l'an 1502, j'ai fait une ordonnance ou majorat de mes biens »]. P. de Ennoxedo, « Testamento y Codicilo de Cristóbal Colón », *Biblioteca Virtual Universal*, 2006, https://www.biblioteca.org.ar/libros/132187.pdf (consulté le 08/02/2021).

24 « E non herede mujer, salvo si non faltase non se fallar hombre ; e si esto acaesçiese, sea la muger más allegada a mi linia ». *Ibid.*

25 Un autre document, daté du 28 septembre 1501, confirmerait ledit majorat de 1498. Il est lui aussi fort douteux. Signé par le secrétaire royal Fernán Álvarez de Toledo Zapata, qui n'occupait plus cette fonction depuis 1497, les deux copies conservées sont incomplètes : seules nous sont parvenues la première et la dernière pages…

26 Plusieurs auteurs, souvent partisans de l'hypothèse calvaise, avaient déjà relevé ces incohérences depuis la fin du XIXe siècle. Lire : T. Colonna Ceccaldi, « Christophe Colomb revendiqué par une ville de Corse », *Le Temps*, 29e année, n° 10284, mardi 2 juillet 1889, p. 3 ; L. de Torre y Franco-Romero, *op. cit.*, p. 228-231 ; C. de Giafferi, « La patrie de Christophe Colomb ou l'art d'accommoder les textes », *Le Pascal Paoli*, 50e année, n° 2057, 27 août 1932, p. 1 ;

Un autre document à valeur testamentaire est fréquemment cité pour démontrer les liens affectifs qu'entretenait Christophe Colomb avec la ville de Gênes : la lettre que le navigateur aurait envoyée le 2 avril 1502 à l'Office de Saint-Georges, une très puissante institution financière génoise. Après avoir affirmé que son « corps est ici [à Séville] », tandis que « son cœur est tout le temps là-bas [à Gênes][27] », il charge son fils Diego « d'[y] envoyer le dixième [de ses revenus] chaque année et pour toujours afin de réduire la gabelle sur le blé, le vin et d'autres produits comestibles[28] ». Néanmoins, deux ans plus tard (le 27 décembre 1504), dans une autre lettre adressée à Nicolò Oderico, ancien ambassadeur de Gênes auprès des Rois Catholiques, Christophe Colomb s'étonne de n'avoir point reçu de réponse de l'Office de Saint-Georges :

> À cette époque également, j'ai laissé à Francisco de Ribarol [il faut lire Riberol] un livre de traductions de lettres et un autre de mes privilèges [...] et deux lettres pour l'Office de Saint-Georges, auquel j'ai attribué le dixième de mes rentes pour réduire les droits sur le blé et d'autres fournitures : de tout cela, je n'ai pas de nouvelles. Messire Francisco dit que tout y est arrivé sans dommage. Si c'est le cas, il est discourtois de la part des Seigneurs de Saint-Georges de ne pas avoir donné de réponse, et pour cette raison, ils n'ont pas perçu leurs revenus[29].

Pourtant, le 8 décembre 1502, huit mois après l'envoi de la missive colombine, l'Amiral et son fils Diego ont chacun été destinataires, de

C. de Giafferi, « La patrie de Christophe Colomb ou l'art d'accommoder les textes », *Le Pascal Paoli*, 50e année, n° 2059, 10 septembre 1932, p. 1 ; A. Bernardini-Sjœstedt, *Christophe Colomb*, Paris, Les Sept Couleurs, 1961, p. 43 ; G. Garrigue, *op. cit.*, p. 25-26.

27 « [...] bie(n) q el coerpo and(e) aca el coraço(n) esta ali de c(on)tinuo ». *Lettere di Cristoforo Colombo, autografi conservati nel Palazzo Municipale di Genova*, Génova, Município de Génova, 1912.

28 « [...] yo d(e)so ad(on) diego my fijo q d(e) la renta toda q se obiere q os acuda ali co(n) el diezmo de toda ella cada hu(n) año p(ar)a sie(m)pre p(ar)a e(n) descue(n)to de la renta del trigo y bino y tras bitualias comederas ». *Ibid.*

29 « Tambien á ese tiempo dejé á Francisco de Ribarol un libro de translados de cartas y otro de mis privilegios [...] y dos cartas para el oficio de S. Georgi, al cual atribuía yo el diezmo de mi renta para un descuento de los derechos del trigo y otros bastimentos : de nada de esto todo sey nuevas. Micer Francisco diz que todo llegó allá en salvo. Si ansí es, descortesía fue desos Señores de S. Georgi de non haber dado respuesta, ni por ello han acrescentado la hacienda ». « Carta de D. Cristóbal Colon al Sr. Nicolás Oderigo diciéndole que al volver de su viage no habia encontrado contextación á las cartas que dejó escritas ; y le habla de otros negocios familiares », *Colección de los viages y descubrimientos que hicieron por mar los españoles desde fines del siglo* XV, *op. cit.*, t. II, p. 303.

la part des autorités de la banque, d'une lettre de remerciements et de demande de mise en place du paiement :

> […] une lettre de Votre Excellence [Christophe Colomb], qui nous a donné une satisfaction fort singulière, vu que, selon elle, comme il convient à votre nature, vous êtes, Votre Excellence, affectueux envers votre patrie d'origine, à laquelle vous montrez un amour et une affection singuliers, […] ayant ordonné à votre plus illustre fils don Diego que le dixième de tous ses revenus annuels soit utilisé dans cette ville pour le paiement des impôts, du grain et du vin et d'autres victuailles[30] […]
>
> L'Excellence du grand Amiral votre Père, par sa lettre datée du deux avril et, plus largement, par le rapport du digne M. Nicolò de Oderigo, […] nous a fait comprendre combien sa charité est grande, et combien sa volonté est bonne envers sa patrie natale ; […] parce qu'il semble avoir ordonné à votre Excellence [Diego Colón] que, des fruits de votre rente, chaque année vous devez en envoyer un dixième à cette ville afin d'être utilisé pour le paiement de la gabelle sur les céréales, le vin et d'autres produits.
> […]
> Nous vous demandons, s'il vous plaît, de mettre en œuvre ce que votre très Excellent Père vous a ordonné de faire concernant cette dîme[31] […]

Le legs n'a jamais été exécuté, ce qui ne manque pas d'étonner l'évêque Agostino Giustiniani dans un ouvrage publié en 1537, quelques mois après sa mort : « Et Colomb, à la fin de sa vie, s'est comporté en bon patriote, car il laissa par testament à l'Office de Saint-Georges la dixième partie

30 « […] una littera de Vostra Claritudine, la quale ne ha data una consolatione singularissima, vedendo per quella vostra Excelentia essere, como è consentaneo a la natura sua, afectionato de questa sua originaria patria, a la quale mostra portar singularissimo amore et carità, […] habiendo ordinato a lo plecarissimo D. Diego vostro figliolo, che de la decima de ogni rendita soa ogni anno debia in questa cità provedere a desbitatione de le gabelle grano et vino et altre vitualie ». « Copia di Lettera scritta dal Magistrato di S. Giorgio al Colombo », *Ibid.*, t. II, p. 284.

31 « La Excellenza dell'Almirante maggior vostro Padre, per sua littera data adi doi di Aprile et più largamente, per relatione del spettabile M. Nicolò de Oderigo, […] ne hà fatto entender quanta sia la sua carità, & ottima volontà verso questa sua primogenia patria ; […] perche pare habbia ordinato à vostra Claritudine, che delli frutti ogni anno Iure vostri, per vna decima debbiate mandare in quella Città, à deputare nella exdebitatione, ò fia desquento delle Gabelle del Grano, Vino, & altre Vittuagli. […] Vi preghiamo ben, che vi piaccia hauer'à mente di metter ad execution quello, che della decima il vostro Eccelentissimo Padre vi hà ordinato […] ». « Lettera dell'Officio di S. Giorgio di Genoua à Don Diego Colombo », *Historie del Sig. Don Fernando Colombo* de Fernando Colombo, Milano, Appresso Girolamo Bordoni, 1614, p. 22-23. Dans cette édition, la lettre est datée du 8 décembre 1511, visiblement une erreur provenant de la graphie « II » qui peut se comprendre comme 11 ou 2.

de ses revenus à perpétuité, bien que ledit Office (je ne sais pour quelle raison) n'ait tenu aucun compte de ce legs et n'ait rien fait pour l'obtenir[32] ».

Que penser de ces échanges épistolaires autour de la donation colombine avortée ? Nous pouvons estimer, tout d'abord, que l'ensemble des lettres est le produit d'une falsification plutôt bien menée, dont le but est d'affermir les liens de l'Amiral avec Gênes. Ce ne serait pas la première fois. Les documents apocryphes sont légion en la matière et, dans le seul champ testamentaire, par exemple, un codicille daté du 4 mai 1506 où Christophe Colomb appelle la République de Gênes « [s]a patrie bien aimée[33] » est aujourd'hui largement, pour ne pas dire unanimement, considéré comme un faux[34]. Ainsi, certains chercheurs[35] trouvent suspectes les signatures des lettres du 2 avril 1502 et du 27 décembre 1504. Au bas de la première missive apparaît le long visa suivant : « le grand amiral de la mer océane, vice-roi et gouverneur des îles et de la terre ferme d'Asie et des Indes du roi et de la reine mes Seigneurs, leur capitaine général de la mer et de leur conseil[36] ». Il s'agit d'un paraphe pour le moins surprenant. Le navigateur avait l'habitude de signer sa correspondance par un simple « L'amiral », « Le vice-roi » ou par un monogramme contenant la mention « Xpo ferens ». Cependant, au début d'une lettre datée du 26 octobre 1498,

32 « E Colombo nella norte sua fece como buon patriota, perchè lasciò per testamento all'ufficio di S. Giorgio la decima parte delle sue entrate in perpetuo, banchè l'ufficio predetto (non so per qual cagione) non si ha fatto conto di questo legato, nè ha dato opera averlo ». Giustiniani, Agostino, *Annali della Repubblica di Genova*, Genova, Presso il Libraio Canepa, 1856, t. II, p. 568.

33 « [...] amantíssimæ meæ patriæ Reipublicæ Genuensi ». « Observaciones críticas sobre el codicilo militar que se supone hizo el Almirante D. Cristóbal Colon, y se ha encontrado modernamente en una biblioteca particular de Roma », *Colección de los viages y descubrimientos que hicieron por mar los españoles desde fines del siglo* XV, *op. cit.*, t. II, p. 305.

34 « Observaciones críticas sobre el codicilo militar que se supone hizo el Almirante D. Cristóbal Colon, y se ha encontrado modernamente en una biblioteca particular de Roma », *Ibid.*, t. II, p. 305-311 ; H. Vignaud, *Études critique sur la vie de Colomb avant ses découvertes*, Paris, H. Welter, 1905, p. 271 ; G. Garrigue, *op. cit.*, p. 26.

35 P. Graziani, « Christophe Colomb et la Corse (première partie) », *La Revue de la Corse historique, littéraire, documentaire et bibliographique*, 3e année, nº 14, mars-avril 1922, p. 4 ; J.-J. Bossa, *Christophe Colomb, marin corse, grand initié*, Paris, Buchet/Chastel, 1992, p. 87 ; R. Duprat, *Christophe Colomb était français. Essai sur l'identité du Découvreur*, Paris, Godefroy de Bouillon, 1997, p. 99.

36 « [...] el almirante mayor del mar oçeano y viso rey y gobernador general de las yllas yterra firme de asia e yndias del rey y de la reyna mys S(eño)res ysu capita(n) (g)eneral de la mar y del su c(on)sejo ». *Lettere di Cristoforo Colombo, autografi conservati nel Palazzo Municipale di Genova*, *op. cit.*, s. p.

en réalité un sauf-conduit destiné à l'un de ses compagnons, Francisco Roldán, Christophe Colomb reprend une grande partie de cet intitulé mais, à aucun moment, il ne figure en tant que signature[37]. Deux autres détails du courrier du 2 avril 1502 ne manquent pas de déconcerter : la mention redondante à l'Asie et aux Indes qui, à notre connaissance, est unique, de même que la formulation « capitaine général de la mer et de leur conseil », seulement présente dans le laissez-passer d'octobre 1498. Dans la lettre du 27 décembre 1504 à Nicolò Oderico, c'est la mention « vice-roi » orthographiée « Viso Rey » qui déconcerte quelque peu, Christophe Colomb signant toujours avec la graphie « Virrey »… Bref, ces deux courriers et, en conséquence, leurs réponses, sont sujets à caution[38].

Seconde hypothèse : la correspondance est avérée. Dans ce cas-là, Diego Colón a bien reçu la lettre du 8 décembre 1502, signée par Antonio Gallo, chancelier de l'Office de Saint-Georges, lui demandant de mettre en place le paiement du legs. Or, dans ce courrier, est jointe également la missive destinée à Christophe Colomb. L'expéditeur demande au fils de la transmettre à son père : « Quand vous en aurez le temps et quand il sera présent, vous aurez le plaisir de remettre la lettre, incluse dans celle-ci, que nous écrivîmes à votre Très Excellent père[39] ». Dépossédé de 10 % de sa fortune par cette donation, Diego Colón aurait très bien pu ne pas accomplir cette tâche, ce qui expliquerait le double étonnement de l'Amiral de la mer Océane et d'Agostino Giustiniani face à l'absence de réponse et d'action de Gênes.

---

37 « Yo D. Cristobal Colón, Almirante del Océano, visorey y gobernador perpetuo de las islas y tierra-firme de las Indias por el Rey é la Reina, nuestros Señores, é su capitán general de la mar y de su consejo » [« Moi, don Christophe Colomb, Amiral de l'Océan, vice-roi et gouverneur perpétuel des îles et de la terre ferme des Indes par le Roi et la Reine nos Seigneurs, et leur capitaine général de la mer et de leur conseil »]. « Salvoconducto dado por el Almirante Cristóbal Colón á Francisco Roldán y á los que con él fuesen a presentársele en la ciudad de Santo Domingo », *Relaciones y cartas de Cristóbal Colón*, *op. cit.*, p. 266.

38 Par ailleurs, contestant la véracité des lettres de Christophe Colomb, P. Graziani s'étonne, à son sujet, du « mouvement tardif d'affection admirative pour la Sérénissime République ». Néanmoins, il ne serait pas surprenant que, au terme de sa vie, déchu et abandonné par les Rois Catholiques, l'Amiral de la mer Océane ait pu ressentir le besoin d'honorer sa patrie d'origine. Lire P. Graziani, « Christophe Colomb et la Corse (première partie) », *op. cit.*, p. 49.

39 « La littera che scriuemo a esso Eccelentissimo vostro padre inclusa in questa vi piacerà dargli, quando gli farà la commodità del tempo, & la sua presenza ». « Lettera dell'Officio di S. Giorgio di Genoua à Don Diego Colombo », *Historie del Sig. Don Fernando Colombo*, *op. cit.*, p. 22-23. Nous tenons à remercier chaleureusement Simone Visciola et Giuseppe Lovito pour leur aide lors de la traduction de ce passage.

Que les autorités génoises aient fabriqué de faux documents pour renforcer les liens de Colomb avec la République (première hypothèse) ou que Diego Colón n'ait pas transmis à son père le message de l'Office de Saint-Georges (seconde hypothèse), cela ne change rien quant à une possible naissance de l'Amiral en Balagne. En effet, les courriers ne parlent nullement de Gênes en tant que ville natale de Colomb mais comme sa patrie. Or, Calvi faisait partie intégrante de la République de Gênes à cette époque.

UNE INSCRIPTION ITALIENNE

S'il est impossible de relier Christophe Colomb à la ville de Gênes en toute certitude, de nombreuses déclarations localisent son berceau, cependant, dans la péninsule italienne. Le témoignage le plus vague, celui du chroniqueur et diplomate portugais Rui de Pina, fait de Christophe Colomb un « Italien », sans plus de commentaire[40]. D'autres se montrent un peu plus précis en avançant qu'il était ligurien. Dès 1493, dans deux missives au comte Giovanni Borromeo et au cardinal Ascanio Maria Sforza, Pietro Martire d'Anghiera, proche des Rois Catholiques, se contente ainsi d'un sobre « un certain Christophe Colomb, homme ligurien[41] », un qualificatif qui continue d'apparaître sous sa plume à la fin de la même année dans d'autres lettres adressées au comte Íñigo López de Mendoza y Quiñones et à Fernando de Talavera, respectivement gouverneur et archevêque de Grenade : *« Colomb le Ligurien*[42] ». En 1511, quand l'historien italien publie *De Orbe Novo Decades*, le flou domine toujours : « [...] un certain Christophe Colomb, un Ligurien[43] ».

40 « Christovam Colombo, italiano ». *Crónica de El-Rei D. João II* [avant 1522], cité dans G. Chocano Higueras, *La cuna y orígenes de Cristóbal Colón*, Madrid, Real Academia de la Mar, 2006, p. 107.

41 « Christoforus quidam Colonus, vir ligur ». *Opus epistolarium Petri Marthyris Anglerii*, Lettres CXXX et CXXXIV, cité dans *Ibid.*, p. 108.

42 *« Colonum ligurem ». Opus epistolarium Petri Marthyris Anglerii*, Lettre CXXXIII, cité dans *Ibid.*, p. 108.

43 « Christophorus Colonus quidam Ligur uir ». P. Martire d'Anghiera, *De Orbe Novo Decades. I. Oceana Decas / Décades du Nouveau Monde. I. La décade océane*, éd., trad. et com.

Giovanni Maria Cattaneo[44], Paolo Giovio[45], Torquato Tasso, plus connu en français sous l'appellation Le Tasse[46], et Giovanni Pietro Maffei[47] ne disent pas autre chose.

La situation se précise davantage à travers la mention de la « nation génoise », c'est-à-dire l'appartenance, en tant que citoyen, à la République de Gênes. Le doge Battista Fregoso[48], Marcos Felipe[49], João de Barros[50], Juan de Mariana[51] et Louis Moréri[52] promeuvent cette hypothèse. De son côté, dans un discours prononcé en 1501, Nicolò Oderico considère le navigateur comme son « concitoyen[53] ». Si le terme de « nation » renvoie, du point de vue du droit, à l'ensemble des individus composant un État, d'autres auteurs lui préfèrent son synonyme, « patrie », plus affectif. Néanmoins, nous ne savons pas toujours très bien si, sous leur plume,

---

de B. Hauvin, Paris, Les Belles Lettres, 2003, liv. I, paragr. 3, p. 14-15. – « [...] homine Ligure » [« le Ligure »]. *Ibid.*, liv. I, paragr. 6, p. 18-19.

44 « [...] exacta Columbi deprendit ligures virtus » [« l'admirable valeur du Ligurien Colomb »]. *Genua* [1514], cité dans G. Chocano Higueras, *op. cit.*, p. 117.

45 « Colombus ligur » [« le Ligurien Colomb »]. *Historiarum sui temporis* [1550-1552], cité dans P. Giovio, *Pauli Iovii novocomensis, episcopi Nucerini, Historiarum sui temporis*, Venetiis, apud Cominum de Tridino Montisferrati, 1553, t. II, liv. XXXIII, p. 537.

46 « [...] fils de la Ligurie ». T. Tasso, *La Jérusalem délivrée*, traduction nouvelle et en prose par M. V. Philipon de la Madelaine, Paris, J. Mallet et Cie, Éditeurs, 1841 [1581], ch. XV, octaves 31 et 32, p. 366.

47 « Christophorus Columbus Ligur » [« Christophe Colomb, le Ligurien »]. *Historiarum Indicarum* [1588], cité dans L. Astrana Marín, *Cristóbal Colón. Su patria, sus restos y el enigma del descubrimiento de América*, Madrid, Editorial Voluntad, 1929, p. 101-102.

48 « Christoforus Columbus, natione Genuensis » [« Christophe Colomb, nation génoise »]. *De dictis factisque memorabilibus collectanea* [fin du XVe ou début du XVIe siècle], cité dans G. Chocano Higueras, *op. cit.*, p. 109.

49 Selon les déclarations de l'exécuteur testamentaire de Fernando Colón datées de 1539, un certain Marcos Felipe affirme que, lors des funérailles du fils de l'Amiral de la mer Océane, avaient été convoqués « tous les seigneurs génois de la nation du seigneur don Fernando » [« todos los señores ginoveses de la nacion del Sr. don Hernando »]. H. Harrisse, *D. Fernando Colón, historiador de su padre*, *op. cit.*, p. 159.

50 « Christovão Colom era genovez de nação » [« Christophe Colomb était génois de nation »]. *Década da Ásia* (liv. III, chap. XI) [1552], cité dans G. Chocano Higueras, *op. cit.*, p. 119.

51 « Christoual Colon, Ginoves de nacion » [« Christophe Colomb, Génois de nation »]. J. de Mariana, *Historia General de España*, Toledo, Pedro Rodriguez, impresor del rey nuestro señor, 1601, t. II, liv. XXVI, chap. III, p. 678.

52 Dans une édition du célèbre dictionnaire de Louis Moréri, publiée du vivant de l'auteur, on lit que Christophe Colomb est « Génois de nation ». L. Moréri, *Le grand dictionnaire historique ou le mélange curieux de l'histoire sainte et profane*, Lyon, Jean Girin et Barthélémy Rivière, 1674, p. 306.

53 « Columbo concive nostro » [« Colomb, notre concitoyen »]. Cité dans L. Grillo, *Elogi di Liguri illustri*, Genova, Tipografia dei Fratelli Ponthenier, 1846, t. I, p. 276.

ce terme désigne effectivement la communauté politique au sens large ou, dans une lecture plus restrictive, la seule ville de Gênes. Ainsi, dans un de ses ouvrages, l'évêque Agostino Giustiniani écrit laconiquement « Christophe Colomb génois[54] », avant de préciser quelque peu son propos en parlant « de patrie génoise[55] », tandis que Filippo Casoni, bien plus tard, souligne : « La qualité de ce grand homme et la gloire qu'il a apporté de son vivant à Gênes, sa patrie[56] ». Deux proches du navigateur, Andrés Bernáldez[57] et Bartolomé de Las Casas[58], resserrent la localisation sur « la province de Gênes », un espace moins étendu que l'ample République.

Si Nicolás Monardes maintient une certaine ambigüité en parlant, au sujet de l'Amiral de la mer Océane, d'un homme « originaire de Gênes[59] », le doute n'est plus possible quand les déclarations font référence explicitement à la ville : « Christophe Colomb, Italien de nation, fut de Gênes, ville de la Ligurie[60] », relate ainsi l'évêque Alessandro Geraldini, tandis qu'Antonio de Herrera y Tordesillas note : « Christophe Colomb [...], né dans la ville de Gênes[61] ». Les propos d'Uberto Foglietta présentent davantage de complexité. Dans *Clarorum Ligurum Elogia*, il écrit « Salut, Christophe Colomb, éternelle gloire des Liguriens et de Gênes, ta patrie[62] » et expose, dans la version traduite en italien de

---

54 « *Christophori Culumbi Genuensis* ». *Psalterium, hebræum, græcum, arabicum et chaldæum...* [1516], cité dans G. Chocano Higueras, *op. cit.*, p. 110.

55 « [...] patria Genuensis ». *Psalterium, hebræum, græcum, arabicum et chaldæum...* [1516], cité dans *Ibid.*

56 « La qualità di questo grand'uomo, e la gloria, che egli vivendo recò a Genova sua Patria ». F. Casoni, *Annali della Repubblica di Genova del secolo decimo sesto*, Genova, Nella Stamperia Casamara, 1799 [avant 1723], t. L, p. 68-69.

57 « [...] natural de la provincia de Génova » [« originaire de la province de Gênes »]. A. Bernáldez, *Historia de los Reyes Católicos D. Fernando y Doña Isabel*, Sevilla, Imprenta de D. José María Geofrin, 1870 [1513], t. II, chap. CXXXI, p. 82.

58 « Fué, pues, este varon escogido de nacion genovés, de algun lugar de la provincia de Génova » [« Cet homme élu était génois de nation, de quelque endroit de la province de Gênes »]. B. de Las Casas, *op. cit.*, t. I, chap. II, p. 42.

59 « [...] natural de Génova ». *Primera y segunda y tercera partes de la Historia medicinal de las cosas que se traen de nuestras Indias Occidentales que sirven en medicina* [1574], cité dans G. Chocano Higueras, *op. cit.*, p. 122.

60 « Christophorus Colonus natione italus e Genua Liguriæ urbe fuit ». *Itinerarium ad regiones sub æquinotiali plaga constitutas* [1522], cité dans *Ibid.*, p. 109.

61 « Christoval Colombo [...], nacido en la Ciudad de Genova ». A. de Herrera, *Descripción de las Indias occidentales*, Madrid, Oficina Real de Nicolás Rodríguez Franco, 1730 [1601-1615], p. 11.

62 « Salve Ligurum ac Genuæ Patriæ sempiternum decus Christophore Columbe ». U. Foglietta, *Vberti Folietæ Clarorvm Ligvrvm Elogia. ad. Iannem. Andream Avriam. Dvcem Clarissimvm,*

son *Historiæ Genuensium*, que « le Nouveau Monde [a été] trouvé par Christophe Colomb, citoyen génois[63] ». S'agit-il de Gênes en tant que ville ou fait-il référence à la République ? Il semble que ce soit bien la première acception car, juste après, l'historien poursuit : « Mais tous les exploits accomplis par Colomb ont été d'une gloire infinie pour notre ville[64] » ; « [...] il n'y a pas de ville sous le ciel qui ait été plus clairement illustrée, à l'exception de Rome[65] ». De même, le chancelier de l'Office de Saint-Georges, Antonio Gallo, fait vraisemblablement allusion à la ville de Gênes quand il déclare : « Les frères Christophe et Bartolomé Colomb, Liguriens de nation et Génois[66] ». La précision, « Génois », renvoie à la capitale et non pas à la République[67].

Cependant, Gênes n'est pas la seule ville italienne signalée comme le lieu de naissance de l'Amiral de la mer Océane. Une quinzaine de prétendantes revendiquent cet honneur. Parmi les hypothèses récurrentes, certains auteurs penchent pour Cogoleto (écrit le plus souvent sous sa forme ancienne Cugureo), à 30 kilomètres à l'ouest de la capitale[68],

---

Rome, apud Vincentium Accoltu ; & Valente Panitium Socios, 1574, p. 25.

63 « [...] il nuouo Mondo ritrouato da Christofano Colombo cittadino Genouese ». U. Foglietta, *Dell'Istorie di Genova*, Genova, Apresso gli Heredi di Girolamo Bartoli, 1597, liv. XI, p. 562.

64 « Ma tutto che le cose fatte dal Colombo sieno state di gloria infinita alla nostra città ». *Ibid.*, liv. XI, p. 563.

65 « [...] che non si truoua sotto'l cielo veruna città, che sia da più chiaro allieuo illustrata, eccettuo sempre Roma ». *Ibid.*

66 « Christophorus et Bartholomeus Columbi fratres, natione Ligures ac Genuæ ». *Genuensis Opuscula historica de rebus gestis populi Genuensis, & de navigatione Columbi* [1506], cité dans G. Chocano Higueras, *op. cit.*, p. 109.

67 Ce passage a fait l'objet de beaucoup de commentaires en raison d'une erreur de transcription de Jean Peretti, lequel, volontairement ou pas, avait tronqué le texte original en omettant « Liguriens de nation ». Le terme « Génois », dans ce contexte, pouvait donc renvoyer aussi bien à la ville qu'à la République dans son entier. Sur cette polémique et aux erreurs qui ont perduré jusqu'en 1992, consulter, notamment : J. Peretti, *op. cit.*, 1888, p. 16 ; L.-M. Casabianca, *Le berceau de Christophe Colomb devant l'Institut de France et l'opinion publique*, *op. cit.*, p. 12, 30-31 ; H. Harrisse, *Christophe Colomb, la France et les Corses*, *op. cit.*, p. 9 ; C. de Giafferi et R. Le Gentil, *Le secret de Christophe Colomb*, Paris, Éditions Berger-Levrault, 1937, p. 165 ; J.-J. Bossa, *op. cit.*, p. 75.

68 « Chripstóbal Colom, segun yo he sabido de hombres de su nasçion, fue natural dela provinçia de Liguria, que es en Italia, en la qual cae la cibdad é señoria de Génova : unos diçen que de Saona, é otros que de un pequeño lugar ó villaje, dicho Nervi, que es á la parte del levante y en la costa de la mar, á dos leguas dela misma cibdad de Génova ; y por mas cierto se tiene que fue natural de un lugar dicho Cugureo, çerca dela misma cibdad de Génova » [« Christophe Colomb, comme je l'ai appris de gens de sa nation, était originaire de la province de Ligurie, qui est en Italie, dans laquelle se trouve la ville et seigneurie de Gênes ; les uns prétendent qu'il était originaire de Savone, et les autres

ou hésitent avec Nervi, petite localité à 9 kilomètres de là[69], d'autres évoquent Savone ou ses environs[70] ou, à une centaine de kilomètres

d'un petit endroit ou village appelé Nervi, qui est du côté du levant, au bord de la mer, à deux lieues de la ville de Gênes ; mais l'on croit plus certain qu'il était originaire d'un endroit appelé Cugurco, près de la même ville de Gênes »]. G. Fernández de Oviedo y Valdés, *Historia general y natural de las Indias, islas y tierra-firme del mar océano*, Madrid, Imprenta de la Real Academia de la Historia, 1851 [1535], Part. I, liv. II, chap. II, p. 12. – « Christoforo Colombo (per quello che io n'ho inteso da huomini della fua natione) fu della prouincia della Liguria, doue è Genoua capo : Alcuni dicono, di Sauona : altri d'un picciolo villaggio chiamato Nerui, che è due leghe lungi da Genouá nella riuiera di Leuante ; Ma per piu certo si tiene, che eglo fosse di Cugurco luogo pur presso alla città di Genoua » [« Christophe Colomb (d'après ce que j'ai entendu dire par des gens de sa nation) était de la province de la Ligurie, dont Gênes est la capitale. Certains disent de Savone, d'autres d'un petit village appelé Nervi, qui est à deux lieues de Gênes, sur la côte orientale. Mais il est plus certain qu'il était de Cugureo, un endroit proche de la ville de Gênes »]. Ramusio, Giovanni Battista, *Delle navigationi et viaggi*, Venetia, Appresso I Givnti, 1606 [avant 1557], t. III, p. 64. – « Columbus, natus Cugureo, quod castrum est in territorio Genuensi » [« Colomb, né à Cugureo, qui se situe en territoire génois »]. L. Gambara, *De navigatione Christophori Columbi* [1581], cité dans G. Chocano Higueras, *op. cit.*, p. 124.

69 « Era Christoual Colon natural de Cugureo, o como algunos quieren, de Nerui, aldea de Genoua, ciudad de Italia » [« Christophe Colomb était originaire de Cugureo, ou comme d'autres le disent, de Nervi, un village de Gênes, une ville d'Italie »]. F. López de Gomara, *op. cit.*, p. 18. – « [...] vn hombre, de nacion Ytaliano, llamado Christoual Colon, natural de Cugurco, o Nerui, aldea de Genona » [« un homme, de nation italienne, appelé Christophe Colomb, originaire de Cugureo ou de Nervi, un village de Gênes »]. E. Garibây y Çamálloa, *Compendio historial de las chronicas y vniversal historia de todos los Reynos d'España, donde se escriben las vidas de los Reyes de Castilla, y Leon*, Anvers, a costa d'el Autor, 1571, liv. XVIII, chap. XXX, p. 1339-1340. – « [...] natural de Cogoreo, ou Nervi » [« originaire de Cogoreo ou de Nervi »]. G. Frutoso, *As Saudades da Terra* [1586-1590], cité dans G. Chocano Higueras, *op. cit.*, p. 119. – « Cristóval Colon, italiano, natural de Cuguzco ó Nervi, aldea de Génova, marinero » [« Christophe Colomb, Italien originaire de Cugureo ou Nervi, un village de Gênes, marin »]. J. Victoria, *Catálogo de los Reyes godos de España* [XVIe siècle], cité dans C. Fernández Duro, *Colón y la Historia póstuma*, Madrid, Imprenta y Fundición de M. Tello, 1885, p. 251. – Dans *Les Trois Mondes*, Henri Lancelot Voisin de La Popelinière écrit à plusieurs occasions que Christophe Colomb est « Genois » mais, dans un passage, il précise : « Christofle Colon Genois, d'honnestes & pauvres parens de Savonne ou Nervi, ou bien de Cugureo ». H. Lancelot Voisin, *Les Trois Mondes*, éd. et annot. par A.-M. Beaulieu, Genève, Librairie Droz, 1997 [1582], p. 76, 227, 280, 376.

70 « Christoval Colon, Ginoves, natural de Saona » [« Christophe Colomb, Génois, originaire de Savone »]. L. Galíndez de Carbajal, *Memorial ó registro breve de los lvgares donde el Rey, y la Reyna Catolicos, Nos Sres, que hayan gloria, estuvieron cada año dende el año de sesenta é ocho en adelante...*, 1775 [avant 1528], s. p. – « [...] don christoval de colon siempre oyo dezir que era de la señoria de genova, de la çibdad de saona » [« il a toujours entendu dire qu'il était de la seigneurie de Gênes, de la ville de Savone »]. R. Barreda [1535], cité dans Astrana Marín, Luis, *op. cit.*, p. 9. – « Que conoció al padre del virrey don Diego Colón y Toledo, el cual era natural de la Saona, que es una villa cerca de Genova » [« Qu'il a connu le père du vice-roi Diego Colón y Toledo, lequel était originaire de

plus au nord, Cuccaro dans le Montferrat[71]. La plupart du temps, le lecteur impatient de connaître les origines du célèbre navigateur doit, néanmoins, se contenter d'un maigre « Génois[72] », aussi générique que

Savone, une ville près de Gênes »]. D. Méndez [1535], cité dans R. Cúneo-Vidal, *Cristóbal Colón, Genovés*, Barcelona, Casa Editorial Maucci, 1928, p. 195-196. – « Que conoció al abuelo del postulante, el cual era natural de la Saona » [« Qu'il a connu le grand-père du requérant, lequel était originaire de Savone »]. P. de Azaña, [1525], cité dans *Ibid.*, p. 196. – « Qvis non miretur hac honestissima fronte hominem, qui inusitata animi magnitudine portentosoque immensi ingenij vigore valuerit, aspero ignobilique Arbizolo Liguriæ vico iuxta Sauonam nasci potuisse ? » [« Qui ne s'étonnerait pas qu'un homme d'une telle noblesse de visage, d'un courage inouï et d'une vigueur mentale prodigieuse, ait pu naître à Arbizolo, un village ligurien pauvre et inconnu, près de Savone ? »]. P. Giovio, *Elogia Virorum literis illustrium*, Basil., Petri Pernæ typographi, 1577 [1546], p. 193. – « Y don Chistoval Colon [...] fue natural de Albizolo cerca de Saona » [« Et don Christophe Colomb [...] était originaire d'Albizolo près de Savone »]. G. Argote de Molina, *Nobleza del Andalvzia*, Sevilla, Fernando Diaz, 1588, liv. II, chap. CXXI, p. 246-247. – Dans son *Historia de las Indias*, Bartolomé de Las Casas évoque la petite île de Saona à plusieurs occasions. B. de Las Casas, *op. cit.*, t. III, chap. VII, VIII, XV, XVII, XVIII, p. 40-41, 44, 46-47, 84, 96-97, 100. Les partisans de la ville ligurienne de Savone y ont vu la preuve « évidente » que Christophe Colomb était originaire de cette localité. Pourtant, l'un des compagnons de l'Amiral, le Savonnais Michele de Cúneo, révèle dans une de ses lettres de 1495 la raison de ce baptême onomastique : « Ainsi, en suivant la côte vers notre demeure, nous avons trouvé, derrière un cap pas trop étendu, une très belle île, que j'ai été le premier à apercevoir. Elle mesure environ 25 lieues de circonférence. Parce qu'elle me plaisait beaucoup, le seigneur Amiral lui donna pour nom la Belle Savonnaise et m'en fit présent » [« Et cossi sequitando la costa verso il nostro casale, trovassimo una isola belissima sopra uno cavo non troppo longinqua, la quale etiam io fui primo a discoprire, la quale gira leghe XXV, in circa, et etiam per mio amore a ella il signor almirante pone nome la Bella Saonese et me ne fece uno presente »]. Cité dans L. Astrana Marín, *op. cit.*, p. 216.

71 « [...] fue nacido de los señores del' castillo de Cucaro » [« il est issu des seigneurs du château de Cucarro »]. F. de Medina Nuncibay [milieu du XVIe siècle], cité dans G. Chocano Higueras, *op. cit.*, p. 127. – « [...] nato nel castello de Cúccaro, sul Montferrato » [« né dans le château de Cucarro, dans le Montferrat »]. I. Donesmondi, *Istoria ecclesiastica di Mantova* [1613-1616], cité dans F. R. de Uhagón, *La patria de Colón según los documentos de las órdenes militares*, Madrid, Librería de Fernando Fé, 1892, p. 12. – « Cristoforo Colombo, la cui famiglia era di Cuccaro » [« Christophe Colomb, dont la famille était de Cuccaro »]. G. A. Malabaila di Canale, *Compendio historiale della citta d'Asti* [1638], cité dans *Ibid.*

72 « Cristoforo Colombo zenovese » [« Christophe Colomb, Génois »]. A. Trivigiano, *Libretto de tutta la nauigatione de Re de Spagna de le isole et terreni nouamente trovuati* [1504], cité dans G. Chocano Higueras, *op. cit.*, 2006, p. 111. – « [...] genuensi » [« Génois »]. Battista Spagnoli [début du XVIe siècle], cité dans *Ibid.*, p. 117. – « Christophoro Colombo zenouese » [« Christophe Colomb génois »]. F. de Montalboddo, *Paesi novamente retrovati et novo mondo da Alberico Vesputio Florentino intitulato*, Milan, 1512, liv. IV, chap. 84, p. 72, https://gallica.bnf.fr/ark :/12148/bpt6k58988n/f156.item (consulté le 05/04/2021). – « Christophoro Columbo Genuensi » [« Christophe Colomb Génois »]. B. Senarega, *De rebus genuensibus comentaria ab anno 1488 usque ad annum 1514* [1514], cité dans G. Chocano Higueras, *op. cit.*, p. 111-112. – « [...] figlio del Colombo Genovese » [« fils du Colomb génois »].

polysémique, d'autant que, dans l'Espagne du XVIe siècle, ce terme s'appliquait indistinctement à tout ressortissant italien. Comme le signale Guadalupe Chocano Higueras, lors d'un procès pour la succession de Christophe Colomb le 29 novembre 1594, le prétendant italien exprima le point de vue suivant : « [...] c'est une chose commune et une façon de parler dans cette Cour et dans toute l'Espagne, quand on parle des Italiens, de les appeler Génois, même si les personnes dont on parle et à qui on fait référence sont siciliennes, milanaises, lombardes ou d'autres provinces de l'Italie, et non pas originaires de Gênes, de sa région et de sa République[73] ».

C'est précisément cette incertitude concernant un homme aussi important du point de vue historique qui a généré tous les fantasmes. Si la plupart des auteurs ne font que reprendre les propos de certains de leurs prédécesseurs sans chercher nullement à les vérifier et à les recouper avec d'autres témoignages, ce qui, il faut en convenir, est assez habituel

---

G. Contarini, *Relazione di Gasparo Contarini ritornato ambasciatore da Carlo V* [1525], cité dans *Ibid.*, p. 117. – « Columbus, genuense » [« Colomb, Génois »]. H. Loris, *De Geographia liber unus* [1527], cité dans *Ibid.*, p. 121. – « Era Colombo genovese » [« Colomb était génois »]. P. Bembo, *Della istoria viniziana di M. Pietro Bembo Cardinale da lui volgarizzata. Libri dodici*, Milano, Dalla Società Tipografica de' Classici Italiani, 1809 [1527-1530], liv. VI, p. 348. – « [...] genouensis » [« Génois »]. P. Coppo, *Portolano delli lochi maritimi et isole del mar Mediterraneo* et fora del stretto de Zibelterra da ponente et tramontana [1528], cité dans G. Chocano Higueras, *op. cit.*, p. 118. – « [...] zenovese » [« Génois »]. P. Coppo, *De Summa Totius Orbis* [1528], cité dans *Ibid.*, p. 118. – « Christoual Colon Genoues » [« Christophe Colomb, Génois »]. A. Doria, *Compendio de los successos que en la vida del Emperador Carlos Quinto, de gloriosa memoria, acontecieron*, 1571 [1529], p. 10, http://bdh-rd.bne.es/viewer.vm?id=0000121593&page=1 (consulté le 05/04/2021). – « Christofano Colombo Genouese » [« Christophe Colomb Génois »]. F. Guicciardini, *La Historia di Italia*, Fiorenza, Loremzo Torrentino Impressor Ducale, 1561 [1537-1540], liv. VI, p. 229. – « D. Cristóbal, genovés » [« Don Christophe, Génois »]. A. de Santa Cruz [1551], *Crónica de los Reyes católicos*, cité dans G. Chocano Higueras, *op. cit.*, p. 119-120. – « Christophoro Colombo, genouese » [« Christophe Colomb, Génois »]. B. Segni, *Storie Fiorentine dall'anno 1527 all'anno 1555* [1555-1558], cité dans L. Astrana Marín, *op. cit.*, p. 101. – « Cristóval Colón, genovés » [« Christophe Colomb, Génois »]. J. Girava, *Dos Libros de Cosmographia* [1556], cité dans dans G. Chocano Higueras, *op. cit.*, p. 121. – « Christopho Columbus Genuenis » [« Christophe Colomb Génois »]. G. Benzoni, *Novæ Novi Orbis historiæ* [1565], cité dans *Ibid.*, p. 120. – « [...] sendo elle Genouez » [« étant génois »]. P. de Mariz, *Dialogos de varia historia...*, Coimbra, na Officina de Antonio de Mariz, 1594, Dialogue IV, p. 371.

73 « [...] es común cosa y manera de hablar en esta Corte, y en toda España, quando se trata y habla de qualesquier italianos, decirles y llamarles genoveses, aunque las tales personas de quien se habla y trata sean sicilianas, milaneses y lombardos o de otras provincias de Italia, y no naturales de Génova ni de su distrito y república ». Cité dans G. Chocano Higueras, *op. cit.*, p. 228-229.

au XVIe siècle, l'imprécision ne manque pas de surprendre quand les chroniqueurs ont, en personne, côtoyé Christophe Colomb, quand ce n'est pas eu accès à certains de ses écrits et évolué dans des milieux généralement bien informés : Pietro Martire d'Anghiera, Bartolomé de Las Casas, Andrés Bernáldez sont quelques-uns de ces hommes-là. Le propre fils du navigateur, Fernando Colón, s'il reconnaît que son père était de « nation génoise[74] », ne semble pas en savoir davantage. En effet, dès le premier chapitre des *Historie*, il aborde la question des origines de son père en rappelant plusieurs hypothèses :

> [...] certains qui, d'une certaine manière, pensent obscurcir sa renommée, disent qu'il était de Nervi, d'autres de Cugureo [Cogoleto], d'autres de Bugiasco [Bogliasco], qui sont toutes de petites localités proches de la ville de Gênes et au bord de la mer, et d'autres, qui veulent l'exalter davantage, disent qu'il était de Savone, d'autres de Gênes ; et même ceux qui l'élèvent le plus le font naître à Plaisance[75] [...]

Puis, expliquant avoir fait des recherches infructueuses à Cogoleto lors d'un voyage dans la péninsule italienne[76], il poursuit :

> [...] et pour mieux me renseigner, en passant par Cugureo [Cogoleto], j'essayai d'obtenir des renseignements de deux frères Colombi, qui étaient les plus riches de ce lieu et dont on disait qu'ils avaient une parenté avec lui [Christophe Colomb] ; mais, comme le plus jeune était plus que centenaire, ils ne surent me donner aucune indication certaine[77] [...]

74 « [...] doue sapeua, che si ritrouauano molti della sua natione Genovese » [« où il savait que se trouvaient beaucoup de gens de sa nation génoise »]. F. Colombo, *Historie del S. D. Fernando Colombo...*, *op. cit.*, chap. V, p. 11.

75 « [...] alcuni, che in una certa maniera pensano oscurare la sua fama, dicono, che fu di Nervi, altri che di Cugureo, & altri che di Bugiasco, che tutti sono luoghi piccoli presso alla città di Genova, & nella sua stessa riuiera : et altri, che vogliono essaltarlo piu, dicono, che era Sauonese, & altri Genouese : & ancor quelli, che piu sagliono sopra il vento, lo fanno di Piacenza ». *Ibid.*, chap. I, p. 2.

76 Fernando Colón ayant voyagé en Italie en 1515, 1521, 1530 et 1531, cette recherche *in situ* est plausible, bien que la mention de deux frères centenaires puisse laisser le lecteur dubitatif quant à la véracité des faits. Lire C. García de la Riega, *Colón, español. Su origen y patria*, *op. cit.*, p. 28 ; A. Rumeu de Armas, « La época de Hernando Colón y su historia del almirante », *op. cit.*, p. 18.

77 « [...] per meglio certificarmi, passando io per Cugureo, procurai di hauere informatione di due fratelli Colombi, che erano i piu ricchi di quel castello, & si diceua ch'erano alquanto suoi parenti : ma, perche il men vecchio passaua i cento anni, non seppero darmi notitia di ciò ». F. Colombo, *Historie del S. D. Fernando Colombo...*, *op. cit.*, chap. II, p. 4.

Il est difficile de croire que Fernando Colón n'ait jamais abordé avec son père la question des origines familiales. Il se justifie en affirmant que l'Amiral « est mort alors qu'[il] n'avai[t] pas eu l'audace ou l'occasion, par respect filial, de le questionner sur de telles choses, ou, pour parler plus franchement, étant jeune homme à cette époque, cela était loin de [s]es préoccupations[78] ». Le futur ecclésiastique avait tout de même 18 ans en 1506 quand s'éteint son père à Valladolid, tous deux venaient de passer de longs mois ensemble lors du quatrième voyage en Amérique en 1502-1503 : ces silences traduisent-ils une réelle méconnaissance du sujet ou tentent-ils de cacher un secret ?

De l'étonnement légitime, les partisans de l'origine calvaise de Christophe Colomb – ils ne seront pas les seuls dans ce cas – vont tomber facilement dans la théorie du complot, pour employer une expression actuellement à la mode. Martin Casanova, parmi les premiers, interprète ces multiples hésitations comme une tentative de cacher le lieu de naissance du navigateur[79], tandis que P. Guitet-Vauquelin, un demi-siècle plus tard, s'interroge : « Faut-il croire que ceux qui possédaient des lumières certaines sur la naissance de Colomb ont volontairement mis ces lumières sous le boisseau[80] » ? A.-Édouine Paoli Cesarini partage ce point de vue. S'appuyant sur les incertitudes de Gonzalo Fernández de Oviedo y Valdés qui disposait, selon elle, de moyens nécessaires à l'établissement de la vérité, elle lance : « Ce n'est pas de la négligence ; ce sont des agissements que les initiés lui imposent[81] ». Celle qui explique s'être mise au travail pour « répondre à une inspiration du Ciel[82] » n'est donc pas loin de croire aux Illuminati… Qui se cacherait donc derrière une telle manipulation historique et quelle en serait la raison ?

78 « […] venne a morte a tempo, che io non haueua tanto ardire, o prattica, per la riuerenza filiale, che io ardissi di richiederlo di cotai cose ; ò, per parlar piu veramente, allhora mi ritrouaua io, come giouane, molto lontano da cotal pensiero ». *Ibid.*, chap. IV, p. 8.

79 M. Casanova, *La vérité sur l'origine et la patrie de Christophe Colomb à Calvi*, *op. cit.*, p. 92.

80 P. Guitet-Vauquelin, « Préface », *La Corse est le berceau de Christophe Colomb* de A.-É. Paoli Cesarini, Bastia, Imprimerie Vve J. Santi et Fils, 1928, p. 7.

81 A.-É. Paoli Cesarini, *Christophe Colomb identifié corse*, Nice, Imprimerie de « l'éclaireur », 1932, p. 149.

82 *Ibid.*, p. 194.

LA LANGUE COLOMBINE

L'hypothèse des origines colombines paraît se resserrer sur l'Italie et, plus précisément sur la République de Gênes, d'autant que, à lire Bartolomé de Las Casas, le castillan n'était pas la langue maternelle du navigateur. À plusieurs reprises, le dominicain signale combien Colomb manquait de vocabulaire dans cette langue, n'en comprenait pas toujours les subtilités et commettait de nombreuses erreurs linguistiques[83]. Andrés Bernáldez ne dit pas autre chose quand il signale que les hommes d'une des expéditions de l'Amiral « se moquaient de sa façon de parler[84] ». Malgré toutes les imperfections, le castillan constitue pourtant, avec le latin, la langue d'écriture de Colomb, du moins la quasi-totalité des documents écrits de sa main à notre disposition (correspondance, annotations en marge de livres[85], etc.) l'est dans ces deux langues. Le navigateur n'a pratiquement jamais rien écrit en italien. Outre une étrange apostille en marge d'un livre de Pline que nous analyserons plus avant, il n'existe qu'une seule note en italien en date du 13 septembre

83 « Todas estas son palabras formales, aunque algunas de ellas no de perfecto romance castellano, como no fuese de su lengua materna del Almirante » [« Ce sont là tous les propos de l'Amiral, même si certains ne sont pas en parfait castillan, car ce n'était pas sa langue maternelle »]. B. de Las Casas, *op. cit.*, t. I, chap. XLVIII, p. 351-352 [*Histoire des Indes 1*, *op. cit.*]. – « [...] parece ser natural de otra lengua, porque no penetra del todo la significacion de los vocablos de la lengua castellana, ni del modo de hablar d'ella » [« il a l'air de quelqu'un d'une autre langue, car il ne pénètre pas tout à fait la signification des vocables de la langue espagnole, ni la façon dont elle est construite »]. *Ibid.*, t. II, chap. CXXXVII, p. 253 [*Histoire des Indes 1*, *op. cit.*]. – « Todas estas son palabras del Almirante, con su humilde, y falto de la propiedad de vocablos, estilo, como que en Castilla no habia nacido » [« Ce sont là toutes les paroles de l'Amiral, dans un style humble et manquant du vocabulaire approprié comme celui d'homme qui n'était pas né en Castille »]. *Ibid.*, t. II, chap. CXLII, p. 281 [*Histoire des Indes 1*, *op. cit.*]. – « Estas son sus palabras, puesto que defectuosas cuanto á nuestro lenguaje castellano, el cual no sabia bien » [« Telles sont ses paroles, défectueuses quant à notre langue castillane, qu'il ne savait pas bien »]. *Ibid.*, t. II, chap. CLI, p. 324 [*Histoire des Indes 1*, *op. cit.*].

84 « [...] hacian burla de su fablar ». A. Bernáldez, *Historia de los Reyes Católicos D. Fernando y Dª Isabel. Crónica inédita del siglo XV*, Granada, Imprenta y librería de D. José María Zamora, 1856, t. II, chap. CXXXI, p. 80.

85 Michel Lequenne a recensé 2 565 apostilles en castillan ou en latin. Une seule est en italien, l'autre, celle de Pline, est un mélange étrange de différentes langues. Voir C. Colomb, *La découverte de l'Amérique. III. Écrits et documents. 1492-1506*, trad. par S. Estorach et M. Lequenne, Paris, La Découverte, 1991, p. 26.

1501 : « *Dopo el peccato delli primi parenti, cadendo l'homo de male en pegio, perdete la simigliança de Dio, et como dice el psalmista, prese similitudine de bestia* », c'est-à-dire, « [a]près le péché de nos premiers parents, l'homme tomba de mal en pis et perdit la ressemblance avec Dieu et, comme le dit le Psalmiste, il se met à ressembler à la bête[86] ». Comment expliquer qu'un supposé Génois n'écrive pratiquement jamais en italien, même quand il s'adresse aux autorités de sa patrie putative ?

Certains chercheurs ont avancé l'idée que le futur Amiral aurait reçu une éducation superficielle. N'était-il pas un fils de lainier selon la thèse officielle ? Mais, dans ce contexte, comment comprendre sa maîtrise plutôt correcte du latin[87] ? N'était-ce pas la langue des érudits ? Les partisans de l'origine génoise répondent qu'il existait autrefois un latin commercial que les Espagnols surnommaient précisément le « latin génois ». Colomb aurait donc très bien pu l'apprendre par l'expérience directe de son métier. D'ailleurs, parmi ses papiers, n'a-t-on pas retrouvé une lettre de Nicolao Adriani, l'un de ses amis génois, écrite dans cette langue[88] ? Autre hypothèse : Colomb aurait pu oublier sa langue maternelle après de nombreuses années passées à l'étranger. Si cela reste possible pour un enfant tôt déraciné, c'est peu vraisemblable, en revanche, pour quelqu'un ayant quitté Gênes à plus de 25 ans, toujours selon la thèse officielle. À cet âge-là, on ne perd pas sa langue maternelle, tout juste peut-elle se déformer au fil du temps au contact d'autres idiomes[89].

Toutes ces conjectures ne prennent pas en compte quelques données qui, à notre avis, s'avèrent plus pertinentes. Au XVe siècle, l'italien, c'est-à-dire le toscan, était loin de s'être imposé dans l'ensemble de la péninsule où l'on continuait de parler une quinzaine de dialectes[90] à

---

86 C. Colón, *Libro de las Profecías*, Madrid, Testimonio Compañía Editorial, 1984, f° 58.

87 S. de Madariaga, *op. cit.*, p. 76.

88 M. Serrano y Sanz, *El archivo colombino de la Cartuja de las Cuevas. Estudio histórico y bibliográfico*, Madrid, Tipografía de Archivos, 1930, p. 118.

89 C. García de la Riega, *Cristóbal Colón ¿español?*, *op. cit.*, p. 11-12 ; C. Horta y Pardo, *op. cit.*, p. 58-59 ; Á. De Altolaguirre y Duvale, *¿Colón español? Estudio histórico-crítico*, Madrid, Imprenta del Patronato de Huérfanos de Intendencia e Intervención Militares, 1923, p. 36 ; R. Menéndez Pidal, « La lengua de Cristóbal Colón », *Bulletin Hispanique*, t. XLII, n° 1, 1940, p. 25 ; J. Chiari, *op. cit.*, p. 50.

90 G. Chocano Higueras, *op. cit.*, p. 35 ; A. Enseñat de Villalonga, « El genovesismo de Colón corroborado por los auténticos documentos colombinos », *Hidalguía*, año LIX, n° 352-353, 2012, p. 353 ; A. Enseñat de Villalonga, *Cristóbal Colón : Noble genovés, Grande de España*, Madrid, Marcial Pons, 2018, p. 63-64.

côté du latin qui demeurait la langue de culture[91]. Christophe Colomb aurait pu méconnaître le toscan, mais pas le ligurien. Néanmoins, cette hypothèse s'accorde mal avec le fait que la République de Gênes utilisait déjà officiellement, à l'époque, la langue qui allait devenir « nationale[92] ». Si le navigateur maîtrisait le latin, il serait surprenant que ce ne fût pas le cas du toscan, quoiqu'un individu puisse très bien parler une langue, voire la lire, sans pour autant l'écrire[93]. Cette supposition expliquerait pourquoi il n'emploie pratiquement jamais le toscan pour rédiger des lettres intimes et des notes personnelles, tandis que le castillan, malgré les nombreuses lacunes et erreurs, se serait imposé lors de son passage au service des Rois Catholiques. Le castillan est, d'ailleurs, une langue que Colomb a adoptée assez tôt. En effet, en 1481, alors qu'il vit toujours au Portugal avec son épouse lusitanienne dans l'espoir que le roi Jean II accepte son projet, il remplit de notes castillanes son exemplaire de l'*Historia Rerum Ubique Gestarum* du pape Pie II[94]. Où et quand l'a-t-il appris ? C'est un autre mystère. Nous savons seulement que l'élite portugaise considérait alors le castillan comme une langue de culture[95] et qu'il est possible que le navigateur l'ait acquise durant son séjour dans le pays.

Cette connaissance, même imparfaite de plusieurs langues, n'est finalement pas très surprenante dans le cas de Colomb. En effet, au XVe siècle, un marin méditerranéen était amené à utiliser, du fait des origines multiples des équipages, une sorte de *koinè*, c'est-à-dire un langage élaboré à partir de la combinaison de plusieurs idiomes et dialectes, une langue composite, un espéranto maritime intégrant de nombreuses langues romanes, dont le catalan, le castillan, le portugais et divers dialectes italiens[96]. La présence de nombreux catalanismes,

91 A. Enseñat de Villalonga, « El genovesismo de Colón corroborado por los auténticos documentos colombinos », *op. cit.*, p. 353.

92 J.-M. Arrighi, *Histoire de la langue corse*, Quintin, Éditions Jean-Paul Gisserot, 2002, p. 45.

93 E. Bayerri y Bertomeu, *op. cit.*, 1961, p. 544 ; J. Arce, « Sobre la lengua y el origen de Colón (A vueltas con la tesis de Madariaga) », *Arbor*, vol. 96, n° 275, 1977, p. 125 ; A. Enseñat de Villalonga, *Cristóbal Colón : Noble genovés, Grande de España*, *op. cit.*, p. 63.

94 C. Lignières, « La mystérieuse origine de Christophe Colomb », *Mémoires de l'Académie de Nîmes*, VIIe série, t. LIV, années 1951-1960, 1961, p. 202 ; R. Menéndez Pidal, *op. cit.*, p. 4.

95 Menéndez Pidal, Ramón, *op. cit.*, p. 13.

96 C. Varela, *Cristóbal Colón. Retrato de un hombre*, Madrid, Alianza Editorial, 1992, p. 68 ; J. Gutiérrez Cuadrado, « Volviendo sobre la lengua de Colón », *Lengua y literatura en la*

lusitanismes, italianismes dans le castillan de Christophe Colomb[97] s'explique, en partie, par cet héritage, de même que, bien entendu, par ses séjours avérés dans la péninsule ibérique. Une note autographe de l'Amiral, rédigée dans une des marges de l'*Histoire naturelle* de Pline l'Ancien[98], pourrait constituer un témoignage écrit de cette *koinè*.

En 1891, le juriste et universitaire Simón de la Rosa y López, auteur d'un catalogue raisonné de la Bibliothèque Colombine de Séville, qui contient des ouvrages rares sur la « découverte » de l'Amérique et des manuscrits écrits par Colomb lui-même, retranscrit pour la première fois cette annotation. Si les spécialistes s'accordent sur son authenticité[99], la brève remarque colombine de soixante mots s'avère fort étrange car elle semble mêler, sans grande cohérence, des vocables provenant de plusieurs langues romanes. Usant d'un euphémisme, Simón de la Rosa y López y voit de « l'italien ancien[100] », tandis que d'autres chercheurs, plus incisifs, signalent « un fort mauvais italien[101] », un « piètre italien[102] », une « bigarrure hispano-italienne[103] », « une phrase informe écrite dans une langue barbare[104] », « un comique galimatias, ragoût d'italien, castillan et portugais [...] fruit d'un instant passager d'aberration mentale[105] ». Cette apostille de Christophe Colomb a fait l'objet de multiples retranscriptions postérieures qui ne sont pas toujours fidèles à l'autographe

---

época de los descubrimientos, ed. T. Berchem y H. Laitenberger, Valladolid, Junta de Castilla y León, 1994, p. 239 ; G. Chocano Higueras, *op. cit.*, p. 36 ; P. Remy-Wilkin, *op. cit.*, p. 96 ; A. Enseñat de Villalonga, *Cristóbal Colón : Noble genovés, Grande de España*, *op. cit.*, p. 65.

97 R. Cúneo-Vidal, *op. cit.*, p. 163-165 ; J. Horrent, « La langue de Christophe Colomb et l'italien », *Revue des langues vivantes*, 12e année, 1946, p. 225 ; J. Arce, *op. cit.*, p. 125.

98 Il s'agit d'un exemplaire imprimé à Venise en 1489 et traduit du latin en italien par le Florentin Cristoforo Landino.

99 S. de Rosa y López, *Libros y autógrafos de D. Cristóbal Colón*, Sevilla, Imprenta de E. Rasco, 1891, p. 14-15 ; C. Lignières, *op. cit.*, p. 216. – Cela n'empêche pas Enrique Bayerri y Bertomeu de penser que l'auteur de « ces gribouillages » [« aquellos garabatos »] ne peut être qu'un « jeune garçon ou une personne oisive qui a voulu jouer un sale tour » [« algún muchachuelo o algún desocupado que se propuso jugar una mala pasada »]. E. Bayerri y Bertomeu, *op. cit.*, p. 542.

100 « [...] italiano antiguo ». S. de Rosa y López, *op. cit.*, p. 14.

101 G. Garrigue, *op. cit.*, p. 67.

102 « [...] cattivo italiano ». P. Peragallo, *Disquizioni colombine*, Lisbona, Tipografia Nazionale, 1893, p. 10.

103 J. Horrent, *op. cit.*, p. 229.

104 « [...] una frase informe escrita en una lengua bárbara ». E, Bayerri y Bertomeu, *op. cit.*, p. 542.

105 S. de Madariaga, *op. cit.*, p. 73-74.

original[106], induisant en erreur, volontairement ou pas, ceux qui ont tenté d'en proposer une traduction et, par-là, d'indiquer les emprunts linguistiques. Pour éviter tout écart, voici le relevé exact de la phrase marginale, dont une photo est reproduite dans l'ouvrage de Simón de la Rosa y López[107] :

> *del ambra es çierto nascere in india soto tierra he yo ne ho fato cauare in molti monti in la isola de feyti bel de ofir bel de cipango, a la quale habio posto nome spagnola y ne o trouato pieça grande como el capo, ma no tota chiara, salvo de chiaro, y parda y otra negra, y vene asay*[108]

Malgré la confusion langagière, toute personne connaissant plusieurs langues romanes, même sommairement, peut parvenir à une compréhension globale de la note précédente. Sa traduction n'est donc pas la principale difficulté, bien que, ponctuellement, certains mots suscitent des interrogations. Le problème que pose cette annotation relève davantage de la multitude d'interprétations partisanes qu'elle génère. Il apparaît donc essentiel, tout d'abord, de reprendre l'apostille mot par mot et de signaler les langues dans lesquelles chaque vocable présente la morphologie donnée dans le sens de traduction correct. Ce travail est loin d'être aisé car, à la fin du XVe siècle, les formes linguistiques ne sont pas encore standardisées. Néanmoins, il est possible de parvenir à un schéma général acceptable, transposé sous forme de tableau pour une meilleure lisibilité :

---

106 Les modifications du texte sont parfois infimes mais elles peuvent induire des interprétations différentes. Voir, par exemple : R. Cúneo-Vidal, *op. cit.*, p. 212 ; L. Astrana Marín, *op. cit.*, p. 70 ; A.-É. Paoli Cesarini, *Christophe Colomb identifié corse*, *op. cit.*, p. 101-102 ; C. de Giafferi et R. Le Gentil, *op. cit.*, p. 227-228 ; P. Balsac, *op. cit.*, p. 25 ; A. Bernardini-Sjoestedt, « Contribution à l'étude des origines de Christophe Colomb », *Corse Historique*, 1re année, n° 4, 1953, p. 11 ; J. Chiari, *Corsica : Columbus's Isle*, London, Barrie and Rockliff, 1960, p. 80 ; R. Mattei, *Christophe Colomb est corse*, Ajaccio, Imprimerie Siciliano, 1976, p. 102-103 ; L. Saladini, *op. cit.*, p. 13 ; R. Massoni, *Christophe Colomb. Calvais – Corse – Génois*, Paris, Nouvelles Éditions Latines, 1992, p. 77-78.

107 Cette phrase se déploie, dans l'autographe colombin, sous la forme d'une colonne.

108 S. de Rosa y López, *op. cit.*, p. 14.

	Texte original	latin	italien (toscan)	castillan	portugais	catalan	galicien	corse	Traduction française
1	*del*		x	x		x			de l'
2	*ambra*		x					x	ambre
3	*es*			x		x			il est
4	*çierto*			x					certain
5	*nascere*		x						qu'il y en a/qu'on en trouve [naître]
6	*in*	x	x					x	dans les
7	*india*	x	x	x	x	x	x	x	Indes
8	*soto*		x (*sotto*)						sous
9	*tierra*			x					terre
10	*he*		x (*e*)						et
11	*yo*			x					j'
12	*ne*		x					x	en
13	*ho*		x						ai
14	*fato*		x (*fatto*)						fait
15	*cauare*	x	x						extraire
16	*in*	x	x					x	dans
17	*molti*		x					x	beaucoup de
18	*monti*		x					x	montagnes
19	*in*	x	x					x	sur

20	*la*		x	x		x		x	l’
21	*isola*		x						île
22	*de*	x		x	x	x	x		de
23	*feyti*	-	-	-	-	-	-	-	Haïti
24	*bel*	x (*vel*)							ou
25	*de*	x		x	x	x	x		d’
26	*ofir*		x	x	x	x	x	x	Ophir
27	*bel*	x (*vel*)							ou
28	*de*	x		x	x	x	x		de
29	*cipango*		x	x	x	x	x		Cipango
30	*a*	x	x	x	x	x	x	x	à
31	*la*		x	x		x		x	laquelle
32	*quale*		x						
33	*habio*	x (*habeo*)							j’ai
34	*posto*		x				x		donné
35	*nome*		x	x	x		x	x	[le] nom
36	*spagnola*		x					x	d’Hispaniola
37	*y*			x					et
38	*ne*		x					x	j’en ai
39	*o*		x (*ho*)						
40	*trouato*		x						trouvé
41	*pieça*			x					[un] morceau

42	*grande*		x	x	x		x	x	grand
43	*como*			x	x		x		comme
44	*el*			x		x			la
45	*capo*		x						tête
46	*ma*		x					x	mais
47	*no*			x		x			pas
48	*tota*	x	x						entièrement
49	*chiara*		x						transparent [clair]
50	*salvo*		x	x	x		x		plutôt [sauf]
51	*de*	x		x	x	x	x		
52	*chiaro*		x						clair
53	*y*			x					et
54	*parda*			x	x		x		brunâtre
55	*y*			x					et
56	*otra*			x					[un] autre
57	*negra*		x	x	x		x		noir
58	*y*			x					et
59	*vene*		x						beaucoup de veines
60	*asay*		x (*assai*)					x (*assai*)	
	Occurrences	14	38	29	14	14	15	18	
	%	23,73	64,41	49,15	23,73	24,73	25,42	30,50	

La traduction française de la note de Colomb, avec la ponctuation correcte, est donc la suivante :

> « De l'ambre, il est certain qu'il y en a dans les Indes, sous terre, et j'en ai fait extraire dans beaucoup de montagnes sur l'île de Haïti ou d'Ophir ou de Cipango, à laquelle j'ai donné le nom d'Hispaniola, et j'en ai trouvé un morceau grand comme la tête, mais pas entièrement transparent, plutôt clair et brunâtre, et un autre noir et beaucoup de veines. »

Elle mérite quelques commentaires. Derrière les toponymes *spagnola* et *cipango*, il est aisé d'identifier l'île antillaise d'Hispaniola, aujourd'hui Haïti et la République dominicaine, et Cipango, le nom chinois du Japon popularisé en Occident depuis les célèbres voyages de Marco Polo. En 1492, l'Amiral de la mer Océane était convaincu d'avoir atteint l'Asie. De son côté, *ofir* fait référence à une région mentionnée dans la Bible et réputée pour ses richesses. Colomb a cru la retrouver sur Hispaniola[109]. Enfin, *feyti* n'est qu'une déformation de « Haïti », autre dénomination de la même île, comme il ressort clairement d'une lettre adressée aux Rois Catholiques le 3 février 1500 : « [...] sur l'île Hispaniola, *autrefois* Ophir ou Haïti[110] ». Outre ces noms de lieux, il convient d'identifier sept autres termes, dans la mesure où, orthographiés comme le fait Christophe Colomb, ils n'existent dans aucune langue romane ou ne présentent nulle logique sémantique au sein de la phrase. Néanmoins, à l'instar des toponymes, le travail d'identification n'est pas compliqué : derrière *soto*, *fato*, *he* et *o* se cachent les mots italiens *sotto*, *fatto*, *e* et *ho* ; derrière *bel* et *habio*, les *vel* et *habeo* latins ; cependant qu'*asay* renvoie à l'adverbe italien et corse *assai*.

Il ressort du bilan linguistique dressé dans le tableau que la phrase est potentiellement italienne aux deux tiers[111] et castillane pour moitié. Les autres langues romanes sont moins représentées (entre 23 % et 30 %). Autre enseignement : trois langues sont obligatoirement à l'œuvre dans la note car, pour 25 *items*, il n'existe qu'une seule possibilité idiomatique.

---

109 Sur ce sujet, lire P. Martín Baños, « De la Ofir colombina a la Biblia complutense. El humanista Rodrigo Tous de Monsalve y sus *Apuntamientos* manuscritos de 1511 », *Espacios en la Edad Media y el Renacimiento*, ed. M. Morrás, Salamanca, SEMYR, 2018, p. 246-256.

110 « [...] en la isla Española, *olin* [*olim*] Ofir uel Feiti ». C. Colón, *Textos y documentos completos. Nuevas cartas*, ed. C. Varela y J. Gil, Madrid, Alianza, 1992, p. 440.

111 Ce bilan contredit l'affirmation péremptoire de Salvador de Madariaga pour qui « les mots italiens ne sont même pas en majorité ». S. de Madariaga, *op. cit.*, p. 73.

Ce sont l'italien (13 mots, soit 22,03 % de la phrase), le castillan (9 mots ou 15,25 %) et le latin (3 mots ou 5,08 %). Cet hétéroclite mélange linguistique qui, à notre avis, n'est autre qu'un reliquat de la *koinè* parlée par Christophe Colomb pendant des années, a servi toutes les thèses sur l'origine de ce dernier. Certains critiques y voient la preuve que l'Amiral méconnaissait l'italien (et donc qu'il n'était pas originaire de la péninsule italique mais bien ibérique)[112], d'autres, au contraire, qu'il ne maîtrisait pas le castillan et provenait bien d'Italie ou d'autres territoires contrôlés par les Rois Catholiques[113], les emprunts portugais, galiciens ou catalans venant appuyer cette hypothèse.

Si Christophe Colomb n'a jamais révélé explicitement son lieu de naissance, du moins dans les documents aujourd'hui à notre disposition, que les nombreux témoignages manquent de précisions et se contredisent, que sa langue maternelle reste indéterminée, ne serait-il pas judicieux de se tourner vers ses aïeux et les membres de sa famille ?

LES RACINES FAMILIALES

Plusieurs siècles avant la publication des pièces de la *Raccolta Colombiana*, Antonio Gallo, chancelier de l'Office de Saint-Georges écrit, sans expliciter ses sources, que l'Amiral de la mer Océane est né de « parents plébéiens, [qui] furent cardeurs de laine[114] ». Une décennie plus tard, Agostino Giustiniani tient les mêmes propos : « [Christophe Colomb] était d'une famille plébéienne, [...] son père était tisserand de laine et lui de soie[115] ». Cependant, Fernando Colón réfute fermement ce dernier témoignage, car le travail de son auteur est entaché, selon lui, de nombreuses faussetés :

112 Par exemple : R. Calzada, Rafael, *op. cit.*, p. 84-90 ; P. Balsac, *op. cit.*, p. 25.

113 Par exemple : R. D. Carbia, « Origen y patria de Cristóbal Colón. Crítica de sus fuentes históricas », *Revista de la Universidad de Buenos Aires*, año XV, t. XL, 1918, p. 161.

114 « [...] plebeis orti parentibus, carminatores lanæ fuerunt ». *Genuensis Opuscula historica de rebus gestis populi Genuensis, & de navigatione Columbi* [1506], cité dans G. Chocano Higueras, *op. cit.*, p. 109.

115 « [...] fu di parenti plebei, [...] il padre fosse testore di panni di lana e lui fosse testore di seta ». A. Giustiniani, *op. cit.*, t. II, p. 567-568.

> Je ne veux pas démontrer sa fausseté [celle d'Agostino Giustiniani] par les récits d'autres personnes qui ont écrit sur don Christophe, mais par les écrits et le témoignage de ce même auteur [...] « Ce Christophe Colomb, ayant dans ses tendres années appris les principes des lettres, s'adonna à l'art de la navigation quand il fut à l'âge adulte, et alla à Lisbonne au Portugal, où il apprit la cosmographie, et fut enseigné par un de ses frères, qui y faisait des cartes de navigation [...] ». Par ces mots, il est clair qu'il ne pratiquait pas les arts mécaniques ou manuels, puisqu'il est dit qu'il passa son enfance à apprendre les lettres, sa jeunesse la navigation et la cosmographie [...]. De sorte que Giustiniani lui-même est convaincu de la fausseté de son histoire[116] [...]

Si le fils de l'Amiral pointe du doigt les incohérences de l'ouvrage d'Agostino Giustiniani, son propre texte n'est pas exempt de certaines ambiguïtés et contradictions. En effet, alors qu'il avoue ne pas connaître les origines de son père si ce n'est qu'il était de « nation génoise[117] », comme nous l'avons déjà rapporté, Fernando Colón affirme en même temps que sa famille « n'était pas aussi obscure[118] » et que ses ancêtres, « par la cruauté de la fortune, [en] étaient arrivés à une grande nécessité et dénuement[119] ». Dans un autre passage, il précise que ses grands-parents paternels auraient été réduits à la pauvreté en raison des guerres de Lombardie (1425-1454), une série d'affrontements entre la république de Venise et le duché de Milan et leurs alliés[120]. Bartolomé de Las Casas va

---

116 « Ne voglio mostrar la sua falsità con le historie de gli altri, che di D. Cristoforo hanno scritto, ma con le scritture, & col testimonio di questo medesimo auttore [...] "Questo Cristoforo Colombo, hauendo ne' suoi teneri anni imparati i principii delle lettere, poi che fu in età adulta, si diede all'arte del nauigare, & se n'andò in Lisbona in Portogallo, doue imparò la cosmografia, & gli fu insegnata da un suo fratello, che quiui faceua carte da navigare ; [...]". Per le quali parole manifesta cosa è, ch'ei non essercitò arte mecanica, ò manuale : poi che dice, che impiegò la pueritia in imparar lettere, & la giouentù nella Nauigatoria, & cosmografia [...]. Di modo che lo stesso Giustiniano si convince di falso historico [...] ». F. Colombo, *Historie del S. D. Fernando Colombo...*, *op. cit.*, chap. II, p. 4-5.

117 « [...] natione Genovese ». *Ibid.*, chap. V, p. 11.

118 « [...] non era tanto oscura ». *Ibid.*, chap. V, p. 10.

119 « [...] per maluagità della fortuna fossero venuti a grande necessità, & bisogno ». *Ibid.*, chap. I, p. 2.

120 « [...] e ritornando alle qualità, & persone de' suoi genitori, dico, che, quantunque essi fossero buoni in virtù, essendo per cagione delle guerre, & partialità della Lombardia ridotti a bisogno, & pouertà » [« et pour revenir à la qualité et aux personnes de ses parents, je dis que, bien qu'ils fussent bons en vertu, par suite des guerres et des factions de la Lombardie, ils se trouvèrent réduits à un état proche de la gêne et de la pauvreté »]. *Ibid.*, chap. I, p. 3. – Il n'est pas très vraisemblable, comme le suppose Jean Peretti, que ces guerres de Lombardie fassent référence à la période de domination du duché de Milan en Corse. En 1889, Laurent-Marie Casabianca réfute déjà cette hypothèse de manière convaincante :

dans le même sens[121], soulignant également la richesse et la notabilité des parents de Christophe Colomb qui s'adonnaient alors, vraisemblablement, au commerce maritime[122]. Dans ce contexte, le témoignage de Francisco de Medina Nuncibay, auteur d'un manuscrit inédit intitulé *Genealogía de la casa de Portugal*, s'avère précieux : après avoir consulté les papiers de Colomb déposés sur l'île de la Cartuja à Séville, il écrit au milieu du XVIe siècle[123] que « [s]on lignage et sa nature [ceux de l'Amiral] se trouvent aux confins de la région de Gênes et de la Lombardie, dans les états de Milan[124] ». Dès 1535, l'historien Gonzalo Fernández de Oviedo y Valdés situe plus précisément le berceau des aïeux du navigateur à Plaisance, aujourd'hui en Émilie-Romagne à la limite de la Lombardie, où, par ailleurs, sa famille serait apparentée aux Pallastrelli, riche famille nobiliaire de la région[125]. À la suite de Fernández de Oviedo y Valdés,

« Supposons qu'un homme, écrivant en l'année 1889 des bords de la Neva ou de la Tamise l'histoire des parents de son père, s'exprime ainsi : "Ses parents furent réduits à la gène et à la pauvreté par la guerre et les dissensions intimes qui ravagèrent la France en 1871". Quel est le lecteur qui conclurait de ces paroles que les parents de cet homme habitaient l'Algérie ou la Guadeloupe ? Le sens naturel et obvie de cette phrase n'est-il pas qu'ils étaient en France, et que c'est là, sur le continent français, qu'ils ont été ruinés par la guerre étrangère et la discorde civile ? Or, la Corse se trouvant à un moment donné, vis-à-vis de la Lombardie, dans la même situation que se trouvent l'Algérie et la Guadeloupe vis-à-vis de la France, il en résulte que lorsqu'il est question d'une famille ruinée par les guerres et les factions de la Lombardie, on comprend que cette famille habitait cette contrée ». Lire J. Peretti, *op. cit.*, p. 62 ; L.-M. Casabianca, *Le berceau de Christophe Colomb et la Corse*, *op. cit.*, p. 14.

121 « [...] otro tiempo debieron ser pobres por las guerras y parcialidades que siempre hubo y nunca faltan, por la mayor parte, en Lombardía » [« À une autre époque, ils ont dû être pauvres à cause des guerres et des factions qu'il y eut toujours et ne manquent pas, pour la plupart, en Lombardie »]. B. de Las Casas, *op. cit.*, t. I, liv. I, chap. II, p. 42 [*Histoire des Indes 1*, *op. cit.*].

122 « Sus padres fueron personas notables, en algun tiempo ricos, cuyo trato ó manera de vivir debió ser por mercaderías por la mar, segun el mismo da á entender en una carta suya » [« Ses parents étaient des personnes importantes, riches à une certaine époque, dont l'activité ou moyen de vivre dut être le commerce sur mer, comme il le laisse lui-même entendre dans une de ses lettres »]. *Ibid.*, t. I, liv. I, chap. II, p. 42 [*Histoire des Indes 1*, *op. cit.*]. – Fernando Colón avance la même idée : « [...] auuenga che lo stesso Ammiraglio in una lettera dica, che il suo traffico, e de' suoi maggiori fu sempre per mare » [« et il se trouve que l'Amiral lui-même atteste, dans une de ses lettres, que son activité et celle de ses aînés ont toujours été par mer »]. F. Colombo, *Historie del S. D. Fernando Colombo...*, *op. cit.*, p. 3.

123 Il est né en 1505 mais on ne connaît pas la date de sa mort.

124 « Su linaje y naturaleza es en los confines del Genovesado y Lombardía ques en los estados de Milán ». F. de Medina Nuncibay, *Genealogía de la casa de Portugal*, cité dans G. Chocano Higueras, *op. cit.*, p. 127.

125 « El origen de sus predesçesores es de la cibdad de Plaçençia en la Lombardia, la qual está en la ribera del rio Pó, del antiguo é noble linaje de Pelestrel » [« L'origine de ses

plusieurs autres historiens et chroniqueurs reprennent à leur compte cette hypothèse[126].

Dans des passages concernant l'instruction qu'aurait reçue Christophe Colomb durant son enfance et sa jeunesse, un élément pourrait renforcer l'hypothèse d'une origine familiale lombarde. Ainsi, les propos de Bartolomé de Las Casas :

> Quand il [Christophe Colomb] était enfant, [...] ses parents lui firent apprendre à lire et à écrire, et il acquit l'art de l'écriture [...]. Ensuite, il se consacra à l'arithmétique et aussi à dessiner et à peindre, de sorte qu'il aurait pu, s'il l'avait voulu, en vivre également. Il étudia à Pavie les premiers rudiments des humanités, surtout la grammaire, et s'avéra bon connaisseur de la langue latine [...] Telles sont ses premières occupations d'enfant, par lesquelles il commença l'étude des autres sciences que, pendant son adolescence et sa jeunesse, il s'efforça d'acquérir. [...] il atteignit la moelle et la substance indispensables des autres sciences, à savoir la géométrie, la géographie, la cosmographie, l'astrologie ou astronomie et l'art de la navigation[127] [...]

Les *Historie* de Fernando Colón complètent ce portrait :

> C'est pourquoi je dis qu'il a appris très tôt la littérature et a étudié à Pavie suffisamment pour pouvoir comprendre les cosmographes, dont il aimait beaucoup les leçons, raison pour laquelle il s'est également consacré à l'astrologie

---

prédécesseurs est de la cité de Plaisance en Lombardie, laquelle se situe sur la rive du fleuve Pô, et était de l'ancien et noble lignage des Pelestrel »]. G. Fernández de Oviedo y Valdés, *op. cit.*, Part. I, liv. II, chap. II, p. 12.

126 « Descendia, a lo que algunos dizen, delos Pelestreles de Plancencia de Lombardia » [« Il descendait, selon les affirmations de certains, des Pallastrelli de Plaisance en Lombardie »]. F. López de Gomara, *op. cit.*, chap. XIV, p. 18. – « [...] tirant sa race de Palestiel en Plaisance de Lombardie ». H. Lancelot Voisin, *op. cit.*, p. 127. – « También le dan estirpe generosa, / Afirmando por cierto que venia / De Pelestieles, gente valerosa, / Familia principal en Lombardía » [« On lui attribue également une lignée généreuse, / En affirmant sans aucun doute qu'il provenait / Des Pallastrelli, des gens courageux, / Une famille importante en Lombardie »]. J. de Castellanos, *Elegías de varones ilustres de Indias*, Madrid, Imprenta de la publicidad, a cargo de M. Ribadeneyra, 1847 [1589], Part. I, Élégie I, ch. I, p. 6.

127 « Siendo [...] niño le pusieron sus padres á que aprendiese á leer y á escribir, y salió con el arte de escribir [...]. De aquí le sucedió darse juntamente al aritmética y también á debujar y pintar, que lo mismo alcanzara si quisiera vivir por ello ; estudió en Pavía los primeros rudimentos de las letras, mayormente la gramática, y quedó bien experto en la lengua latina [...] Estos fueron los principios en que ocupó su niñez, y con que comenzó las otras artes que en su adolescencia y juventud trabajó de adquirir. [...] consiguió la médula y sustancia necesaria de las otras ciencias, conviene á saber, de la geometría, geografía, cosmografía, astrología ó astronomía y marinería ». B. de Las Casas, *op. cit.*, t. I, chap. III, p. 46-47 [*Histoire des Indes 1*, *op. cit.*].

> et à la géométrie, car ces sciences sont si étroitement liées, que l'une ne peut pas être sans l'autre, et encore, parce que Ptolémée au début de sa Cosmographie dit que personne ne peut être un bon cosmographe s'il n'est pas encore peintre. Il a également dessiné pour figurer des terres et former les corps cosmographiques sur les plans et dans l'espace[128].

Les deux hommes ont certainement grossi le trait des qualités linguistiques et scientifiques du futur Amiral de la mer Océane, quoique, concernant le latin, les nombreuses annotations dans cette langue en marge des ouvrages appartenant au navigateur témoignent d'une assez bonne maîtrise. Plus que le contenu des enseignements reçus, c'est le lieu d'apprentissage qui a suscité les interrogations : Pavie, à moins de cinquante kilomètres au sud de Milan. Pour les partisans d'un Colomb simple tisserand génois, il ne s'agit pas de la ville lombarde mais, plutôt, d'une école élémentaire de la capitale ligurienne, située Vico di Pavia, « où les lainiers faisaient donner à leurs enfants une instruction primaire[129] ». L'hypothèse est acceptable si on suppose que les connaissances plus pointues ont été acquises ailleurs, d'autant que le nom de Colomb n'apparaît sur aucun registre de l'Université de Pavie et que Nicolò Scillacio, professeur dans cette institution du temps de l'Amiral[130] et auteur d'un ouvrage sur les territoires découverts par le navigateur, ne l'associe jamais à l'établissement[131]. Cela étant, Fernando Colón et Bartolomé de Las Casas n'évoquent pas explicitement l'Université et le jeune Christophe aurait très bien pu étudier au couvent dominicain Saint-Thomas-d'Aquin de Pavie, comme le suggère Alfonso Enseñat de Villalonga[132].

De leur côté, les zélateurs calvais estiment que d'éventuelles poursuites d'études à Pavie ne contredisent pas leur thèse. Jean Peretti rappelle,

---

128 « Dico adunque, che nella sua piccola età imparò lettere, & studiò in Pauia tanto, che gli bastaua per intendere i Cosmografi, alla cui lettione fu molto affettionato, per lo qual rispetto ancora si diede all'Astrologia, & alla Geometria : percioche queste scientie sono in tal maniera concatenate, che l'una non può star senza l'altra ; & ancora perche Tolomeo nel principio della sua Cosmografia dice, che niuno può esser buon Cosmografo, se ancora non sarà pittore. Participò ancora del disegno, per piantar le terre, & fermar'i corpi cosmografici in piano, & in tondo ». F. Colombo, *Historie del S. D. Fernando Colombo...*, *op. cit.*, p. 7.

129 G. Marcel, « Christophe Colomb devant la critique. La jeunesse de l'amiral », *La géographie. Bulletin de la Société de géographie*, t. XII, 1905, p. 156.

130 Il serait né en 1464 mais on ne connaît pas la date de sa mort.

131 G. Marcel, *op. cit.*, p. 156 ; G. Chocano Higueras, *op. cit.* p. 102.

132 A. Enseñat de Villalonga, « El genovesismo de Colón corroborado por los auténticos documentos colombinos », *op. cit.*, p. 355.

en effet, que le duc de Milan, Francesco Sforza, démet de son pouvoir le doge de Gênes, Paolo Campofregoso, en 1464, entraînant quelques semaines plus tard la cession de l'île par l'Office de Saint-Georges[133]. Officiellement, cette situation va perdurer jusqu'en 1482. S'appuyant sur la *Giustificazione della Rivoluzione dell'Isola di Corsica*, pamphlet nationaliste publié en 1764, l'abbé note ensuite que « Gênes a toujours refusé à la Corse une école publique quelconque », ce qui aurait poussé les parents désireux d'offrir une instruction plus poussée à leurs enfants à les envoyer sur la péninsule italienne et, à cette époque, en raison de l'autorité exercée par Milan, plutôt en Lombardie qu'en Ligurie[134]. Si elle présente le mérite de la logique, la démonstration de Peretti n'est pas vraiment probante, d'autant que l'influence milanaise en Corse s'est avérée plus symbolique et lointaine qu'effective. Ni Francesco Sforza, ni son fils Galeazzo Maria qui lui succède au gouvernement, ne manifestent un grand intérêt pour les affaires insulaires, dont, en revanche, s'emparent avec avidité plusieurs seigneurs locaux qui plongent le territoire dans une longue guerre civile[135]. Si Colomb a effectué une partie de ses études à Pavie, ce que les sources à notre disposition ne peuvent pas confirmer, l'autorité du duc de Milan sur l'île de beauté n'y serait pour rien, d'autant que, en fonction de la date de naissance du futur Amiral, les Sforza ne contrôlaient peut-être pas encore le territoire corse.

Le soupçon pèse légitimement sur les intentions de Fernando Colón à l'heure de brosser le portrait de son père. Ne souhaite-t-il pas rejeter une ascendance modeste pour glorifier, au contraire, sa propre généalogie ? La prétérition au premier chapitre des *Historie* suggère cette lecture. Usant de cette figure rhétorique qui consiste à déclarer qu'on n'aborde pas un point tout en le faisant, le fils cadet, sous l'apparence de la fausse modestie, se plaît à rappeler les hypothèses illustres sur son lignage :

> [...] certains voulaient que je déclare et raconte comment l'Amiral était issu d'un sang illustre ; [...] et que je montre comment ils [les ancêtres du navigateur] procédaient de ce Colone, dont Cornelius Tacitus, au début du

133 Sur cet accord, se reporter à G. P. Limperani, *Istoria della Corsica*, Roma, Stamperia Salomoni, 1780, t. II, p. 225.

134 J. Peretti, *op. cit.*, p. 63-64 ; J.-J. Bossa, *op. cit.*, p. 96. – Sur les accusations portées contre Gênes dans le domaine éducatif, se reporter à G. Salvini, *Justification de la Révolution de la Corse*, prés., trad. et annot. d'É. Luciani, Ajaccio, Albiana, 2013, p. 134-135, 158, 258-262.

135 R. Musso, « Milan », *Dictionnaire historique de la Corse*, éd. A.-L. Serpentini, Ajaccio, Albiana, 2006, p. 632-634.

> douzième livre de son ouvrage, dit qu'il emmena le roi Mithridate prisonnier à Rome, et pour lequel il dit que le peuple romain donna à Colone la dignité consulaire, les aigles et la cour ou tente consulaire. Et on voulait que je fasse grand état de ces illustres Coloni, ses parents, dont Sabellicus rapporte une grande victoire gagnée par les Vénitiens[136] [...]

Il n'empêche, plusieurs points de la biographie de Christophe Colomb s'avèrent, de prime abord, difficilement compréhensibles si on omet une extraction nobiliaire, aussi lointaine et petite fut-elle.

Plusieurs chercheurs, notamment les Corses Joseph Chiari[137] et Armand Bernardini-Sjœstedt[138], ont ainsi cru trouver la preuve irréfutable que le navigateur n'était pas issu d'une famille de tisserands ou de pêcheurs comme le veut la tradition génoise. Quelques semaines après son retour triomphal dans la péninsule, Christophe Colomb obtient des Rois Catholiques le droit d'ajouter à ses armes habituelles (« les armes que vous aviez coutume de porter[139] », « en plus de vos

136 « [...] alcuni voleuano, che io mi occupassi in dichiarare, & dire, come l'Ammiraglio procedette di sangue illustre; [...] & che hauessi mostrato, come procedeuano da quel Colone, di cui Cornelio Tacito nel principio del duodecimo libro della sua opera dice, che condusse prigione in Roma il Re Mitridate, per lo che dice, che a Colone furono date dal popolo Romano la dignità consolari, & le Aquile, & Tribunale, ò tenda consolare. Et voleuano, che io facessi gran conto di quelli dui illustri Coloni suoi parenti, de' quali il Sabellico descriue una gran vittoria contra Vinitiani ottenuta ». F. Colombo, *Historie del S. D. Fernando Colombo...*, *op. cit.*, chap. I, p. 2. – Pour Bartolomé de Las Casas, en revanche, l'affirmation semble plus sûre : « El linaje de suyo dicen que fué generoso y muy antiguo, procedido aquel Colon de quien Cornelio Tácito trata en el lib. XII al principio, diciendo que trujo á Roma preso á Mitridates, por lo cual le fueron dadas insignias consulares y otros privilegios por el pueblo romano en agradecimiento de sus servicios. Y es de saber, que antiguamente el primer sobrenombre de su linaje, dicen, que fué Colon, despues, el tiempo andando, se llamaron Colombos los sucesores del susodicho Colon romano ó Capitan de los romanos » [« Son lignage était, dit-on, noble et très ancien, issu de ce Colón dont Cornelius Tacite parle au début de son l. XII, disant qu'il avait ramené à Rome Mithridate prisonnier, ce pourquoi le peuple romain lui donna les insignes de consul, en remerciement de ses services. Il faut d'ailleurs savoir, dit-on, qu'autrefois le premier nom de son lignage fut Colón ; puis, le temps passant, les successeurs de ce susdit Colón romain ou capitaine des Romains s'appelèrent Colombo »]. B. de Las Casas, *op. cit.*, t. I, chap. II, p. 42-43 [*Histoire des Indes 1*, *op. cit.*].

137 J. Chiari, *Christophe Colomb, corse*, *op. cit.*, p. 37-38, 51.

138 A. Bernardini-Sjœstedt, « Contribution à l'étude des origines de Christophe Colomb », *op. cit.*, p. 5-9.

139 « [...] las armas vuestras que soliades tener ». « Provision Real acrecentando á Colón y sus descendientes un Castillo y un Leon mas en sus armas por premio de sus servicios », *Colección de los viages y descubrimientos que hicieron por mar los españoles desde fines del siglo* XV, *op. cit.*, t. II, p. 37.

propres armes[140] »), outre l'image de « quelques îles d'or sur une mer ondoyante[141] », les insignes de Castille et León :

> [...] reconnaissant les nombreux et loyaux services que vous nous avez rendus, et que nous espérons que vous nous rendrez, notamment en exposant votre personne à beaucoup de risques et de travail pour découvrir lesdites îles ; et pour votre honneur et exaltation, et afin que, de vous et de vos services et de votre lignée et descendants, il y ait une mémoire perpétuelle pour les siècles des siècles [...] nous vous donnons le droit et le pouvoir de porter et de faire apposer sur vos biens, armoiries et partout où vous voudrez les placer, en plus de vos propres armes, un château et un lion, que nous vous donnons pour armes[142] [...]

La première représentation de ce blason, récemment estimée à plus d'un million d'euros[143], révèle les nouveaux emblèmes autorisés, de même que ceux de Colomb, cinq ancres et une bande bleue transversale sur fond jaune. Si l'origine de ces armoiries, leur sens, leur évolution dans le temps, ont suscité de très nombreux commentaires, l'étude la plus poussée étant, à notre connaissance, celle déjà ancienne d'Henry Vignaud[144], la faveur des monarques ne prouve-t-elle pas, en effet, que le navigateur était d'origine noble et qu'il possédait des armes avant son retour des Caraïbes ? Les apparences sont une nouvelle fois trompeuses. Contrairement à une idée reçue, arborer des armoiries n'était pas une prérogative exclusive des nobles[145], tandis que l'indétermination dont usent les Rois Catholiques quant aux emblèmes colombins n'est pas habituelle et suggère qu'ils ne sont pas connus voire inexistants jusque-là.

140 « [...] de mas de vuestras armas encima dellas ». *Ibid.*

141 « [...] unas islas doradas en ondas de mar ». *Ibid.*

142 « [...] acatando los muchos é leales servicios que nos habéis fecho, é esperamos que nos fareis, especialmente en poner vuestra persona como la posistes á mucho arrisco é trabajo en descobrir las dichas islas ; é por vos honrar é sublimar, é porque de vos é de vuestros servicios é linage é descendientes quede perpetua memoria para siempre jamas [...] vos damos licencia é facultad para que podádes traer é traigades en vuestros Reposteros é Escudos de armas, é en las otras partes donde las quisieredes poner de mas de vuestras armas encima dellas un Castillo é un León, que Nos vos damos por armas [...] ». *Ibid.*, p. 36-37.

143 « La Real Provisión Original que los Reyes Católicos otorgaron a Colón, a subasta por más de un millón de euros », *ABC*, 22 novembre 2018, https://www.abc.es/cultura/abci-real-provision-original-reyes-catolicos-otorgaron-colon-subasta-mas-millon-euros-201811221901_noticia.html (consulté le 20/03/2021).

144 H. Vignaud, Études critiques sur la vie de Colomb avant ses découvertes, *op. cit.*, p. 73-100.

145 F. García-Mercadal y García-Loygorri, « La regulación jurídica de las armerías : apuntes de derecho heráldico español », *Emblemata*, n° 18, 2012, p. 266.

Par ailleurs, une décision royale datée du 30 avril 1492 stipule que l'ennoblissement de Christophe Colomb et de ses descendants est conditionné à des résultats : « [...] après que vous ayez découvert ou gagné lesdites îles et Terre-Ferme de la mer Océane [...] vous pourrez désormais vous appeler et dénommer don Christophe Colomb[146] ». L'élévation espagnole dont bénéficia le navigateur après sa « découverte » au titre de ses services rendus ne constitue pas *a contrario* une preuve de sa condition plébéienne antérieure : l'Amiral aurait très bien pu appartenir à d'autres branches nobiliaires étrangères avant cette date, comme paraît l'indiquer d'ailleurs, de manière plus probante, son mariage avec Felipa Moniz Perestrello fin 1479 ou début 1480. Cette jeune femme portugaise appartenait doublement à la noblesse. La famille de sa mère était apparentée aux Bragance du Portugal et aux Lusignan de Chypre[147], tandis que le beau-père du navigateur, décédé en 1457, était issu des Pallastrelli de Plaisance[148]. Dans ces conditions et à cette époque-là, comment imaginer qu'un simple lainier, fût-il génois, placentin ou de toute autre origine, ait pu faire alliance avec une personne que séparait un abîme social ?

146 « [...] dempues que hayades descobierto e ganado las dichas islas e Tierra-firme en la dicha Mar Océana, [...] vos podades dende en adelante llamar e intitular Don Cristóbal Colon ». « Título expedido por los Reyes Católicos a Don Cristóbal Colón de Almirante, Virrey e Gobernador de las Islas e tierra firme que descobriese », *Colección de documentos inéditos relativos al descubrimiento, conquista y organización de las antiguas posesiones españolas en América y Oceanía, sacados de los Archivos del Reino y muy especialmente del de Indias*, ed. L. de Torres de Mendoza, Madrid, Imprenta de Manuel Hernández, 1878, t. XXX, p. 59. – Le chroniqueur royal Gonzalo Fernández de Oviedo confirme que l'ennoblissement de Christophe Colomb n'eut lieu qu'en 1493 : « E fue hecho noble con título de don para él e sus desçendientes » [« Et il fut ennobli avec le titre de *don* pour lui et ses descendants »]. G. Fernández de Oviedo, *op. cit.*, Part. I, liv. II, chap. I, p. 11.

147 A. Enseñat de Villalonga, *op. cit.*, p. 327 ; M. Vergé-Franceschi, « À tout seigneur tout honneur : Christophe Colomb Calvais ou Génois ? La vérité », *La Corse et les Amériques. Dix-huitièmes Journées Universitaires d'Histoire maritime de Bonifacio*, éd. M. Vergé-Franceschi, Ajaccio, Éditions Alain Piazzola, 2017, p. 17.

148 P. Remy-Wilkin, *op. cit.*, p. 91 ; M. Vergé-Franceschi, *Henri le Navigateur et les grandes découvertes du Portugal*, Paris, Éditions du Félin, 2016, p. 25 ; M. Vergé-Franceschi, « À tout seigneur tout honneur : Christophe Colomb Calvais ou Génois ? La vérité », *op. cit.*, p. 17.

LA PARENTÈLE DE L'AMIRAL

Concernant les membres connus de la famille de Christophe Colomb, après avoir écarté les documents peu fiables de la *Raccolta Colombiana*, il ne reste que peu d'informations. Du père du navigateur nous ne connaissons avec certitude que le prénom, Domenico. Fernando Colón explique, en effet, que l'île de Saint-Domingue reçut ce nom « en commémoration de son père [celui de Christophe Colomb], qui s'appelait Domenico[149] ». De la mère, absolument rien[150]. De la première épouse de l'Amiral, l'histoire n'a rien retenu d'intéressant pour notre propos, pas plus que de la Cordouane Beatriz Enríquez de Arana, sa seconde compagne officielle, avec laquelle il ne se maria pas mais qui lui donna son fils cadet Fernando. Son frère Pedro de Arana, compagnon de Colomb durant son troisième voyage, avoue en 1535 ne pas en savoir davantage : « [...] il dit qu'il avait connu le père dudit Vice-Roi [Diego Colón], qui est maintenant décédé et qui s'appelait Christophe Colomb, et il a entendu dire qu'il était génois mais il ne savait pas où

---

149 « [...] in commemoration di suo padre, che si chiamaua Domenico ». F. Colombo, *Historie del S. D. Fernando Colombo...*, *op. cit.*, chap. LXXII, p. 164. – Gonzalo Fernández de Oviedo ne dit pas autre chose en 1535 : « Pero, inquiriendo yo e deseando saber la verdad por qué esta cibdad se llamó Sancto Domingo, dicen que, demás de haber allí venido a poblar en domingo e día de Sancto Domingo, se le dió tal nombre, porque el padre del primero Almirante y del Adelantado, su hermano, se llamó Domínico, y que en su memoria, el fijo llamó Sancto Domingo a esta cibdad » [« Mais m'informant et désirant connaître la vérité, pourquoi cette cité a été appelée Saint-Domingue, on m'a dit que, outre le fait qu'ils arrivèrent un dimanche et le jour de la Saint-Dominique, on lui donna ce nom, car le père du premier Amiral et du Lieutenant, son frère, s'appelait Dominico, et qu'en sa mémoire le fils nomma cette cité Saint-Domingue »]. G. Fernández de Oviedo, *op. cit.*, Part. I, liv. II, chap. XIII, p. 51.

150 La *Raccolta Colombiana* avance le nom de Susanna Fontanarossa mais il est peu probable que les documents fassent référence à la véritable famille de Christophe Colomb. Néanmoins, quelques zélateurs calvais s'en sont servis pour appuyer leur hypothèse : A.-Édouine Paoli Cesarini évoque un ancien marquisat de Fontanarubea près de Carbini, Charles de Giafferi et René Le Gentil un domaine de Fontana Rosa à l'Île-Rousse, et Victor Geronimi, une bergerie de Funtana Rossa sur la commune de Corscia. Lire A.-É. Paoli Cesarini, *La Corse est le berceau de Christophe Colomb*, *op. cit.*, p. 35 ; C. de Giafferi et René Le Gentil, *op. cit.*, p. 200-201 ; V. Geronimi, *Christophe Colomb. Corse du Niolu 1445-1506*, Bravone, Auto-édition, 2017, p. 33. – Outre l'identité aventureuse de la mère de Christophe Colomb, des toponymes identiques ne manquent pas dans tous les pays de langues romanes.

il était né[151] ». Seul Bartolomé Colón pourrait nous apporter quelques renseignements. Las Casas le décrit ainsi :

> C'était un homme très sage et très brave, et plus encore circonspect et astucieux, à ce qu'il semblait, et moins ingénu que Cristóbal Colón ; cultivé et très docte dans toutes les choses humaines, remarquablement habité et expérimenté dans les choses de la mer, et à ce que je crois, non moins savant que son frère en cosmographie et en tout ce qui touche à cette science, ainsi que pour dresser ou dessiner des cartes de navigation, des sphères et d'autres instruments propres à cet art, et je présume qu'il le surpassait en certaines des choses du même genre, bien qu'il les eût peut-être apprises de lui[152].

Le dominicain signale surtout une inscription qui pourrait fournir une indication précieuse. Parlant d'une rencontre entre le roi Henri VII d'Angleterre et le cadet de la famille Colomb, le prêtre espagnol écrit :

> [...] Et pour mieux lui inspirer l'envie de l'entendre et de la comprendre, il [Bartolomé Colón] lui présenta une mappemonde très bien faite qu'il possédait, où étaient dessinées les terres qu'il penser découvrir avec son frère, et où il y avait quelques vers latins qu'il avait, à ce qu'il dit, composés lui-même ; j'en trouvai l'écriture très mauvaise et abîmée, l'orthographe nulle, et je ne pus en lire une grande partie ; et finalement, davantage à cause de l'époque où ils ont été écrits, et des gens et de la matière dont ils traitent que pour leur élégance et leur perfection, j'ai voulu les transcrire ici :
> [...]
> *Pro authore seu pictore.*
> *Gennua cui patria est, nomen cui Bartholomeus*
> *Columbus de terra rubea* [...]
> [...] L'auteur de ce dessin dit avoir Gênes pour patrie, et que son nom est Bartolomé Colón de Terra-Rubia[153] [...]

---

151 « [...] dixo que conocio al padre del dicho viRey que es ya difunto e que se llamava don Christoual Colon e oyo dezir que hera ginoves pero que no sabe dondes natural ». Cité dans F. R. de Uhagón, *op. cit.*, p. 36.

152 « Este era hombre muy prudente y muy esforzado, y más recatado y astuto, á lo que parecia, y de ménos simplicidad que Cristóbal Colon ; latino y muy entendido en todas las cosas de hombres, señaladamente sabio y experimentado en las cosas de la mar, y creo que no mucho ménos docto en cosmografía y lo á ella tocante, y en hacer ó pintar cartas de navegar, y esferas y otros instrumentos de aquella arte, que su hermano, y presumo que en algunas cosas destas le excedia, puesto que por ventura las hobiese dél aprendido ». B. de Las Casas, *op. cit.*, t. I, chap. XXIX, p. 224 [*Histoire des Indes 1*, *op. cit.*].

153 « [...] Y para más aficionarle á la audiencia é inteligencia dél, presentóle un mapa-mundi que llevaba muy bien hecho, donde iban pintadas las tierras que pensaba, con su hermano descubrir, en el cual iban unos versos en latín, que él mismo, segun dice, habia compuesto, los cuales hallé escriptos de muy mala é corrupta letra y sin ortografia, y parte dellos

Dans ses *Historie*, Fernando Colón, qui puise aux mêmes sources que Las Casas, relate dans des termes identiques l'épisode de son parent, mais il précise que son propre père utilisait également, autrefois, la particule toponymique *Columbus de terra rubra* :

> [...] il [Bartolomé Colón] prolongea longtemps son ambassade, jusqu'à ce que, ayant acquis un peu d'habilité avec les cartes qu'il fabriquait, il commença à s'entretenir avec le roi Henri VII, père d'Henri VIII, qui règne actuellement, à qui il présenta une mappemonde, sur laquelle étaient écrits ces vers que j'ai trouvés parmi ses écrits, et que je reproduirai ici plus pour leur ancienneté que pour leur élégance.
> [...]
> *Pro auctore, sive pictore.*
> *Ianua, cui patriæ est, nomen, cui Bartholomeus Columbus de terra rubra* [...]
> Et, comme certains remarqueront que l'on lit *Columbus de terra rubra*, je dis que j'ai moi-même vu certaines souscriptions de l'Amiral, avant qu'il n'acquière sa condition, où il a signé *Columbus de terra rubra*[154].

Les deux citations précédentes appellent quelques brefs commentaires liminaires. Tout d'abord, l'inscription sur la mappemonde colombine ne semble pas apocryphe comme le soutient le catalaniste Luis Ulloa[155]. Certes, la détérioration largement soulignée par Bartolomé de Las Casas pourrait suggérer un possible grattage et une manipulation des données,

---

que no pude leer ; y, finalmente, más por ser de aquellos tiempos y de tales personas y de tal materia, que por su elegancia y perfeccion, quise aquí poner : [...] *Pro authore seu pictore. / Gennua cui patria est, nomen cui Bartholomeus / Columbus de terra rubea* [...] El autor de aquella pintura, dice, ser de patria ginovés, y que tiene por nombre Bartolomé Colon de Tierra Rubia [...] ». *Ibid.*, t. I, chap. XXIX, p. 225-226 [*Histoire des Indes 1, op. cit.*].

154 « [...] prolungò per gran tempo la sua ambasciata, fin che, acquistata un poco di facoltà con le carte, ch' ei fabricaua, cominciò a far prattiche co'l Re Enrico Settimo, padre di Enrico Ottauo, che al presente regna : a cui appresentò un Mappamondo, nel quale erano scritti questi versi, che fra le sue scritture io trouai, et da me saranno qui posti più tosto per l'antichità, che per la loro eleganza. [...] *Pro auctore, sive pictore. / Ianua, cui patriæ est, nomen, cui Bartholomeus Columbus de terra rubra* [...] / Et, percioche auuertirà alcuno, che dice *Columbus da terra rubra*, dico, che medesimamente io vidi alcune sottoscrittioni dell'Ammiraglio, prima che acquistasse lo stato, ou'egli si sottoscriueua *Columbus de terra rubra* ». F. Colombo, *Historie del S. D. Fernando Colombo...*, *op. cit.*, chap. XI, p. 31-32. – Bartolomé de Las Casas accepte les propos de Fernando Colón. Dès le chapitre II de son *Historia de las Indias*, il déclare laconiquement qu'« on l'appelait, lui, avant qu'il atteignît la condition qu'il atteignit, Cristóbal Columbo de Terra-Rubia, nom que portait aussi son frère Bartolomé Colón » [« se solia llamar ántes que llegase al estado que llegó, Cristobal Columbo de Terra-Rubia, y lo mismo su hermano Bartolomé Colon »]. B, de Las Casas, *op. cit.*, t. I, chap. II, p. 42 [*Histoire des Indes 1, op. cit.*].

155 L. Ulloa, *Christophe Colomb catalan*, Paris, Maisonneuve Frères, Éditeurs, 1927, p. 299.

mais les informations supplémentaires fournies par Fernando Colón s'opposent à cette hypothèse. Par ailleurs, les quelques lignes en latin mentionnent Gênes comme patrie de Bartolomé Colón. Il ne s'agit donc pas spécifiquement de la ville mais, suivant l'étymologie du terme qui provient de *pater*, « père », de la communauté politique à laquelle appartient un individu[156]. D'ailleurs, Las Casas, comme nous l'avons déjà signalé, lève toute ambiguïté à ce sujet lorsqu'il précise que Christophe Colomb était « génois de nation, de quelque endroit de la province de Gênes[157] ». Par conséquent, à en croire ces seuls éléments, le futur Amiral de la mer Océane serait forcément né non pas dans la capitale ligurienne mais dans un lieu sous administration génoise. Le mot « province » désigne, en effet, des territoires dépendant d'un État déterminé, peu importe son éloignement géographique vis-à-vis du centre politique[158].

Fort de ces prolégomènes, quel est donc cet endroit appelé *terra rubra* ou *terra rubea*, c'est-à-dire « terre rouge » ou « terre rousse, roussâtre » en latin[159], d'où seraient originaires les frères Colomb ? Les candidats n'ont pas manqué. Contrairement aux affirmations d'Armand Bernardini-Sjœstedt, de Joseph Chiari ou de René Mattei, il existe dans la partie continentale contrôlée jadis par Gênes au moins deux localités portant le nom italianisé de Terrarossa[160] : respectivement à 30[161] et à 50 kilomètres[162] à l'est de la capitale. Au XVIIIe siècle, Filippo Casoni

156 Plusieurs critiques, dès la fin du XIXe siècle, ont précisé le sens du mot « patrie » dans le contexte des inscriptions colombines : M. Casanova, *La vérité sur l'origine et la patrie de Christophe Colomb à Calvi*, *op. cit.*, p. 84 ; J.-A. Franceschi, *Réponse de l'abbé Franceschi à la brochure* Le berceau de Christophe Colomb *par l'abbé Casabianca*, *op. cit.*, p. 9 ; F. F. Pasini, *La cuna y la tumba de Cristóbal Colón*, Buenos Aires, Imprenta, Litografía y Encuadernación de Jacobo Peuser, 1892, p. 39-40.

157 « [...] de nacion genovés, de algun lugar de la provincia de Génova ». B. de Las Casas, *op. cit.*, t. I, chap. II, p. 42.

158 Sur cette définition du mot « province », se reporter à https://www.cnrtl.fr/definition/province.

159 On peut se reporter à *ruber* et à *rubeus* dans le célèbre dictionnaire latin de F. Gaffiot sur https://gaffiot.fr.

160 Bernardini-Sjœstedt et Chiari, assurent que, dans toute l'Italie, on ne trouve qu'une Terra Rossa dans le duché voisin de Massa et Carrare, tandis que, pour Mattei, il n'y en a aucune. A. Bernardini-Sjœstedt, « Un essai de vérification de l'hypothèse de l'origine corse de Christophe Colomb. Les Cristofari-Colombani de Terra-Rossa », *Corse Historique*, 1re année, n° 3, 1953, p. 8 ; J. Chiari, *Corsica : Columbus's Isle*, *op. cit.*, p. 86 ; Mattei, René, *op. cit.*, p. 94-95.

161 R. Cúneo-Vidal, *op. cit.*, p. 96, 265.

162 A. Enseñat de Villalonga, *Cristóbal Colón: Noble genovés, Grande de España*, *op. cit.*, p. 47.

voit d'ailleurs dans la première le berceau des aïeux de l'Amiral : « Les ancêtres de Christophe, comme il résulte d'actes publiés, habitaient une localité appelée Terra Rossa, à peu de distance de Nervi, dont elle est séparée par un pli de terrain du mont Fasco, situé entre Moconesi et Fontana Buona qui donne son nom à la vallée et où se trouve encore une tour des Colomb[163] ». L'hypothèse ne manque pas de séduire mais, malheureusement, l'historien italien ne précise jamais les documents qu'il utilise à l'appui de ses propos.

Sur l'île de beauté, dont l'histoire politique est tumultueuse depuis des siècles, passant tantôt, selon les territoires, sous la coupe de la Papauté, du royaume d'Aragon, du duché de Milan, de chefs locaux mais, surtout et le plus longuement, de la République de Gênes et de l'Office de Saint-Georges[164], deux sites principaux ont été signalés par les chercheurs[165]. Armand Bernardini-Sjœstedt et, à sa suite, Lucien Saladini évoquent l'existence d'un hameau moyenâgeux dit de Terre Rosse à Cagnano (Cap-Corse)[166], tandis que d'autres relient cette dénomination à la région de l'actuelle Île-Rousse[167] que les Romains appelaient déjà le « rocher rouge » (*rubico rocega*) en raison de la présence de porphyre ocre orangé[168]. La localisation balanine a suscité plus d'enthousiasme que la cap-corsine car les partisans d'un Colomb originaire de l'île de beauté l'ont étayée de deux passages tirés de l'*Historia de los Reyes Católicos* d'Andrés Bernáldez. Ce curé espagnol de Los Palacios près de Séville a accueilli Christophe

163 « Gli Ascendenti di Cristoforo, per quello si ha da scritture pubbliche, abitavano un Luogo detto Terra-Rossa, poco distante da Nervi, mediante una falda del Monte fasce posta fra Moconesi, e Fontana buona, che dà il nome alla Valle, ove stà ancora una Torre della de' Colombi ». F. Casoni, *op. cit.*, t. I, liv. I, p. 69.

164 P. Rocca, *op. cit.*, p. 55-56, 104-105 ; M.-J. Loverini et J.-F. Galletti, *op. cit.*, p. 30-31 ; M. Balard, « Office de Saint-Georges – Du temps de sa domination sur la Corse », *Dictionnaire historique de la Corse*, éd. A.-L. Serpentini, Ajaccio, Albiana, 2006, p. 698-700 ; R. Musso, « Office de Saint-Georges et la Corse », *Dictionnaire historique de la Corse*, éd. A.-L. Serpentini, Ajaccio, Albiana, 2006, p. 700-701.

165 En Corse, comme en Italie, ce toponyme est sûrement beaucoup plus fréquent que ne le signalent les chercheurs. Ainsi, une recherche rapide permet de trouver, sur l'île de beauté, des lieux portant le nom de Terra Rossa à Linguizzetta, Taglio-Isolaccio, La Porta, Ajaccio ou bien Renno.

166 A. Bernardini-Sjœstedt, *Christophe Colomb*, *op. cit.*, p. 86 ; L. Saladini, « Les origines de Christophe Colomb. Informations complémentaires », *Cahiers Corsica*, nº 123-124, 1988, p. 9.

167 A.-É. Paoli Cesarini, *Christophe Colomb identifié corse*, *op. cit.*, p. 88 ; C. de Giafferi et R. Le Gentil, *op. cit.*, p. 200-201 ; R. Massoni, *op. cit.*, p. 71.

168 P. Colombani, *L'Île Rousse racontée par l'un de ses enfants. Histoire et chroniques de la Préhistoire jusqu'à nos jours*, Nîmes, Lacour, 2005, p. 17-21.

Colomb chez lui en 1496. L'Amiral lui aurait d'ailleurs laissé une copie de son journal de bord ainsi que divers manuscrits[169]. Dans l'ouvrage de l'ecclésiastique, nous pouvons lire les lignes suivantes : « [...] et il [Christophe Colomb] continua à suivre la côte de terre ferme pendant soixante-dix jours, la longeant, jusqu'à se trouver bien près de l'*Aurea* et *forneso* où il fit demi-tour de crainte du mauvais temps[170] ». Puis, quelques chapitres plus loin, parlant d'un autre endroit : « Ils naviguèrent au milieu de nombreuses îles et, après deux jours et deux nuits, ils arrivèrent aux Montagnes qu'ils avaient vues, et ils trouvèrent que c'était un *Chrererojo* et aussi grand que celui de l'*Aurea*, que l'île de Corse[171] ».

À quoi correspondent les termes mis en italique ? *Chrererojo*, orthographié *chererrojo* dans d'autres éditions[172], est vraisemblablement l'altération d'une tournure espagnole : *cerro rojo*, « colline, mont, crête rouge », ou bien *cerrojo* qui, formé sur le verbe *cerrar*, « fermer », désigne un verrou, une serrure, c'est-à-dire, dans le présent contexte, une barrière naturelle, un obstacle obstruant le passage. Le mot *Aurea*, « d'or », selon l'étymologie latine, est, quant à lui, un surnom donné par Colomb à la région de Veragua, soit les côtes caribéennes de l'Amérique centrale, particulièrement du Panama, qui prirent d'ailleurs le nom de « Castille d'Or » au début du XVIe siècle. Le navigateur croit avoir découvert dans cette région riche de ce métal le mythique trésor de Salomon. Dans une lettre du 7 juillet 1503 adressée aux Rois Catholiques, il formule le rapprochement de cette façon : « [...] ils apportèrent à Salomon six-cent-soixante-six quintaux d'or, en plus de ce que les marchands et les marins avaient apporté et de ce qui avait été payé en Arabie. [...] Flavius Josèphe veut que cet or se trouve à Aurea : si c'est le cas, je dis que ces mines d'Aurea sont les mêmes que celles de Veragua[173] ». Bien

169 C. García de la Riega, *Cristóbal Colón ¿español ?*, *op. cit.*, p. 15 ; J. Heers, *op. cit.*, p. XIII.

170 « [...] e volvió a seguir la costa de tierra firme setenta dias andando por ella hasta haber pasado a estar muy cerca a la Aurea e forneso donde tomó la vuelta por el temor de los tiempos ». A. Bernáldez, *Historia de los Reyes Católicos D. Fernando y Dª Isabel. Crónica inédita del siglo* XV, *op. cit.*, t. I, chap. CXXIII, p. 307.

171 « Navegaron por de dentro de muchas islas, e al cabo de dos dias con sus noches, llegaron a las Montañas que habian visto, e hallaron que era un Chrererojo e tan grande como el de la Aurea, como la isla de la Córcega ». *Ibid.*, t. I, chap. CXXVIII, p. 321.

172 Par exemple, A. Bernáldez, *Historia de los Reyes Católicos D. Fernando y Dª Isabel*, *op. cit.*, t. II, chap. CXXIII, p. 44.

173 « [...] á Salomon llevaron de un camino seiscientos y sesenta y seis quintales de oro, allende lo que llevaron los mercaderes y marineros, y allende lo que se pagó en Arabia. [...]

moins aisée est l'authentification de *forneso.* Aucun lieu américain ne semble porter ce nom ou une graphie approchante. La consultation de quatre copies de l'œuvre d'Andrés Bernáldez, disponibles en ligne sur le site de la Bibliothèque Nationale d'Espagne, témoigne de la difficulté de la tâche : l'un de ces manuscrits se contente d'ailleurs de laisser un blanc[174], tandis que les trois autres reprennent le terme, orthographié avec deux *s* dans un des exemplaires[175]. S'appuyant sur une lettre de Sébastien Ricci, chanoine de Calvi, lequel détenait apparemment des informations de Ramón Santelli, un expatrié corse au Venezuela[176], A.-Édouine Paoli Cesarini, Charles de Giafferi et René Le Gentil ont d'affirmé que *forneso* est l'ancien nom de *fornule*, un point de la côte où se trouve aujourd'hui la digue d'Île-Rousse[177]. Si un ravin de Fòrnule ou Fornole est bien présent au nord-est du sémaphore, des précisions sur les sources et l'évolution diachronique du mot font cruellement défaut. Plus intéressante est l'idée selon laquelle *forneso* serait un toponyme d'étymologie grecque[178] : φώρ [fór], « voleur », et νῆσος [nísos], « île ».

Josefo quiere que este oro se hobiese en la Aurea : si así fuese digo que aquellas minas de la Aurea son unas y se convienen con estas de Veragua [...] ». « Carta que escribió D. Cristóbal Colón Virrey y Almirante de las Indias á los cristianísimos y muy poderosos Rey y Reina de España Nuestros Señores », *Relaciones y cartas*, *op. cit.*, p. 378.

174 A. Bernáldez, *Crónica de los Reyes Católicos*, ms, 1701-1800, p. 267 [Côte : Mss/1272].

175 A. Bernáldez, *Crónica de los Reyes Católicos don Fernando y doña Isabel*, ms, 1601-1700, p. 225 [Côte : Mss/1359] ; A. Bernáldez, *Crónica de los Reyes Católicos*, ms, 1778, p. 137 [Côte : Mss/18215] ; A. Bernáldez, *Historia de los Reyes Católicos Don Fernando y Doña Isabel*, ms, 1601-1700, p. 172 [Côte : Mss/619].

176 Ramón Santelli est, par ailleurs, auteur d'une brochure publiée en 1919 à Carúpano au Venezuela sous le titre « Cristoforo Colombo o Cristóbal Colón ». Cette étude est introuvable aujourd'hui malgré les efforts déployés pour la retrouver. À ce sujet, nous remercions chaleureusement Michèle Lebrun pour son aide.

177 A.-É. Paoli Cesarini, *La Corse est le berceau de Christophe Colomb*, *op. cit.*, p. 21-22 ; A.-É. Paoli Cesarini, *Christophe Colomb identifié corse*, *op. cit.*, p. 264 ; C. de Giafferi et R. Le Gentil, *op. cit.*, p. 198-199. – La brochure de 1928 a d'abord été publiée en treize livraisons dans le *Bastia-Journal* entre le 2 et le 29 décembre 1927. A.-É. Paoli Cesarini, « Christophe Colomb était-il Corse ? », *Bastia-Journal*, 42e année, n° 17295, samedi 3 décembre 1927, p. 1-2 ; n° 17296, dimanche 4 décembre 1927, p. 1-2 ; n° 17297, lundi 5 et mardi 6 décembre 1927, p. 1-2 ; n° 17298, mercredi 7 décembre 1927, p. 1 ; n° 17300, vendredi 9 décembre 1927, p. 1-2 ; n° 17303, lundi 12 et mardi 13 décembre 1927, p. 1-2 ; n° 17304, mercredi 14 décembre 1927, p. 1-2 ; n° 17305, jeudi 15 décembre 1927, p. 1-2 ; n° 17307, samedi 17 décembre 1927, p. 1-2 ; n° 17310, mercredi 21 décembre 1927, p. 1-2 ; n° 17312, vendredi 23 décembre 1927, p. 1-2 ; n° 17315, lundi 26 et mardi 27 décembre 1927, p. 1-2 ; n° 17317, jeudi 29 décembre 1927, p. 1.

178 A.-É. Paoli Cesarini, *La Corse est le berceau de Christophe Colomb*, *op. cit.*, p. 21.

Colomb aurait navigué à proximité de la zone de Veragua et d'une « île des voleurs ». Des « Islas Ladrones » (« voleurs » en espagnol) existent mais elles se trouvent de l'autre côté des terres panaméennes, dans le Pacifique, une zone que l'Amiral n'a jamais explorée. Il reste que ce baptême onomastique peut ne pas avoir été officialisé par la suite, qu'il s'agit juste d'un surnom connu des seuls marins naviguant dans la région.

À ce stade, une information s'impose. Selon les éditions du manuscrit de Bernáldez, on ne lit pas toujours « la Aurea *e* forneso » mais, parfois, « la Aurea *el* forneso[179] », ce qui change quelque peu la perspective. En effet, dans ce cas-là, l'île des voleurs sert d'épithète à la zone de l'*Aurea*, la définit. A.-Édouine Paoli Cesarini explique alors que *la Aurea el forneso* n'est autre que la future Île-Rousse. Empruntant à Ramón Santelli par le truchement de Ricci, elle assure que, sur des cartes antérieures à la naissance de Christophe Colomb, la localité balanine apparaît sous la mention « Insula Auri[180] ». Nous n'avons pas trouvé la trace d'une de ces cartes mais il est vrai que, dans son *Dialogo Nominato Corsica*, Agostino Giustiniani, évêque de Nebbio (golfe de Saint-Florent) entre 1514 et 1536[181], parle de « l'Île-Rousse, ou l'Île d'or[182] ». Paoli Cesarini ajoute que l'endroit servait jadis d'asile aux corsaires barbaresques[183], ce qui est également exact. C'est d'ailleurs pour cette raison que l'Office de Saint-Georges y a fait construire l'ancêtre de l'actuelle digue de la Pietra, comme en témoigne le même Giustiniani : « [...] puis l'Île-Rousse, ou l'Île d'or, laquelle, récemment, grâce aux travaux du Magnifique Office, a été rattachée à la terre d'en face, et le passage fermé, qui était un grand refuge pour les corsaires[184] ». L'ensemble de ces éléments – l'*Aurea* comme autre nom de l'Île-Rousse, *forneso* en tant qu'un surnom et la digue

179 C'est le cas, par exemple, d'A. Bernáldez, *Historia de los Reyes Católicos D. Fernando y Dª Isabel*, *op. cit.*, t. II, chap. CXXIII, p. 44.

180 A.-É. Paoli Cesarini, *La Corse est le berceau de Christophe Colomb*, *op. cit.*, p. 21.

181 Sur sa vie, lire F.-J. Casta, « Giustiniani, Agostino », *Dictionnaire historique de la Corse*, éd. A.-L. Serpentini, Ajaccio, Albiana, 2006, p. 462.

182 « [...] l'Isola rossa, o sia dell'oro ». Justiniano, Agostino, *Dialogo Nominato Corsica*, texte revu par M. de Caraffa, Bastia, Imprimerie et Librairie Veuve Eugène Ollagnier, 1882, p. 33. – De son côté, Stefanu Pergola signale que cette dénomination apparaît déjà dans un décret de 1482. S. Pergola, *L'Isula. Da eri à oghje...*, Ajaccio, Albiana, 2018, p. 142.

183 A.-É. Paoli Cesarini, *La Corse est le berceau de Christophe Colomb*, *op. cit.*, p. 21.

184 « [...] poi l'Isola Rossa, o sia l'Isola de l'oro, la quale novamente, per opra del Magnifico Officio, si è congiunta con la terra di rimpetto, et serrato lo freo, che era gran ricettacolo di Corsari ». A. Justiniano, *op. cit.*, p. 33.

rappelant le « verrou », traduction possible de *Chrererojo* – répond à une logique certaine. Si *la Aurea el forneso* pourrait désigner effectivement la zone de l'Île-Rousse, quelques questions restent, néanmoins, en suspens.

La première interrogation ressortit à la date de construction du barrage qui doit être antérieure au décès de Colomb survenu en 1506. Il est difficile de donner une date précise mais nous savons, en revanche, que la tour génoise de la Pietra destinée, comme la digue, à protéger le littoral, a été bâtie entre la fin du XVe siècle et 1530. En effet, Agostino Giustiniani, qui compose son récit vraisemblablement dans les années 1520-1530, suggère une édification récente[185]. Au-delà de la chronologie qui est importante, comment comprendre que Christophe Colomb, alors qu'il navigue dans les Caraïbes, déclare se trouver près de l'*Aurea el forneso* où il fait demi-tour à cause du mauvais temps ? A.-Édouine Paoli Cesarini, puis Charles de Giafferi et René le Gentil estiment qu'il s'agit tout simplement du baptême d'une île antillaise, ainsi appelée par l'Amiral de la mer Océane en raison de sa configuration géographique et en souvenir de ses originaires corses[186]. Cette démonstration se heurte malheureusement aux propos de Colomb lui-même, rapportés plus haut, lesquels indiquent que l'*Aurea* n'est autre que la zone de la Veragua.

Par ailleurs, s'appuyant sur Paoli Cesarini, les chercheurs partisans de la thèse corse ont toujours transposé la fin du texte de Bernáldez de la façon suivante : « [...] un *cherreroyo* comme celui de l'Aurea, comme l'île de Corse[187] ». Outre l'erreur initiale sur *cherreroyo* qui débouche sur une fantaisiste hypothèse autour d'un « écoulement de miel et de cire[188] » et l'impasse, volontaire ou pas, de la traduction du comparatif

185 « [...] et si è fatta una torre per difensione et per guardia, opra che è stata molto utile et il salvamento di tutta la Balagna » [« et une tour a été faite pour la défense et la surveillance, un travail qui a été utile pour le salut de toute la Balagne »]. *Ibid.* – Voir aussi A.-M. Graziani, « Les ouvrages de défense en Corse contre les Turcs (1530-1650) », *La guerre de course en Méditerranée (1515-1830)*, éd. M. Vergé-Franceschi et A.-M. Graziani, Paris, Ajaccio, Presses de l'Université de Paris-Sorbonne, Éditions Alain Piazzola, 2000, p. 98 ; S. Pergola, *op. cit.*, p. 14.

186 A.-É. Paoli Cesarini, *Christophe Colomb identifié corse*, *op. cit.*, p. 88 ; C. de Giafferi et R. Le Gentil, *op. cit.*, p. 198.

187 A.-É. Paoli Cesarini, *Christophe Colomb identifié corse*, *op. cit.*, p. 264 ; P. Balsac, *op. cit.*, p. 26 ; C. de Giafferi et R. Le Gentil, *op. cit.*, p. 64 ; R. Massoni, *op. cit.*, p. 72.

188 Le mot *cherreroyo* proviendrait, selon Paoli Cesarini, d'*arroyo*, « rivière », et de *cera*, « cire ». A.-É. Paoli Cesarini, *Christophe Colomb identifié corse*, *op. cit.*, p. 264. – Par ailleurs, dans une publication antérieure, A.-Édouine Paoli Cesarini écrit : « Il semble donc que Colomb se soit trouvé en face d'un îlot peuplé de colonies d'abeilles à l'état sauvage, et qu'il y ait

d'égalité espagnol *tan grande como*, la version française de la phrase s'avère sémantiquement bancale. En effet, ce barrage serait donc rapproché d'une réalité topographique spécifique à l'Île-Rousse, ce qui est concevable, mais aussi de la Corse entière, ce qui l'est beaucoup moins. Il en va de même avec la translation du comparatif d'égalité qui rend la digue aussi imposante que celle présente à l'Île-Rousse, mais également aussi grande que l'île de beauté dans son entier. L'idée que *Chrererojo* désigne la digue de la future Île-Rousse n'a donc pas de sens. En revanche, le « verrou » peut renvoyer à n'importe quel autre obstacle ou barrière naturelle, de même qu'à un « mont rouge », l'autre traduction proposée : « [...] ils arrivèrent aux Montagnes qu'ils avaient vues, et ils trouvèrent que c'était un *obstacle* [ou une *barrière* ou un *mont rouge*] et aussi grand que celui de l'*Aurea*, que l'île de Corse ».

Enfin, revenons à *forneso*. Avec d'infinies précautions, ne pourrait-il pas s'agir d'une forme corrompue de l'ancien verbe castillan *fornescer*, « fournir tout ce dont quelqu'un a besoin » ? Cette hypothèse s'appuie sur l'existence, dans l'actuel district panaméen de Portobelo dans la zone de l'ancienne Veragua, d'un port et d'une île baptisés autrefois *Bastimentos*, « provisions pour la subsistance », par Colomb lui-même[189] :

> Au bout de ces sept jours, le 9 novembre, ils sortirent de Belpuerto ou Portobelo, et parcoururent huit lieues par mauvais temps, firent demi-tour et entrèrent dans le port que nous appelons Nombre de Dios, et que l'Amiral avait appelé port de Bastimentos, parce que toutes les régions voisines et trois petites îles proches étaient couvertes de terres travaillées et de champs de maïs[190].

Si cette interprétation est exacte, *forneso* viendrait souligner, dans un cas, l'abondance qui caractérise la région de la Veragua (« la Aurea *el*

---

vu du miel couler le long des parois des rochers, comme cela se voit encore de nos jours dans les montagnes qui dominent le haut Niolo, dans certaines excavations desquelles se sont logés des essaims d'abeilles ». A.-É. Paoli Cesarini, *La Corse est le berceau de Christophe Colomb*, *op. cit.*, p. 21.

189 Il ne faut pas les confondre avec une autre île panaméenne, plus à l'ouest (dans la région de Bocas del Toro), qui porte également le nom de « Isla Bastimentos ». L'île orientale se nomme aujourd'hui « Isla Grande ».

190 « Pasados los siete dias, salieron de Bel puerto ó puerto Bello, en 9 de Noviembre, y fueron ocho leguas, y, con malos tiempos, volvieron atrás y entraron en el puerto que llamamos el Nombre de Dios, al cual llamó el Almirante puerto de Bastimentos, porque todas aquellas comarcas y tres isletas, que estaban por allí, eran llenas de labranzas y maizales ». B. de Las Casas, *op. cit.*, t. III, chap. XXIII, p. 122 [*Histoire des Indes 2*, *op. cit.*].

forneso ») ; dans l'autre (« la Aurea *e* forneso »), deux territoires distincts, la Veragua et l'île Bastimentos. Quoi qu'il en soit, pour revenir à notre point de départ (l'inscription *Columbus de terra rubra* ou *terra rubea*), le récit du curé de Los Palacios Andrés Bernáldez ne permet pas d'inscrire avec certitude les origines de l'Amiral de la mer Océane en Balagne, ni de les rejeter d'ailleurs. Tout juste nous informe-t-il que Colomb savait combien la Corse est un territoire montagneux, rien de très surprenant pour un marin méditerranéen.

LE CADRE CALVAIS

CALVI ET LA RÉPUBLIQUE DE GÊNES

Christophe Colomb n'offre nulle carte aux indications topographiques correctement tracées. Malgré les nombreux témoignages de ses contemporains et des auteurs du XVIe siècle, son territoire d'origine reste évanescent. Si l'hypothèse aragonaise ne peut pas être totalement écartée, la République de Gênes concentre davantage les regards. L'une ou l'autre possibilité satisfait, de toute façon, les partisans de la théorie calvaise car elle leur fournit un cadre explicatif qui, à certains égards, possède le mérite d'une certaine logique, sans constituer pour autant, à lui seul, une preuve déterminante.

Depuis la fin du XIIIe siècle, l'île de beauté est la proie des intérêts politiques des Génois, des Aragonais et du Saint-Siège, tout autant que ceux des puissants seigneurs locaux. Le 4 avril 1297, le pape Boniface VIII accorde la souveraineté de la Corse et de la Sardaigne au roi d'Aragon Jacques II mais, dans les faits, en raison du peu d'intérêt immédiat du royaume ibérique, la République de Gênes contrôle la quasi-totalité de l'île jusqu'en 1373, malgré les résistances et moult vicissitudes. Ensuite, pendant soixante ans, nous allons y revenir, les Aragonais imposent leur domination à l'exception de quelques territoires comme Bonifacio, Calvi ou le Cap Corse. À la mort du partisan aragonais Vincentello d'Istria en 1434, l'animosité entre les différentes parties s'exacerbe à nouveau mais Gênes parvient à réaffirmer sa suprématie. Après un bref épisode (1443-1447) durant lequel le pape Eugène IV reprend une grande partie de l'île, en 1453 la République de Gênes charge l'Office de Saint-Georges d'administrer la Corse et, face à l'anarchie et aux troubles constants, de ramener l'ordre. Cette institution financière, associant banquiers, négociants et riches particuliers et dirigée par un groupe de

« protecteurs », dispose de pouvoirs conséquents : elle peut légiférer, lever des armées, prélever des impôts, battre monnaie[1]. Si l'opposition de certains hobereaux locaux ne faiblit pas, à l'instar de Raffè di Leca qui agit pour le compte de l'Aragon, et mises à part les années 1464-1482 durant lesquelles la Corse passe officiellement sous le protectorat de Milan, l'Office de Saint-Georges gère les affaires insulaires jusqu'en 1562, date à laquelle elle rétrocède pleinement l'île à la Sérénissime, l'un des surnoms de la République de Gênes[2].

Dans ce contexte tourmenté, qu'en est-il exactement de Calvi ? Dès 1278, la cité se donne à Gênes et va maintenir en l'espèce une fidélité exemplaire, à l'exception de quelques mois compris entre 1420 et 1421 durant lesquels les Aragonais dirigent la ville. En 1356, n'avait-elle pas prêté serment à la République de lui être *semper fidelis* ? D'ailleurs, quand le pape Eugène IV décide en 1443 d'exercer sa suzeraineté sur l'île, les Calvais ne tardent pas à bouter hors de la citadelle les troupes pontificales[3]. Cet attachement génois constitue l'un des arguments essentiels des partisans de l'origine calvaise de Christophe Colomb. Martin Casanova, le premier, s'appuie sur le mémoire d'Hortensius Savelli qui, lors d'un discours prononcé en 1840 devant une Société de Gens de Lettres, affirme la pleine citoyenneté génoise de tout habitant de la capitale balanine :

> Bien que les habitants de cette ville [Calvi] ne jouissent pas des mêmes avantages que ceux de la métropole ils avaient du moins les mêmes droits. Ils étaient citoyens génois. Ils se donnaient garde de quitter ce titre, de renoncer à ce nouveau baptême qui effaçait aux yeux de nos maîtres la tache originelle dont nous étions souillés en naissant dans cette île. Ils se glorifiaient au contraire d'un tel privilège et répétaient partout avec orgueil :

---

1 Sur l'Office de Saint-Georges, lire : M.-J. Loverini et J.-F. Galletti, *op. cit.*, p. 30-31 ; M. Balard, *op. cit.*, p. 698-700 ; R. Musso, *op. cit.*, p. 700-701.

2 Sur l'histoire tumultueuse de la Corse dans ces années-là, lire : L. Villat, *Histoire de Corse*, Paris, Ancienne Librairie Furne, Boivin & Cie, Éditeurs, 1914, p. 99-104 ; P. Rocca, *op. cit.*, p. 55-56, 104-105 ; D. J.-B. Gaï, *La tragique histoire des Corses*, Paris, SPERAR, 1962, p. 52-55 ; M.-J. Loverini et J.-F. Galletti, *op. cit.*, p. 30-31 ; M. E. Cadeddu, *op. cit.*, p. 61-62 ; L. Castellini, « Calvi », *Dictionnaire historique de la Corse*, éd. A.-L. Serpentini, Ajaccio, Albiana, 2006, p. 181-183 ; M. Balard, *op. cit.*, p. 698-700 ; R. Musso, *op. cit.*, p. 700-701.

3 Sur l'histoire de Calvi, lire : P. Antonetti, *Histoire de la Corse*, Paris, Éditions Robert Laffont, 1973, p. 140, 163 ; J. Chiari, *Christophe Colomb, corse*, *op. cit.*, p. 11, 35 ; L. Castellini, *op. cit.*, p. 181-183.

> nous sommes Génois ! comme on aime à dire aujourd'hui : je fais partie de la grande nation[4].

De son côté, Jean Peretti fournit d'autres sources à l'appui de la même thèse. Dans son étude, l'ecclésiastique cite un manuscrit du XVIIIe siècle, aujourd'hui introuvable, écrit par un membre de la puissante famille calvaise Giubega, probablement François-Xavier : « Les Calvais sont également considérés comme des citoyens génois et, en tant que tels, ils peuvent aspirer à toute fonction ou charge, même militaire, à laquelle lesdits Génois pourraient prétendre, et ils sont déclarés fils de la République[5] ». Peretti mentionne également la *Prattica manuale* de Pietro Morati di Muro (début du XVIIIe siècle) : « [...] les Calvais sont appelés simples citoyens de Gênes, étant en mesure d'aspirer à des fonctions d'officiers[6] », tandis que « la commune de Calvi a le titre de Magnifique et se sert du sceau même de la République, avec sa propre inscription : *Communitatis Calvi*[7] ». Aujourd'hui comme à la fin du XIXe siècle quand ces arguments sont présentés, personne ne trouve rien à redire, pas même Laurent-Marie Casabianca, l'un des plus fervents détracteurs de la thèse insulaire[8] : les Calvais, population mêlant Balanins et Liguriens, sont considérés comme « natifs de Gênes[9] », c'est-à-dire citoyens de sa République. D'ailleurs, à Séville, les transferts d'argent des banques génoises vers Calvi stipulaient : « À payer à Gênes, localité de Calvi[10] ».

---

4 H. Savelli, *Discours sur l'origine de Christophe Colomb lu à Paris le 4 novembre 1840, devant une Société de Gens de Lettres*, Bastia, Imprimerie Fabiani, 1842, p. 7 ; H. Savelli, « Discours sur l'origine de Christophe Colomb lu à Paris le 4 novembre 1840 devant une Société de Gens de Lettres », *Le Petit Bastiais*, 11e année, n° 1798, samedi 29 mai 1886, p. 1 ; M. Casanova, *La vérité sur l'origine et la patrie de Christophe Colomb à Calvi*, *op. cit.*, p. 38-40.

5 « Si ampliano inoltre essere i Calvesi dichiarati a guisa dei cittadini genovesi e come tali poter loro aspirare a qualunque ufficio e carica, anche militare, ai quali potessero concorrere detti Genovesi, e dichiarati per figli della Republica ». Cité dans J. Peretti, *op. cit.*, p. 227.

6 « [...] si chiamano li Calvesi meri Cittadini di Genova, potendo attendere alle cariche d'Officiali ». P. Morati di Muro, « Prattica Manuale », *Bulletin de la Société des Sciences historiques & naturelles de la Corse*, Ve année, fasc. 54-57, juin-septembre 1885, p. 128. – Se reporter également à J. Peretti, *op. cit.*, p. 228.

7 « [...] la Communità di Calvi ha titolo di Magnifica, e si serve del sigillo come usa la Republica, con l'inscrittione nel medemo : *Communitas Calvi* ». P. Morati di Muro, *op. cit.*, p. 128. – Se reporter aussi à J. Peretti, *op. cit.*, p. 228.

8 Voir à ce propos L.-M. Casabianca, *Le berceau de Christophe Colomb et la Corse*, *op. cit.*, p. 24.

9 L. Castellini, *op. cit.*, p. 181. – Lire également P. Antonetti, *op. cit.*, p. 189

10 « A pagar in Genoa, loco di Calvi ». F.-F. Battestini, *Calvi au XVIe siècle (1563-1607)*, Asnières, Éditions N. Ambrosini, 1968, p. 23-24.

Pour les défenseurs d'un Colomb originaire de Calvi, cette particularité expliquerait pourquoi l'Amiral de la mer Océane ait pu passer pour un Génois : il l'était dans les faits[11] ! Par ailleurs, avance Ange-Pierre Fioravanti, pour quelle raison aurait-il mentionné les noms de Calvi et de la Corse, « barbares et incompréhensibles pour la masse ignorante[12] » ? La cité balanine n'était au tournant des XVe et XVIe siècles qu'« une petite ville [...] d'un pauvre pays isolé, ignoré, livré à d'effroyables convulsions[13] ». Martin Casanova acquiesce en renchérissant : « Aujourd'hui même [fin du XIXe siècle], malgré la diffusion des Lumières et la fréquence des voyages sur terre et sur mer, un villageois corse, transporté aux extrémités de l'Asie ou de l'Amérique, ne dirait pas : Je suis de tel village, ni même, je suis Corse. Il dirait seulement : Je suis Français[14] ». Outre l'objectif d'exposer rapidement une origine identifiable, n'était-il pas plus prestigieux, pour Christophe Colomb, de se présenter comme un Génois ? Les marins et, plus largement, les ressortissants de la Sérénissime ne bénéficiaient-ils pas d'une excellente réputation[15] ? Néanmoins, si tous ces arguments ont la saveur de la logique et du bon sens, prouvent-ils quoi que ce soit ? Ils installent seulement un contexte favorable à la possibilité d'une naissance colombine à Calvi, mais rien de plus. D'autres éléments sont nécessaires pour emporter l'adhésion à cette thèse.

11 Lire par exemple : Benvolio, « Un centenaire en perspective », *Le XIXe siècle. Journal républicain conservateur*, 17e année, n° 5112, mercredi 6 janvier 1886, p. 1 ; H. Schoen, « De l'origine corse de Christophe Colomb », *Mercure de France*, t. CI, n° 374, 16 janvier 1913, p. 293 ; P. Graziani, « Christophe Colomb et la Corse (première partie) », *op. cit.*, p. 46-47 ; A.-É. Paoli Cesarini, *Christophe Colomb identifié corse*, *op. cit.*, p. 27 ; A. Bernardini-Sjoestedt, « Contribution à l'étude des origines de Christophe Colomb », *op. cit.*, p. 29.

12 A.-P. Fioravanti, « La patrie de Christophe Colomb », *Le Conservateur de la Corse*, 5e année, n° 235, jeudi 13 mai 1886, p. 2.

13 A.-P. Fioravanti, « La patrie de Christophe Colomb », *Le Conservateur de la Corse*, 5e année, n° 237, jeudi 27 mai 1886, p. 1.

14 M. Casanova, *La vérité sur l'origine et la patrie de Christophe Colomb avec un précise de sa vie*, Ajaccio, Imprimerie Nouvelle B. Robaglia, 1889, p. 93

15 À ce propos, lire : H. Savelli, *Discours sur l'origine de Christophe Colomb lu à Paris le 4 novembre 1840, devant une Société de Gens de Lettres*, *op. cit.*, p. 7-8 ; H. Vignaud, « Les thèses nouvelles sur l'origine de Christophe Colomb. Espagnol ! Juif ! Corse ! », *op. cit.*, p. 340.

LE SILENCE DE CHRISTOPHE COLOMB

L'énigmatique silence de Christophe Colomb concernant ses origines trouve, auprès des zélateurs de l'hypothèse calvaise, deux explications liées à la couronne d'Aragon. En 1404, le célèbre corsaire Vincentello d'Istria, élevé en Catalogne, reçoit la tâche de reconquérir la Corse pour le compte du roi d'Aragon, ce qu'il parvient à accomplir en partie en 1407 en occupant le sud-ouest de l'île. Chassé en 1416, il s'exile avant de revenir deux ans plus tard, auréolé du titre de vice-roi de Corse concédé par Alphonse le Magnanime. En septembre 1420, lors d'une grande offensive destinée à soumettre les derniers territoires qui continuent de lui résister, Vincentello d'Istria et le monarque ibérique parviennent à s'emparer de Calvi grâce à la trahison d'un habitant de la cité, Giacomo Pietro de Montelupo, mais échouent devant la forteresse de Bonifacio. Apprenant le recul ennemi, une partie de la population calvaise, menée par Pietro Baglioni, surnommé plus tard « libertà », se soulève contre la garnison aragonaise qu'elle finit par massacrer[16]. Dans ces conditions, proclament plusieurs partisans de l'origine corse de l'Amiral, comment Christophe Colomb aurait-il pu se présenter en tant que Calvais face à Ferdinand II[17] ? Ce questionnement peut sembler cohérent de prime abord mais, avec un tel raisonnement, toute localité s'étant opposée dans son histoire à l'un des territoires espagnols pourrait prétendre être le berceau du navigateur ! Par ailleurs, comme le souligne justement

16 Sur cet épisode, consulter : L. Villat, *op. cit.*, p. 85-87 ; P. Rocca, *op. cit.*, p. 55-56 ; R. Emmanuelli, « L'implantation génoise », *Histoire de la Corse*, sous la direction de P. Arrighi, Paris, Privat, 1971, p. 192 ; P. Antonetti, *op. cit.*, p. 163 ; M.-J. Loverini et J.-F. Galletti, *op. cit.*, p. 30 ; A. Franzini, « Alphonse V d'Aragon », *Dictionnaire historique de la Corse*, éd. A.-L. Serpentini, Ajaccio, Albiana, 2006, p. 41 ; L. Castellini, *op. cit.*, p. 181-182 ; P. Colombani, « Istria, Vincentello d' », *op. cit.*, p. 521. – Vincentello d'Istria, capturé en 1434 par les Génois, sera décapité devant le palais du doge.

17 Lire à ce sujet : M. Casanova, *La vérité sur l'origine et la patrie de Christophe Colomb avec un précis de sa vie*, *op. cit.*, p. 94 ; J.-A. Franceschi, *Réponse de l'abbé Franceschi à la brochure* Le berceau de Christophe Colomb *par l'abbé Casabianca*, *op. cit.*, p. 10 ; A.-É. Paoli Cesarini, *Christophe Colomb identifié corse*, *op. cit.*, p. 30 ; C. de Giafferi et R. Le Gentil, *op. cit.*, p. 184-185, 193 ; P. Dominique, *op. cit.*, p. 96 ; J. Chiari, *Corsica : Columbus's Isle*, *op. cit.*, p. 61 ; R. Mattei, *op. cit.*, p. 48 ; J. Chiari, *Christophe Colomb, corse*, *op. cit.*, p. 35, 42 ; J. Chiari, « Christophe Colomb, calvais », *Corse-Matin*, n° 13195, vendredi 30 mars 1984, p. A ; R. Massoni, *op. cit.*, p. 25, 68 ; J.-J. Bossa, *op. cit.*, p. 93-95.

Roger Duprat, n'est-il pas difficile de croire que les Rois Catholiques, qui firent de Colomb un vice-roi, n'avaient pas connaissance de sa véritable origine[18] ? En suivant la logique de certains zélateurs corses, ne seraient-ce pas plutôt les monarques qui, afin de dissimuler la naissance du navigateur dans une ville qui s'était fièrement opposée à la tutelle aragonaise, lui auraient demandé de se faire passer pour génois, « l'étranger idéal » dans la péninsule ibérique tant la communauté y était présente et active[19] ?

Dans plusieurs études, le silence colombin est justifié également par la participation du navigateur dans des expéditions pour le compte du roi René d'Anjou contre les intérêts de Jean II, le père de Ferdinand d'Aragon[20]. Sur quoi repose cette affirmation ? Il convient de partir d'une lettre de l'Amiral datée de janvier 1495 et rédigée à Hispaniola. Puisant à la même source manuscrite, Fernando Colón et Bartolomé de Las Casas reproduisent la missive dans des termes quasiment identiques :

> Il m'est arrivé que le roi René, qui a Dieu auprès de lui, m'envoya à Tunis, pour que je prenne la galère Fernandina, et, quand je suis arrivé près de l'île de Saint-Pierre en Sardaigne, on m'a dit qu'il y avait deux navires et une caraque avec ladite galère, ce qui a perturbé les gens qui étaient avec moi. Ils ont décidé de ne pas aller plus loin mais de retourner à Marseille pour chercher un autre navire et d'autres personnes. Voyant qu'il était impossible de forcer leur volonté, je leur ai accordé ce qu'ils souhaitaient et, changeant la pointe de la boussole, j'ai mis les voiles au vent, puisqu'il faisait déjà nuit. Le lendemain, quand le soleil est apparu, nous nous sommes retrouvés au Cap de Carthagène, tous croyant à coup sûr que nous allions à Marseille[21].

---

18 R. Duprat, *op. cit.*, p. 10.

19 *Ibid.*, p. 71.

20 M. Casanova, *La vérité sur l'origine et la patrie de Christophe Colomb avec un précis de sa vie*, *op. cit.*, p. 172-173 ; J.-M. Muselli, *La Corse et Christophe Colomb*, Bordeaux, Imprimerie Nouvelle A. Bellier et Compagnie, 1892, p. 18 ; P. Capifali, « L'origine corse de Christophe Colomb », *La revue hebdomadaire et son supplément illustré*, 30e année, n° 41, 8 octobre 1921, p. 243 ; C. Lignières, *op. cit.*, p. 219-220 ; J.-J. Bossa, *op. cit.*, p. 41.

21 « A me auuenne che'l Rè Reinel, il quale Dio ha appresso di se, mi mandò a Tunigi, perch'io prendessi la galeazza Fernandina ; &, giunto presso all'isola di San Pietro in Sardigna, mi fu detto che erano con detta galeazza due naui, & una carraca, per la qual cosa si turbò la gente, che era meco, & deliberarono di non passar più innanzi ; ma di tornare indietro a Marsiglia per un'altra nave, & più gente. & io, vedendo, che non poteua senza alcuna arte sforzar la lor volontà, concessi loro quel, che voleuano ; &, mutando la punta del bussolo, feci spiegar le vele al vento, essendo già sera : & il dì seguente, all'apparir del Sole ci ritrouammo dentro al capo di Cartagena, credendo tutti per cosa certa, che a Marsiglia n'andassimo ». F. Colombo, *Historie del S. D. Fernando Colombo...*,

> Il m'est arrivé que le roi Reynel – Dieu l'ait en sa sainte garde – m'envoya à Tunis pour prendre la galéasse Fernandine, et alors que j'étais à hauteur de l'île de San Pietro, en Sardaigne, on me dit d'une frégate qu'avec ladite galéasse se trouvaient deux nefs et une caraque ; les hommes qui allaient avec moi s'émurent, et décidèrent de ne point poursuivre ce voyage et de revenir à Marseille chercher une autre nef et davantage d'hommes. Moi, voyant que je ne pouvais sans ruse forcer leur volonté, j'accédai à leur demande, et changeant le suif de la boussole, je mis à la voile au moment où tombait la nuit et le lendemain nous franchissions le cap de Carthage, alors que tout le monde croyait que nous allions à Marseille, etc.[22].

Le texte ne précise pas le résultat du stratagème employé par Christophe Colomb ni l'époque des faits. Néanmoins, comme il s'agit d'attaquer une galéasse portant le nom de Fernandina, il y a tout lieu de penser que le navigateur œuvrait contre les intérêts aragonais. La première hypothèse envisagée pour situer cet épisode renvoie aux affrontements entre les partisans de Jean de Calabre, fils du roi René, qui tenta, entre 1458 et 1462, de reprendre possession du royaume de Naples, arraché quelques années auparavant à la lignée d'Anjou par Alphonse V d'Aragon. C'est l'idée que privilégie l'historien italien Filippo Casoni au début du XVIIIe siècle[23]. La seconde hypothèse serait postérieure, installant l'action entre 1466 et 1472, c'est-à-dire entre le moment où les Catalans désignent le roi René comme leur souverain et son échec face à Jean II d'Aragon, le père du futur Roi Catholique.

Cet épisode est intéressant à double titre. Il suggère, tout d'abord, que Colomb n'est pas né en 1451, comme le stipule la thèse génoise officielle.

---

op. cit., p. 8-9. Les infimes différences proviennent du passage par la traduction en italien du manuscrit de Fernando Colón.

22 « A mí acaeció, que el Rey Reynel, que Dios tiene, me envió á Túnez para prender la galeaza Fernandina, y estando ya sobre la isla de San Pedro, en Cerdeña, me dijo una saetía que estaban con la dicha galeaza dos naos y una carraca; por lo cual se alteró la gente que iba conmigo, y determinaron de no seguir el viaje, salvo de se volver á Marsella por otra nao y más gente. Yo, visto que no podia sin algún arte forzar su voluntad, otorgué su demanda, y mudando el cebo del aguja, di la vela al tiempo que anochecía, y, otro día al salir del sol, estábamos dentro del cabo de Carthagine, teniendo todos ellos por cierto que íbamos á Marsella, etc. » B. de Las Casas, *op. cit.*, t. I, chap. III, p. 48 [*Histoire des Indes 1*, *op. cit.*].

23 « [...] l'apparecchio, che si fece in Genova nell' anno 1459, d'une grossa armata per Giovanni Duca d'Angiò figliulo di Ranieri Ré di Napoli. [...] Tra varj Capitani Genovesi, che si unirono al Duca d'Angiò, fu Cristoforo Colombo » [« la mise en place à Gênes en 1459 d'une grande armée pour Jean, Duc d'Anjou, fils de René, Roi de Naples. [...] Parmi les différents capitaines génois qui rejoignirent le duc d'Anjou se trouvait Christophe Colomb »]. F. Casoni, *op. cit.*, t. L, p. 69-70.

En effet, il aurait été bien trop jeune pour commander l'expédition selon la première conjecture, tout autant que dans la seconde. D'ailleurs, plusieurs témoignages permettent de reculer la date de naissance de l'Amiral d'environ dix à quinze ans par rapport à la thèse officielle. Andrés Bernáldez signale, en effet, que le navigateur, décédé en 1506 à Valladolid, « mourut *in senectute bona*, découvreur des Indes, à l'âge de soixante-dix ans, plus ou moins[24] », ce qui mène autour de l'année 1436 (1506 - 70 = 1436). Par ailleurs, dans une lettre datée du 21 décembre 1492, Christophe Colomb écrit : « J'ai passé vingt-trois ans en mer, sans en sortir un seul instant[25] ». S'étant installé au Portugal en 1476 à la suite d'un combat au large du cap de Saint-Vincent, sur lequel nous allons revenir, le célèbre marin aurait donc débuté sa carrière en Méditerranée vers 1453 (1476 - 23 = 1453)[26]. Enfin, selon Fernando Colón rapportant les propos de son père, le futur Amiral aurait commencé à naviguer en mer « [à] un âge très tendre[27] », avant de donner une indication plus précise, « l'âge de quatorze ans[28] ». Si toutes ces informations sont exactes, Christophe Colomb serait donc né vers 1439 (1453 - 14 = 1439).

Le fait que Colomb ait été un corsaire, c'est-à-dire un marin faisant la guerre, au service du roi René n'est en soi pas très surprenant s'il

24 « […] murió *in senectute bona*, inventor de las Indias, de edad de 70 años poco más ó menos ». A. Bernáldez, *Historia de los Reyes Católicos D. Fernando y Doña Isabel, Sevilla*, *op. cit.*, t. II, chap. CXXXI, p. 82.

25 « Yo he andado veintitrés años en la mar, sin salir della tiempo ». « Relación del primer viaje de D. Cristóbal Colón para el descubrimiento de las Indias, puesta sumariamente por Fray Bartolomé de Las Casas », *Relaciones y cartas*, *op. cit.*, p. 112. – Les *Historie* de Fernando Colón reprennent la même lettre : « Io sono andato per mare ventitre anni senza uscirne per alcun tempo » [« Je suis parti en mer pendant vingt-trois ans sans jamais en sortir »]. F. Colombo, *Historie del S. D. Fernando Colombo…*, *op. cit.*, chap. iv, p. 9.

26 Dans un autre courrier de 1501 adressé aux Rois Catholiques, il explique, au sujet de son parcours maritime, que « [c]ela fait déjà quarante ans qu['il s']adonne à ces activités » [« hoggimai passano quaranta anni, che io usi per tutte quelle parti »]. *Ibid.*, chap. IV, p. 8. – Le texte s'avère ici plus ambigu. En effet, si une première lecture tend vers un début de carrière autour de 1461 (1501 - 40 = 1461), cette remarque peut être comprise différemment, comme le cumul de son travail en mer, c'est-à-dire environ quarante ans. Outre les vingt-trois premières années où Colomb n'a fait que naviguer, il convient d'ajouter les neuf années entre son départ d'Espagne en 1492 et la rédaction de la lettre en 1501, ainsi qu'environ cinq autres années qui correspondent aux voyages effectués pendant son séjour portugais (Islande en 1477, Madère en 1478, les côtes africaines entre 1482 et 1484).

27 « Di età molto tenera io entrai in mare navigando » [« À un âge très tendre, j'ai commencé à naviguer en mer »]. *Ibid.*, chap. IV, p. 8.

28 « E piu oltre dice, che cominciò a nauigar di quatordici anni » [« Et plus loin, il dit qu'il a commencé à naviguer à l'âge de quatorze ans »]. *Ibid.*, chap. IV, p. 9.

appartient à la République de Gênes, laquelle, en 1458, prête allégeance au roi Charles VII. Le souverain français envoie sur place Jean de Calabre, le fils du roi René. Gênes finira par se soulever trois ans plus tard[29]. Cette activité de corsaire conduit, d'autre part, à analyser la relation de Colomb avec un homme « connu de son nom et de sa famille[30] », la cause de sa vocation maritime[31], avec lequel « il resta longtemps[32] ». Cet homme, Fernando Colón et Bartolomé de Las Casas le nomment respectivement « Colombo le jeune[33] » et « Columbo Junior[34] » pour le différencier d'un aïeul. Selon ces deux auteurs, il jouissait d'une grande renommée en tant que marin et avait participé à des expéditions contre les infidèles et les Vénitiens[35]. Qui était donc ce parent supposé de Christophe Colomb ? Henry Harrisse, après avoir compulsé des dizaines

29 Cette situation a fait dire à certains auteurs partisans de l'origine calvaise de Christophe Colomb que le navigateur était français (du moins momentanément), Calvi appartenant à la République de Gênes à ce moment-là ! Voir J. Peretti, *op. cit.*, p. 492 ; C. Formentin, « La nationalité de Christophe Colomb », *La Revue des conférences sténographiées. Revue populaire mensuelle*, 2e année, n° 13, 1er août 1892, p. 194-195 ; P. Capifali, *op. cit.*, p. 247 ; P. Guitet-Vauquelin, *op. cit.*, p. 7 ; A. Trojani, « Christophe Colomb II », *Bastia-Journal*, 47e année, n° 18743, jeudi 23 juin 1932, p. 1 ; A.-É. Paoli Cesarini, *Lettre Réponse à Monsieur le Comte Sainte Croix de la Roncière où l'auteur prouve pleinement par l'histoire, l'origine Corse-Calvaise de l'illustre Révélateur du Globe Christophe Colomb et sa nationalité française*, Bastia, Imprimerie de *Bastia-Journal*, 14 avril 1940, p. 13 ; J. Chiari, *Christophe Colomb, corse*, *op. cit.*, p. 36 ; R. Mattei, *Christophe Colomb est corse*, *op. cit.*, p. 29-30.

30 « [...] un'huomo segnalato del suo nome, & famiglia ». F. Colombo, *Historie del S. D. Fernando Colombo...*, *op. cit.*, chap. v, p. 10. – De son côté, Bartolomé de Las Casas écrit « de son nom et lignage » [« de su nombre y linaje »]. B. de Las Casas, *op. cit.*, t. I, chap. IV, p. 51.

31 « Quanto al principio, & alla causa della venuta dell'Ammiraglio in Ispagna, & di essersi egli dato alle cose del mare » [« Quant au début et à la raison de la venue de l'Amiral en Espagne, et de son inclination pour les choses de la mer »]. F. Colombo, *Historie del S. D. Fernando Colombo...*, *op. cit.*, chap. v, p. 10.

32 « [...] Cristóbal Colon determinó ir é andar con él, en cuya compañía estuvo y anduvo mucho tiempo » [« Cristóbal Colón décida d'aller naviguer avec lui, et il resta longtemps en sa compagnie »]. B. de Las Casas, *op. cit.*, t. I, chap. IV, p. 51 [*Histoire des Indes 1*, *op. cit.*].

33 « Colombo il giouane ». F. Colombo, *Historie del S. D. Fernando Colombo...*, *op. cit.*, chap. v, p. 10.

34 B. de Las Casas, *op. cit.*, t. I, chap. IV, p. 51.

35 « [...] molto nominato per mare per cagio dell'armata, ch'ei conduceua contro gl'infedeli [...] una volta prese quattro galee grosse vinitiane » [« très célèbre sur la mer en raison de l'armada qu'il a menée contre les infidèles [...] une fois il a pris quatre grandes galères vénitiennes »]. F. Colombo, *Historie del S. D. Fernando Colombo...*, *op. cit.*, chap. v, p. 10. – De son côté, Bartolomé de Las Casas écrit : « [...] un famoso varon, el mayor de lo corsarios que en aquellos tiempos habia [...] aqueste Junior trajese grande armada por la mar contra infieles y venecianos y otros enemigos de su nacion » [« un célèbre marin, le plus grand des corsaires qu'il y avait en ce temps [...] ce Junior menait une grande

d'annales et de chroniques de France, d'Espagne et d'Italie portant sur le XVe siècle, n'a abouti qu'à un seul individu : Guillaume de Casenove[36]. Il s'agit d'un personnage assez obscur. Son nom, orthographié en français de multiples façons (Casenove, Cazenove, Caseneuve), était souvent accompagné, pour une raison inconnue, du surnom Coullon (ou d'une de ses variantes : Coulomp, Colomb, Couloux, Coulaux)[37]. Henry Vignaud tente de retracer son parcours entre 1469 et 1483[38]. Il est à peu près attesté qu'il travailla pour le compte du roi de France Louis XI, au moins depuis 1469. Les sources le mentionnent dans la Manche et aux abords des côtes hollandaises entre 1469 et 1472, agissant contre des galères vénitiennes et flamandes[39], puis à Gibraltar en 1473, en Galice l'année suivante[40]. La bataille navale la mieux documentée demeure, cependant, celle de Saint-Vincent le 13 août 1476.

Louis XI, ayant fait alliance avec Alphonse V du Portugal contre les Rois Catholiques, l'un parce qu'il craignait les ambitions du roi Jean II d'Aragon, l'autre pour une question successorale, avait envoyé quelques semaines auparavant Guillaume de Casenove et une flotte franco-lusitanienne au sud du Portugal. C'est là, non loin du cap Saint-Vincent, près de Lagos, que le corsaire décida de fondre, probablement en raison d'une erreur de jugement, sur cinq navires marchands battant pavillon génois. Le combat fut très violent, dura plus de dix heures, avant qu'un incendie ne détruise sept des bâtiments engagés dans la bataille[41]. Selon Fernando Colón et Bartolomé de Las Casas, Christophe Colomb participa à ce conflit, se retrouva à l'eau à la suite de l'embrasement de son bateau et dut regagner la côte portugaise à la nage :

> [...] tandis que l'Amiral naviguait en compagnie dudit Colombo le jeune, ce qu'il a fait pendant longtemps, il est arrivé que, ayant appris que quatre grandes galères vénitiennes revenaient des Flandres, ils sont partis à leur

flotte sur la mer contre les infidèles, les Vénitiens et autres ennemis de sa patrie »]. B. de Las Casas, *op. cit.*, t. I, chap. IV, p. 51 [*Histoire des Indes 1*, *op. cit.*].

36 H. Harrisse, *Les Colombo de France et d'Italie, fameux marins du* XVe *siècle (1461-1492)*, Paris, Librairie Tross, 1874, p. 66.

37 H. Vignaud, Études critiques sur la vie de Colomb avant ses découvertes, *op. cit.*, p. 140.

38 *Ibid.*, p. 141-163.

39 *Ibid.*, p. 141-143.

40 *Ibid.*, p. 143-144. – Sur cet épisode, lire H. Harrisse, *Les Colombo de France et d'Italie, fameux marins du* XVe *siècle (1461-1492)*, *op. cit.*, p. 15-16.

41 H. Vignaud, Études critiques sur la vie de Colomb avant ses découvertes, *op. cit.*, p. 147-161.

recherche et les ont trouvées entre Lisbonne et le cap de Saint-Vincent, qui se trouve au Portugal. Ils s'approchèrent si près qu'ils se saisirent les uns les autres avec tant de haine et de courage qu'ils se mirent à monter d'un navire à l'autre, s'entretuant et se battant sans pitié, autant avec des armes de poing qu'avec des projectiles et d'autres engins inflammables, de telle sorte que, après avoir combattu du matin au soir et après de nombreux morts et blessés des deux côtés, le feu éclata entre le navire de l'Amiral et un bâtiment vénitien, lesquels, parce qu'ils étaient attachés ensemble avec des barres de fer et des chaînes, des instruments que les hommes de mer utilisent à cette fin, ne pouvaient être réparés nulle part, de même qu'en raison de la lutte entre eux et de la peur du feu qui s'était accentuée en peu de temps. La solution était que ceux qui étaient capables de sauter à l'eau le fassent plus rapidement que d'endurer le supplice du feu. Mais, comme l'Amiral était un grand nageur et qu'il se voyait à deux lieues ou un peu plus de la terre ferme, il prit une rame que le destin lui présenta et l'utilisa. S'en servant parfois, nageant d'autres fois, il plut à Dieu qui le préservait pour une chose plus grande, de lui donner la force d'atteindre la terre[42] [...]

Ce Columbo Junior, ayant appris que quatre galéasses vénitiennes étaient passées en Flandres, les attendit, à leur retour, entre Lisbonne et le cap Saint-Vincent, pour se saisir d'elles de ses propres mains. Quand ils furent proches, le Columbo Junior les attaqua et les galéasses se défendirent en agressant leur agresseur. Le combat entre eux fut si terrible, accrochés les uns aux autres par des grappins et des chaînes de fer, utilisant le feu et les autres armes, selon l'infernale coutume des guerres navales, que du matin jusqu'au soir les morts, les brûlés et les blessés furent tellement

42 « [...] mentre in compagnia del detto Colombo giouane l›Ammiraglio nauigaua, il che fe lungamente, auuenne, che, intendendo, che le dette quattro galee grosse vinitiane tornauano di Fiandra, andarono a cercarle, e le trouarono tra Lisbona, & il capo di San Vicenzo, che è in Portogallo : doue venuti alle mani combattettero fieramente ; & si accostarono in modo, che si afferrarono insieme con tanto odio, & coraggio, che d'un vasello nell'altro montauano, uccidendosi, & percotendosi senza alcuna pietà, così con arme da mano, come con pignate, & altri ingegni di fuoco ; in guisa tale, che, essendosi combattuto dalla matina fino all'ora di vespro, & essendo hoggimai molta gente d'ambe le parti morta, & ferita, si attaccò il fuoco fra la naue dell'Ammiraglio, & una galea grossa vinitiana, le quali perch'erano attaccate insieme con ganzi, & catene di ferro, instrumenti, che gli huomini di mare usano per tale effetto, non potè esser rimediato all'una, ne all'altra parte, per la mischia, che tra loro era, & per lo spauento del fuoco, che già in poco spatio era cresciuto tanto, che il rimedio fu, che saltassero fuori nell'acqua quelli, che poteuano, per piu tosto così morire, che sopportare il tormento del fuoco. Ma, essendo l'Ammiraglio grandissimo notatore, & vedendosi due leghe, o poco più discosto da terra, prendendo un remo, che la sorte gli appresentò, & aiutandosi con quello tal volta, & tal volta notando, piacque a Dio, che per altra maggior cosa l'haueua salvato, di dargli forze, onde giungesse a terra ». F. Colombo, *Historie del S. D. Fernando Colombo...*, *op. cit.*, chap. v, p. 10-11.

> nombreux des deux côtés, qu'il ne restait presque plus personne capable de déplacer les deux flottes d'une seule lieue d'où elles s'étaient abordées. Il arriva que la nef sur laquelle Christophe Colomb se trouvait ou dont il avait peut-être la charge, et la galéasse avec laquelle elle était agrippée s'enflammèrent toutes deux d'un feu épouvantable, sans que l'une se pût détacher de l'autre. Tous ceux qui étaient encore vivants n'eurent d'autre choix que de se jeter à la mer. Ceux qui savaient nager purent survivre quelque temps sur l'eau. Ceux qui ne le savaient pas choisirent de subir la mort par l'eau plutôt que par le feu, qui est plus éprouvante et plus insupportable à attendre. Christophe Colomb était très bon nageur, il put saisir une rame pour se soutenir pendant qu'il se reposait, et avança ainsi jusqu'à ce qu'il atteignît la côte, qui devait être à un peu plus de deux lieues de là où étaient et vers où avaient dérivé les nefs dans leur folle et aveugle bataille[43].

Selon les mêmes sources, le navigateur se rendit ensuite à Lisbonne où « il savait pouvoir trouver des gens de sa nation », puis, « quand il fut connu de la nation génoise, lui-même et peut-être aussi son lignage et ses parents, surtout lorsqu'on vit son air respectable, les choses allèrent si bien qu'on l'aida à s'installer et à avoir des relations ; il commença alors à acquérir du crédit et à se relever[44] ». Peu de temps après, il rencontra celle qui allait devenir son épouse :

43 « Este Columbo Júnior, teniendo nuevas que cuatro galeazas de venecianos eran pasadas á Flandes, esperólas á la vuelta entre Lisbona y el cabo de San Vicente para asirse con ellas á las manos ; ellos juntados, el Columbo Júnior á acometerles y las galeazas defendiéndose y ofendiendo á su ofensor, fué tan terrible la pelea entre ellos, asidos unos con otros con sus garfios y cadenas de hierro, con fuego y con las otras armas, según la infernal costumbre de las guerras navales, que desde la mañana hasta la tarde fueron tantos los muertos, quemados y heridos de ambas partes, que apenas quedaba quien de todos ellos pudiese ambas armadas del lugar donde se toparon una legua mudar. Acaeció que la nao donde Cristóbal Colon iba, ó llevaba quizá á cargo, y la galeaza con que estaba aferrada se encendiesen con fuego espantable ambas, sin poderse la una de la otra desviar, los que en ellas quedaban aun vivos ningún remedio tuvieron sino arrojarse á la mar ; los que nadar sabian pudieron vivir sobre el agua algo, los que no, escogieron antes padecer la muerte del agua que la del fuego, como más aflictiva y menos sufrible para la esperar ; el Cristóbal Colon era muy gran nadador, y pudo haber un remo que á ratos le sostenía mientras descansaba, y ansí anduvo hasta llegar á tierra, que estaría poco más de dos leguas de donde y adonde habian ido á parar las naos con su ciega y desatinada batalla ». B. de Las Casas, *op. cit.*, t. I, chap. IV, p. 51-52.

44 « [...] sabia que habia de hallar personas de su nación ; y ansí fué que siendo conocido por de la nación ginovesa y también quizá su linaje y sus padres, mayormente viendo su autorizada persona, le ayudaron á que pusiese casa, y hecha con él compañía comenzó á acreditarse y restaurarse ». B. de Las Casas, *op. cit.*, t. I, chap. V, p. 52 [*Histoire des Indes 1*, *op. cit.*].

> Au bout de quelques jours, comme il était de bonne taille et n'était pas non plus mal fait de sa personne, et comme, en outre, ayant coutume de se comporter en bon chrétien, il allait la plupart du temps entendre l'office divin à un monastère appelé de Santos, où il y avait quelques commanderesses (mais je n'ai pu savoir de quel ordre), il se trouva avoir des discussions et des conversations avec l'une de ces dernières qui s'appelait Doña Felipa Moniz, dont le noble lignage était indubitable et qui, finalement, se maria avec lui. Elle était la fille d'un gentilhomme qui s'appelait Bartholomeu Moniz Perestrello, chevalier au service de l'infant D. João Ier du Portugal[45] [...]

Ces passages déploient un ton quelque peu romanesque et il est probable que Fernando Colón et Bartolomé de Las Casas aient souhaité par-là exalter la figure du futur Amiral. Il n'empêche, la participation de Christophe Colomb à la bataille de 1476 et ses liens avec Guillaume de Casenove éclaireraient plusieurs zones d'ombre sur sa vie. Tout d'abord, dans un codicille à son testament de 1506, le navigateur octroie « aux héritiers de Paulo Negro, Génois, cent ducats ou leur valeur » et « [à] Baptista Espínola, ou à ses héritiers s'il est mort, 20 ducats. [...]. Il était fils de messire Nicolao Espínola de Locoli de

45 « Pasando algunos días, como él fuese de buena disposición y no menos tuviese gentil presencia, y con esto no le faltase la costumbre de buen cristiano, iba por la mayor parte á oir los divinos oficios á un monesterio que se decia de Santos, donde habia ciertas Comendadoras (de que orden fuese, no puede haber noticia), donde acaeció tener plática y conversación con una Comendadora dellas, que se llamaba Doña Felipa Moñiz, á quien no faltaba nobleza de linaje, la cual hubo finalmente con él de casarse. Esta era hija de un hidalgo que se llamaba Bartolomé Moñiz Perestrello, caballero, criado del Infante D. Juan de Portugal, hijo del Rey D. Juan I de Portugal ». *Ibid.* [*Histoire des Indes 1*, *op. cit.*]. – Se reporter également au texte des *Historie* : « Et, percioche non era lontano da Lisbona, doue sapeua, che si ritrouauano molti della sua natione Genovese, piu presto, che potè, si trasferì quiui, doue, essendo conosciuto da loro, gli fu fatta tanta cortesia, & si buona accoglienza, che mise casa in quella città, & tolse moglie. Et, percioche si portaua molto honoratamente, & era huomo di bella presenza, & che non si partiua dall'honesto, auuenne, che una gentildonna, chiamata Donna Filippa Mogniz, di nobil sangue, Caualliera nel monasterio d'ogni Santi, doue l'Ammiraglio usaua di andare a messa, prese tanta prattica, & amicitia con lui, che diuenne sua moglie » [« Et comme il n'était pas loin de Lisbonne, où il savait que se trouvaient beaucoup de gens de sa nation génoise, il s'y rendit dès qu'il le put. Là-bas, étant connu d'eux, il reçut tant de politesses et fut si bien accueilli qu'il s'installa dans cette ville et y prit femme. Et comme il se portait très honorablement, qu'il était un homme de belle prestance et ne s'écartait pas de l'honneur, il arriva qu'une dame douce du nom de Donna Filippa Mogniz, de sang noble, Commanderesse au monastère de Tous les Saints, où l'amiral avait l'habitude d'aller à la messe, prit avec lui une telle pratique et amitié qu'elle devint son épouse »]. F. Colombo, *Historie del S. D. Fernando Colombo...*, *op. cit.*, chap. V, p. 11.

Ronco[46] ». Par ailleurs, il est précisé que ce legs doit se faire dans le plus grand secret : « On devra le leur donner de telle manière qu'ils ne sachent pas qui le leur a fait donner[47] ». Nous ne savons pratiquement rien sur ces deux personnes si ce n'est que ces mêmes noms de famille apparaissent lors de l'affrontement de Saint-Vincent. En effet, un certain Giorgio Antonio di Negro commandait l'un des navires contre lequel guerroya Christophe Colomb et ce bâtiment appartenait à Gofredo et à Nicola Spinola, peut-être la personne mentionnée dans le testament[48]. Si ces individus sont bien parents, pourquoi leur faire remettre de l'argent en cachette, d'autant que l'Amiral n'a visiblement pas maintenu de liens avec eux ? Il ne sait pas, par exemple, si Baptista Espínola est toujours en vie, se contentant de signaler que, « l'année 1482, il résidait à Lisbonne[49] ». Comme le suggère Roger Duprat, cette donation ne pourrait-elle pas révéler non pas une vieille dette mais une réparation financière à la suite des dégâts infligés par les bateaux franco-lusitaniens et/ou une réparation morale en raison de l'erreur de jugement qui a précédé l'assaut[50] ? Il y a trop d'inconnues pour tirer des conclusions définitives. En revanche, si Christophe Colomb est parent avec Guillaume de Casenove, cela permet de comprendre plus aisément la facilité avec laquelle le futur Amiral de la mer Océane fut introduit à la cour portugaise et contracta mariage avec Felipa Moniz Perestrello. De même, s'éclaircirait la présence en 1493 de Bartolomé Colón à Paris auprès d'Anne de France, duchesse de Bourbonnais, fille de Louis XI, et du roi Charles XII, lequel lui apprend le succès de son frère[51]. Enfin, et c'est ce qui intéresse au premier chef les partisans d'un

---

46 « [...] a los herederos de Paulo Negro, ginovés, cien ducados o su valor [...]. A Baptista Espínola o a sus herederos, si él es muerto, veinte ducados. [...]. Era hijo de Miçer Nicolao Espínola de Locoli de Ronco ». P. de Ennoxedo, *op. cit.*, s. p.

47 « Hásele de dar en tal forma que no sepa quién se las manda dar ». *Ibid.*

48 H. Vignaud, Études critiques sur la vie de Colomb avant ses découvertes, *op. cit.*, p. 157.

49 « [...] fue estante en Lisboa el año de mil cuatrocientos ochenta y dos ». P. de Ennoxedo, *op. cit.*, s. p.

50 R. Duprat, *op. cit.*, p. 128.

51 Sur la présence supposée de Bartolomé Colón à la cour de France, on peut se reporter à deux documents. Le premier est un extrait d'un rapport établi par le frère de l'Amiral le 10 octobre 1501 : « Il dit qu'alors qu'il vivait avec Madame de Bourbon, l'Amiral, son frère, lui a écrit qu'il devait venir servir Votre Majesté, car il serait honoré et élevé, et c'est ce qu'il a fait » [« Dice que viviendo con madama de Borbon, el Almirante su hermano le escribió que viniese á servir á V. A. porque seria honrado y acrecentado, é asi lo puso en obra »]. M. Salvá et P. Sainz de Baranda, *Colección de documentos inéditos para la historia*

Colomb calvais, cela fournirait une explication cohérente au silence du navigateur sur ses véritables origines : il avait agi jadis contre les intérêts aragonais. Joseph Chiari va plus loin en suggérant que les Rois Catholiques se seraient entendus avec le gouvernement de Gênes afin d'empêcher la France d'intervenir dans les découvertes américaines si le monde apprenait que Colomb avait été autrefois à son service en tant que corsaire[52]. À l'appui de sa supputation, Chiari se contente de signaler qu'un décret royal du 13 juin 1523 demande à Fernando Colón d'arrêter ses recherches, ce qui est parfaitement exact, mais il ne s'agit nullement d'empêcher la révélation de l'origine colombine, comme le laisse entendre l'enseignant[53], mais de mettre fin à la rédaction d'une cosmographie et description de l'Espagne[54].

Dans l'hypothèse où Fernando Colón et Bartolomé de Las Casas ne se trompent pas lorsqu'ils affirment l'existence d'un « Colombo le jeune » ou « Columbo Junior », membre de la famille Colomb, dont l'exemple aurait poussé le jeune Christophe à embrasser une carrière maritime et si, par ailleurs, il s'agit bien de Guillaume de Casenove comme le suggèrent les recherches d'Henry Harrisse, reste en suspens une lourde interrogation. Les rares éléments à la disposition des historiens vont plutôt dans le sens d'une souche gasconne du corsaire, avant un établissement en Normandie[55]. Rien n'évoque donc une origine italienne ou corse. Pourtant, les partisans de l'origine insulaire de Christophe Colomb ont rapidement adopté sa parenté avec Guillaume de Casenove : ce serait lui le fameux « premier Amiral de [l]a famille » évoqué par le navigateur dans

---

de España, Madrid, Imprenta de la viuda de Cálero, 1850, t. XVI, p. 559. – Le second provient des *Historie* de Fernando Colón : « [...] il apprit à Paris, du Roi Charles de France, que son frère l'Amiral avait découvert les Indes : pour lui permettre de faire le voyage [jusqu'en Castille], il lui donna cent écus » [« haueua inteso in Parigi dal Re Carlo di Francia, l'Ammiraglio suo fratello hauer già scoperte le Indie : perche gli souenne per poter fare il viaggio, di cento scudi »]. F. Colombo, *Historie del S. D. Fernando Colombo...*, *op. cit.*, chap. V, p. 11. – Sur ces passages, se reporter à E.-T. Hamy, « Francisque & André d'Albaigne, cosmographes lucquois au service de la France », *Études historiques et géographiques*, Paris, Ernest Leroux Éditeur, 1896, p. 248-249.

52 J. Chiari, *Christophe Colomb, corse*, *op. cit.*, p. 46.

53 *Ibid.*

54 A. Crespo Sanz, « La descripción y cosmografía de España : el mapa que nunca existió », *Catastro*, n° 74, 2012, p. 83-109.

55 H. Harrisse, *Les Colombo de France et d'Italie, fameux marins du XVe siècle (1461-1492)*, *op. cit.*, p. 34 ; J.-M. Urvoy, « Guillaume de Casenove », 2007, http://cristobal-colon.blogspot.com/2007/08/guillaume-de-casenove.html (consulté le 08/03/2021).

une lettre adressée à Juana Velázquez de la Torre, la nourrice du prince héritier Jean[56]. Cette missive, si elle existe, a malheureusement disparu[57].

Pour arriver à cette conclusion, les zélateurs calvais ont fait leurs, puis transformé, les propos contenus dans un mémoire de Jean-Jacques-François Siméon de Buochberg, rédigé à la fin du XVIIIe siècle[58]. Cet officier suisse, qui sera maire de Corte de 1819 à 1822, avait épousé Marie-Thérèse Arrighi dont la famille possédait des manuscrits écrits quelques décennies plus tôt par un certain Père Denis ou Dionigio d'Omessa[59]. Raoul Colonna de Cesari Rocca estime qu'il pourrait s'agir de Francesco-Maria Arrighi Colonna de son nom civil[60], tandis que René Massoni et Michel Vergé-Franceschi penchent pour le chanoine d'Aleria, Denis de Perelli d'Alesani[61]. Quoi qu'il en soit, si les œuvres de ce père Denis demeurent aujourd'hui introuvables[62], une de ses phrases putatives a été

56 « Io non sono il primo Ammiraglio della mia famiglia » [« Je ne suis pas le premier Amiral de ma famille »]. F. Colombo, *Historie del S. D. Fernando Colombo...*, *op. cit.*, chap. II, p. 6.

57 Une autre lettre datée de 1500 est heureusement parvenue jusqu'à nous. « Carta del Almirante al ama (que había sido) del Principe D. Juan, escrita hacia fines del año 1500 », *Colección de los viages y descubrimientos que hicieron por mar los españoles desde fines del siglo XV*, *op. cit.*, t. I, p. 413-423. – Ce passage pourrait aussi faire référence à des ancêtres de l'épouse portugaise du navigateur, comme le pense Michel Vergé-Franceschi, ou à des membres de la famille génoise da Mare, installée au Cap Corse à partir du XIIe siècle. Lire : M. Vergé-Franceschi, « À tout seigneur tout honneur : Christophe Colomb Calvais ou Génois ? La vérité », *op. cit.*, p. 17 ; L. Saladini, « Les origines de Christophe Colomb. Informations complémentaires », *op. cit.*, p. 15.

58 Selon Jean Peretti, ce mémoire s'intitulerait *Recueil de renseignements et extraits d'histoires compilés par Siméon de Buochberg (Jean-Jacques-François) sur le fameux navigateur Christophe Colomb.* Si une copie dactylographiée des mémoires du Suisse se trouve bien dans le fonds patrimonial de la médiathèque Sampiero d'Ajaccio [côte MSS 184], elle ne contient aucune information sur l'Amiral de la mer Océane et il ne s'agit donc pas du même document. Ange-Pierre Fioravanti affirme que le manuscrit original évoquant Colomb est « religieusement conservé à la mairie de Calvi » mais nos recherches n'ont pas permis de le retrouver. Se reporter à A.-P. Fioravanti, « La patrie de Christophe Colomb », *Le Conservateur de la Corse*, 5e année, n° 234, jeudi 6 mai 1886, p. 1.

59 Sur Jean-Jacques-François Siméon de Buochberg, lire M.-F. Schafroth, « Un régiment suisse dans la tourmente : cent-cinquantenaire de la dissolution du régiment Salis-Grison par décret de la convention en 1793 », *Revue Militaire Suisse*, n° 86, 1944, p. 73-84.

60 R. Colonna de Cesari Rocca, « La véritable origine de Christophe Colomb », *La Revue de la Corse historique, littéraire, documentaire et bibliographique*, 3e année, n° 13, janvier-février 1922, p. 10.

61 R. Massoni, *op. cit.*, p. 31 ; M. Vergé-Franceschi, « À tout seigneur tout honneur : Christophe Colomb Calvais ou Génois ? La vérité », *op. cit.*, p. 21-22.

62 En 1922, Raoul Colonna de Cesari Rocca écrit, sans en être absolument certain, qu'un des manuscrits de l'ecclésiastique pourrait se trouver, en original ou en copie, à la bibliothèque municipale d'Ajaccio. Nos recherches n'ont pas permis de le localiser. La

longuement commentée. Écrite en latin, elle affirme : « Calvii natum Columbum » [« Colomb est né à Calvi »][63]. Se fondant sur ce texte ainsi que sur d'autres sources inconnues, Siméon de Buochberg en vient à donner des détails inédits sur la jeunesse de Colomb :

> Christophe Colomb était né à Calvi et fils d'un pêcheur ; un patron génois avait pris le frère de son père comme mousse à bord de son bâtiment ; devenu grand, le jeune marin non seulement laissait ses gages entre les mains de son maître, mais lui remettait même les cadeaux qu'il recevait dans les ports pour services rendus à des personnes étrangères. Le patron le prit en telle affection qu'il le fit instruire et lui céda sa place à bord, deux années avant de quitter lui-même son navire ; puis, devenu vieux et impotent, il lui en remit le commandement absolu, avec moitié de part sur les bénéfices. Après quelques voyages fructueux, son bienfaiteur étant mort, Colomb acheta le bâtiment à ses héritiers. Entre deux navigations, il toucha un jour à Calvi, et, en dînant chez son frère, il fut frappé de l'intelligence et de la vivacité du petit Christophe. Il admira le soin que mettait cet enfant à prévenir les moindres désirs de son père et de sa mère, et il en fut tellement enthousiasmé qu'il dit : « Écoute, mon frère ! Tu sais que le bâtiment m'appartient ; j'ai même un peu d'argent pour faire mes emplettes sans avoir besoin de recourir à la bourse des autres. Je ne veux point me marier. Ainsi, confie-moi Christophe ; je lui ferai donner une bonne éducation, et il sera mon fils adoptif. » Le père y consentit. La mère après avoir bien pleuré y consentit aussi[64].

Il est possible que Siméon de Buochberg se soit appuyé, entre autres matériaux, sur un passage de Gonzalo Fernández de Oviedo, historiographe officiel des Indes et connaissance de la famille Colomb : « Du vivant de Domínico Colom, son père, ce fils [il parle de Christophe

---

prochaine rénovation de la Bibliothèque Fesch et le catalogage systématique de son fonds devraient permettre, d'ici 2023, de « redécouvrir » des « pépites » bibliographiques. Voir R. Colonna de Cesari Rocca, *op. cit.*, p. 10.

63 Outre le mémoire de Siméon de Buochberg, la popularité de cette phrase du Père Denis doit beaucoup, semble-t-il, à Gian Francesco Savelli, père d'Hortensius et d'Émile, qui prononça en 1826 un discours au collège de Calvi dans lequel il passait en revue tous les grands hommes de la Balagne, dont Christophe Colomb. Une partie du discours de Savelli, écrit en latin, et sa traduction française sont consultables dans J. Peretti, *op. cit.*, p. 222-224.

64 Cet extrait du manuscrit, aujourd'hui introuvable, de Siméon de Buochberg provient des sources suivantes : « Décret du Président de la République Française », *Le Conservateur de la Corse*, 1re année, n° 45, jeudi 21 septembre 1882, p. 1-2 ; Séraphin, « Christophe Colomb », *La Lanterne. Supplément hebdomadaire*, n° 114, 5 septembre 1886, p. 1 ; J. Peretti, *op. cit.*, p. 326-327 ; M. Casanova, *Vie de Christophe Colomb écrite au point de vue de son origine française*, *op. cit.*, p. 4 ; H. Bacon, *Cica. La fille du bandit*, Paris, Librairie Ducrocq, 1889, p. 158-160.

Colomb], qui était jeune, bien éduqué et déjà hors de l'adolescence, partit de sa patrie et passa au Levant, navigua sur une grande partie de la mer Méditerranée, où il apprit la navigation et l'exercice par expérience[65] ». Mais il faut considérer le récit de l'officier suisse avec la plus grande précaution du fait de l'absence de sources clairement établies et, au contraire, de la précision de certaines de ses informations, alors que, par ailleurs, les chercheurs en manquent cruellement.

Reprenant ce texte un siècle après son écriture et acceptant ses conclusions, Jean Peretti en vient à affirmer que le parent de Christophe Colomb était bien originaire de Calvi et se faisait appeler Antonio Calvo[66]. L'ecclésiastique explique, en effet, que, hors de leur île, les Corses étaient fréquemment désignés par le nom de leur territoire d'origine (pays, région, ville)[67]. Il s'appuie, pour cela, sur le témoignage de l'historien Giovanni Carlo Gregorj, lequel, parlant de Pietro Cirneo (1447-1506) avance : « [...] comme plus tard, Sampiero et tant de valeureux Corses, [il] avait emprunté son nom à sa Patrie [Cirneo est dérivé de Cyrnos, nom grec de la Corse] ; ses ancêtres, nés dans le village de Felge, dans le canton d'Alesani, portaient le nom de Felge[68] ». L'abbé cite également l'archidiacre Angelo Francesco Colonna : « C'est la coutume des Corses de porter le nom de leur pays, quand ils n'ont pas de propre nom de famille ; il [Giovanni di Vico, XVIe siècle] portait donc le nom de Vico, son pays natal, et le nom de Génois car, vivant à Gênes, il en était citoyen[69] ». Si ce commentaire est plus incertain car le personnage serait

---

65 « Viviendo Domínico Colom, su padre, este su hijo, seyendo mancebo, e bien doctrinado, e ya salido de la edad adolescente, se partió de aquella su patria e pasó en Levante, e anduvo mucha parte, o lo más, del mar Mediterráneo, donde aprendió la navegación y ejercicio della por experiencia ». G. Fernández de Oviedo y Valdés, *op. cit.*, Part. I, liv. II, chap. II, p. 12-13.

66 J. Peretti, *op. cit.*, p. 397-462. – Sur l'acceptation de cette démonstration, lire P. Capifali, *op. cit.*, p. 240-241 ; G. Beaume, « Gênes ou Calvi ? », *La France de Bordeaux et du Sud-Ouest*, 47e année, vendredi 7 septembre 1934, p. 2 ; R. Mattei, *op. cit.*, p. 33, 39 ; R. Massoni, *op. cit.*, p. 29-30, 64.

67 J. Peretti, *op. cit.*, p. 409-416.

68 « Pietro, come più tardi Sampiero e tanti altri valorosi Corsi, avea preso questo nome dalla Patria ; i suoi avi, nati nel villagio di Felge nel cantone d'Alesani, portavano il nome di Felge ». G. C. Gregorj, « Prefazione del traduttore », *Istoria di Corsica* di Pietro Cirneo, Parigi, Tipografia di Pihan Delaforest, 1834, p. vii. – Lire également J. Peretti, *op. cit.*, p. 409-410.

69 « Hanno i Corsi per costume portare il cognome del propio Paese, quando non hanno il propio cognome della famiglia, e così egli portò il cognome di Vico Paese, dove nacque,

né à Rapallo en Ligurie et tirerait son nom du diminutif de Ludovico[70], d'autres exemples patronymiques, comme celui du franciscain calvais Antoine-Jean Mattei devenu Giovanni Calvo lorsqu'il travailla pour la cour pontificale[71] ou la coutume espagnole de désigner les Corses vivant dans la péninsule ibérique par le surnom de *Corso* ou *Corzo*, confirment pleinement les propos de Peretti[72]. En revanche, au terme d'une démonstration quelque peu échevelée, le vicaire général d'Ajaccio n'emporte pas l'adhésion sur un point principal : rien ne prouve, d'une part, que les Christoforo Calvo, Cristofano Calvi et Jacopo Calvo évoqués longuement dans son étude soient une seule et même personne et que Christophe Colomb se cache derrière ces noms, et, d'autre part, qu'Antonio Calvo soit réellement le parent du navigateur. Quoi qu'il en soit, c'est au fil du temps que le nom de Guillaume de Casenove, proposé par Henry Harrisse, a fusionné avec l'hypothèse hasardeuse de l'abbé Peretti pour asseoir l'origine calvaise de la famille de l'Amiral de la mer Océane. René Massoni, dont l'ouvrage fut mis à l'honneur lors des festivités de 1992[73], n'hésite pas, d'ailleurs, à italianiser le nom de Casenove en « Casanova Colombo[74] », tandis que Victor Geronimi, plus récemment encore, le corsise définitivement en évoquant « l'Amiral Casa Nova Culombu[75] » !

Que Colomb ait commencé à naviguer en Méditerranée durant son adolescence, qu'il ait été un corsaire, une activité courante et respectée à son époque[76], qu'il ait participé à des expéditions avec Guillaume de

---

& il cognome Genouese, per la Cittadinanza che n'hebbe in Genoua per l'habitatione ». A. F. Colonna, *Commentario delle glorie, e prerogative del Regno, e popoli di Corsica*, Roma, Nella Stamperia d'Angelo Bernabò, 1685, p. 75. – Lire également J. Peretti, *op. cit.*, p. 415.

70 « Da Vigo, Giovanni », https://www.treccani.it/enciclopedia/giovanni-da-vigo_%28Dizionario-Biografico%29 (consulté le 19/04/2021).

71 D. Verdoni, *A Settimana Santa in Corsica. Une manifestation de la religiosité populaire*, Ajaccio, Albiana, 2003, p. 24-25.

72 Consulter, par exemple, E. Vila Vilar, *Les Corzo et les Mañara. Les Corses de Séville dans le commerce des Indes*, Ajaccio, Éditions Alain Piazzola, 2004 ; A.-L. Serpentini, « Antonio Corso ou Antonio di Boccha Corzo », *Dictionnaire historique de la Corse*, éd. A.-L. Serpentini, Ajaccio, Albiana, 2006, p. 59.

73 « Calvi : les festivités du cinquième centenaire », *Corse-Matin*, n° 16296, vendredi 9 octobre 1992, p. Q.

74 R. Massoni, *op. cit.*, p. 30.

75 V. Geronimi, *op. cit.*, p. 73.

76 A. Enseñat de Villalonga, « El genovesismo de Colón corroborado por los auténticos documentos colombinos », *op. cit.*, p. 360.

Casenove, sont autant d'éléments tout à fait plausibles. En revanche, que ce corsaire appartienne à la famille de l'Amiral nous semble difficile à accepter. Qu'il soit corse encore plus. Le mystère reste donc entier. Néanmoins, une explication de ces incohérences familiales pourrait ressortir à une erreur de Fernando Colón et de Bartolomé de Las Casas qui auraient considéré abusivement le surnom de « Coullon » comme l'indice d'une parenté entre les deux marins. À l'opposé, n'auraient-ils pas voulu, consciemment, glorifier la généalogie colombine ? La source de l'erreur pourrait être tout aussi bien Christophe Colomb lui-même. En effet, le fils comme le dominicain puisent dans les papiers de l'Amiral, lequel aurait pu souhaiter se faire valoir davantage. C'est l'hypothèse soutenue par Henry Vignaud : « [...] nombre de ses [celles du navigateur] assertions sont inexactes et [...] parmi celles-là, il y en a qui ont été faites intentionnellement, soit pour servir ses desseins, soit pour cacher quelques vérités qui pouvaient lui nuire[77] ».

L'OMBRE GÉNOISE

Ange-Pierre Fioravanti, l'éditeur des tout premiers articles de Martin Casanova parus dans *Le Messager corse* s'agace que son confrère ne puisse fournir la copie authentique de l'acte de naissance ou de baptême de Christophe Colomb[78]. L'abbé de Pioggiola y répond en affirmant que « l'injonction de tenir des registres des actes de naissances n'a été faite aux curés qu'en l'année 1558 [ou, du moins, après le Concile de Trente], quoiqu'il soit aussi démontré que les curés ont toujours tenu note des baptêmes qu'ils administraient[79] ». Dans notre cas, poursuit-il, « il est incontestable qu'on l'a trouvé à Calvi[80] ». Selon Casanova, l'acte de naissance ou de baptême aurait été vu, en effet, ou du moins, mentionné par « trois anciens maires de Calvi et plus de cent-vingt notables de cette

77 H. Vignaud, Études critiques sur la vie de Colomb avant ses découvertes, *op. cit.*, p. 140.
78 M. Casanova, « Cristoforo Colombo », *Le Messager corse*, vendredi 3 avril 1874, *op. cit.*, p. 3.
79 M. Casanova, *La vérité sur l'origine et la patrie de Christophe Colomb à Calvi*, *op. cit.*, p. 139.
80 *Ibid.*

ville[81] », mais le registre sur lequel il figurait aurait disparu[82]. D'ailleurs, écrit-il, les Colombo ne manquent pas sur les registres paroissiaux de la ville[83]. Cela étant, ils sont légion, sous différentes formes orthographiques, dans tout le bassin méditerranéen et l'argument n'est donc pas très probant. L'ecclésiastique signale très rapidement, par ailleurs, que le préfet Giubega, probablement François-Xavier, a, jadis, retrouvé l'acte dans des archives de la ville[84], mais la réalité ainsi présentée et tronquée se révèle trompeuse. Martin Casanova fait vraisemblablement référence ici à un article publié dans la *Revue de Paris* en 1841. Un certain O. y tient les propos suivants :

> En compulsant les registres des curés, l'on remonta aussi haut que possible, et un ancien préfet de la Corse, M. Giubega auquel il faut laisser le mérite de sa découverte, trouva, à sa grande surprise, dans les registres de la ville de Calvi l'acte de naissance de Christophe Colomb. [...] Les preuves de ce fait existent, et sont dans les mains de l'honorable M. Giubega, qui tarde trop à publier sa découverte[85].

L'auteur a raison de s'interroger sur l'absence de diffusion d'un document aussi important. Qu'en a fait le sous-préfet Giubega ? L'a-t-il perdu ? Est-ce une nouvelle affabulation ? Dans deux écrits datés de 1867, son fils Pascal-Hyacinthe Giubega nie fermement que sa famille ait possédé ledit acte : « Quant à ce que la *Revue de Paris* a pu dire en 1841 au sujet de la découverte à Calvi de l'acte de naissance de Christophe Colomb, ce fait est complètement inexact[86] ». Il rajoute d'ailleurs que son père « informé par un ancien commandant de la place de Corte [sans aucun doute Siméon de Buochberg] que Christophe Colomb, d'après le dire d'un vieux moine [vraisemblablement le père Denis], était né à Calvi, s'était empressé de faire toutes les recherches nécessaires, mais que ses

---

81 M. Casanova, « Christophe Colomb », *Le Conservateur de la Corse*, 2e année, n° 86, jeudi 5 juillet 1883, p. 3.

82 *Ibid.*

83 M. Casanova, *La vérité sur l'origine et la patrie de Christophe Colomb à Calvi*, *op. cit.*, p. 19-20. – Lire également P. Capifali, *op. cit.*, p. 242.

84 M. Casanova, *La vérité sur l'origine et la patrie de Christophe Colomb à Calvi*, *op. cit.*, p. 139.

85 O., « Souvenirs de la Corse », *Revue de Paris*, t. XXXII, 1841, p. 53. – Article publié également dans « Acte de naissance de Christophe Colomb », *Revue étrangère de la littérature, des sciences et des arts*, t. XXXIX, 1841, p. 470.

86 H. Harrisse, « Christophe Colomb et la Corse », *op. cit.*, p. 2 ; H. Harrisse, *Christophe Colomb, la France et les Corses*, *op. cit.*, p. 4.

investigations n'avaient abouti à aucun résultat[87] ». Malgré les efforts déployés par Casanova pour justifier l'absence d'une pièce essentielle, les partisans de l'origine calvaise de l'Amiral de la mer Océane se sont plutôt rangés aux arguments de Jean Peretti.

S'appuyant sur les historiens Jaussin et Limperani, le vicaire d'Ajaccio rappelle, tout d'abord, que de très nombreuses archives corses ont été détruites en raison des soubresauts de l'histoire insulaire, lors de destructions, pillages ou incendies[88] : « Il ne reste plus d'archives anciennes en Corse. Tout dans ce genre-là y est détruit[89] » ; « Des pactes conclus entre les Corses et les Génois, nous ne pouvons produire aucun document, car la Corse, étant donné les vicissitudes qu'elle a subies et le peu de soin de ses habitants, a été longtemps privée d'archives et de souvenirs anciens[90] ». En revanche, poursuit-il, dans un beau retournement rhétorique, Gênes ne peut en dire autant :

> Calvi a, au moins, des raisons à alléguer, pour prouver que l'absence de cet acte ne saurait être considérée comme une preuve indiscutable que l'Amiral de l'Océan n'est pas né à Calvi. Il n'en est pas ainsi de Gênes, de Savone et des autres localités qui ont aspiré à l'honneur de lui avoir donné le jour. Pourquoi ne produisent-elles pas cet acte de naissance ? Pourquoi Gênes, en particulier, a-t-elle vu ses recherches rester infructueuses, malgré les diligences faites par ses Académiciens[91] ?

Au-delà de ces raisons somme toute assez courantes, plusieurs auteurs, relayés par Jean Peretti, expliquent cette carence de documents par d'autres éléments :

> Ughelli aux Tomes III & IV de son *Italie sacrée*, & Vitalis, le Chronologiste, se plaignent dans plusieurs endroits de leurs ouvrages, qu'indépendamment des fréquents incendies arrivés dans toutes les archives de Corse, qui furent

---

87 *Ibid.*

88 J. Peretti, *op. cit.*, p. 237-247.

89 L.-A. Jaussin, *Mémoires historiques, militaires et politiques sur les principaux événemens arrivés dans l'Isle & Royaume de Corse, depuis le commencement de l'année 1738 jusques à la fin de l'année 1741*, Lausanne, Marc-Mic. Bousquet & Comp., 1758, t. I, p. 38. – Se reporter également à J. Peretti, *op. cit.*, p. 276.

90 « De patti convenuti tra' Corsi, e Genovesi noi non possiamo addurre alcun Documento ; perchè la Corsica, attese la vicende sofferte, e la poca cura degli Abitanti, è stata lungamente priva d'Archivj, e di antiche memorie ». G. P. Limperani, *op. cit.*, t. II, liv. XII, p. 122. – Se reporter également à J. Peretti, *op. cit.*, p. 273.

91 J. Peretti, *op. cit.*, p. 245-246.

> cause que ces peuples perdirent leurs mémoires de tous les titres & prérogatives qu'avait leur pays, ils se plaignent, dis-je, que plusieurs écrivains pleins de passion ont affecté de soustraire à ces insulaires ces prérogatives, & de les passer sous silence, quoiqu'il fut certain que la Corse n'était point un pays de conquête, ni d'esclavage, mais seulement un pays de convention, d'alliance & de confédération[92].
>
> L'adversaire sait combien nous sommes pauvres en documents anciens, soit qu'ils aient péri dans les incendies et dans les guerres, soit que la République ait mis toutes ses forces à les anéantir. En effet, elle a confisqué et extorqué toutes les pièces qui lui sont tombées sous la main jusqu'à persécuter le seigneur Sisco, prêtre de la Mission, qui envisageait de donner le jour à un mémoire des hommes illustres de Corse (persécution qu'il n'a pu éviter qu'en lui remettant son œuvre et en lui promettant ne plus y penser jamais)[93].

De son côté, Limperani évoque, après le « renouveau des lettres », c'est-à-dire la Renaissance, l'emprisonnement des « esprits des Corses[94] » ; Morati, toutes ces familles calvaises « dont [il] ne donne pas la vraie relation[95] » ; Filippini, réhabilité par l'auteur de la *Giustificazione della Rivoluzione dell'Isola di Corsica*[96], sa « faiblesse » qui lui fait « garder le

---

92 L.-A. Jaussin, *op. cit.*, t. I, p. 61. – Lire également J. Peretti, *op. cit.*, p. 276.

93 « Sapendo l'Avversario quanto siamo scarsi di antiche memorie, sia per esser perite negli incendii e nelle guerre, si perchè la Republica a tuuto suo patere si é studiata di annichilarle, confiscando e carpendo tutte quelle dov'é potuta arrivare, fino a perseguitare il Signor Sisco, piete della Missione, perchè disegnava di dare alla luce una Memoria degli Uomini illustri di Corsica, (persecuzione che non ha potuto evitare se non dopo aver consegnata nelle di Lei mani la sua Opera e promesso di non pensarci mai più) ». Gregorio Salvini, cité en italien par J. Peretti, *op. cit.*, p. 281-282 [Salvini, Gregorio, *op. cit.*, p. 151].

94 « Piuttosto è da credere che l'ingegni de' Corsi, dopo rinate le lettere, siano stati imprigionati ; e che perciò la Corsica, invece di Storie compite non si trovi se non dispregevoli Romanzi, scritti ne' tempi d'ignoranza » [« Il faut plutôt croire que les esprits des Corses, après le renouveau des lettres, ont été emprisonnés, et que, par conséquent, la Corse, au lieu d'histoires accomplies, ne trouve que de méprisables romans, écrits en des temps d'ignorance »]. G. P. Limperani, *Istoria della Corsica*, Roma, Stamperia Salomoni, 1779, t. I, p. v. – Se reporter également J. Peretti, *op. cit.*, p. 292-293.

95 « [...] et altri de' quali ne lascio la vera relatione ». P. Morati di Muro, *op. cit.*, p. 303. – Se reporter de même à J. Peretti, *op. cit.*, p. 296.

96 « [...] nelle guerre successe al suo tempo fra Corsi e Genovesi, Filippini fu sempre del partito di questi fino a soffrirne la carcere ; e quando riflettasi ch'ei scrisse nel tempo che la Corsica era ricaduta sotto il dominio di Genova, poteva egli in tal tempo (senza correr la disgrazia di Bonfadio fatto arder vivo da Genovesi, per aver scritto alcune cose spiacevoli) divulgar la minima cosa in loro pregiudizio, che non fosse allora più che manifesta ad ognuno ? All'incontro, le modificazioni e i riguardi con cui parla di loro, e l'aver soppressa la prima storia compilata nel tempo che i Francesi dominavano l'Isola, ci fanno comprendere che

silence[97] ». Si les Génois ont pu souhaiter réduire le prestige historique des Corses et briser toute velléité identitaire en usant d'intimidation, en confisquant et en censurant les écrits autochtones[98], peut-on affirmer pour autant que l'un des objectifs de leur contrôle fut Christophe Colomb ? La preuve par l'absence et le silence, toujours hasardeuse, ne peut emporter l'adhésion. Cela n'a pas empêché plusieurs auteurs comme Paul de Cyrnos (un pseudonyme)[99], Jean-Marie Muselli[100], Andrés González Blanco[101], Pierre Capifali[102] ou, plus récemment, Jean-Jacques Bossa[103] d'accepter sans sourciller les arguments de Jean Peretti.

Un autre épisode pourrait aller dans le sens d'une volonté de Gênes de cacher l'origine calvaise de Christophe Colomb. Dans la première partie des *Annali della Repubblica di Genova del secolo decimo sesto* [1708], Filippo Casoni explique que le navigateur se serait rendu dans la capitale ligurienne en 1485 afin de présenter son projet aux autorités de la République, lesquelles l'auraient rejeté pour des raisons peu claires :

> En l'an 1485 donc, qui était le quarantième de son âge, il [Christophe Colomb] se rendit à Gênes et proposa à la Seigneurie que, si on lui mettait à disposition des navires, il s'engageait à sortir du détroit de Gibraltar et à naviguer loin vers

---

in questa seconda, data alla luce dopo esservisi stabilita la Republica, abbia taciute per provedere alla sua sicurezza molte verità che potevano disgurtarla » [« lors des guerres survenues entre les Corses et les Génois, il [Filippini] fut toujours à ce point du parti des Corses qu'il fut mis en prison ; d'autre part, on doit se rappeler qu'il écrivit au temps où la Corse était retombée sous la domination de Gênes. Dans cette situation, pouvait-il, sans encourir la disgrâce qu'encourut Bonfadio [historiographe de la République de Gênes], brûlé vif par les Génois pour avoir écrit quelques petites choses déplaisantes, divulguer la plus petite chose contre les Génois qui ne fût connue de tous ? Au contraire, la modération et les égards avec lesquels il parle d'eux ainsi que la suppression de la première *Histoire*, rédigée à l'époque où les Français gouvernaient l'île, nous font comprendre qu'il a tu, dans cette seconde *Histoire*, publiée après l'installation de la République, de nombreuses vérités qui pouvaient déplaire à cette dernière afin de pourvoir à sa sécurité »]. Gregorio Salvini, cité en italien par J. Peretti, *op. cit.*, p. 284 [Salvini, Gregorio, *op. cit.*, p. 95].

97 A. P. Filippini, « Chronique de Anton Pietro Filippini », *Bulletin de la Société des Sciences historiques & naturelles de la Corse*, X^e année, fasc. 109-112, janvier-avril 1890, p. 359.

98 J. Peretti, *op. cit.*, p. 272-296. – Lire également Orso, *op. cit.*, p. 1 ; « Une protestation », *Le Petit Bastiais*, 14e année, n° 3059, mardi 3 septembre 1889, p. 1.

99 P. de Cyrnos, « La patrie de Christophe Colomb », *Le Conservateur de la Corse*, 10e année, n° 511, jeudi 3 septembre 1891, p. 2.

100 J.-M. Muselli, *op. cit.*, p. 20.

101 A. González Blanco, « Cristóbal Colón, natural de la isla de Córcega », *Por esos mundos*, n° 221, 1913, p. 662.

102 P. Capifali, *op. cit.*, p. 245.

103 J.-J. Bossa, *op. cit.*, p. 99-100.

> l'ouest, qu'en faisant le tour du monde, il attendrait la terre où sont produits les épices. Les Génois gardaient mémoire dans leurs registres qu'une chose similaire avait été tentée deux-cents ans auparavant par Tedisio Doria et Ugolino Vivaldi, et que ces hommes courageux, ayant été engloutis par l'océan, n'avaient plus donné de nouvelles. Aussi, soit qu'ils aient jugé la chose irréalisable pour des raisons inconnues, soit qu'ils aient été entièrement absorbés à cette époque-là par la défense de leurs possessions dans la grande mer et dans l'archipel contre la puissance des Turcs, qui avaient récemment surpris Caffa, et étant aussi en guerre contre les Florentins, ils ne firent pas de cas de ce projet[104].

Ce récit, dont on ne connaît pas les sources, provient d'un historien très souvent bien informé grâce à l'accès à des archives inédites et, pour cette même raison, fréquemment censuré. Ce texte coïncide, par ailleurs, avec un mémoire écrit durant la seconde moitié du XVIe siècle par un certain André d'Albaigne, cosmographe au service de la France, originaire de la ville toscane de Lucques. Dans son manuscrit conservé à la Bibliothèque Nationale de France et adressé « au Roy et à messieurs de son Conseil privé[105] », l'auteur consigne :

> Mais, sire, il est temps ou jamais d'en prandre l'occasion par les cheveulx et de se resouvenir de la faulte qu'on feist de n'avoir creu Christofle Colomb, lorsque s'estant par une singulière providence et instinc de Dieu, premièrement adressé aux roys vos predecesseurs pour la descouverte de l'occident qu'il avoit conceue en son esprit, et en estant, à leur grand malheur, esconduit, s'en alla à Gennes proposer les mesmes a sa respublique, laquelle n'y pouvant bonnement entendre parce que la saillie de la mer méditaranée est incommode aux Genneuois s'adressa au roy d'Angleterre, lequel pareillement ne luy prestant l'oreille, finalement se retira vers lesdicts roy et royne don Fernand et dogna Ysabel qui executèrent son dessein dont bien leur a pris au grand dommaige, deshonneur et regret de la France a qui ce bien s'estoit premierement adressé, comme à la vérité il luy estoit principalement et particulierement destiné[106].

---

104 « Nell'anno dunque 1485, che era il quadragesimo dell'età sua passò a Genova, e propose alla Signoria, che, avendo provisione di navigj, si obbligava di andar fuori dello stretto di Gibilterra, e navigare tanto per ponente, che circondando il Mondo arrivasse alla terra, ove nascono le spezierie. Aveano i Genovesi memoria ne' loro registri, che una cosa simile 200 anni avanti era stata tentata da Tedisio Doria, & Ugolino Vivaldi, e che quei bravi uomini ingolfatisi nell'Oceano non avevano piu data nuova di loro ; Onde, o che stimassero la cosa irriuscibile per ragioni non intese, o che pure in quel tempo totalmente intenti a difendere que' dominj, ce possedevano nel mar maggiore, e nell'Arcipelago contro la potenza de Turco, che di fresco aveva sorpresa Caffa, & essendo anche in guerra co' Fiorentini, non applicarono l'animo al progetto ». F. Casoni, *op. cit.*, t. I, p. 28.

105 E.-T. Hamy, *op. cit.*, p. 421.

106 *Ibid.*, p. 426.

Si cette relation est exacte – on ne connaît malheureusement pas les sources du commentateur –, cela pourrait renforcer deux hypothèses, outre les précédents propos de Filippo Casoni : celle d'un Christophe Colomb au service de la France en tant que corsaire car il s'agit du premier pays auquel il soumet son projet et celle d'un citoyen génois, quoique le texte s'avère ambigu sur ce point-là. Quand d'Albaigne écrit « [il] s'en alla à Gennes proposer les mesmes à sa respublique », ce dernier terme porte-t-il sur Gennes ou sur Colomb lui-même[107] ?

Quoi qu'il en soit, véridique ou pas, le récit de Filippo Casoni constitue sans l'ombre d'un doute une des sources du mémoire de Jean-Jacques-François Siméon de Buochberg, peut-être à travers le truchement du père Denis. Le lecteur y retrouve, en effet, la présentation colombine devant le gouvernement génois mais également d'autres détails inédits, notamment la véritable raison du rejet des autorités : « [...] il [Christophe Colomb] forma son projet de découvrir le Nouveau-Monde, et avant tout, il envoya son projet au gouvernement de Gênes, qui, sans le faire examiner, le rejeta comme provenant d'un homme inconnu dans la République[108] ». Est-ce à dire que le navigateur n'était pas génois ? Le Suisse se contente, à ce moment-là de son récit, de dire que « ce rejet indocile » signifierait « qu'il n'était pas né dans le Continent des États de Gênes[109] ». Plus loin, il se fait plus précis lorsqu'il évoque un rapport remis par l'explorateur florentin Amerigo Vespucci à la suite de son voyage en Amérique en 1499 en compagnie du capitaine castillan Alonso de Ojeda :

> Le Sénat de Gênes confronta cette relation [celle d'Amerigo Vespucci] avec les rapports de Colomb, et ne trouvant aucun changement au fond, mais seulement un peu plus de détails sur le Continent, quelques jeunes sénateurs voulaient revendiquer la découverte pour Colombo comme un honneur national ; mais les anciens sénateurs qui se souvenaient d'avoir rejeté ses projets dirent :
>
> – Il faut être conséquents avec nous-mêmes et avec ceux qui nous ont précédés. Colombo, ayant terminé son plan de découverte, eut, avant tout, la générosité de nous offrir de faire cette découverte pour notre compte. Mais comme il a dit qu'il était Corse, le Sénat a rejeté son plan sans le lire, comme

107 Il est surprenant, par ailleurs, qu'André d'Albaigne ne mentionne pas l'offre faite au roi du Portugal.

108 Récit de Jean-Jacques-François Siméon de Buochberg, cité dans J. Peretti, *op. cit.*, p. 319-320.

109 *Ibid.*, p. 320

> provenant d'un homme inconnu dans la République. S'agissant d'une gloire nationale, nous aurions un procès avec Florence qui soutiendrait Americo Vespucci. Nous le gagnerions par l'évidence de la priorité de notre découverte ; mais il résulterait que Colomb était Corse, ce qui ne nous donnerait point de gloire et augmenterait l'orgueil de nos insulaires qui sont déjà beaucoup trop indociles.
>
> La haine contre la Corse prévalut. On décida de soutenir que c'était Colombo, Génois, qui avait découvert le Nouveau-Monde, mais sans faire de réclamations officielles[110].

Selon Siméon de Buochberg, il y a donc bien eu un complot ourdi par les autorités génoises afin de taire l'origine corse de Christophe Colomb ! Pourquoi ? Si le navigateur était calvais, n'était-il pas pleinement citoyen génois comme l'ont affirmé avec raison maints partisans de cette thèse ? Était-il d'une autre localité insulaire, l'inimitié, voire la haine, entre seigneurs et sujets coriaces prompts à l'insurrection justifiant alors ce silence ?

Le propos est d'une importance capitale mais le lecteur se demande encore sur quelles sources précises s'appuie l'ancien commandant de la place de Corte pour faire ces révélations singulières. Sur le seul récit du fameux père Denis ? N'y a-t-il pas une part d'invention ou de fantasmes de sa part ou de l'ecclésiastique ? Nous en voulons pour preuve cet autre passage qui ne repose sur aucune réalité historique :

> Comme il avait quitté Calvi à l'âge de dix ans et qu'il n'y était pas retourné depuis, il ignorait l'animosité de Gênes contre les Corses, et encore moins savait-il que sa qualité de Corse eût été la cause qu'on avait rejeté son plan sans même le lire. Il ne faisait donc jamais un rapport au roi [d'Espagne] sans en envoyer le double au Gouvernement de Gênes, qu'il regardait toujours comme le gouvernement de son Pays, puisque la Corse était depuis longtemps soumise à Gênes[111].

Christophe Colomb obéissait aux seuls Rois Catholiques, au roi… et, surtout, à la reine car son expédition avait été autorisée par la couronne castillane, et il n'envoyait pas de « double » de ses activités à une puissance étrangère, fût-elle sa patrie d'origine qui, en l'espèce, avait manifesté, d'ailleurs, beaucoup de dédain à l'égard de son projet.

110 *Ibid.*, p. 329-330. – Le texte est également publié avec d'infimes changements dans les publications suivantes : « Décret du Président de la République Française », *op. cit.*, p. 1 ; Séraphin, *op. cit.*, p. 1 ; H. Bacon, *op. cit.*, p. 161-162.

111 Récit de Jean-Jacques-François Siméon de Buochberg, cité dans J. Peretti, *op. cit.*, p. 329.

Les reproches corses à l'égard de Gênes ne vont pas concerner uniquement son attitude supposée durant les siècles précédents. De nombreuses accusations sont portées également à l'encontre du comportement de l'Italie à partir de la seconde moitié du XIXe siècle. À la fin des années 1880, dans les pages de l'hebdomadaire *Le Pascal Paoli*, un journaliste inconnu s'en fait l'écho, dénonçant, par exemple, tous les « chroniqueurs à gage » péninsulaires qui tentent de décrédibiliser l'hypothèse insulaire[112]. D'autres parlent même de « vol[113] ». Il faut dire que, depuis quelques décennies, dans le contexte de ses luttes d'indépendance et de l'unification du pays, l'Italie exacerbe un nationalisme qui passe, entre autres moyens, par l'exaltation des figures glorieuses de son passé : Christophe Colomb est l'une d'entre elles. Il peut paraître d'ailleurs fort surprenant que la « découverte » de l'Amérique, rapidement connue dans toute l'Europe grâce à la diffusion d'un document popularisé sous le nom de « Lettre à Santángel[114] », ait suscité alors, dans la ville de Gênes, davantage d'indifférence et de silence que de revendication et de fierté envers l'un de ses fils putatifs[115]. Il faut attendre le XIXe siècle pour que la capitale ligurienne entreprenne, en effet, de rechercher la maison natale du navigateur[116] et lui érige un monument à sa gloire[117]. Cela étant, la surprise est la même pour Calvi. Pourquoi a-t-elle tant

112 « Gênes et la Corse », *Le Pascal Paoli. Journal républicain hebdomadaire*, 4e année, no 145, dimanche 11 juillet 1886, p. 2.

113 Orso, *op. cit.*, p. 1 ; « Une protestation », *op. cit.*, p. 1 ; R. Mattei, *op. cit.*, p. 17. – Certains en arrivent même à des arguments psychologiques pour le moins discutables… Ainsi, pour F. Nicoli, « il n'est pas possible qu'un si profond génie [celui de Christophe Colomb] ait pu germer dans l'atmosphère étroitement spéculatrice de Gênes », tandis qu'Henri Schoen frôle le sexisme et l'homophobie pour employer des termes actuels : « […] cette endurance, cette persévérance opiniâtre et obstinée, ce courage indomptable et ce mépris du danger que tous les historiens ont admirés chez Christophe Colomb, ne sont-ils pas précisément les traits les plus frappants du caractère corse ; ne conviennent-ils pas cent fois mieux à un rejeton des rudes montagnards de l'ancienne Cyrnos qu'au citoyen d'une ville opulente et déjà efféminée ! ». « Christophe Colomb », *Le Drapeau. Journal Quotidien*, 3e année, no 127, 4 juin 1891, p. 1 ; H. Schoen, *op. cit.*, p. 295.

114 Le contenu de cette lettre peut être lu dans Colomb, Christophe, Œuvres, prés., trad. et annot. par A. Cioranescu, Paris, Gallimard, 1961, p. 180-188.

115 E. Haussaire, « Étude sur la véritable patrie de C. Colomb », *La vie et les voyages de Christophe Colomb* de Washington Irving, Paris, Librairie Ch. Delagrave, 1887, p. 12 ; C. García de la Riega, *Cristóbal Colón ¿español?*, *op. cit.*, p. 21-22 ; E. Zas, *Galicia, patria de Colón*, La Habana, Imprenta. P. Fernández y Ca, 1923, p. 47.

116 L.-M. Casabianca, *Le berceau de Christophe Colomb et la Corse*, *op. cit.*, p. 5.

117 E. Haussaire, *op. cit.*, p. 12.

tardé à faire valoir ses droits ? L'argument des intimidations et des représailles de la part de Gênes, maintes fois mises en avant par les partisans de l'hypothèse calvaise, cadrent mal avec la particularité de la cité balanine, *semper fidelis* de la République.

C'est dans cette atmosphère de méfiance à l'égard de l'Italie que, le 26 octobre 1882, dans les pages du *Conservateur de la Corse*, Martin Casanova annonce la découverte d'un linteau sculpté au-dessus de la porte d'entrée murée d'une maison calvaise[118]. Cette pierre fossile blanche, d'environ deux mètres de long pour une hauteur de trente centimètres, présente des motifs surprenants. De gauche à droite : une tour surmontée d'une colombe, d'une croix et d'une sphère, une boussole sur un pivot dans un beau cadre, puis une autre tour, une sphère et l'étoile polaire[119]. Recouverte de chaux, on doit l'initiative de son polissage à quatre hommes : Gaëtan Flach, Octave Franceschini, Jean Peretti et César ou Joseph-Auguste Bartoli[120]. Pour l'abbé de Pioggiola, le sens des gravures ne fait aucun doute : « [c]e sont les armoiries de Christophe Colomb[121] ». En effet, l'architrave ne se trouve pas dans n'importe quelle demeure. Non seulement la maison aurait été occupée en 1546, selon un registre de recensement de la population, par plusieurs personnes du nom de Colombo[122], mais elle se situe rue *di u filu*. Cette allusion au « fil » n'évoque-t-elle pas la profession du père du navigateur ? N'était-il pas cardeur ou tisserand selon deux sources des premières décennies du XVIe siècle[123] ? Casanova est satisfait et le proclame bien haut :

---

118 M. Casanova, « Les ruines de la maison de Christophe Colomb à Calvi », *Le Conservateur de la Corse*, 1re année, n° 50, jeudi 26 octobre 1882, p. 1.

119 *Ibid.* ; M. Casanova, « Deuxième lettre. Les ruines de la maison de Christophe Colomb à Calvi », *Le Conservateur de la Corse*, 1re année, n° 52, jeudi 9 novembre 1882, p. 1 ; M. Casanova, *La vérité sur l'origine et la patrie de Christophe Colomb avec un précis de sa vie*, *op. cit.*, p. 11-12.

120 M. Letellier, « La maison de Christophe Colomb à Calvi », *Le magasin pittoresque*, n° 1, 1er janvier 1913, p. 212. – On sait juste que Bartoli est médecin à Calvi, ce qui est le cas des deux hommes qui vivent à la même époque.

121 M. Casanova, « Les ruines de la maison de Christophe Colomb à Calvi », *op. cit.*, p. 1.

122 Le magistrat Pierre Giubega aurait trouvé ce document et informé l'abbé de Pioggiola dans une lettre datée du 22 janvier 1876. Cela étant, le document n'est jamais apparu. M. Casanova, *La vérité sur l'origine et la patrie de Christophe Colomb à Calvi*, *op. cit.*, p. 23-24, 139.

123 « […] nam textor pater, carminatores filii aliquando fuerunt » [« car le père fut tisserand et les fils parfois cardeurs »]. A. Galli, *Genuensis opuscula historica de rebus gestis populi Genuensis, & de navigatione Columbi*, Milan, t. XXIII, 1733, p. 303. « […] il padre fussi

> C'est donc ici, ô illustre Héros des mers, que tu as vu le jour ! Ta maison ouverte au soleil et à la brise des golfes se réfléchissait dans les eaux de la Méditerranée ; ton regard planait sur les flots, et tu demandais aux ondes et aux vents impétueux de t'emporter vers les plages éloignées, d'où ils venaient jusqu'à toi. Encore enfant, tu demandais aux étoiles de guider ton navire jusqu'à ce monde inconnu, vers lequel une voix intérieure t'appelait[124].

Pourtant, est-ce suffisant pour en tirer une conclusion aussi définitive ? Ne faudrait-il pas retracer précisément la généalogie de ces Colombo ? Est-on certain du sens à donner au terme *filu* ? N'est-ce pas plutôt une référence au tracé « au cordeau » de la rue[125] ? La maison existait-elle vraiment au milieu du XVe siècle quand naît le futur navigateur[126] ? Quoi qu'il en soit le sort s'acharne décidément sur la petite ville de Balagne. Moins de deux ans plus tard, dans la nuit du 13 au 14 juillet 1884, à la veille de la fête nationale, « des mains criminelles[127] » brisèrent avec un marteau les précieuses inscriptions. Comme il est impossible d'imaginer que « cet acte de vandalisme[128] », « cette profanation[129] » soit l'œuvre d'un Calvais, Martin Casanova finit par désigner les coupables : « Trois italiens, qu'on avait vus, la veille, et qu'on n'a plus revus, ont été soupçonnés d'avoir commis cet attentat contre l'histoire[130] ». Encore l'œuvre des Génois, jaloux des prétentions corses, suggère en creux ce passage.

---

textore di panni di lana, et lui fussi textore di seta » [« son père était tisserand de laine, et lui-même [Christophe Colomb] tisserand de soie »]. A. Giustiniani, *Castigatissimi annali* con la loro copiosa tavola *della eccelsa* & *illustrissima republica di Genoa*, Genoa, liv. V, Lettre 249, 1537, p. 524.

124 M. Casanova, « Les ruines de la maison de Christophe Colomb à Calvi », *op. cit.*, p. 1.

125 F.-F. Battestini, *op. cit.*, p. 35 ; J.-J. Bossa, *op. cit.*, p. 96-97 ; M. Vergé-Franceschi, « À tout seigneur tout honneur : Christophe Colomb Calvais ou Génois ? La vérité », *op. cit.*, p. 34.

126 Pour Michel Vergé-Franceschi, la construction de la « maison de Colomb » remonterait à 1580. J. Susini, « Christophe Colomb était-il calvais, génois, galicien ? Une recherche ADN nous le dira bientôt », *Mare latinu*, France Bleu RCFM, vendredi 21 mai 2021, https://www.francebleu.fr/emissions/mare-latinu/rcfm/mare-latinu-christophe-colomb-etait-il-calvais-genois-galicien-une-analyse-adn-nous-le-dira-bientot (consulté le 24/05/2021).

127 « Un acte de vandalisme », *Le Petit Bastiais*, 9e année, n° 1135, jeudi 17 juillet 1884, p. 2.

128 *Ibid.*

129 *Ibid.*

130 « Discours de M. Casanova », *Le Conservateur de la Corse*, 5e année, n° 238, jeudi 3 juin 1886, p. 2. – En 1913, Maurice Letellier, dont nous ne connaissons pas les sources, semble enjoliver cette histoire : « Quels furent les auteurs de cet attentat ? Vers le 12 juillet on avait vu arriver trois Italiens dont les allures intriguèrent beaucoup les Calvais. Mais les honnêtes insulaires, ne pouvant soupçonner le forfait qui se préparait, négligèrent

DE MYSTÉRIEUSES DISPARITIONS

En juin 1886, des recherches plus poussées dans la maison putative de Christophe Colomb conduisent, selon *Le Petit Bastiais* et *Le Conservateur de la Corse*, à de nouvelles découvertes : une grande caisse de marine contenant une boussole et divers objets maritimes et, surtout, une « inscription très oblitérée, mais déchiffrable : DOMUS DOMINICI COLUMBI[131] ». L'affaire semble entendue : il s'agit bien de la maison de la famille du navigateur ! Mais le linteau sculpté puis détruit et cette nouvelle épigraphe ont-ils réellement existé ou est-ce une « fumisterie », pour reprendre le terme d'Henry Harrisse[132] ? Selon Martin Casanova, les morceaux brisés auraient été déposés dans une salle de la mairie de Calvi[133]. S'y trouvent-ils encore ? Nos recherches en la matière n'ont, pour l'instant, pas abouti. Même fragmentaires, il est étonnant qu'il n'existe aucune photographie, aucun dessin de ces témoignages d'un passé glorieux pour la ville, que leur conservation n'ait pas intéressé, semble-t-il, la municipalité. L'abbé de Pioggiola, qui constitue notre seule source en la matière, est-il fiable ? Aurait-il pu fabriquer de toutes pièces cette histoire pour donner davantage de substance à son hypothèse ? Harrisse en est convaincu[134] et nous ne sommes pas loin de le rejoindre. Cela étant, si les sculptures ont bel et bien existé, rien ne prouve que la demeure soit celle de Christophe Colomb. Les Calvais partis aux Indes occidentales sont légion à partir du XVIe siècle, cependant que les prénom et nom du père de l'Amiral indiqués sur l'inscription latine sont tellement répandus dans le bassin méditerranéen qu'ils ne

---

de surveiller ces individus, qui, profitant de cet oubli et de l'obscurité, essayèrent de supprimer un document gênant. Dérangés au milieu de leur scélérate entreprise, ils durent s'enfuir et s'embarquèrent, en un point de la côte, sur un petit bateau que l'on avait remarqué louvoyant depuis trois ou quatre jours à quelque distance de Calvi ». M. Letellier, *op. cit.*, p. 212.

131 « La patrie de Christophe Colomb », *Le Petit Bastiais*, 11e année, n° 1809, mercredi 9 juin 1886, p. 1 ; A.-P. Fioravanti, « La patrie de Christophe Colomb », *Le Conservateur de la Corse*, 5e année, n° 241, jeudi 24 juin 1886, p. 1-2.

132 H. Harrisse, *Christophe Colomb, la France et les Corses*, *op. cit.*, p. 7.

133 M. Casanova, « Lettre », *op. cit.*, p. 2 ; M. Casanova, *La vérité sur l'origine et la patrie de Christophe Colomb avec un précis de sa vie*, *op. cit.*, p. 13.

134 H. Harrisse, *Christophe Colomb, la France et les Corses*, *op. cit.*, p. 7.

peuvent constituer à eux seuls une preuve irréfutable de l'origine calvaise du navigateur.

Six ans plus tard, Martin Casanova, toujours lui, annonce dans les colonnes du *Petit Bastiais* daté du 25 septembre 1892 une nouvelle découverte stupéfiante dans les combles d'une église de Bonifacio, celle d'un grand tableau (1 m 30 x 1 m) représentant un homme tenant un compas sur une carte géographique face à une tête de Maure[135]. Aussitôt, Ange-Pierre Fioravanti reprend la nouvelle dans *Le Conservateur de la Corse*, affirmant un peu hâtivement qu'il s'agit de « l'œuvre d'un grand maître[136] ». Il faut attendre la livraison de la semaine suivante pour obtenir plus de détails sur la peinture : le personnage serait plutôt jeune, la tête « encadrée d'une belle chevelure bouclée[137] ». Sur une table sont posés, selon l'auteur de l'article, un bâton de commandement, une carte de navigation, ainsi qu'un encrier avec sa plume. Enfin, dans la partie supérieure, la toile est enrichie d'un écusson avec une tête de Maure, de la poupe d'une caravelle et de « deux sauvages avec une aigrette de plumes sur la tête[138] ». Par ailleurs, quelques informations provenant de Jean Peretti commencent à apparaître sur le « parcours » du tableau. Selon l'abbé, il aurait appartenu à une honorable famille bonifacienne, les Rù, puis au neveu du dernier représentant de cette lignée, Michel Lombardo[139], avant de passer aux mains d'un certain Zambernardi qui l'aurait confié ensuite à la mairie de Bonifacio[140]. Il n'est plus fait

135 M. Casanova, « Encore une bonne découverte relative à Christophe Colomb », *Le Petit Bastiais*, 17e année, n° 4262, dimanche 25 septembre 1892, p. 1.

136 A.-P. Fioravanti, « Une bonne nouvelle », *Le Conservateur de la Corse*, 11e année, n° 567, jeudi 29 septembre 1892, p. 2.

137 A.-P. Fioravanti, « Le tableau de Christophe Colomb », *Le Conservateur de la Corse*, 11e année, n° 568, jeudi 6 octobre 1892, p. 2.

138 *Ibid.*

139 Dans deux courriels datés du 21 mai 2021, Michel Vergé-Franceschi et Jean-Christophe Liccia nous informent de la généalogie des Rù et des Lombardo. Le 2 décembre 1826, Marie-Madeleine Berti épouse le chirurgien bonifacien Jean-Vincent Rù, né vers 1760. Après le décès de son mari le 21 juillet 1833, elle s'unit en secondes noces avec Jean-Baptiste Lombardo et donne naissance, notamment, à Michel. Selon Jean-Christophe Liccia qui a consulté la table de succession, les Lombardo furent effectivement les héritiers de Rù, vraisemblablement après le décès de Marie-Madeleine Berti. Dans ce contexte, Michel Lombardo ne serait pas le neveu de Jean-Vincent Rù mais son beau-fils *post-mortem*. Il peut s'agir aussi d'un autre Michel, descendant plus éloigné de la branche des Lombardo.

140 A.-P. Fioravanti, « Le tableau de Christophe Colomb », *op. cit.*, p. 2. ; A.-P. Fioravanti, « Le portrait de Christophe Colomb », *Le Conservateur de la Corse*, 11e année, n° 579, jeudi 15 décembre 1892, p. 1.

mention d'une découverte dans l'une des cinq églises ou de la chapelle de la ville[141] mais rien n'empêche qu'il ait pu y être entreposé.

Le débat s'emballe rapidement sur l'identité du personnage et la datation de l'œuvre. Aux yeux de certains, le marin du tableau, qui est associé aux Indes occidentales à travers la carte, la caravelle et les deux Indiens, ne peut-être que Christophe Colomb, cependant que la présence d'une tête de Maure atteste, selon eux, de l'origine corse de l'Amiral[142]. Par ailleurs, pour Martin Casanova, la peinture a « plus de deux siècles[143] », soit au minimum le XVIIe siècle. De son côté, Ange-Pierre Fioravanti, se fiant uniquement au cadre (!) en bois doré, très détérioré par le temps, lui reconnaît « toute la richesse de la renaissance[144] », reculant la datation au XVIe siècle, un point de vue partagé par Jean Peretti dans une lettre qu'il adresse au *Conservateur de la Corse*. Pour ce dernier, le personnage ne porte pas les habits des XVIIe et XVIIIe siècles, ni de perruque, et se fonde sur la présence de manchettes et de la chevelure naturelle tombant jusqu'au cou pour affirmer qu'il s'agit bel et bien d'une toile du XVIe siècle[145]. Le détail a son importance : cela signifierait que Colomb était perçu comme un Corse depuis le siècle des conquêtes et qu'il ne s'agit donc pas d'une affabulation récente.

Mais comment en juger ? Où se trouve désormais ce précieux tableau ? Augustin Piras, le maire de Bonifacio, aurait promis de le transmettre à son confrère calvais, François-Joseph Puccinelli, pour qu'il puisse être exposé lors des festivités du 12 octobre 1892[146]. Mais l'a-t-il fait ? Nous n'en avons trouvé aucune trace lors des fêtes en question. En juillet 1893, dix mois après la découverte de la toile, *Le Petit Bastiais* informe ses lecteurs qu'elle se trouve, pour « quelques légères réparations », dans

141 Ce sont les églises Saint-Dominique, Sainte-Marie-Majeure, Saint-Jean-Baptiste, Saint-Érasme, Sainte-Croix et la chapelle Saint-Roch.

142 A.-P. Fioravanti, « Le tableau de Christophe Colomb », *op. cit.*, p. 2 ; T. Grimm, « La patrie de Christophe Colomb », *Le Petit Journal*, 30e année, n° 10885, vendredi 14 octobre 1892, p. 1 ; « Le portrait de Christophe Colomb », *Le Petit Bastiais*, 18e année, n° 5628, mercredi 2 août 1893, p. 1.

143 M. Casanova, « Encore une bonne découverte relative à Christophe Colomb », *op. cit.*, p. 1.

144 A.-P. Fioravanti, « Le tableau de Christophe Colomb », *op. cit.*, p. 2.

145 A.-P. Fioravanti, « Le portrait de Christophe Colomb », *op. cit.*, p. 1.

146 A.-P. Fioravanti, « Une bonne nouvelle », *op. cit.*, p. 2 ; Corso, « Le 4e Centenaire de la découverte de l'Amérique », *Le Petit Bastiais*, 17e année, n° 5270, mercredi 5 octobre 1892, p. 1.

l'atelier de Varese[147]. Il s'agit vraisemblablement du peintre bastiais Ange Varese[148], auteur, notamment, d'une œuvre représentant Saint-Philippe-Neri et Saint-François-d'Assise aux pieds de Saint-Joseph et de l'enfant Jésus, visible à l'Oratoire de la confrérie de l'Immaculée Conception. Le mois suivant, le même organe de presse se lamente que, pour le moment, on ne puisse vulgariser le portrait en raison de la piètre qualité des photographies[149]. Tout cela est bien mystérieux, d'autant que, trente ans plus tard, au détour d'une autre publication, Paul Graziani affirme que le tableau a été exposé à Ajaccio en 1892, année de sa découverte, mais qu'il a depuis disparu[150]...

Si le tableau original n'a pas encore été retrouvé, une nouvelle surprise attend le chercheur dans le petit village de Muro (Haute-Corse). C'est là qu'à la fin du mois de septembre 2020, Petru Dottori-Liccia, chef de service à la Communauté de Communes de l'Île-Rousse-Balagne, repère dans une poubelle une grande toile pliée en quatre[151]. Confiée aussitôt au Centre de conservation et de restauration du patrimoine mobilier de Corse à Calvi, dirigé par Sarah Le Berre-Albertini, les premières analyses révèlent que l'œuvre ne peut être antérieure au XIXe siècle, étant réalisée sur un type de carton apparu à cette époque-là. L'historien de l'art Michel-Édouard Nigaglioni et la directrice du centre calvais, sis depuis 2019 au Fort Charlet, estiment qu'il s'agit vraisemblablement d'une copie du XXe siècle d'un tableau plus ancien, d'autant que les propriétaires, retrouvés depuis, abondent dans ce sens : leur propre père serait l'auteur de l'œuvre abîmée[152]. Pendant tout l'automne 2020, les hypothèses fusent pour déterminer l'identité du personnage. Jean-Christophe Orticoni penche pour un membre de la famille Pucci, des nobles italiens originaires de Toscane ou de Sicile[153], tandis que Michel

147 « Le portrait de Christophe Colomb », *Le Petit Bastiais*, 18e année, n° 5604, mercredi 5 juillet 1893, p. 2.

148 Cette information nous a été confirmée par l'historien de l'art Michel-Édouard Nigaglioni dans un courriel du 21 mai 2021.

149 « Le portrait de Christophe Colomb », *Le Petit Bastiais*, mercredi 2 août 1893, *op. cit.*, p. 2.

150 P. Graziani, « Christophe Colomb et la Corse (seconde partie) », *op. cit.*, p. 76-77.

151 J.-F. Pacelli, « Le mystérieux tableau jeté au rebut livre ses secrets », *Corse-Matin*, 2 novembre 2020, p. 5 ; V. Emmanuelli, « Le mystère autour du tableau de Balagne sans doute éclairci », *Corse-Matin*, 4 novembre 2020, p. 10.

152 J.-F. Pacelli, *op. cit.*, p. 5 ; communication personnelle de Michel-Édouard Nigaglioni par courriel en date du 20 mai 2021.

153 *Ibid.*

Vergé-Franceschi finit par avancer une autre interprétation : ne serait-ce pas « une représentation balanine récente (1850-1950) de Christophe Colomb dans une volonté de “revendication” calvaise, devenue importante à partir de 1889 à la veille du 4e centenaire de la découverte de l'Amérique[154] » ? Dans les colonnes de *Corse-Matin*, le grand spécialiste de l'histoire maritime touche du doigt une partie de la vérité contextuelle, alors même qu'il n'avait pas les éléments que nous apporterions quelques mois plus tard, en mai 2021.

À cette époque, engagé dans la rédaction de l'ouvrage que le lecteur a actuellement entre les mains, nous avions pris contact avec la mairie de Bonifacio afin d'essayer de retrouver le tableau mentionné dans la presse de 1892. Mis en contact avec Michel-Édouard Nigaglioni et Michel Vergé-Franceschi grâce à Hélène Portafax, la directrice du Service Patrimoine de la ville, c'est à ce moment-là que put être établi le lien entre la toile de Muro, que nous n'avions pas encore vue et qui nous fut signalée par l'historien de l'art, et les descriptions fournies par Martin Casanova et Ange-Pierre Fioravanti il y a 129 ans et recueillies par nous-mêmes. Tout concorde entre le portrait et les articles du *Petit Bastiais* et du *Conservateur de la Corse* : un homme bouclé se dresse face à une table sur laquelle est posée un encrier, une carte ou un plan, ainsi qu'une canne plutôt qu'un bâton de commandement comme le dit Fioravanti[155]. Regardant le peintre dans les yeux, l'individu tient dans la main droite un compas, tandis que l'ensemble comprend également un blason de tête de Maure et, dans le fond, la représentation d'une caravelle et de deux petits personnages peu lisibles. Grâce à cette copie et au contexte désormais connu de la découverte du tableau original en 1892, le travail d'identification et de datation, qui vient d'être entamé, devrait prochainement porter ses fruits.

Néanmoins, quelques éléments peuvent déjà être avancés. Selon Michel Vergé-Franceschi et Michel-Édouard Nigaglioni, la canne du personnage serait typique du XVIIIe siècle. L'historien de l'art nous précise dans un courriel daté du 21 mai 2021 : « Ce type de canne (canne de marche, souvent en acajou ou “bois des Indes”, enrichie d'un pommeau précieux, en or, en ivoire ou en argent) faisait partie des accessoires

154 V. Emmanuelli, *op. cit.*, p. 10.

155 Précision apportée par Michel-Édouard Nigaglioni et Michel Vergé-Franceschi (courriels du 21 mai 2021).

indispensables des grands notables corses du XVIIIe siècle. Elle figure souvent dans les mains des personnages portraiturés ». Par ailleurs, poursuit-il, « la perruque et [le] portrait [seraient] plutôt à la mode des années 1730-1740 (la perruque est longue, le gilet monte haut et descend bas)… si le personnage n'est pas "en retard d'une mode" ». Michel Vergé-Franceschi évoque, de son côté, « une tenue de la seconde moitié du XVIIIe siècle[156] » et, au sujet du compas, formule deux hypothèses fort intéressantes : « [il] pourrait être le symbole de l'appartenance du personnage à une loge [maçonnique] » ou « le symbole de sa profession : plutôt un ingénieur des fortifications qu'un officier d'épée car les officiers "militaires" sont pratiquement toujours représentés avec leur symbole, l'épée ou au moins la garde de celle-ci. Et, ici, ce n'est pas le cas[157] ». Une autre piste est envisageable en partant du blason à tête de Maure. D'origine aragonaise, cette représentation de l'île est apparue pour la première fois entre 1370 et 1414 dans l'armorial de Gelre, célèbre recueil d'armoiries médiévales, avant de figurer, au cours des XVIe et XVIIe siècles, dans des ouvrages publiés à Bologne, à Cologne, à Amsterdam, ainsi que dans quelques peintures étrangères[158]. En revanche, son adoption insulaire ne remonte qu'au milieu du XVIIIe siècle. En 1736, Théodore de Neuhoff, roi des Corses, fait frapper sa monnaie de ce symbole, mais il faut attendre 1762 pour que Pascal Paoli et la jeune République corse en fassent leur étendard[159]. L'identité du peintre de l'œuvre originale fournirait donc de précieux renseignements sur la date d'exécution de l'œuvre : s'il est corse, le tableau n'est pas antérieur, vraisemblablement, au milieu du XVIIIe siècle.

Au vu de ces premières analyses et si la copie récente est bien conforme à l'original qui n'a toujours pas été retrouvé, le tableau ne date pas du XVIe siècle, comme le pensent Ange-Pierre Fioravanti et Jean Peretti, ni même du XVIIe selon Martin Casanova. La toile n'aurait pas pu être peinte avant le milieu du XVIIIe siècle. Quant au personnage représenté sur la peinture, il ne renvoie pas forcément à Christophe Colomb. Il peut s'agir, en effet, une nouvelle fois, du portrait d'un des nombreux

156 V. Emmanuelli, *op. cit.*, p. 10.

157 *Ibid.*

158 D. Luciani, *L'origine de la tête de Maure*, Bastia, Éditions Anima Corsa, 2013, p. 11-18.

159 *Ibid.*, p. 12 ; M. Casanova, « Encore une bonne découverte relative à Christophe Colomb », *op. cit.*, p. 1-2.

Calvais partis aux Amériques et rentré ensuite en Corse, fortune faite, ou bien d'un officier de marine ou d'un ingénieur, pour reprendre des hypothèses de Michel Vergé-Franceschi[160].

LES CALVAIS EN AMÉRIQUE

Dans *La vérité sur l'origine et la patrie de Christophe Colomb à Calvi*, Martin Casanova affirme que Christophe Colomb était entouré de nombreux marins calvais lors de ses voyages vers les Indes Occidentales. Sa source est une note datée du 23 mars 1874 dans laquelle le notaire Octave Colonna-Ceccaldi écrit : « La *Giustificazione della Rivoluzione di Corsica* rapporte qu'au temps de la découverte de l'Amérique, plusieurs habitants de Calvi accompagnèrent Colombo, qui en récompensa largement quelques-uns, en leur donnant des emplois supérieurs dans ces contrées lointaines[161] ». Henry Harrisse s'étonne, à juste titre, de cette information[162]. En effet, Bartolomé de Las Casas et Gonzalo Fernández de Oviedo évoquent, pour le premier voyage, un équipage essentiellement andalou : « [...] quatre-vingt-dix hommes, la plupart marins, et de Palos[163] » ; « [...] la plupart de ceux qui rejoignaient ces bateaux étaient aussi de Palos[164] ». Scrupuleux, l'historien américaniste, comme nous-même 140 ans plus tard, avons consulté les éditions du pamphlet mentionné par Colonna-Ceccaldi sans trouver la moindre allusion à Christophe Colomb et à ses voyages[165]. Pourtant, à en croire Martin Casanova, l'ouvrage de Gregorio Salvini préciserait également le nom de Calvais partis en Amérique : Pierre-Paul et Georges Minucci, Christin de Valentin et Thomas Magnara, Michel-Ange Battaglini, Jean-Antoine et Jean-Louis Vincentelli Leca[166]. Le notaire et l'abbé de Pioggiola

160 V. Emmanuelli, *op. cit.*, p. 10.

161 M. Casanova, *La vérité sur l'origine et la patrie de Christophe Colomb à Calvi*, *op. cit.*, p. 21-22.

162 H. Harrisse, « Christophe Colomb et la Corse », *op. cit.*, p. 4.

163 « [...] noventa hombres, marineros y de alli de Palos todas los mas ». B. de Las Casas, *op. cit.*, t. I, chap. XXXIV, p. 260.

164 « [...] la mayor parte de los que yban en esta armada eran assi mismo de Palos ». G. Fernández de Oviedo y Valdés, *op. cit.*, Part. I, liv. II, chap. V, p. 21.

165 H. Harrisse, *Christophe Colomb, la France et les Corses*, *op. cit.*, p. 6-7.

166 M. Casanova, *La vérité sur l'origine et la patrie de Christophe Colomb à Calvi*, *op. cit.*, p. 128-129.

tenteraient-ils de mystifier le lecteur comme le pense Raoul Colonna de Cesari Rocca[167] ? Il est difficile de répondre à cette question. À la décharge des deux hommes, ne pourrait-il pas s'agir d'une erreur de présentation ? Les faits rapportés, s'ils ne sont visiblement pas imprimés, n'auraient-ils pas pu être manuscrits et inscrits sur un exemplaire par un lecteur ? Quoi qu'il en soit, il s'agit d'une évidente légèreté scientifique qui n'a pas été sans conséquences. Durant les années suivantes, Eugène Haussaire[168], Jean Peretti[169], Pierre Capifali[170], Lorenzi de Bradi[171], René Mattei[172], Jean-Jacques Bossa[173] ou René Massoni[174], entre autres, ont accepté les propos initiaux de Colonna-Ceccaldi et de Casanova, d'autant plus facilement que de nombreux Calvais se sont rendus effectivement en Espagne et en Amérique tout au long des XVIe et XVIIe siècles.

Plusieurs sources et études nous renseignent sur quelques-uns de ces hommes partis outre-Atlantique, notamment sur leur fortune faite grâce au commerce avec les Indes : l'*Istoria di Corsica* d'Anton-Pietro Filippini (1594)[175] ; la *Prattica manuale* de Pietro Morati di Muro (début

167 R. Colonna de Cesari Rocca, *op. cit.*, p. 5.

168 E. Haussaire, *op. cit.*, p. 13.

169 J. Peretti, *op. cit.*, p. 379-380.

170 P. Capifali, *op. cit.*, p. 239.

171 L. de Bradi, *La Corse inconnue*, Paris, Payot, 1928, p. 124-126.

172 R. Mattei, *op. cit.*, p. 62-63, 100.

173 J.-J. Bossa, *op. cit.*, p. 109-110.

174 R. Massoni, *op. cit.*, p. 44.

175 « E poi che nella Spagna son ito a ragionar di coloro ch'ivi hanno data perpetua repulsa alla povertà, non tacerò d'alquanti Calveso, che arricchiti ancora in poco spazio di tempo vi si sono con la navigazione all'India ; de' quali è uno Casuccio, che al numero di centomila scudi arriva ; e di trentamila passa Bernabò di Giovann' Agostino ; Michelagnolo e Giovann'Antonio ambedue fratelli, e miei nipoti, in manco spazio di quattordici anni si trovano ricchi di più di venticinquemila ; Battaglione passa il numero di trentamila ; e d'ottanmila Giovan Pietro, Vincentello ventimila ; Carlo, cognominato il Corso, ed Ottavino passano di quindicimila per uno ; ma, trovando più propizia fortuna, Giovan Battista ha già passato il numero di centomila. E qual maggior ricchezza è quella oggi di Matteo Vaschi oltremontano, trovandosi in tanta grandezza e reputazione, che mediante le singolari sue virtù so trova asceso all'officio di maggior Segretario appresso di Filippo Re di Spagna ; per mano del quale si può dir ch'oggi passino i grandi ed importantissimi maneggo del mondo. [...] E se a ragionar pur di ricchezze vorrò proseguire, che tanti ne lascio nella penna per non esser più prolisso, i quali altri ho descritti per modo (come dissi) di ragionare, che dirò dunque di quel moi ricchissimo parente Giovann'Antonio, che non sono ancora il numero di trent'anni ch'egli si trouvara povero mercante, ed ora si trova che tiene il primo luogo di ricchezza di tutta la Cristianità, eccettuandone però i principi assoluti, e dico quanto allo stato di mercadanti ; otre che egli è stato l'origine, ed avviamento che per mezzo suo tutti li prenominati Calveso si sono arricchiti » [« Et

du XVIIIe siècle)[176] qui cite le célèbre Giovanni Antonio de Vincentello, lequel légua une partie de sa fortune à Calvi et offrit des fonds baptismaux en marbre à la pro-Cathédrale Saint-Jean-Baptiste ; le *Commentario delle glorie, e prerogative del Regno, e popoli di Corsica* [1685] de l'archidiacre Angelo Francesco Colonna[177] ; les articles du notaire François Battestini dans les années 1930[178] ; l'ouvrage de son fils François-Félix sur Calvi entre

---

puisque nous voici en Espagne et que nous parlons de ceux qui ont banni à jamais la pauvreté, je citerai quelques Calvais qui se sont enrichis en peu de temps en faisant le commerce aux Indes. L'un d'eux, Casuccio, est bien riche à cent mille écus ; Bernabò, fils de Giovanni Agostino, à plus de trente mille ; les deux frères Michelagnolo et Giovann'Antonio, mes neveux, se sont fait, en moins de quatorze ans, une fortune de plus de vingt-cinq mille écus. Battaglione en possède trente mille et plus ; Giovan Pietro quatre-vingt mille ; Vincentello vingt mille ; Carlo, surnommé le Corse, et Ottaviano, plus de quinze mille chacun. Giovan Battista, encore plus favorisé par la fortune, a dépassé cent mille écus. Plus grande encore est aujourd'hui la fortune de Matteo Vaschi, du Delà des Monts, dont la réputation est si grande et le rang si élevé. Ses talents singuliers l'ont fait parvenir aux fonctions de secrétaire général auprès du roi d'Espagne, Philippe ; on peut dire que c'est par ses mains que passent aujourd'hui les affaires les plus grandes et les plus importantes du monde. [...] J'ai parlé de tous ces Corses par manière de propos, comme je l'ai dit, et il y en a une foule d'autres que je passe sous silence pour n'être pas trop long. Si je voulais continuer à m'étendre sur ce sujet, que dirais-je de mon richissime parent Giovann'Antonio qui, il y a moins de trente ans, n'était encore qu'un pauvre marchand, et qui aujourd'hui est l'un des hommes les plus riches de la chrétienté. J'excepte les souverains, bien entendu, et je ne parle que des commerçants. C'est lui qui a frayé la voie et qui a tendu la main aux Calvais que j'ai nommés plus haut pour les faire arriver à la fortune »]. A.-P. Filippini, *Istoria di Corsica*, Pisa, Presso Niccolò Capurro, 1831, t. V, p. 15-16 [A. P. Filippini, « Chronique de Anton Pietro Filippini », *op. cit.*, p. 109-110].

176 « Fu nativo di questa Città il Signor Giov. Antonio Vincentelli, che nella Città di Siviglia in Spagna, et altri lochi, divenne ricco sopra quattro milioni, e delli più ricchi mercanti della Cristianità [...] E nell'anno 1644 circa, venne dalla Spagna il Signor Domenico Varsi col valsente di cento mila pezze » [« Giovanni Antonio Vincentelli est natif de cette ville [Calvi] et, dans la ville de Séville en Espagne et dans d'autres lieux, il est devenu riche de plus de quatre millions, l'un des marchands les plus riches de la Chrétienté [...] Et en l'an 1644 environ, Domenico Varsi est venu d'Espagne avec une valeur de cent mille pièces »]. P. Morati di Muro, *op. cit.*, p. 137-138.

177 Cité par L.-M. Casabianca, *Le berceau de Christophe Colomb et la Corse*, *op. cit.*, p. 23-24.

178 F. Battestini, « Les Calvais en Amérique et les Américains à Calvi », *Le Petit Bastiais*, 58e année, n° 139, mercredi 26 juillet 1933, p. 1-2 ; F. Battestini, « Christophe Colomb lègue des sommes à des Calvais ses compatriotes », *Le Petit Bastiais*, 58e année, n° 147, vendredi 4 août 1933, p. 2 ; F. Battestini, « Christophe Colomb lègue des sommes à des Calvais ses compatriotes », *Le Petit Bastiais*, 58e année, n° 148, samedi 5 août 1933, p. 2 ; F. Battestini, « Christophe Colomb lègue des sommes à des Calvais ses compatriotes », *Le Petit Bastiais*, 58e année, n° 149, samedi 6 août 1933, p. 2 ; F. Battestini, « Christophe Colomb et la famille Girardi ou Gherardi », *Le Petit Bastiais*, 58e année, n° 155, lundi 14 et mardi 15 août 1933, p. 1-2 ; F. Battestini, « Christophe Colomb et la famille Girardi ou Gherardi », *Le Petit Bastiais*, 58e année, n° 156, mercredi 16 août 1933, p. 1 ; F. Battestini,

1563 et 1607[179] ; le travail magistral de l'historienne espagnole Enriqueta Vila Vilar sur les Corses à Séville[180]. Tous ces travaux montrent que de nombreux Calvais ont essaimé sur le continent américain. Néanmoins, on ne peut pas affirmer pour autant que l'Amiral de la mer Océane était « entouré de Corses[181] », encore moins qu'il s'agissait de « proches parents[182] ». On ne peut pas conclure, comme le fait René Mattei, que le silence de Filippini sur certains noms de Calvais célèbres n'est rien moins qu'une allusion à Christophe Colomb, qui plus est limpide[183] ! On ne peut pas faire dire à un ecclésiastique, Antonio de Aspa en l'occurrence, évoquant la présence de quarante Génois lors du premier voyage colombin, qu'il s'agissait en fait de Corses[184] ! L'étude exhaustive d'Alicia B. Gould sur la composition de l'équipage de 1492 ne laisse aucun doute à ce sujet[185]. Comme le démontre l'ouvrage *Les Corzo et les Mañara. Les Corses de Séville dans le commerce des Indes*, la présence des premiers Calvais en Amérique ne date pas du temps de la « découverte » mais, sauf exception, des années 1530-1540[186], c'est-à-dire plusieurs décennies après la mort du navigateur. S'il peut paraître surprenant qu'une petite ville comme Calvi ait envoyé autant de ses enfants aux Indes occidentales, s'interroge avec raison Joseph Chiari[187], force est de rappeler le pouvoir d'attraction de ces nouveaux territoires, emplis de promesses, sur les peuples maritimes européens.

« Les compagnons de Christophe Colomb étaient corses et calvais », *Le Petit Bastiais*, 58e année, n° 272, vendredi 29 décembre 1933, p. 1-2 ; F. Battestini, « La vérité historique doit être reconnue. Généalogie de la famille Colombo de Calvi », *Le Petit Bastiais*, 59e année, n° 115, jeudi 28 juin 1934, p. 1-2 ; F. Battestini, « La vérité historique doit être reconnue. Généalogie de la famille Colombo de Calvi », *Le Petit Bastiais*, 59e année, n° 121, jeudi 5 juillet 1934, p. 1-2.

179 F.-F. Battestini, *op. cit.*, p. 111-116, 375-387.

180 E. Vila Vilar, *op. cit.*

181 M. Casanova, *Vie de Christophe Colomb écrite au point de vue de son origine française*, *op. cit.*, p. 10.

182 F. Battestini, « La vérité historique doit être reconnue. Généalogie de la famille Colombo de Calvi », *Le Petit Bastiais*, jeudi 5 juillet 1934, *op. cit.*, p. 1.

183 R. Mattei, *op. cit.*, p. 94.

184 A.-É. Paoli Cesarini, *Christophe Colomb identifié corse*, *op. cit.*, p. 118 ; R. Massoni, *op. cit.*, p. 131-132 ; V. Geronimi, *op. cit.*, p. 59.

185 A. B. Gould, *Nueva lista documentada de los tripulantes de Colón en 1492*, Madrid, Real Academia de la Historia, 1984.

186 E. Vila Vilar, *op. cit.*, p. 42

187 J. Chiari, *Corsica : Columbus's Isle*, *op. cit.*, p. 62.

UNE TRADITION ORALE

À défaut de documents probants, il existe une tradition orale fortement enracinée qui fait de Calvi le berceau de Christophe Colomb. Dans la plupart des écrits qui fleurissent à la fin du XIXe siècle, leurs auteurs n'hésitent pas à citer les noms d'honorables insulaires qui ont entendu dire de leurs parents et aïeux que le navigateur était corse et/ou calvais ou que des documents authentiques l'attestant ont existé avant de disparaître[188]. Ainsi, plusieurs partisans de l'origine calvaise de l'Amiral de la mer Océane se sont appuyés sur Napoléon Bonaparte. Dans une note de son *Histoire de Sampiero Corso ou guerre de l'indépendance (1553-1569)* publiée en 1842, l'avocat et écrivain Arrigo Arrighi[189] est le premier à écrire que l'Empereur aurait eu l'intention, durant son exil sur l'île d'Elbe (1814-1815), de faire entreprendre des recherches historiques visant à prouver la corsitude de Christophe Colomb[190]. Une décennie plus tard, un certain François Liccia, dans un manuscrit aujourd'hui disparu et intitulé *Note relative alla Corsica*, reprend la même information[191]. Mais c'est Martin Casanova qui popularise la nouvelle[192], laquelle est très souvent reprise jusqu'à la seconde guerre mondiale[193]. De même, la phrase « [l]e berceau de Colomb a dégénéré », attribuée à Pascal Paoli au milieu du XVIIIe siècle, est fréquemment convoquée[194],

188 Consulter, par exemple : « Les Calvais et Colomb. Lettres », *L'Aigle. Journal de l'appel au peuple* (suppl.), 7e année, n° 372, samedi 21 mai 1881, p. 1 ; A.-P. Fioravanti, « Réponse au *Journal de la Corse* du 25 mai », *Le Conservateur de la Corse*, 5e année, n° 237, jeudi 27 mai 1886, p. 2 ; J.-M. Jacobi, *Histoire générale de la Corse depuis les premiers temps jusqu'à nos jours*, Paris, Aimé André, Libraire, t. I, 1835, p. 294-295.

189 Sur cet auteur, lire M. Cini, « Arrighi, Arrigo », *Dictionnaire historique de la Corse*, éd. A.-L. Serpentini, Ajaccio, Albiana, 2006, p. 72-73.

190 A. Arrighi, *Histoire de Sampiero Corso ou guerre de l'indépendance (1553-1569)*, Bastia, Fabiani Frères Imprimeurs-Libraires, 1842, p. 3-4.

191 Selon les informations contenues dans M. Casanova, *La vérité sur l'origine et la patrie de Christophe Colomb à Calvi*, *op. cit.*, p. 134.

192 *Ibid.*, p. 35-36.

193 E. Haussaire, *op. cit.*, p. 10 ; J. Peretti, *op. cit.*, p. 324 ; H. Bacon, *op. cit.*, p. 156-157 ; A. González Blanco, *op. cit.*, p. 660 ; P. Capifali, *op. cit.*, p. 246 ; P. Balsac, *op. cit.*, p. 24.

194 « La culla di Colombo è dirazzata ». M. Casanova, *La vérité sur l'origine et la patrie de Christophe Colomb à Calvi*, *op. cit.*, p. 34-35. – Lire aussi H. Schoen, *op. cit.*, p. 274 ; P. Giffard, « La patrie de Christophe Colomb », *Le Petit Bastiais*, 11e année, n° 1688, samedi 6 février

à l'instar de plusieurs extraits de compositions de poètes locaux. À la fin de cet ouvrage, nous offrons au lecteur curieux quelques-uns de ces textes littéraires où l'Amiral est désigné comme fils de Calvi, mais rappelons dès à présent les pièces les plus souvent mises en avant. En 1804, le juge de paix du canton d'Olmi-Cappella, Alexandre Franceschi, écrit la poésie suivante :

> Ceint de ta cuirasse de bronze,
> tu [Christophe Colomb] es parti traverser des mers inconnues,
> et ton grand projet a été couronné de succès, contre les attentes de tous.
> Cyrnos te suit avec son cœur de mère
> et, avec les rayons de ta gloire, elle a orné son front[195].

Trois décennies plus tard, en 1836, Filippo Parodi, originaire de Calenzana, rend hommage à l'évêque d'Ajaccio, Monseigneur Toussaint Casanelli d'Istria, en le comparant au navigateur : « Sur cette terre de héros, vous et l'immortel Colomb avez un berceau identique[196] ». En 1845, c'est au tour d'Angelo Francesco Viggiani della Rocca, au Chant II, strophe 40, de son recueil *Il poeta campestre*, de s'exclamer : « Le nouveau Continent, évident pour nous / découvert par un Corse et non pas un Génois[197] ». Par ailleurs, insérés dans le manuscrit de la *Giustificazione della Rivoluzione dell'Isola di Corsica* de Gregorio Salvini, des feuillets

---

1886, p. 1-2 ; P. Giffard, « La patrie de Christophe Colomb », *Bulletin de la Société royale de géographie d'Anvers*, 10e année, t. XI, fasc. 1, 1886, p. 190 ; R. Massoni, *op. cit.*, p. 31.

195 « Cerchiato tu di bronzo il forte petto, / Corresti ignoti mari, e coronato / Fu, contro ogni speranza, il gran progetto. / Cirno ti segue con il cor di madre / E infiora di tua gloria il suo bel crine ». « La patrie de Christophe Colomb », *Le Conservateur de la Corse*, 5e année, n° 223, jeudi 18 février 1886, p. 2. L'article ne dit pas où ces vers ont été publiés. – Lire aussi : J. Peretti, *op. cit.*, p. 317 ; J.-A. Franceschi, *Réponse de l'abbé Franceschi à la brochure* Le berceau de Christophe Colomb *par l'abbé Casabianca*, *op. cit.*, p. 15 ; V. Balaguer, *Cristóbal Colón*, Madrid, El progreso editorial, 1892, p. 180 ; H. Schoen, *op. cit.*, p. 274 ; P. Balsac, *op. cit.*, p. 24 ; R. Mattei, *op. cit.*, p. 91.

196 « In questo suol d'Eroi con simil sorte / Tu e l'immortal Colombo aveste cuna ». « La patrie de Christophe Colomb », *Le Conservateur de la Corse*, jeudi 18 février 1886, *op. cit.*, p. 2. L'article ne dit pas non plus où ces vers ont été publiés. – Lire également : J. Peretti, *op. cit.*, p. 332 ; M. Casanova, *La vérité sur l'origine et la patrie de Christophe Colomb avec un précise de sa vie*, *op. cit.*, p. 79-80 ; J.-A. Franceschi, *Réponse de l'abbé Franceschi à la brochure* Le berceau de Christophe Colomb *par l'abbé Casabianca*, *op. cit.*, p. 15 ; J.-M. Muselli, *op. cit.*, p. 24.

197 « Del nuovo continente a noi palese, / Fatto da un Corso e non da un Genovese ». A. F. Viggiani della Rocca, *Il poeta campestre, overro, Il Passatempo delle Conversazioni Domestiche*, Marsiglia, Stemparia di Marius Olive, 1845, p. 37. – Se reporter aux travaux suivants : J. Peretti, *op. cit.*, p. 333 ; J.-M. Muselli, *op. cit.*, p. 24.

anonymes sont portés à la connaissance du public par Martin Casanova. Dans ce poème intitulé *Alla Corsica. Ottave*, une strophe fait référence à l'Amiral de la mer Océane :

> Ô Corse, tu es mère de grands héros,
> mais tes enfants ont toujours été malheureux.
> Celui qui sortit de Calvi [Cesia]
> et déploya ses ailes vers des rivages inconnus,
> qui n'a été et ne sera pas égalé ici-bas
> car le monde a doublé par sa main,
> n'eut, pour toute récompense, que des maux considérables
> et les bras entravés par des chaînes.
> Mais, ô Cyrnos, il te reste
> la haute gloire de ce porteur de Christ[198].

En revanche, on ne peut pas affirmer avec l'abbé de Pioggiola que ce texte soit, par sa simple facture, du XVIe siècle[199]. Étant donné que la composition globale évoque, parmi les héros insulaires, Sampieru Corsu mais non Pascal Paoli, sa datation doit probablement être comprise entre le milieu du XVIe siècle et le milieu du XVIIIe siècle[200].

La tradition orale, lance le même Casanova, c'est « encore mieux que les textes écrits » car il s'agit de « la résultante des données réelles de l'histoire », en conséquence de quoi, « de toutes les preuves, elle est la plus forte[201] ». Sans aller jusqu'à cette vue excessive, il faut bien reconnaître que la survivance calvaise concernant l'Amiral de la mer Océane repose forcément sur quelque élément premier en lien avec le navigateur. Que des personnalités locales chantent les louanges d'un Colomb d'origine

---

198 « Madre, o Corsica, sei di grandi eroi ; / Ma infelici fur sempre i figli tuoi. / Ecco quello ch'usciò di Cesia, e l'ali / Ratto spiegò verso nascoste arene, / E non ebbe nè avrà quaggiuso eguali, / Ch'il mondo addoppiato in pugno tiene, / Aver per guiderdon tremendi mali / E le braccia ravvolte in rie catene ; / Ma l'alta gloria di quel Porta-Cristo / Ti resta, o Cirno, pel mondiale acquisto ». M. Casanova, *La vérité sur l'origine et la patrie de Christophe Colomb à Calvi*, *op. cit.*, p. 46-47. – Lire également : M. Casanova, « Lettre », *op. cit.*, p. 2 ; J. Peretti, *op. cit.*, p. 314-315 ; J.-M. Muselli, *op. cit.*, p. 23 ; V. Balaguer, *op. cit.*, p. 177-178 ; P. Balsac, *op. cit.*, p. 24 ; R. Mattei, *op. cit.*, p. 90-91.

199 M. Casanova, *La vérité sur l'origine et la patrie de Christophe Colomb à Calvi*, *op. cit.*, p. 46-47.

200 Lorenzi de Bradi, qui n'en est pas à sa première approximation, signale que Gregorio Salvini est l'auteur de ce poème, croyant qu'il se trouve dans les pages mêmes de *Giustificazione della Rivoluzione dell'Isola di Corsica*, tandis que Pierre Balsac date la composition du XVIIe siècle sans autre commentaire. L. de Bradi, *op. cit.*, p. 123-124 ; P. Balsac, *op. cit.*, p. 24.

201 M. Casanova, *La vérité sur l'origine et la patrie de Christophe Colomb à Calvi*, *op. cit.*, p. VI.

corse ou que Pascal Paoli et Napoléon Bonaparte le considèrent comme l'un des leurs ne constitue nullement une preuve de la réalité des faits évoqués. Léon de Loccico, peut-être un pseudonyme de Paul Leca, l'avait bien compris en 1886, reprochant à l'abbé Fioravanti, notamment, de faire appel à ces autorités « dans le but de distraire l'attention du lecteur[202] ». Cela étant, « [i]l n'y a pas de fumée sans feu » comme rappelle l'abbé Jean Augustin Franceschi[203], lequel prolonge son propos en posant d'excellentes questions : « Comment cette tradition a-t-elle pu prendre naissance à Calvi ? Pourquoi n'en trouve-t-on pas une semblable à Bonifacio, à Bastia, à Ajaccio, toutes villes soumises à Gênes et peuplées en grande partie, par des Génois[204] ? ». Si certains chercheurs ont proposé de nouvelles hypothèses insulaires (Cap-Corse[205], Niolu[206]) et qu'il existe bien d'autres traditions similaires hors de Corse, en Ligurie particulièrement, l'enracinement à Calvi ne manque pas d'interroger. Récemment, Michel Vergé-Franceschi s'est penché sur la généalogie de cet héritage jusqu'à avancer l'hypothèse que tout aurait pu débuter vers 1581 lorsque l'arrière-arrière-petit-fils du navigateur, Jorge II Alberto Colón de Portugal, épouse Bernardina de Vincentello y Corzo, la fille de Giovanni Antonio de Vincentello, ce riche Calvais installé à Séville qui légua une partie de sa fortune à sa ville de naissance[207]. Il est difficile, bien entendu, de dater avec précision le point de départ d'une rumeur mais les éléments apportés par l'historien sont fort intéressants, pour ne pas dire convaincants.

---

202 L. de Loccico, « Les polémiques du *Conservateur* », *Journal de la Corse*, 9e année, n° 456, mardi 1er juin 1886, p. 2.

203 J.-A. Franceschi, *Réponse de l'abbé Franceschi à la brochure* Le berceau de Christophe Colomb *par l'abbé Casabianca*, *op. cit.*, p. 15.

204 *Ibid.*

205 A. Bernardini-Sjœstedt, « Un essai de vérification de l'hypothèse de l'origine corse de Christophe Colomb. Les Cristofari-Colombani de Terra-Rossa », *op. cit.*, p. 3-12 ; A. Bernardini-Sjœstedt, « Contribution à l'étude des origines de Christophe Colomb », *op. cit.*, p. 3-36 ; A. Bernardini-Sjœstedt, *Christophe Colomb*, *op. cit.* ; R. Sédillot, *La grande aventure des Corses*, Paris, Fayard, 1969, p. 355-356 ; L. Saladini, « Les origines de Christophe Colomb. Étude comparative des thèses en présence génoise, espagnole, calvaise et cap-corsine », *op. cit.*, p. 1-16 ; A. Venturini, « Retour sur l'historiographie corse et ses problèmes. Une œuvre inachevée : le corpus critique des sources », *Bulletin de la Société des sciences historiques et naturelles de la Corse*, n° 740-741, 2012, p. 123.

206 V. Geronimi, *op. cit.*

207 M. Vergé-Franceschi, « À tout seigneur tout honneur : Christophe Colomb Calvais ou Génois ? La vérité », *op. cit.*, p. 31-34.

LA FORCE DE L'IMAGINAIRE

DES ANIMAUX ET DES HOMMES

Si le combat pour la reconnaissance de Calvi comme berceau de Christophe Colomb n'est pas totalement déraisonnable puisque la cité balanine offre un écrin qui peut s'accorder à la vie de l'Amiral de la mer Océane, il reste, cependant, à remplir ce coffret, non pas de preuves de pacotille, de raccourcis clinquants, d'affirmations contrefaites, mais, au contraire, de démonstrations soignées, d'arguments brillants, de témoignages authentiques, autant de pièces absentes sous la plume des zélateurs de la thèse calvaise.

Au chapitre LX des *Historie*, retraçant la victoire des compagnons de Colomb sur les Indiens de l'île d'Hispaniola, le fils de l'Amiral mentionne l'aide décisive de « vingt chevaux et d'autant de "cani Corsi"[1] ». Cette brève expression, dans le récit d'une bataille décisive de 1495, a fait couler beaucoup d'encre depuis que Martin Casanova, en 1880, a cru y déceler l'une des preuves de la présence de Corses parmi l'équipage colombin. Comment expliquer l'intervention de ces canidés insulaires s'ils ne suivaient pas leurs maîtres, s'interroge l'abbé, car « [l]e Corse aime son chien, comme l'Arabe aime son cheval[2] » ! Et, en conséquence, pourquoi donc autant de Corses auprès de Colomb si leur chef n'était pas un compatriote ? L'argument fait mouche à une époque où les noms des membres des expéditions castillanes ne sont pas encore bien établis ; il est encore d'actualité un siècle plus tard, en 1992, lors des festivités calvaises du cinquième centenaire qui s'ouvrent, notamment,

1 « [...] XX caualli, & altrettanti cani Corsi ». F. Colombo, *Historie del S. D. Fernando Colombo...*, *op. cit.*, p. 123.

2 M. Casanova, *La vérité sur l'origine et la patrie de Christophe Colomb à Calvi*, *op. cit.*, p. 132.

sur la présentation d'un documentaire sur les chiens de race corse[3]... Pourtant, dès 1883, Henry Harrisse, toujours aussi persifleur, estime que ce raisonnement est simpliste, similaire à celui d'un « critique facétieux » souhaitant « démontrer que Christophe Colomb était des Canaries parce que, à bord, il y avait de la volaille provenant de la Gomera », une des îles de l'archipel espagnol[4] ! Au lieu de « chiens corses », le traducteur ne souhaitait-il pas parler de « chiens de course » ? « Improbable », tranche Jean Peretti : il aurait écrit « cani da corsa » ou bien « cani di marcia[5] ». Par ailleurs, la majuscule à l'initiale de *Cani*, qui ne se retrouve pas dans un seul et unique passage, comme une possible faute d'impression, mais dans deux[6], souligne, pour Jean-Jacques Bossa, la « présence d'un qualificatif et pas d'un nom commun[7] ». La démonstration s'avère, néanmoins, quelque peu insuffisante, d'autant que, malgré les fluctuations orthographiques du XVIe siècle, l'adjectif de nationalité, comme dans les autres langues romanes, comportait une minuscule en italien.

Laurent-Marie Casabianca, à la fin des années 1880, est le premier à abandonner les conjectures pour s'appuyer sur un élément concret : Bartolomé de Las Casas, qui s'est abreuvé aux mêmes sources que Fernando Colón, retrace l'épisode historique en évoquant des « chiens très féroces » (« *perros bravísimos* », en espagnol)[8]. Or, comme le signale le prêtre corse, s'appuyant sur le dictionnaire de la langue italienne de Niccolò Tommaseo [1861], un « cane corso » est défini comme « un

---

3 « Calvi : les festivités du cinquième centenaire », *op. cit.*, p. Q ; R. Albertini, « Succès de l'exposition philatélique », *La Corse*, lundi 12 octobre 1992, p. 3 ; A. Maestracci, « Cristofanu Culombu. Magnifique défilé des enfants pour une reconstitution historique », *La Corse*, mardi 13 octobre 1992, p. 8.

4 H. Harrisse, « Christophe Colomb et la Corse », *op. cit.*, p. 5.

5 J. Peretti, *op. cit.*, p. 350-351.

6 « [...] gli assalirono impetuosamente i caualli, & i cani Corsi, accioche non tornassero a ridursi insieme ». F. Colombo, *Historie del S. D. Fernando Colombo...*, *op. cit.*, p. 123.

7 J.-J. Bossa, *op. cit.*, p. 110.

8 « Partió la gente que llevaba con su hermano, el Adelantado, y dieron en ellos por dos partes, y soltando las ballestas y escopetas y los perros bravisimos, y el impetuoso poder de los de caballo con sus lanzas, y los peones con sus espadas, así rompieron como si fueran manada de aves » [« Les gens qu'il avait emmenés partirent avec son frère l'Adelantado, et ils fondirent sur eux en deux parties, et lâchant leurs arbalètes, leurs escopettes, leurs chiens très féroces et l'impétueuse puissance des cavaliers avec leurs lances, et les fantassins avec leurs épées, ils les défirent comme s'il s'était agi d'une compagnie d'oiseaux »]. B. de Las Casas, *op. cit.*, t. II, liv. I, chap. CIV, p. 97-98 [*Histoire des Indes 1*, *op. cit.*].

chien de taille moyenne, avec une grosse tête, et féroce[9] », acception corroborée par les notables et religieux italiens interrogés[10]. Sans parvenir à expliquer pourquoi les chiens de Corse auraient en italien une réputation de férocité – ce sont seulement de « bons chiens de garde », de « bons chiens de chasse », selon Jean Peretti[11] –, l'abbé Casabianca se rapproche tout de même de la vérité quand il écrit que « cette race est aussi répandue en Italie que la race des chiens des Alpes ou des Pyrénées l'est dans les diverses contrées de la France, Christophe Colomb aurait [donc] pu s'en procurer dans la péninsule italique sans les faire venir directement de la Corse et sans pour cela être né en Corse[12] ». Ce que Casabianca et tant d'autres de ses défenseurs et pourfendeurs aux abois n'avaient pas imaginé, c'est que cette race de chiens n'a tout simplement rien de corse… En effet, l'adjectif « corso » ne dérive pas du latin *corsus*, « corse », mais de *cŏrs*, « enclos de ferme, basse-cour », ou bien de *cŏhors*, « cohorte, milice, escadron[13] ». Les molosses utilisés par Colomb, originaires des Pouilles, de Calabre et de Sicile, bien connus en Italie depuis l'époque romaine, furent d'ailleurs célébrés par plusieurs poètes comme Erasmo di Valvasone qui, en 1581, dans son œuvre « La caccia » (« La chasse »), soulignait également leur vivacité et sauvagerie :

> Le Corso a une grande puissance, et attaque avec audace
> La bête, et la reprend : puisqu'il l'a prise,
> Il ne sait pas comment lui enlever la dent[14].

Dans un autre passage des *Historie*, Fernando Colón écrit que le gouverneur des Indes Francisco de Bobadilla qui, dès son arrivée à Hispaniola en 1500, fait arrêter Christophe Colomb et ses frères, « a

9 « Cane di mediocre grossezza, con testa grossa, e feroce », cité dans L.-M. Casabianca, *Le berceau de Christophe Colomb devant l'Institut de France et l'opinion publique*, *op. cit.*, p. 76-77.

10 *Ibid.*, p. 76-77.

11 J. Peretti, *op. cit.*, p. 357.

12 L.-M. Casabianca, *Le berceau de Christophe Colomb et la Corse*, *op. cit.*, p. 47.

13 G. Chiecchi et G. Gualtieri, *Le cane corso*, Paris, Éditions de Vecchi, 1994, p. 11-24 ; M. Cantini, *Le Cane Corso*, Paris, Éditions de Vecchi, 2003, p. 7-8 ; C. Pacheteau, *Le cane corso*, Paris, Artémis Éditions, 2018, p. 10.

14 « Il Corso ha gran possanza, ardito assale / La fera, e la ritien : poichè l'ha presa, / Sciorre il dente non sa ; […] ». E. di Valvasone, *La caccia*, Roma, Liber Liber, 2012, p. 36, https://www.liberliber.it/mediateca/libri/v/valvason/la_caccia/pdf/valvason_la_caccia.pdf (consulté le 01/01/2021).

laissé les gens méchants et la populace proférer mille insultes à leur sujet sur les places, en soufflant dans des cors [ou bien des cornes (*corni*)] près du port où ils avaient été embarqués[15] ». À l'instar des chiens supposément corses mais finalement italiens et féroces, l'utilisation surprenante de l'instrument à vent a suscité une vive polémique. Dans un article publié dans le quotidien *L'Observateur de la Corse* le 1er mai 1874, reproduit la semaine suivante dans l'hebdomadaire *Le Messager corse*, A. A. (probablement l'avocat et écrivain Arrigho Arrighi) avance un argument singulier pour prouver, une nouvelle fois, que plusieurs compagnons de l'Amiral de la mer Océane étaient corses. Il affirme que les *corni*, loin de provenir de bovidés, renverraient à des conques marines utilisées par les bergers et les combattants opposés à Gênes, lesquelles porteraient en Corse le nom de *colombo* en hommage à Christophe Colomb : « [...] ce nom rappelait l'alliance du génie audacieux, et de la fermeté dans les plus rudes épreuves de la vie. C'était [...] pour ce motif qu'ils l'avaient choisi comme un mot de ralliement et un symbole de gloire[16] ». S'il ne fait pas de doute que la conque équipait les bergers et les pêcheurs et servait, du haut des tours génoises qui parsèment les côtes corses, à donner l'alerte en cas d'invasion ennemie, l'explication fournie par l'auteur de l'article s'avère quelque peu hasardeuse. Tout d'abord, « le baptême patriotique » n'en serait pas un : il serait lié au son rauque émis par l'instrument qui rappellerait, en plus fort, le roucoulement du pigeon ramier nommé *culombu* ou *colombu* en corse[17]. D'autre part, l'auteur extrapole le sens de *corni* : si le terme fait bien référence, dans le domaine musical, à un instrument à vent, il désigne non pas la coquille de mollusques gastéropodes, contrairement à *conchiglia*, mais uniquement l'excroissance conique de certains mammifères ruminants. En conséquence, s'appuyant sur cette lecture biaisée, Jean Peretti et, à sa suite tout au long du XXe siècle, Henri Schoen, A.-Édouine Paoli Cesarini, René Massoni et Jean-Jacques Bossa, relient l'outrage reçu par Colomb au fait que, en

15 « [...] il Bouadiglia lasciò d'imprigionarlo co' suoi fratelli, consentendo, che i tristi, & i popolari dicessero di loro mille ingiurie per le piazze, suonando con corni presso al porto ou'essi erano stati imbarcati ; [...] ». F. Colombo, *Historie del S. D. Fernando Colombo...*, *op. cit.*, chap. LXXXVI, p. 191.

16 A. A., « Colombo », *L'Observateur de la Corse*, 22e année, n° 1123, vendredi 1er mai 1874, p. 2 ; A. A., « Colombo », *Le Messager corse*, 1re année, n° 28, vendredi 8 mai 1874, p. 2.

17 P. Rocca, *op. cit.*, p. 95.

Corse, un charivari similaire aurait été employé jadis comme marque de mépris envers une personne peu estimable[18].

Une autre légèreté linguistique va desservir le camp des partisans de l'origine corse de Colomb. Faisant référence à un passage du chapitre XVII des *Historie*, Jean Peretti note que, le lundi 16 septembre 1492, les marins de *La Niña* tuèrent d'un coup de trident un poisson qui frôlait la caravelle[19]. Le texte original italien parle de « Toni », vraisemblablement une orthographe déformée du pluriel de *tonno*, « thon[20] », comme l'ont bien compris les traducteurs espagnols et français[21]. Jean Peretti ne conteste pas que les poissons appartiennent à l'espèce des scombridés, mais affirme que le mot espagnol employé dans le journal de bord du navigateur pour relater le même épisode, « tonina[22] », n'existe qu'en langue corse. Selon lui, seuls les pêcheurs calvais utilisaient ce terme ou bien, à défaut, celui de *palamita*, afin de désigner ces thonines ou bonites[23]. Le détail a son importance : si Colomb emploie un vocable inconnu en espagnol et en italien mais pas en corse, c'est qu'il entretient des liens avec l'île de beauté. L'argument serait probant si l'abbé avait pris soin de consulter correctement plusieurs dictionnaires, dont les plus usuels de son époque, ce que ne manque pas de lui faire remarquer Laurent-Marie Casabianca. Dans des articles publiés au cours de l'été 1889, il exhorte Jean Peretti à ouvrir n'importe quel glossaire espagnol, italien et portugais afin d'y découvrir une entrée à ce mot (*tonina*, *tonnina*,

18 J. Peretti, *op. cit.*, p. 362-363 ; H. Schoen, *op. cit.*, p. 285 ; A.-É. Paoli Cesarini, *Christophe Colomb identifié corse*, *op. cit.*, p. 247 ; R. Massoni, *op. cit.*, p. 147 ; J.-J. Bossa, *op. cit.*, p. 110-111.

19 J. Peretti, *op. cit.*, p. 339.

20 « Senza che quella notte li seguirono molti Toni, li quali si assostauano tanto a' nauigli, & correan con loro si prontamente, che ne fu amazzato uno con un tridente da quelli della Carauella Nigna ». [« De plus, cette nuit-là, ils furent suivis par de nombreux *Toni*, qui étaient si proches des navires, et faisaient la course avec eux si rapidement, que l'un d'eux fut tué avec un trident par ceux de la caravelle *La Niña* »]. F. Colombo, *Historie del S. D. Fernando Colombo...*, *op. cit.*, chap. XVII, p. 30.

21 F. Colomb, *Christophe Colomb raconté par son fils*, trad. et annot. d'E. Muller, préface de J. Heers, Paris, Librairie Académique Perrin, 1986, p. 52 ; H. Colón, *Historia del Almirante*, ed. L. Arranz Márquez, Madrid, Dastin, 2000, p. 99.

22 « [...] vieron muchas toninas, y los de la Niña mataron una » [« ils virent beaucoup de thons, et ceux de *La Niña* en tuèrent un »]. « Relaciones, cartas y otros documentos, concernientes a los cuatro viajes que hizo el Almirante D. Cristóbal Colón para el descubrimiento de las Indias occidentales », *Colección de los viages y descubrimientos que hicieron por mar los españoles desde fines del siglo* XV, *op. cit.*, t. 1, p. 10.

23 J. Peretti, *op. cit.*, p. 340-341.

toninha) dont le sens évoque, à chaque fois, le thon[24]. La consultation des dictionnaires actuels confirme les propos de Casabianca.

BAPTÊMES ONOMASTIQUES

Jean Peretti consacre également plusieurs pages de son ouvrage à la dénomination par Christophe Colomb des lieux que les Espagnols découvrent au fur et à mesure de leur avancée[25]. Saint-Sauveur, Sainte-Marie-de-la-Conception, Sainte-Catherine, Saint-Jean-Baptiste, etc. sont ainsi reliés, sous la plume de l'abbé, aux « souvenirs les plus doux de [l']enfance chrétienne » de l'Amiral[26] et, surtout, à nombre d'édifices et ornements religieux se trouvant à Calvi ou dans les environs. Tout au long du XXe siècle, Henri Schoen, A.-Édouine Paoli Cesarini, François Battestini, René Mattei, René Massoni, Jean-Jacques Bossa ou, plus récemment, Victor Geronimi, vont emboîter le pas de Jean Peretti en reprenant le même discours. Pourtant, dès 1889, Laurent-Marie Casabianca, avec la clairvoyance qui le caractérise, signale que les arguments avancés par son collègue auraient « quelque valeur si les statues, les tableaux et les dévotions en question étaient propres à Calvi et n'existaient que dans cette ville[27] », ce qui est loin d'être le cas.

Si Christophe Colomb rebaptise l'île Boriquen (aujourd'hui Porto Rico) du nom de Saint-Jean-Baptiste[28], ce ne peut donc être, pour les zélateurs corses, qu'en hommage à l'église calvaise éponyme, fondée à la fin du XIIIe siècle, dont Jean Peretti, sans aucune preuve, fait, en outre, le possible lieu de baptême de l'Amiral[29]. C'est oublier un peu vite que ce saint n'est pas seulement honoré à Calvi mais dans de très nombreuses

---

24 L.-M. Casabianca, *Le berceau de Christophe Colomb et la Corse*, *op. cit.*, p. 29-30.

25 J. Peretti, *op. cit.*, p. 341-347.

26 *Ibid.*, p. 343.

27 L.-M. Casabianca, *Le berceau de Christophe Colomb et la Corse*, *op. cit.*, p. 30.

28 « Et giunse poi all'Isola, ch'ei chiamò San Giouan Battista, & da gl'Indiani è detta Borichen » [« Il toucha ensuite à l'île que les Indiens appelaient Boreguen et qu'il nomma Saint-Jean-Baptiste »]. F. Colombo, *Historie del S. D. Fernando Colombo…*, *op. cit.*, p. 98 [F. Colomb, *op. cit.*, p. 126].

29 J. Peretti, *op. cit.*, p. 345-346. – Lire également A.-É. Paoli Cesarini, *Christophe Colomb identifié corse*, *op. cit.*, p. 261.

villes par le monde comme Porto, Perpignan, Turin, Québec, Perth, Florence ou bien… Gênes. Prolongeant les arguments de l'abbé, Henri Schoen se demande si le cap de Sainte-Croix, un promontoire cubain ainsi baptisé par Colomb[30], ne ferait pas référence à « l'une des dévotions favorites des Calvais[31] ». La ville de Balagne serait-elle la seule, dans le monde catholique, à célébrer la Croix ayant servi à la crucifixion de Jésus-Christ ? Un autre cap de l'île Hispaniola prend le nom du très populaire Saint-Michel[32], qu'A.-Édouine Paoli Cesarini et René Massoni rattachent à une ancienne chapelle calvaise ou à une église de Murato, aujourd'hui monument historique[33]. Dans ces conditions, autant affirmer avec humour et anachronisme qu'il s'agit d'un hommage au 2e Régiment Étranger de Parachutistes de Calvi, dont le patron n'est autre que Saint-Michel !

Sainte-Catherine suscite le même type de commentaires et d'interprétations fantasques. Au chapitre XLVIII de l'*Historia de las Indias* de Bartolomé de Las Casas, à la date du 24 novembre 1492, il est rapporté qu'un port prend le nom de la patronne d'Alexandrie « car [c']était la veille de sa fête[34] ». Cela n'empêche nullement Henri Schoen, A.-Édouine Paoli Cesarini ou bien René Massoni, d'invoquer de tout autres raisons : l'existence à Calvi d'une très ancienne statue de Sainte-Catherine et d'un autel dans la pro-cathédrale ou bien la présence d'églises de ce nom à Speloncato et dans le Cap-Corse, vraisemblablement à Barrettali et à Pietracorbara[35]. À l'instar de Sainte-Catherine, le calendrier détermine le baptême onomastique de plusieurs lieux

30 « Dopo che l'Ammiraglio fu partito dall'isola di Giamaica, il Mercordi a' XIIII di Maggio giunse ad un capo di Cuba, che chiamò Capo di S. Croce » [« Parti de la Jamaïque, le mercredi 14 mai, l'Amiral reconnut de nouveau Cuba par une pointe de terre qu'il nomma cap de la Sainte-Croix »]. F. Colombo, *Historie del S. D. Fernando Colombo…*, *op. cit.*, p. 111 [F. Colomb, *op. cit.*, p. 144].

31 H. Schoen, *op. cit.*, p. 288.

32 « Il Mercordì a' XX di Agosto l'Ammiraglio hebbe vista della parte Occidentale della Spagnuola, a cui pose nome Capo di San Michele, il quale distaua dalla punta Oriental di Giamaica XXX leghe » [« Le mercredi 20 août, l'Amiral découvrit la côte occidentale de l'île Espagnole par un cap, auquel il donna le nom de Saint-Michel, et qui devait être distant d'environ trente lieues de la pointe orientale de la Jamaïque »]. F. Colombo, *Historie del S. D. Fernando Colombo…*, *op. cit.*, p. 118 [F. Colomb, *op. cit.*, 1986, p. 153].

33 A.-É. Paoli Cesarini, *Christophe Colomb identifié corse*, *op. cit.*, p. 261 ; R. Massoni, *op. cit.*, p. 150.

34 « […] por ser […] su víspera ». B. de Las Casas, *op. cit.*, t. I, chap. XLVIII, p. 346.

35 H. Schoen, *op. cit.*, p. 288 ; A.-É. Paoli Cesarini, *Christophe Colomb identifié corse*, *op. cit.*, p. 261 ; R. Massoni, *op. cit.*, p. 150.

antillais : ville de Saint-Domingue, île de la Dominique, port de la Nativité[36], mais aussi port Saint-Nicolas, découvert un 6 décembre[37]. Aucun lien, par conséquent, avec une statue calvaise dédiée à ce saint[38] ou la commune de San-Nicolao en Haute-Corse[39].

Laurent-Marie Casabianca a raison de s'agacer des « raisons imaginaires » avancées par les partisans de l'origine calvaise[40], alors que les motifs sont clairement énoncés par plusieurs sources colombines. Le nom Saint-Sauveur dans les Bahamas, la première île découverte par Colomb, plutôt qu'un hommage à une statue dédiée à ce saint[41], à un

---

36 La ville de Saint-Domingue reçut ce nom pour deux raisons : elle aurait été découverte un dimanche, qui plus est jour de ce Saint, mais aussi en hommage au père de l'Amiral qui s'appelait ainsi : « Pero inquiriendo yo é desseando saber la verdad porqué esta cibdad se llamó Sancto Domingo, diçen que demas de aver allí venido á poblar en domingo é dia de Sancto Domingo, se le dió tal nombre, porque el padre del primero almirante y del adelantado, su hermano, se llamó Domínico » [« Mais enquêtant et souhaitant connaître la vérité sur les raisons pour lesquelles cette ville s'est appelée Saint-Domingue, on a dit que ce nom lui avait été donné car, outre le fait qu'il l'avait fondée un dimanche et jour de Saint-Domingue, le père du premier amiral et du premier commandant, son frère, s'appelait Dominique »]. G. Fernández de Oviedo y Valdés, *op. cit.*, Part. I, liv. II, chap. XIII, p. 52. – « [...] e chiamatala San Domenico, in commemotion di suo padre, che si chiamaua Domenico » [« qu'il avait nommée Saint-Domingue, en souvenir du nom de son père »]. F. Colombo, *Historie del S. D. Fernando Colombo...*, *op. cit.*, p. 164 [F. Colomb, *op. cit.*, p. 183]. – L'île caribéenne de la Dominique reçut également ce nom car elle fut découverte un dimanche : « [...] ch'era una Isola alta, & montuosa, a cui pose nome Domenica, per hauerla scoperta la Domenica di matina » [« une île haute et montagneuse à laquelle l'Amiral, parce qu'il l'avait découverte le dimanche, donna le nom de Dominique »]. F. Colombo, *Historie del S. D. Fernando Colombo...*, *op. cit.*, p. 93 [F. Colomb, *op. cit.*, p. 119]. – Le port de la Nativité à Hispaniola, quant à lui, fut rebaptisé en souvenir de Noël : « [...] lasciò il Porto de' Cristiani, da lui chiamato il Porto del Natale, in memoria, che in tal giorno era dismontato in terra, & saluatosi dal pericolo del mare » [« Il partit du port dit premièrement des Chrétiens, auquel il donna le nom de la Nativité, en souvenir du jour de Noël où il s'y était réfugié, en échappant aux plus grands périls »]. F. Colombo, *Historie del S. D. Fernando Colombo...*, *op. cit.*, p. 71 [F. Colomb, *op. cit.*, p. 94-95].

37 « Finalmente, jueves, 6 de Diciembre, á hora de vísperas, entró en el puerto ya dicho, al cual llamó de Sanct Nicolás por honra del felice Sancto » [« Enfin, le jeudi 6 décembre, à l'heure des vêpres, il est entré dans le port déjà mentionné, qu'il a appelé de Saint-Nicolas, en l'honneur du bienheureux Saint »]. B. de Las Casas, *op. cit.*, t. I, p. 363. – « [...] ch'entrò nel Porto di S. Nicolò, nomato cosi da lui in memoria della sua solennità, la qual correa in quel giorno » [« il entra dans le port de Saint-Nicolas, ainsi baptisé en raison de sa fête, qui tombe ce jour-là »]. F. Colombo, *Historie del S. D. Fernando Colombo...*, *op. cit.*, p. 63.

38 H. Schoen, *op. cit.*, p. 288.

39 A.-É. Paoli Cesarini, *Christophe Colomb identifié corse*, *op. cit.*, p. 261.

40 L.-M. Casabianca, *Le berceau de Christophe Colomb et la Corse*, *op. cit.*, p. 31-32.

41 H. Schoen, *op. cit.*, p. 287-288.

autel de l'église Saint-Jean-Baptiste[42], à une ancienne église calvaise détruite par des invasions barbares[43] ou bien à celle de Corscia dans le Niolu[44], entend rendre grâce à Dieu d'avoir permis aux Espagnols de trouver des terres nouvelles[45]. Comment croire également que Sainte-Marie-de-la-Conception, l'une des figures les plus importantes du catholicisme, ne puisse renvoyer qu'à Calvi, quand bien même la ville lui voue un culte particulier depuis des siècles[46] ? Après avoir remercié le Seigneur, n'est-il pas normal que Colomb baptise la deuxième île découverte du nom de la Sainte-Vierge en témoignage de sa dévotion et pour demander sa protection[47] ? De même, A.-Édouine Paoli Cesarini et, à sa suite, René Massoni, considèrent Trinité (aujourd'hui, l'une des îles de Trinité-et-Tobago) comme une référence à l'ancien ermitage éponyme de Bonifacio[48]. La réalité semble bien différente : la vision des « trois montagnes [de l'île] regroupées en même temps » a inspiré Colomb[49].

---

42 A.-É. Paoli Cesarini, *Christophe Colomb identifié corse*, *op. cit.*, p. 260

43 R. Massoni, *op. cit.*, p. 86.

44 V. Geronimi, *op. cit.*, p. 33.

45 « A la primera que yo hallé puse nombre San Salvador a conmemoración de Su Alta Majestad, el cual maravillosamente todo esto ha dado » [« La première que j'ai trouvée, je l'ai nommée Sain-Sauveur en commémoration de Sa Haute Majesté, qui a merveilleusement donné tout cela »]. « Primera carta de Colón [1493] dirigida a Luis de Santángel », http://aix1.uottawa.ca/~jmruano/colon.pdf (consulté le 25/10/2020). – « [...] la prima, da gli Indiani detta Guanahani, à gloria di Dio, che glie le hauea manifestata, & saluatolo da molti pericoli, chiamò San Saluatore » [« À la première île, que les Indiens nomment Guanahani, il avait donné le nom de Saint-Sauveur, pour rendre grâce à Dieu qui, lui servant de guide, l'avait préservé des périls »]. F. Colombo, *Historie del S. D. Fernando Colombo...*, *op. cit.*, p. 55 [F. Colomb, *op. cit.*, p. 72]. – Les partisans de la thèse majorquine, de leur côté, ont aussi allégué que Colomb était originaire des Baléares en raison de l'existence du vieux sanctuaire de Sant Salvador à Felanitx... Lire P. Bonnet, *op. cit.*, p. 378-379.

46 H. Schoen, *op. cit.*, p. 287-288 ; F. Battestini, « L'ancre de la "Santa Maria", la caravelle de Christophe Colomb », *Le Petit Bastiais*, vendredi 4 septembre 1931, p. 2 ; F. Battestini, « Les familles Guirardi et Colombo sont originaires de Calvi et alliées », *Le Petit Bastiais*, 58e année, n° 156, mercredi 16 août 1933, p. 1 ; R. Mattei, *op. cit.*, p. 51, 97 ; R. Massoni, *op. cit.*, p. 86 ; J.-J. Bossa, *op. cit.*, p. 108.

47 « [...] la seconda per la deuotione, ch'egli haueua nella concettion della Madonna, & perche il suo favore è il principale, che hanno i Cristiani, chiamò Santa Maria della Concettione » [« la seconde, en raison de la dévotion qu'il portait à la conception de la Sainte-Vierge, et parce que sa protection est la principale qu'ont les chrétiens ont, il l'a appelé Sainte-Marie-de-la-Conception »]. F. Colombo, *Historie del S. D. Fernando Colombo...*, *op. cit.*, p. 55 [F. Colomb, *op. cit.*, p. 72].

48 A.-É. Paoli Cesarini, *Christophe Colomb identifié corse*, *op. cit.*, p. 261 ; R. Massoni, *op. cit.*, p. 150.

49 « [...] i III Moggieti tutti in un medesimo tempo ». F. Colombo, *Historie del S. D. Fernando Colombo...*, *op. cit.*, p. 157. – De même, si le nom de l'île Montserrat semble bien être un

Dans les *Historie*, trois passages relatent que les marins des expéditions colombines ont entonné, par tradition ou à la vue de nouvelles îles qu'ils découvraient et baptisaient, le *Salve Regina*, cette prière catholique latine dédiée à la Vierge Marie : « [...] la nuit, quand ils eurent fini de dire le *Salve Regina*, que les marins ont l'habitude de chanter tous les soirs[50] » ; « Pour cette grâce que Dieu leur avait faite, tous les gens des vaisseaux étant réunis à la poupe, ils dirent le *Salve Regina*, avec d'autres prières et versets, qu'ils chantèrent avec beaucoup de dévotion, et rendirent grâce à notre Seigneur[51] » ; « [...] ils ont tous remercié Dieu et dit le *Salve Regina* et d'autres prières pieuses que les marins ont coutume de dire en cas de bonne fortune ou de joie[52] ». Il n'en faut pas plus à Jean Peretti pour rappeler un lien avec la Corse : en sortant et en entrant dans le port de Calvi, les pêcheurs n'entonnent-ils pas ce chant, devenu depuis 1735 sous sa forme italienne l'hymne national de l'île[53] ? Malgré l'inanité de cette remarque qui entend suggérer, en creux, que l'Amiral aurait pu favoriser cette pratique en raison de sa propre origine, elle fut reprise jusqu'à la fin du XXe siècle par Henri Schoen[54], A.-Édouine Paoli Cesarini[55] et Jean-Jacques Bossa[56], notamment.

L'hypothèse la plus saugrenue revient à René Massoni, qui se demande si Haïti, un nom que Christophe Colomb n'a jamais employé lui-même sous cette forme pour désigner le tiers occidental de l'île d'Hispaniola, contrairement à d'autres chroniqueurs, ne célèbrerait pas le village corse d'Aiti, en Castagniccia[57] ! Il s'agit, en réalité, d'un vocable des Indiens taïnos, *Ayiti*, signifiant « terre des hautes montagnes[58] ».

---

souvenir du massif montagneux si cher aux Catalans, l'argument est ténu pour démontrer que Colomb provenait de cette région : « [...] e giunse all'isola di Monserrato, alla quale per la sua altezza diede tal nome » [« et il est venu sur l'île de Montserrat, à laquelle il a donné un tel nom en raison de sa hauteur »]. *Ibid.*, p. 97.

50 « [...] fatta nottea, llhor che si finia di dir la Salue Regina, che i marinari hanno in costume di cantare ogni sera ». *Ibid.*, chap. XXI, p. 50.

51 « Per la qual gratia, che Dio gli hauea fatto, riducendosi tutta la gente delle naui a poppe, dissero la Salue con altre orationi, & versi, cantati con molta deuotione ; & rendeuano gratie a Nostro Signore ». *Ibid.*, chap. XLV, p. 93.

52 « [...] tutti rese molte gratie a Dio, & detta la Salue, & altre diuote orationi, che in tempo di fortuna, o di allegrezza i marinari sogliono dire ». *Ibid.*, chap. LXVII, p. 157.

53 J. Peretti, *op. cit.*, p. 341.

54 H. Schoen, *op. cit.*, p. 288.

55 A.-É. Paoli Cesarini, *Christophe Colomb identifié corse*, *op. cit.*, p. 15.

56 J.-J. Bossa, *op. cit.*, p. 108.

57 R. Massoni, *op. cit.*, p. 149.

58 L. Jean, « Haïti. Repiblik d'Ayiti », *L'aménagement linguistique dans le monde*, http://www.axl.cefan.ulaval.ca/amsudant/haiti.htm (consulté le 06/01/2021).

En raison de leur diffusion et vénération dans l'ensemble du monde chrétien, les saints précédemment cités n'offrent aucun argument solide permettant de conforter la thèse calvaise. En revanche, dans le récit du premier voyage colombin, à la date du mercredi 16 janvier 1493, le bref propos suivant s'avère beaucoup plus intéressant : « Après avoir perdu de vue le cap qu'il a nommé *San Theramo*, sur l'île d'Hispaniola, qui se trouvait à seize lieues à l'ouest[59] ». Quel est donc ce saint, dernier baptême du premier voyage, qui ne figure dans aucun calendrier espagnol ? Une recherche onomastique permet de retrouver au moins deux villes italiennes portant ce nom (Santeramo in Colle, près de Bari, dans les Pouilles, et Teramo dans les Abruzzes), mais aucun saint. Il pourrait s'agir d'une altération de Saint-Érasme (Sant'Erasmo), patron des marins, plus connu en français sous le nom de Saint-Elme et, en espagnol, de San Telmo[60]. Or, à notre connaissance, cette désignation corrompue n'est pas usitée en langue italienne, à l'exception des toponymes précédents. Tout autre est la situation sur l'île de beauté, où San Teramu, patron des marins et pêcheurs[61], est extrêmement vénéré à Calvi, comme dans les principaux ports du littoral corse, où se trouvent plusieurs confréries (comme dans la cité de Balagne) et chapelles (Ajaccio, Bonifacio, Cervione, etc.) portant ce nom[62]. Il s'agit du seul baptême onomastique qui semble être relié à l'île de beauté.

---

59 « Después de perder de vista el cabo que nombró de San Theramo, de la Isla Española, que le quedaba al Oueste dieciseis leguas ». « Relación del primer viaje de D. Cristóbal Colón para el descubrimiento de las Indias, puesta sumariamente por Fray Bartolomé de Las Casas », *Relaciones y cartas*, *op. cit.*, p. 153.

60 A.-É. Paoli Cesarini, *La Corse est le berceau de Christophe Colomb*, *op. cit.*, p. 18 ; A.-É. Paoli Cesarini, *Christophe Colomb identifié corse*, *op. cit.*, p. 261-262 ; F. Romero Lema, *La lengua de Cristóbal Colón*, La Coruña, Editorial Moret, 1969, p. 33 ; R. Massoni, *op. cit.*, p. 150 ; J.-J. Bossa, *op. cit.*, p. 109 ; *La realidad y el deseo.* Toponymie du découvreur en Amérique espagnole *de Carmen Val Julián, suivi de textes en hommage à l'auteur*, éd. J. Roger, M.-L. Ortega et M. Mestre-Zaragoza, Lyon, Presses de l'École Normale Supérieure, 2011, p. 80.

61 F.-J. Casta, « Érasme, saint », *Dictionnaire historique de la Corse*, éd. A.-L. Serpentini, Ajaccio, Albiana, 2006, p. 347.

62 A.-É. Paoli Cesarini, *Christophe Colomb identifié corse*, *op. cit.*, p. 261-262 ; R. Massoni, *op. cit.*, p. 150 ; J.-J. Bossa, *op. cit.*, p. 109.

L'ORIGINE DE JUAN PÉREZ

En 1837, Antoine-Claude Pasquin, connu sous le nom de Valéry, publie ses *Voyages en Corse, à l'île d'Elbe, et en Sardaigne*. Dans cet ouvrage, l'écrivain et bibliothécaire aborde brièvement la question de la naissance de Christophe Colomb. S'il estime qu'elle est tranchée en faveur de Gênes grâce au majorat de 1498, aujourd'hui considéré comme un faux, il n'en rapporte pas moins quelques arguments en faveur de la thèse calvaise. À notre connaissance, il est d'ailleurs le premier à rassembler, dans un témoignage écrit, publié et destiné à une large diffusion, trois arguments au cœur de la bataille analytique et patriotique qui voit le jour un demi-siècle plus tard : l'existence au XVIe siècle d'une famille Colombo à Calvi, de la rue *di u filu* où se trouverait la maison du navigateur et la présence de nombreux Calvais aux Indes dès la « découverte ». Afin d'illustrer le parcours de ces hommes, Valéry signale qu'un moine franciscain, Santo Pietro, originaire de Calvi, aurait vécu en Amérique du sud où il aurait composé en espagnol un traité sur la contrition, plusieurs fois réimprimé à Lima au XVIIe siècle[63]. L'érudit français ne précise pas ses sources mais il semble traduire mot à mot une phrase de l'appendice de l'*Istoria di Corsica* d'Anton-Pietro Filippini écrite cinq ans plus tôt par l'éditeur du texte, Giovanni Carlo Gregorj. En effet, dans « Les savants corses qui ont prospéré jusqu'au XVIIe siècle[64] », titre de cette annexe, l'historien bastiais signale : « Saint-Pierre (Jean) de Calvi, de l'Ordre des frères mineurs de l'Observance[65], a vécu en Amérique méridionale, où il a composé en langue espagnole un ouvrage *Sur la contrition*, publié plusieurs fois à Lima au XVIIe siècle[66] ».

À l'instar de Valéry, Gregorj ne mentionne pas ses sources[67] mais sa courte description et une recherche dans plusieurs bases de données

63 A.-C. Valéry, *Voyages en Corse, à l'île d'Elbe, et en Sardaigne*, Paris, Librairie de L. Bourgeois-Maze Éditeur, t. I, 1837, p. 87-88.

64 « Letterati corsi che fiorirono fino al secolo XVII ».

65 Il est issu d'une réforme de l'ordre franciscain.

66 « Santo Pietro (Giovanni) di Calvi dell'Ordine de' Min. Osserv., visse nell' America Meridionale ove compose in lingua Spagnuola un'Opera *Sulla Contrizione* pubblicata più volte in Lima nel secolo decimo settimo ». A.-P. Filippini, *Istoria di Corsica*, *op. cit.*, t. V, p. LXXVIII.

67 Toutefois, l'une d'elles pourrait être le manuscrit d'Angelo Francesco Colonna qui, dans le Livre XXIII de *Colonna sagra. Cronologia degl' Hvomini illvstri di santità, et dignità del*

bibliographiques et dans le catalogue de la Bibliothèque Nationale du Pérou ne conduisent qu'à un seul homme : Juan Pérez[68] Bocanegra, un moine franciscain ayant rédigé un ouvrage intitulé *Ritual formulario e institucion de curas para administrar a los naturales de este Reyno los santos Sacramentos del Bautismo, Confirmacion, Eucaristia y Viatico, Penitencia, Extremauncion y Matrimonio*[69]. Si ce traité a bien été publié en 1631 à Lima, rien ne prouve que son auteur, qui s'est installé dans la vice-royauté du Pérou à la fin du XVIe siècle, ait été corse ou, du moins, d'origine corse, les informations le concernant étant très lacunaires[70]. Quoi qu'il en soit, cette brève remarque va servir de point de départ à un des arguments en faveur de l'origine calvaise de Christophe Colomb. En 1880, Martin Casanova s'en empare mais il en dénature la portée d'autant plus facilement qu'il ne tient pas ses renseignements de la lecture de *Voyages en Corse, à l'île d'Elbe, et en Sardaigne* mais des propos d'un médecin calvais, M. Bartoli. Là où Valéry, s'appuyant sur Gregorj, se contente simplement de citer un supposé Calvais parti aux Amériques, l'abbé de Pioggiola fait dire à l'écrivain et bibliothécaire, sans l'avoir lu, que « le P. Pietro Santo, de Calvi, [...], a, peut-être, été le premier religieux qui soit arrivé dans l'Amérique Méridionale[71] ». Cette évidente légèreté scientifique n'est pas sans conséquences : elle avance de près d'un siècle l'existence de cet homme pour en faire un contemporain de l'Amiral de la mer Océane. Martin Casanova finit par supposer, quelques lignes

regno di Corsica, écrit : « Giovanni de Sancto Petro Corso, cittatino di Calvi dell'ordine di Minori osseruanti di S. Francesco uisse nell'America India Meridionale [...] fu' elleto al gouerno di molti Conventi della Città di Lima, e della Provincia de'i Duodeci Apostoli del Regno del Perù [...]. Compose vn picciola operetta della Contritione » [« Jean de Saint-Pierre, Corse citoyen de Calvi, de l'Ordre des Frères mineurs de l'Observance de Saint-François, vécut dans les Indes méridionales [...] il fut choisi pour diriger de nombreux couvents dans la ville de Lima et dans la Province du Diocèse Apostolique du Royaume du Pérou [...]. Il composa une petite œuvre sur la contrition ». A. F. Colonna, *Colonna sagra. Cronologia degl' Hvomini illvstri di santità, et dignità del regno di Corsica*, ms, 1686 (Fonds Patrimonial, Médiathèque Sampiero d'Ajaccio).

68 Pérez est un nom castillan formé sur le prénom Pedro, « Pierre », associé au suffixe de filiation *-ez* après amuïssement du *d*.

69 *Forme rituelle et institution des prêtres pour administrer aux natifs de ce Royaume les saints sacrements du Baptême, de la Confirmation, de l'Eucharistie et du Viatique, de la Pénitence, de l'Extrême-Onction et du Mariage.*

70 G. Haimovich, « El *Ritual formulario* de Juan Pérez Bocanegra y las relaciones entre géneros en los Andes », *Estudios Latinoamericanos*, nº 36-37, 2016-2017, p. 267. Seul son second nom de famille, Bocanegra, pourrait être d'origine ligurienne.

71 M. Casanova, *La vérité sur l'origine et la patrie de Christophe Colomb à Calvi*, *op. cit.*, p. 121-122.

plus loin, qu'il ne s'agit rien moins que Juan Pérez[72], l'ancien confesseur de la reine Isabelle de Castille et gardien du monastère de La Rábida[73], qui aurait apporté une aide déterminante à Colomb en le soutenant dans son projet et en lui permettant d'être reçu par les Rois catholiques. Hybridé et confondu avec un autre prêtre andalou du nom d'Antonio de Marchena, Juan Pérez apparaît, dans de nombreuses sources, parmi les membres du deuxième voyage du navigateur[74], ce qui, vraisemblablement, a conduit Casanova à faire l'amalgame.

---

72 *Ibid.*

73 On peut se reporter au témoignage de Fernando Colón : « [...] inspirò nel guardiano di quella casa, chiamato frate Gian Perez, che prendesse tanta amicitia con l'Ammiraglio [...] voleua andare à trouar la Reina, nella quale speraua, che, per esser egli, come era, suo padre di confessione, darebbe fede à quel, che intorno a ciò egli le dicesse » [« il inspira au gardien de cette maison, le frère Jean Pérez, de se lier d'amitié avec l'Amiral [...] il irait voir la Reine dont il espérait, étant son confesseur, qu'elle donnerait foi à ce qu'il lui dirait »]. F. Colombo, *Historie del S. D. Fernando Colombo...*, *op. cit.*, p. 34. – Bartolomé de Las Casas ne dit pas autre chose : « [...] salió un Padre, que habia nombre, fray Juan Perez, que debia ser el Guardian del monesterio, y comenzó á hablar con él en cosas de la corte [...] al dicho Padre Guardian, el cual diz que, ó era confesor de la Serenísima Reina, ó lo habia sido » [« Il fut reçu par un père, du nom de fray Juan Pérez, qui devait être le père gardien du monastère, et qui commença à parler avec lui des choses de la cour [...] ledit père gardien, lequel dit qu'il était ou avait été le confesseur de la sérénissime Reine »]. B. de Las Casas, *op. cit.*, t. I, chap. XXXI, p. 241. – Sur Juan Pérez, lire également *Colección de documentos inéditos relativos al descubrimiento, conquista y organización de las antiguas posesiones españolas de ultramar*, Madrid, Establecimiento tipográfico « Sucesores de Rivadeneyra », 1894, t. VIII, p. 198 ; Á. Ortega, *La Rábida. Historia documental crítica*, Sevilla, Imprenta y Editorial de San Antonio, 1925, t. II, p. 117-119.

74 « Post elapsos vero aliquot dies ab insulæ istius (Hispaniolæ) expugnatione, nonnulli fratres nostri, et inter eos Fr. Joannes Piretius, [...] atque præsenti Provincia (Sanctæ Crucis) in hunc modum initium dedere, Is namque frater Joannes Piretius, primo in istam insulam ingressus, straminaceum tuguriolum sibi ædificari jussit ; inibeque primum sacrum fecit ; atque demum Eucharistiæ sacramentum asservandum curavit » [« Quelques jours après avoir pris possession de cette île (Hispaniola), plusieurs de nos religieux, dont le frère Juan Pérez [...] commencèrent à fonder cette Province (Santa Cruz). Ce frère Juan Pérez qui, comme on le dit, fut le premier à pénétrer dans cette île, s'arrangea pour monter un Oratoire faits de branchages, dans lequel il célébra la première messe et déposa le sacrement de l'Eucharistie »]. F. Gonzagæ, *De Origine Seraphicæ Religionis Franciscanæ ejusque progressibus, de Regularis Observanciæ institucione, forma administrationis et legibus, admirabilique eius propagatione*, 1587, p. 1198. – « En esta segunda vuelta de Colon á las Indias se vino con él trayendo en su compañía otros religiosos tambien de nuestro hábito, su muy amigo el padre fray Juan Pérez [qu'il appelle le plus souvent Juan Pérez de Marchena], que como quien habia sido el principal instrumento para que Colon no desmayara en proseguir este descubrimiento de las Indias, quiso ser el primer sacerdote que lo acompañó en ellas y el primero que las pisó, y el primero que edifició iglesia y dijo misa » [« Lors de ce deuxième retour de Colomb aux Indes, son grand ami le frère Juan Pérez vint avec lui, accompagné d'autres religieux de notre ordre. Étant donné qu'il avait été l'instrument principal

En 1880, quand il publie sa brochure, l'abbé de Pioggiola est responsable, pour ne pas dire coupable, d'une grave erreur scientifique qui, cependant, aurait pu passer inaperçue car elle n'occupe que quelques lignes à la fin de son chapitre XXVII. Mais, dès l'année suivante, il porte à la connaissance des lecteurs du *Conservateur de la Corse* la découverte d'un document qui va le conforter dans son interprétation rapide des sources originales qu'il ne consulte pas… Monseigneur Lucciardi[75] aurait trouvé le texte suivant dans les fonds de deux bibliothèques romaines :

> Le père Jean de Saint-Pierre, de l'île de Corse, a été le premier prêtre à accompagner Christophe Colomb dans sa quête du Nouveau Monde. Ce religieux, ami intime depuis son enfance de l'illustre explorateur et son compatriote, le suivit dans ses voyages successifs, puis se rendit aux Indes méridionales, où il mourut à un âge très avancé, après avoir publié un traité sur la Pénitence en langue espagnole[76] […]

---

grâce auquel Colomb n'avait pas perdu courage dans la poursuite de cette découverte des Indes, il voulut être le premier prêtre à l'y accompagner, le premier à fouler son sol et le premier à y construire une église et dire la messe ». P. Simón, *Noticias historiales de las conquistas de tierra firme en las Indias Occidentales*, Primera Parte, Bogotá, Imprenta de Medardo Rivas, 1882 [1626], p. 30-31. – « O primeiro que celebrou o Sancto Sacrificio da Missa nas Indias Occidētaes […] foi o P. Fr. João Perez de Marchena Portuguez, da Ordem Franciscana » [« Le premier à célébrer le Saint Sacrifice de la messe dans les Indes Occidentales […] fut le frère Jean Perez de Marchena, un Portugais, de l'Ordre des Frères mineurs »]. G. Cardoso, *Agiologio lvsitano dos sanctos, e varoens illvstres em virtvde do Reino de Portvgal*, Lisboa, Antonio Craesbeeck de Mello Impressor, 1666, t. III, liv. I, chap. I, p. 40. – « Los primeros Saçerdotes, y Ministros Apostolicos, que passaron con Colon fueron los Religiosos de nuestro Serafico Padre S. Francisco, que traian por caudillo para la conquista espiritual de tan grandiosos imperios, al M. R. P. Fray Iuan Perez de Marchena Guardian que era, ò auia sido del convento de la Rabida de la Provinçia de Andaluçia » [« Les premiers Prêtres et Ministres Apostoliques qui partirent avec Colomb furent les Religieux de notre séraphique Père Saint François, qui amenaient comme chef pour la conquête spirituelle de si grands empires le père Juan Perez de Marchena, qui était ou avait été le gardien du couvent de La Rábida dans la province d'Andalousie »]. I. Melendez, *Tesoros verdaderos de las Yndias en la Historia de la gran Provincia de San Iuan Bautista del Peru*, Roma, Imprenta de Nicolas Angel Tinaisso, 1691, t. I, liv. I, chap. I, p. 4.

75 En 1932, A.-Édouine Paoli Cesarini désigne ce Monseigneur Lucciardi comme « ex-secrétaire du Nonce du Pape à Paris et chanoine de la basilique de Saint Pierre à Rome ». A.-É. Paoli Cesarini, *Christophe Colomb identifié corse*, *op. cit.*, p. 106. – Cette information nous a permis de retrouver sa trace. Il s'agit de Dominique Lucciardi, né en 1828 à Santo-Petro-di-Tenda à une soixantaine de kilomètres de Calvi. Se reporter à https://www.santo-pietro-di-tenda.fr/nebbiu-personnages-importants-2.php (consulté le 01/02/2021).

76 « Il P. Giovannu da Santo-Pietro, nell'isola di Corsica, é il primo sacerdote che abbia accompagnato Cristoforo Colombo alla ricerca del Nuovo Mondo. Cotesto religioso amicissimo fin dall'infanzia dell'illustre nagivatore e suo compatriotta, lo ha seguito ne'

De Giovanni Carlo Gregorj, nous reconnaissons plusieurs informations : le nom, la condition religieuse, l'origine corse, l'écriture d'un ouvrage sur le repentir. De Casanova, déformant Valéry, l'idée que ce Jean de Saint-Pierre a été le premier prêtre à officier en Amérique. Mais le document va plus loin en affirmant que Christophe Colomb et l'ecclésiastique étaient amis depuis l'enfance et que l'Amiral de la mer Océane était également corse. Malheureusement, l'abbé de Pioggiola ne fournit aucune autre indication sur ce témoignage révélé par l'ancien nonce, lequel est décédé moins de six mois avant l'impression de l'article de presse : pas d'auteur, pas de date, pas d'éléments contextuels. Étant donné que Martin Casanova prend des libertés avec la méthode historiographique, il y a lieu de s'interroger sur la fidélité de la retranscription de cette source inconnue, quand ce n'est pas sur sa simple existence.

S'il est tout à fait possible qu'un moine franciscain nommé Giovanni da Santo Pietro, originaire de Calvi, se soit installé en Amérique au cours du XVIe ou du XVIIe siècle, comme nombre d'autres Corses et de Frères mineurs, il est absolument faux d'affirmer que ce même Calvais est le Juan Pérez du monastère de La Rábida. Outre l'erreur chronologique imputable à Martin Casanova, à elle seule déterminante, aucune étude n'est parvenue à confirmer un quelconque voyage en Amérique[77]. Pourtant, Jean-Augustin Franceschi, A.-Édouine Paoli Cesarini, Charles de Giafferi, René Le Gentil, Joseph Chiari, René Mattei, René Massoni et Jean-Jacques Bossa vont croire sur parole l'abbé de Pioggiola[78], sans questionner à aucun moment le bien-fondé de ses propos. Ils prolongent alors ses arguments avec de nouvelles interprétations qui, si elles ont souvent la saveur du bon sens[79], reposent sur des fondements erronés et non scientifiques.

---

successivi viaggi, poscia si é trasportato nelle Indie meridionali, ove é morto vecchissimo, dopo aver pubblicato un trattato sulla Penitenza in lingua spagnuola ». « Christophe Colomb », *Le Conservateur de la Corse*, 1re année, n° 5, jeudi 15 décembre 1881, p. 2.

77 T. Rodríguez Pinilla, *Colón en España. Estudio histórico-crítico sobre la vida y hechos del descubridor del Nuevo Mundo*, Madrid, Establecimiento tipográfico de los sucesores de Rivadeneyra, 1884, p. 163 ; Á. Ortega, *op. cit.*, t. II, p. 90.

78 J.-A. Franceschi, *Réponse de l'abbé Franceschi à la brochure* Le berceau de Christophe Colomb *par l'abbé Casabianca*, *op. cit.*, p. 16 ; A.-É. Paoli Cesarini, *Christophe Colomb identifié corse*, *op. cit.*, p. 106 ; C. Giafferi et R. Le Gentil, *op. cit.*, p. 209 ; J. Chiari, *Corsica : Columbus's Isle*, *op. cit.*, p. 69 ; R. Mattei, *op. cit.*, p. 50 ; J. Chiari, *Christophe Colomb, corse*, *op. cit.*, p. 43 ; R. Massoni, *op. cit.*, p. 121-122 ; J.-J. Bossa, *op. cit.*, p. 107.

79 Ce n'est pas le cas de François Battestini. Se fondant sur l'existence d'un certain Domenico Peres Corso, originaire de Calvi, qui recueille la succession d'un Minucci

Partant du postulat que Colomb et Pérez s'étaient autrefois fréquentés en Corse, pour certains au couvent Saint-François de Calvi[80] où le religieux avait « donné ses premières leçons de latin et de castillan[81] » au jeune Christophe, tout cela affirmé en l'air[82], les partisans de la thèse calvaise croient ainsi éclairer l'arrivée du futur Amiral de la mer Océane au monastère de La Rábida. En effet, après avoir quitté le Portugal, pourquoi se serait-il rendu à Palos de la Frontera avec son jeune fils Diego plutôt que chez sa belle-sœur qui vivait à Huelva à quelques kilomètres de là ? Ne savait-il pas que son ancien professeur et ami s'y trouvait et pouvait lui apporter son concours[83] ? De même, puisque Juan Pérez est celui « à qui Colomb communiqua le plus de secrets[84] », les deux hommes devaient se connaître depuis longtemps. D'ailleurs, le médecin de Palos de la Frontera, García Hernández, n'affirme-t-il pas en 1515 qu'« ils parlèrent dans une langue qui n'était ni le castillan ni le portugais, mais plutôt proche de l'italien[85] » ? Contrairement aux affirmations de René Massoni, reprises récemment par Victor Geronimi, ce témoignage s'avère beaucoup moins explicite, d'autant qu'il signale que les deux « compatriotes » ne se connaissaient nullement :

---

mort au Panama en 1639, le notaire peu scrupuleux y voit forcément un descendant de la famille du franciscain. F. Battestini, « Rendons à César », *La Corse touristique*, vol. IX, 1932, p. 81.

80 Construit au début du XIIIe siècle, ce couvent est l'un des plus anciens de Corse. Lire L. Castellini, *op. cit.*, p. 181.

81 R. Mattei, *op. cit.*, p. 46. – L'auteur se fonde sur le seul fait que les Franciscains étaient très présents en Corse. Sur l'implantation des Frères mineurs dans l'île, consulter : P. Antonetti, *op. cit.*, p. 193 ; F.-J. Casta, « Frères mineurs (Franciscains) », *Dictionnaire historique de la Corse*, éd. A.-L. Serpentini, Ajaccio, Albiana, 2006, p. 400. Voir aussi J.-J. Bossa, *op. cit.*, p. 106 ; J. Guerrini-Graziani, *op. cit.*, p. 186. – Signalons au passage que, selon Alonso Vélez de Mendoza, Juan Pérez « avait servi, étant jeune homme, la Reine Isabelle, en qualité de comptable » [« avia servido siendo mozo a la Reyna doña Isabel en oficio de contador »] avant d'embrasser la carrière religieuse. Cité par Á. Ortega, *op. cit.*, t. II, p. 115.

82 L'existence vers le milieu du XVIIe siècle d'un Domenico Peres Corso, originaire de Calvi, ne prouve pas, bien entendu, contrairement à ce que pense le notaire François Battestini, qu'il s'agit de la famille de Juan Pérez. Lire F. Battestini, « Un compagnon corse de Christophe Colomb », *La Revue de la Corse ancienne et moderne, historique, littéraire et bibliographique*, XIIIe année, n° 75, mai-juin 1932, p. 120-121.

83 C. Giafferi et R. Le Gentil, *op. cit.*, p. 208 ; J. Chiari, *Christophe Colomb, corse*, *op. cit.*, p. 43-44 ; R. Massoni, *op. cit.*, p. 121 ; J.-J. Bossa, *op. cit.*, p. 39, 106.

84 « [...] á quien Colom mas comunicó de sus secretos ». G. Fernández de Oviedo y Valdés, *op. cit.*, Part. I, liv. II, chap. V, p. 21.

85 R. Massoni, *op. cit.*, p. 121. – Voir aussi V. Geronimi, *op. cit.*, p. 61.

> […] ledit Amiral Christophe Colomb, arrivant avec son fils Diego, qui est maintenant Amiral, est venu à pied à La Rábida, qui est un monastère de frères dans cette ville, et il a demandé au portier de lui donner du pain et de l'eau à boire pour ce petit garçon, qui était un enfant ; et étant là, ce témoin, un frère appelé Juan Pérez, aujourd'hui décédé, souhaita parler avec ledit Christophe Colomb, et le voyant originaire d'une autre terre ou d'un autre royaume étranger à sa langue, il lui demanda qui il était et d'où il venait[86] […]

UN MANQUE DE SCIENTIFICITÉ

L'exemple de Juan Pérez est symptomatique de la plupart des travaux des partisans de l'origine calvaise de Christophe Colomb : aucun retour aux sources originales, déformation des propos, raccourcis gratuits. Ce manque de scientificité transparaît à moult occasions. Ainsi, en 1884, la presse corse se fait l'écho d'un passage trouvé dans une œuvre publiée en 1671, *Serafici, e cronicali ragguagli della provincia minore osservante di Corsica*. L'auteur, Paolo Olivesi, y célèbre le franciscain calvais Antoine-Jean Mattei qui, au milieu du XVIe siècle, devint nonce apostolique et légat du pape Paul III au concile de Trente[87] : « Ce célèbre héros Jean […] a suffi à rendre glorieuse toute la Corse, et pas seulement sa patrie natale […] de Calvi. Mais ce pays très civilisé et toute la Corse ont aussi été rehaussés et illustrés par le génie de beaucoup d'autres Calvais qui, par leur propre mérite, se sont ennoblis dans les Indes et en Espagne[88] ». De cet anodin hommage à quelques Calvais anonymes

---

86 « […] el dicho almirante don cristobal colon viniendo a la Rábida con su hijo don diego ques agora almirante, a pie, se vino a Rábyda, ques monasterio de frayles en esta villa, el qual demandó á la porteria que le diesen para aquel niñico que era niño, pan y agua que beviese, y que estando allí ende este testigo un frayle que se llamaba frey juan perez, ques ya dyfunto, quiso fablar con el dicho don cristobal colon e viéndolo despusycion de otra tierra o Reino ageno a su lengua, le preguntó que quién era e dónde venía […] ». *Colección de documentos inéditos relativos al descubrimiento, conquista y organización de las antiguas posesiones españolas de ultramar*, *op. cit.*, t. VIII, p. 191.

87 Verdoni, Dumenica, *op. cit.*, p. 24-25..

88 « Questo celeberrimo Heroe Giouanni […] è stato veramente basteuole rendere gloriosa la Corsica tutta, non che la sua ciuile […] Patria di Calvi : mà è stata anche decorata, & illustrata questa ciuilissima Patria (et tutta Corsica) dall'Ingegno di molti altri Caluesi, che col propio valore si sono nobilitati nell'Indie, e nella Spagna ». P. Olivesi, *Serafici, e*

ayant réussi dans les territoires espagnols, Martin Casanova déduit que Paolo Olivesi souhaite en réalité évoquer Colomb et sa famille mais n'ose écrire ce nom par crainte des représailles de Gênes… :

> Quels sont donc ces Calvais qui par leur intrépidité et leur vaillance ont illustré et immortalisé la ville de Calvi et la Corse, et qui ne le cèdent pas au P. Jean Mattei ? Le P. Olivese ne peut pas les nommer, car la prison est là, et il sait ce qu'il y a souffert ; mais nous les nommons : c'est Christophe Colomb qui a changé et embelli la face des deux grands hémisphères de notre Globe ; qui a brillé sur le Monde comme l'astre du jour, et a éclipsé toues les grands hommes de l'antiquité ; c'est Barthélémy Colomb auquel, pour égaler son frère, ne manqua que le don de l'initiative ; c'est Diego Colomb amiral des Indes et duc de Veragua[89].

À partir de cette exégèse fallacieuse, certains auteurs, n'ayant pas pris la peine de revenir au contexte initial, ont donc pu écrire que Paolo Olivesi affirmait que Christophe Colomb était né à Calvi ! René Mattei[90] ou Lucien Saladini[91] constituent deux de ces chercheurs abusés par leurs propres manquements scientifiques.

Concernant la langue colombine et la note en marge d'un livre de Pline, les partisans de l'origine calvaise du navigateur n'ont pas manqué de signaler la présence de mots existant en langue corse mais, en raison notamment d'erreurs de transcription de l'apostille et de légèreté critique, leurs remarques constituent rarement un apport au débat. Ainsi, A.-Édouine Paoli Cesarini n'hésite pas à affirmer que l'annotation *he yo* s'écrit, en réalité, en un seul mot et qu'elle renvoie à « je », *heyo* en corse[92]. Pourtant, contrairement à ses affirmations, le pronom personnel se dit *eiu*, *eo*, *eu*, *ghjeu*. De même, selon elle, *isola* serait corse, alors qu'il s'agit d'*isula*. Elle semble déclarer, par ailleurs, qu'*india* n'existe qu'en corse, se trompe sur des formes verbales et sur d'autres termes, ce qui ne l'empêche pas de conclure en assurant que « l'autographe est foncièrement corse[93] ». Dans les décennies suivantes, aucun autre chercheur

---

cronicali ragguagli della provincia minore osservante di Corsica, Lucca, Apresso Iacinto Pacci, 1671, p. 117.

89 Propos de Martin Casanova transcrits dans A.-P. Fioravanti, « La patrie de Christophe Colomb », *Le Conservateur de la Corse*, 5e année, n° 228, jeudi 25 mars 1886, p. 1.

90 R. Mattei, *op. cit.*, p. 63.

91 L. Saladini, « Les origines de Christophe Colomb. Étude comparative des thèses en présence génoise, espagnole, calvaise et cap-corsine », *op. cit.*, p. 5.

92 A. É. Paoli Cesarini, *Christophe Colomb identifié corse*, *op. cit.*, p. 101.

93 *Ibid.*, p. 101-102.

en faveur de la thèse calvaise ne prend la plume pour contredire ces erreurs initiales mais, bien au contraire, les répète souvent sans discernement[94]. Dans la phrase de Colomb, il y a bien des mots qui peuvent être d'origine corse (30,5 %), les mêmes souvent qu'en italien, mais ils ne permettent pas à eux seuls de clamer *urbi et orbi* que l'Amiral était insulaire. Les raccourcis se succèdent sous la plume d'A.-Édouine Paoli Cesarini. À la fin du Moyen Âge, le corse, notamment dans le nord-est de l'île, était assez voisin du toscan[95]. Ce fait linguistique conduit la jeune femme à déclarer, sans l'once d'une preuve, que Colomb parlait corse avec les Italiens, à l'instar de ce qui se pratique parfois de nos jours[96]. Par ailleurs, le corse ne s'écrivant pas encore[97], il est normal, continue-t-elle, que le navigateur n'ait laissé aucun témoignage dans cette langue[98]. Malgré l'inanité de ces arguments, Joseph Chiari, par exemple, les accepte sans sourciller[99].

Un autre exemple de conclusion rapide et acritique part d'une remarque de Fernando Colón contenue dans le chapitre I des *Historie.* Le fils de l'Amiral y compare son père à rien moins que les apôtres du Christ, indiquant que Dieu voulut qu'il les imitât, raison pour laquelle Colomb comme ses ancêtres furent choisis « sur les rivages des mers et des rivières et non dans les hauteurs et les palais[100] ». Cette expression, qui sert une évidente entreprise hagiographique, fait référence, d'une part, à l'origine obscure et parfois modeste des disciples du Christ et, d'autre part, à leur inscription géographique à proximité du Jourdain, du lac de Tibériade, de la mer Méditerranée, etc. Christophe Colomb, ainsi présenté, serait donc issu d'une localité littorale et/ou proche d'un cours d'eau au sein de la « nation génoise[101] ». Oubliant que le texte n'est peut-être qu'une simple métaphore et n'indique pas forcément un lieu réunissant à la fois une mer et une rivière, l'affaire est claire comme de l'eau de roche

94 C. Giafferi et R. Le Gentil, *op. cit.*, p. 227-228 ; P. Balsac, *op. cit.*, p. 25 ; R. Mattei, *op. cit.*, p. 102-103 ; J. Chiari, *Christophe Colomb, corse*, *op. cit.*, p. 49 ; R. Massoni, *op. cit.*, p. 77-78.

95 J.-M. Arrighi, *op. cit.*, p. 37, 45, 51 ; M.-J. Dalbera-Stefanaggi, *La langue corse*, Paris, PUF, 2002, p. 4, 11.

96 A.-É. Paoli Cesarini, *Christophe Colomb identifié corse*, *op. cit.*, p. 99.

97 M.-J. Dalbera-Stefanaggi, *op. cit.*, p. 50.

98 A.-É. Paoli Cesarini, *Christophe Colomb identifié corse*, *op. cit.*, p. 99.

99 J. Chiari, *Corsica : Columbus's Isle*, *op. cit.*, p. 76.

100 « [...] da mari, & da riuiere, egli elesse, & non già da altezze, & da palagi ». F. Colombo, *Historie del S. D. Fernando Colombo...*, *op. cit.*, chap. I, p. 2.

101 « [...] natione Genovese ». *Ibid.*, chap. V, p. 11.

pour Martin Casanova : il ne peut s'agir que de Calvi[102] ! Il est vrai que la République de Gênes manque cruellement d'autres zones aquatiques… Il faut attendre l'année suivante dans une note non signée[103] et, surtout, la seconde édition de la brochure *La vérité sur l'origine et la patrie de Christophe Colomb à Calvi*, neuf ans plus tard, pour que cette affirmation gratuite s'accompagne d'une tentative de démonstration[104]. L'abbé de Pioggiola y explique que :

> Calvi est bâtie sur un rocher baigné de trois côtés par la mer. La saillie de ce monticule, espèce de promontoire, forme autour de la ville deux golfes ou baies de grandeurs inégales.
>
> Les grands marais de Calvi, entre cette ville et l'embouchure de la Figarella, s'étendaient sur une superficie de 23 hectares et étaient alimentées par les grosses rivières de la Frontania, de Bambino, de Figarella, d'Alzo-di-Prato et de Calvi, qui est la principale et qui prend ses sources sur le Grosso.
>
> Le mont Grosso a une hauteur de 1 861 mètres, et se présente aujourd'hui à Calvi, comme un squelette sans vie.
>
> Il est certain que les crêtes et les montagnes qui s'étendent du Grosso, en forme d'amphithéâtre, autour des belles vallées du canton de Calenzana, et qui sont dans un état de dénudation, offraient autrefois une végétation abondante pour retenir une quantité énorme d'eau, et pour établir un régime assez régulier d'écoulement, de manière à empêcher les inondations qui ont, plus de dix fois, emporté dans ces cinquante dernières années, les ponts qu'on trouve sur les rivières de Calvi[105].

La lucidité de Laurent-Marie Casabianca, qui ne voit pas dans les propos de Fernando Colón « des caractères qui soient propres à Calvi ; toutes les localités du littoral de la Corse ou de l'Italie ont le droit d'en dire autant[106] », ne va guère peser face à l'envie de certains de faire flèche de tout bois, même du plus tendre et cassant[107].

---

102 M. Casanova, *La vérité sur l'origine et la patrie de Christophe Colomb à Calvi*, *op. cit.*, p. 90.

103 « Note importante », *L'Aigle. Journal de l'appel au peuple*, 11 juin 1881 (suppl.), s. p. – La comparaison entre le contenu de cet article et celui de la seconde édition de la brochure de Martin Casanova permet de supposer que nous sommes en présence du même auteur.

104 Entre-temps, Jean Peretti a repris l'idée sans apporter aucun élément supplémentaire. J. Peretti, *op. cit.*, p. 38.

105 M. Casanova, *La vérité sur l'origine et la patrie de Christophe Colomb avec un précis de sa vie*, *op. cit.*, p. 89.

106 L.-M. Casabianca, *Le berceau de Christophe Colomb et la Corse*, *op. cit.*, p. 21.

107 À ce propos, lire : T. Grimm, *op. cit.*, p. 1 ; C. Lignières, *op. cit.*, p. 215 ; R. Mattei, *op. cit.*, p. 94 ; J.-J. Bossa, *op. cit.*, p. 91-93.

L'identité d'un des témoins présents lors de l'écriture du testament de Colomb en mai 1506 offre une nouvelle illustration des procédés employés par certains partisans de la thèse calvaise. Il s'agit de Bartolomé de Fiesco[108], l'un des capitaines des navires du quatrième voyage aux Indes. Avec un certain Diego Méndez de Segura, il est connu pour avoir aidé l'Amiral, au péril de sa vie, en accomplissant une traversée en canoë entre la Jamaïque et Hispaniola afin de chercher de l'aide et du ravitaillement[109]. Dans une lettre écrite au gouverneur Nicolás de Ovando en mars 1504, Christophe Colomb le présente comme « l'une des personnes les plus importantes de son pays [avec qui] il a tant de parenté ["*tanto deudo*"][110] ». Qui était donc ce Bartolomé de Fiesco, parfois orthographié Flisco ou Fresco dans les sources castillanes ? Appartenait-il à la célèbre famille Fieschi de Gênes ? Les propos du navigateur semblent le suggérer. En revanche, comment expliquer la « parenté » entre les deux hommes ? Une première hypothèse fait peser sur Colomb le soupçon du mensonge : il aurait pu désirer rehausser ses origines. Un autre point de vue serait de considérer le terme espagnol *deudo* comme signifiant non pas un lien de consanguinité mais d'alliance ou de partage de caractères et de traits communs. Dans ce cas-là, de nombreuses possibilités restent ouvertes. Pour prendre l'exemple corse, François Battestini a recensé, à partir des actes notariés, la présence de plusieurs Fiesco d'origine génoise à Calvi de la fin du XIVe au XVIIe siècle[111]. Christophe Colomb et Bartolomé de Fiesco auraient-ils pu provenir tous deux de la cité balanine ? L'idée est séduisante mais les preuves font cruellement défaut pour l'affirmer, ce qui n'empêche pas le notaire calvais d'opérer, comme très souvent sous sa plume, des raccourcis acrobatiques : « Barthélémy Fieschi est certainement parti de Calvi » et « [s]on dévouement à Christophe Colomb nous permet de

108 *Cristóbal Colón: Los cuatro viajes. Testamento*, ed. C. Varela, Madrid, El Libro de Bolsillo, Alianza Editorial, 1992, p. 302.

109 Sur cet épisode, se reporter à F. Colombo, *Historie del S. D. Fernando Colombo…*, *op. cit.*, chap. CI-CV, p. 229-241.

110 « […] Flisco, que sabed que es de los principales de su tierra, y por tener tanto deudo conmigo ». « Fragmentos de una carta que escribió D. Cristóbal Colón y envió con Diego de Escobar al comendador Nicolás de Ovando desde la Jamaica », *Relaciones y cartas*, *op. cit.*, p. 385.

111 F. Battestini, « Rendons à César », *op. cit.*, p. 82 ; F. Battestini, « Les Génois à Calvi et Christophe Colomb », *Le Petit Bastiais*, 58e année, dimanche 2 avril 1933, p. 3 ; F. Battestini, « Les Génois à Calvi et Christophe Colomb », *La Corse touristique*, n° XI, 1934, p. 17-18.

supposer qu'ils étaient amis d'enfance[112] ». Six décennies plus tard, René Massoni ne s'embarrasse plus de la moindre tentative de démonstration et surnomme Fiesco « le Corse », laissant croire à son lecteur que tel était son surnom au tournant des XIVe et XVe siècles[113]…

Parmi les arguments imprécis et, en conséquence, peu solides du point de vue scientifique, se trouve également l'inscription « Maudit soit le Corse qui m'a amené ici ! », qui aurait été écrite en espagnol sur une pierre d'Hispaniola durant les premiers temps de la « découverte[114] ». C'est Martin Casanova qui est à l'origine de cette information reposant, dit-il, sur les propos qu'aurait tenus le prince Pierre-Napoléon Bonaparte dans une de ses œuvres. L'abbé de Pioggiola ne cite pas la source exacte, que nous n'avons pu retrouver si tant est qu'elle existe, mais après s'être demandé qui est le Corse susmentionné, il en conclut aussitôt : « On n'avait pas besoin de le nommer, car ce n'était pas un homme ordinaire. C'était le Corse par excellence, le Corse révélateur du Nouveau-Monde[115] ». Casanova poursuit en précisant que l'auteur du graffiti devait être un des compagnons de Christophe Colomb qui, en 1493, furent tués par le cacique Coanabo[116]. Tout cela relève de la pure spéculation et, à quelques exceptions, son histoire n'a pas fait florès[117]. En revanche, plus près de nous, en 1980, le chanoine Jean Flori lui accorde quelque valeur allant même jusqu'à dire, pour ajouter plus de véracité au récit, que la phrase avait été écrite en corse… : « *Gua' a quellu corsu che cia sventuratu qui*[118] ». Si l'inscription existe réellement (ce qui est loin d'être prouvé), ne pourrait-elle pas remonter plutôt à l'expédition napoléonienne de Saint-Domingue (1801-1803), durant laquelle moururent plus de vingt-mille hommes en raison des combats, du climat,

112 F. Battestini, « Les Génois à Calvi et Christophe Colomb », *Le Petit Bastiais*, dimanche 2 avril 1933, *op. cit.*, p. 3 ; F. Battestini, « Les Génois à Calvi et Christophe Colomb », *La Corse touristique*, *op. cit.*, p. 19.

113 R. Massoni, *op. cit.*, p. 58, 141.

114 M. Casanova, *La vérité sur l'origine et la patrie de Christophe Colomb à Calvi*, *op. cit.*, p. 135.

115 *Ibid.*

116 *Ibid.*, p. 135-136.

117 T. Grimm, *op. cit.*, p. 1 ; « Un chanoine marseillais affirme que Christophe Colomb aurait été corse », *Paris-Midi*, 20e année (nouvelle série), n° 1376, lundi 17 février 1930, p. 3 ; A. Ambrosi-R., « À propos de Colomb », *La Revue de la Corse historique, littéraire, documentaire et bibliographique*, XIe année, n° 65, septembre-octobre 1930, p. 227.

118 J.-B. Suzzoni, « L'évocation par le chanoine Flori du "Grand amiral des océans" », *Corse-matin*, n° 11846, lundi 7 juillet 1980, p. H.

de la fièvre jaune ? Telle est l'hypothèse plus convaincante que propose, dès 1886, Léon de Loccico. L'auteur penche pour l'œuvre d'un officier « miné par la fièvre jaune, exaspéré par les souffrances, tourmenté en outre par l'idée de la patrie de la famille absente et qu'il ne devait plus revoir » souhaitant ainsi exprimer son désespoir et sa haine contre le Premier Consul Bonaparte[119].

Enfin, dans l'un de ses ouvrages, A.-Édouine Paoli Cesarini écrit laconiquement : « [...] le seul pape que Christophe Colomb a honoré est le Pontife Formoso d'origine corse de Vivario[120] ». Joseph Chiari[121] et René Massoni[122] reprennent la même information sans donner plus de détails. Deux points interpellent dans les propos ramassés de la chercheuse corse : sur quoi s'appuie-t-elle pour affirmer que le navigateur a rendu hommage à ce pape et était-il originaire de l'île de beauté ? Après de longues recherches dans plusieurs sources colombines, nous n'avons trouvé aucune référence à Formose. En revanche, Bartolomé de Las Casas signale que, le vendredi 19 octobre 1492, Colomb et ses hommes « virent une île du côté de l'est, vers laquelle ils se dirigèrent, et apparut un cap courbe et avec beaucoup de fond, auquel l'Amiral donna le nom de cap Hermoso ["beau" en espagnol][123] ». Étant donné que les transcriptions entre le « f » et le « h » à l'initiale d'un mot, de même que la substitution du « o » et du « e », étaient encore courantes aux XVe et XVIe siècles, il est possible que Paoli Cesarini ait consulté une édition avec une autre graphie et prit l'adjectif « beau » (*hermoso* ou *fermoso*) pour une allusion au pape Formose. Nous ne pouvons imaginer que cette hispaniste ait souhaité sciemment que son lectorat prenne des vessies pour des lanternes... Quoi qu'il en soit, si l'Amiral de la mer Océane avait réellement baptisé un lieu américain du nom de Formose, ce serait très intéressant. En effet, bien qu'aucune source ne le confirme, plusieurs auteurs corses ont défendu que ce pape, qui dirigea le Saint-Siège de 891 à 896, était originaire d'un hameau de Vivario dans le centre de

119 L. de Loccico, « Le centenaire de Christophe Colomb », *Journal de la Corse*, 9e année, n° 455, mardi 25 mai 1886, p. 2.

120 A.-É. Paoli Cesarini, *Christophe Colomb identifié corse*, *op. cit.*, p. 262.

121 J. Chiari, *Corsica : Columbus's Isle*, *op. cit.*, p. 79.

122 R. Massoni, *op. cit.*, p. 150.

123 « [...] vieron una isla á la parte del leste, sobre la cual fueron, y pareció un cabo della redondo y hondo, al cual puso el Almirante nombre cabo Hermoso ». B. de Las Casas, *op. cit.*, t. I, chap. XLIII, p. 312 [*Histoire des Indes 1*, *op. cit.*].

la Corse[124]. Que Colomb ait pu donner le nom d'un pape (et d'un seul) dont le cadavre fut exhumé, revêtu de ses vêtements pontificaux et assis sur son trône pour assister à un jugement *post-mortem* où un concile le déclara finalement indigne de la charge qu'il avait occupée auparavant constituerait, en effet, une belle preuve des liens de cœur unissant les deux hommes. Mais il n'en est rien.

DES DATATIONS HASARDEUSES

Dans le prolongement du manque de scientificité maintes fois observé, certains zélateurs de l'hypothèse calvaise, souhaitant donner plus de poids à leurs démonstrations, n'hésitent pas à avancer des dates ne reposant bien souvent que sur des impressions purement subjectives. Ainsi, au début de l'année 1886, *Le Conservateur de la Corse* annonce qu'un certain abbé Giorgi a découvert à Monticello, près de l'Île-Rousse, un document singulier. Parmi les papiers de Simone Morazzani, ancien colonel au service du grand-duc de Toscane au milieu du XVIIe siècle, l'ecclésiastique a repéré une élégie latine, intitulée *Christophorus Columbus ad Corsicam*, « Christophe Colomb à la Corse ». Le journal la reproduit dans son intégralité :

Corsica non solum, sed cor et sica vocaris,
Cum te membratim, Corsica, considero.
Corsica, tota es cor, talis tua quippe figura :
Non sicæ effigies ; sica quid ergo sonas ?
Corsica, cui Sacrum, cuspis ceu sæva, fatigat
Viscera, utrumque sonas, significasque simul.
Corsica, sanguineis semper agitata tyrannis,
Hospitio celebris ; sed retributa malis !
Corsica, deliciæ quondam, nunc causa ruinæ
Unica tu nostræ ; sed mihi cara magis,
Quod mihi sis genitrix, culter mihi dira noverca
Genua, prima mei fons et origo mali.
O littus Cesiæ, Calvi, mea sola voluptas,
Nunc quia torquemur, mœsta recordatio !

---

124 P. Rocca, *op. cit.*, p. 130-131 ; P. Pergola, « Formose », *Dictionnaire historique de la Corse*, éd. A.-L. Serpentini, Ajaccio, Albiana, 2006, p. 390 ; A. Venturini, *op. cit.*, p. 121.

Primipilus potui, (præcox mihi namque voluntas,
Promptus et arridens ad mea vota pater),
Prædia, textrinam, vineas (suadente Fregoso)
Vendere, et ad Ligures, omnia transvehere !
Ignoscat genius patriæ, sed talia feci
Ut melius nobis, Corsica, consulerem !
Illuc perventi, studiis imponere finem
Quivimus ingenium, nec mora longa fuit.
Cosmographos adii qui numquam flectere ab usu
Passi, rejiciunt thema novumque sophum ;
Proposui me velle novum detegere mundum ;
Sed tibi – grande netas ! – Corsica natus eram ?
Disserui coram patribus ; sed undique murmur
Surgit et : « A Cyrno forte propheta venit ? »
Discessi spretus non examinatus ab urbe ;
A fratre accitus Ulissipona peto ;
Osculor hic juvenem per quem nunc itur ad Indos
Ad quos ire prius, nemo peritus erat.
Hic mihi proposuit secum conscendere navim,
Fidens Tormenti vincere posse caput.
Respondi : « Majora volo, majora parantur ;
Carmina me Senecæ vaticinantis habent. »
Nam circumfuso si pendent in ære tellus,
Undique terra novis fratribus accolitur.
Et recitans versus, quibus hæc oracula constant,
Compleri an possint sciscitor ingenue.
Arrisit, Vascus, et me complexus amice,
Christophore, ad ortum indica regna peto,
Dixit : « Et ego quidem ; sed per contraria tendens,
Littus ad eoum pergere posse reor.
Sic quo sol oritur tribuat qui cuncta gubernat
Has iterum fidas jungere posse manus. »
Postea, Matritum – Vasco comitatus – adivi,
Rex ubi Fernandus imperat Hesperiæ.
Is qui jam noverat casus, nostrosque labores,
Quæque velim noscens... Ista, Columbe, tibi
Dono lubens dixit, confirmavitque sigillo
Regali, adjungens : sic volo, sic jubeo !
Conscendi navem : gaditanaque freta relinquens,
Post triginta dies ora saluto nova.
Promissam tenui ; sed quid mihi profuit alti
Provocavisse maris horrida monstra, minas ?
Quid relegisse novum priscis mortalibus orbem ?
Lumina terrigenis quid reserasse novis ?

Ad quid ego prorex sum Barcinone creatus ?
Ad quid amiralius magnus et Hesperiae ?
Ad quid divitias inter, interque ministros
Vivere, si vitam, compede vinctus, ago ?
Unica restabat fiducia natus ; at iste
Consilio patrum præsbyter efficitur,
Impia que sancte damnet documenta parentis,
Scribat quæ non vult, veraque rejiciat.
Alter Iapetides vitam dare gentibus ausus,
Pasco renascenti nunc aquilam jecore :
Corsica, cor, sicam nostris oppone tyrannis :
Hanc mihi vindictam, si dabis, ultus ero[125] *!*

Conscient des difficultés de compréhension de ce texte poétique, Ange-Pierre Fioravanti fait publier une traduction française dans la même livraison[126], corrigeant la semaine suivante une légère erreur de transcription et de translation[127]. *Le Petit Bastiais* lui emboîte le pas un mois plus tard[128]. Depuis et jusqu'à nos jours, de nombreux chercheurs ont repris intégralement ou par des extraits cette complainte et sa traduction initiale : Jean Peretti[129], Jean-Marie Muselli[130], Víctor Balaguer[131], Henri Schoen[132], Pierre Capifali[133], A.-Édouine Paoli Cesarini[134], René Mattei[135], Lucien Saladini[136] et Jean-Jacques Bossa[137], entre autres. Voici donc cette traduction :

« Ô Corse, "Corsica" n'est pas ton seul nom,
car en scandant ce mot, j'y trouve aussi *cor* et *sica*, cœur et poignard.

---

125 « La patrie de Christophe Colomb », *Le Conservateur de la Corse*, jeudi 18 février 1886, *op. cit.*, p. 1-2.
126 *Ibid.*, p. 2.
127 « Une correction à faire », *Le Conservateur de la Corse*, 5e année, n° 224, jeudi 25 février 1886, p. 2.
128 C., « Christophe Colomb », *Le Petit Bastiais*, 11e année, n° 1743, vendredi 5 mars 1886, p. 1-2.
129 J. Peretti, *op. cit.*, p. 305-110.
130 J.-M. Muselli, *op. cit.*, p. 21-22.
131 V. Balaguer, *op. cit.*, p. 173-176.
132 H. Schoen, *op. cit.*, p. 273.
133 P. Capifali, *op. cit.*, p. 246.
134 A.-É. Paoli Cesarini, *Christophe Colomb identifié corse*, *op. cit.*, p. 186.
135 R. Mattei, *op. cit.*, p. 90.
136 L. Saladini, « Les origines de Christophe Colomb. Informations complémentaires », *op. cit.*, p. 10.
137 J.-J. Bossa, *op. cit.*, p. 72-73.

La conformation de ta masse est celle d'un cœur
et non celle d'un poignard. Pourquoi donc prends-tu aussi ce nom ?
C'est que le promontoire Sacré pénètre dans tes entrailles
comme une pointe acérée, et de là vient ta double dénomination.
Ô Corse toujours vexée par des tyrans sanguinaires,
Ô Corse si mal récompensée de ton hospitalité.
Ô Corse, autrefois mes délices ; aujourd'hui la cause unique
de ma disgrâce, tu ne m'es que plus chère à cause de cela.
C'est parce que tu m'as vu naître que Gênes, ma marâtre,
la source première, l'origine de mes maux, a été pour moi un poignard.
Ô rivage de Cesia, ô Calvi mon unique amour,
combien ton souvenir m'attriste dans mes tourments !
Ma volonté étant précoce et mon père se prêtant à mes désirs,
je pus, en vrai primipilaire, vendre sur le conseil de Fregoso,
mes terres, mon atelier de tisserand, mes vignes
et me transporter dans la Ligurie avec tout mon avoir.
Génie tutélaire de mon pays, pardonne-moi !
Je fis cela, ô ma Corse, pour notre plus grand bien.
Arrivé à Gênes, je pus, avant longtemps, achever mes études libérales.
Je m'adressai alors aux cosmographes, qui, attachés à leur vieille routine,
rejetèrent mon système et moi-même, astronome nouveau.
J'exposai mon dessein d'aller à la découverte d'un monde nouveau ;
mais, ô crime atroce ! j'étais né en Corse.
J'eus beau développer mon plan devant les Pères Conscrits génois.
De tous leurs sièges partit ce murmure : "Eh quoi, donc ! Un prophète pourrait nous arriver de Corse ?"
Rebuté mais non découragé, je quitte Gênes
et je pars pour Lisbonne où m'appelait un frère.
Dans cette capitale, j'y embrasse un jeune homme qui nous a montré la route des Indes,
région où nul pilote ne savait aller auparavant.
Ce jeune homme, persuadé qu'il pourrait doubler le Cap des Tourmentes,
me proposa de m'embarquer avec lui.
Je lui répondis : "Mes projets sont plus grands et plus grande est ma destinée.
C'est moi qu'ont désigné les vers prophétiques de Sénèque".
En effet, si la Terre est suspendue dans l'air qui entoure de toutes parts,
il faut, aussi, que, sur tous ses points, cette terre soit habitée par des frères inconnus jusqu'à ce jour.
Je récite, alors, les vers où sont contenus ces oracles
et je demande nettement si l'accomplissement en est possible.
Vasco me sourit, me donna un baiser d'ami et ajouta : "Cher Christophe, c'est en me dirigeant vers le Levant que je vais à la recherche des Indes".
"Et moi aussi, répondis-je, je vais à la recherche des mêmes contrées mais tout en prenant une direction opposée à la vôtre,

j'espère pouvoir toucher, comme vous, aux rivages d'Orient.
Puisse Celui qui gouverne tout, nous faire la grâce de nous rencontrer dans le pays où se lève le soleil
et de nous serrer, de nouveau, la main".
Alors, en compagnie de Vasco, je partis pour Madrid,
où régnait Ferdinand, roi d'Espagne.
Ce monarque qui connaissait mes vicissitudes, mes travaux et mes désirs,
me dit : "Je vous accorde tout cela, ô Colomb, et bien volontiers.
Ainsi je le veux, ainsi je l'ordonne !"
Le sceau royal rendit authentiques ces promesses.
Je m'embarque ; je laisse derrière moi le détroit de Cadix,
et au bout de trente jours, je salue des rivages nouveaux.
J'avais tenu ma parole, mais à quoi me servit
d'avoir provoqué les monstres effroyables et le courroux de l'Océan ?
À quoi me servit d'avoir découvert un continent inconnu à mes prédécesseurs ?
À quoi me servit d'avoir apporté la lumière à de nouveaux habitants de la terre ?
À quoi me servit d'avoir reçu, à Barcelone, le titre de Vice-Roi,
et celui de Grand Amiral de l'Hespérie ?
À quoi me sert d'avoir autour de moi des trésors et des ministres
si mes pieds doivent rester enchaînés ?
Il me restait un fils, mon unique espérance.
Les Pères Conscrits en firent un prêtre,
avec l'intention de le pousser à condamner comme contraires à l'orthodoxie les documents de son père,
à écrire ce qu'il n'aurait pas voulu et à écarter la vérité.
Nouveau Prométhée, j'ai osé donner la vie à tout un monde,
et, comme au Prométhée ancien, un vautour me dévore les entrailles sans cesse renaissantes.
Ô Corsica, ô Cœur, oppose ton poignard à nos tyrans,
et je serai vengé ! »

Afin de repérer d'éventuelles erreurs, nous avons pris soin de faire établir une nouvelle traduction par un service professionnel[138]. Cela

138 Il s'agit du service de traduction professionnelle translated.com. Chef de projet : Arianna d'Andrea. Voici la traduction proposée en 2021 : « Quand je te contemple, Corse, dans chacune de tes essences, / nous ne t'appelons pas seulement / "Corse", mais aussi "cor" [cœur] et "sica" [poignard]. / Corse, tu es le cœur absolu, car telle est ta forme : / tu n'as pas l'effigie d'un poignard, alors pourquoi évoques-tu également ce nom ? / Corse, à laquelle le Sacré, tel un atroce poignard, / dévaste le cœur, tu évoques les deux et signifies l'un et l'autre. / Corse, toujours affligée par de sanglants tyrans, / pour une hospitalité célèbre, mais remboursée par des maux ! / Corse, jadis un délice, maintenant la seule cause / de notre ruine : pourtant tu m'es plus chère, / car tu es ma mère, et Gênes est mon couteau, ma méchante / belle-mère, la première source et l'origine de mon mal. / Oh rive de Cesia,

étant, les deux versions sont, dans l'ensemble, assez similaires. Le sens général est le même dans les textes de 1886 et de 2021, bien que, comme c'est souvent le cas avec la langue latine, quelques points de détails diffèrent en raison de la connaissance plus ou moins fine du contexte historique. Si la traduction initiale demeure donc tout à fait satisfaisante, sa datation l'est beaucoup moins. Dès sa publication, Ange-Pierre Fioravanti estime, avec plus de passion que de preuves,

---

Calvi, mon seul plaisir, / puisque maintenant nous nous tourmentons, triste est le souvenir ! / Primus Pilus, je pouvais, (ta volonté était précoce, / prête et si bienveillante à mes souhaits en tant que père) / vendre les fermes, le magasin, les vignes (Fregoso persuadé) / et tout transmettre aux Ligures ! / Pardonne-moi, génie protecteur de la patrie, / mais je l'ai fait pour mieux nous aider, Corse ! / Une fois sur place, nous avons pu appliquer / notre subtilité à nos études, et cela n'a pas tardé. / J'ai approché des géographes qui n'ont jamais toléré l'écart à la tradition, / dédaignant la thèse et la nouvelle sagesse. / J'ai dit que je voulais découvrir un monde nouveau ; / mais – ô grand crime ! – n'étais-je pas ton fils, Corse ? / J'ai exposé mes théories devant d'illustres personnages, / mais partout une rumeur d'indignation s'est fait entendre : "Un prophète peut-il venir de Corse ?" / Je me suis retiré avec mépris, sans être interrogé par la ville. / Invité par un frère, je suis parti pour Lisbonne. / Ici, j'aime beaucoup le jeune homme, grâce à qui nous allons maintenant aux Indes, / où auparavant personne ne savait comment aller. / Il m'a proposé d'embarquer avec lui, / confiant de pouvoir surmonter la raison de mon tourment. / J'ai répondu : "J'aspire à de plus grandes choses, de plus grandes choses sont en préparation. / Je suis convaincu par les prédictions de la prophétie de Sénèque. / Car si la terre est suspendue dans l'air qui l'entoure, / Partout elle est habitée par de nouveaux frères. / Et récitant les versets qui composent ces révélations, / je me demande en tant qu'homme libre s'il n'est pas possible de faire le tour de la Terre." / Vasco me sourit et me serra dans ses bras : "Mon ami Christophe, je veux atteindre les royaumes indiens en voyageant vers l'est !" / Je dis : "Moi aussi mais, en prenant la direction opposée, / je pense que je peux aussi atteindre leurs côtes. / Ainsi, au point qui destine le soleil à naître, Celui qui gouverne tout espère que ces mains puissent à nouveau se toucher." / Puis je suis arrivé à Madrid, accompagné de Vasco, / là où commande le roi Fernando d'Aragon. / Lui qui connaissait déjà nos malheurs et nos efforts, / sachant bien ce dont j'avais besoin… Il a dit : "Ô Colomb, / je te l'accorde volontiers !" et l'a confirmé d'un sceau royal, / ajoutant : "Je veux, donc je commande !" / J'ai embarqué : et laissant derrière moi les vagues de Cadix, / Au bout de trente jours, je salue de nouvelles côtes. / J'ai tenu ma promesse, mais à quoi cela m'a-t-il servi / de provoquer les horribles monstres des profondeurs et les menaces ? / À quoi cela m'a-t-il servi d'avoir donné dans mon testament un monde nouveau à la vieille humanité ? / À quoi bon avoir semé la lumière parmi les nouveaux enfants de la terre ? / Pourquoi ai-je été nommé Vice-Roi à Barcelone ? / Pourquoi ai-je également été nommé Grand Amiral d'Espagne ? / Pourquoi vivre parmi les richesses, parmi les ministres / si je mène une vie les pieds enchaînés au sol ? / Mon fils est resté mon seul espoir, / mais celui-ci est nommé prêtre par un conseil d'anciens, / afin qu'il puisse condamner le témoignage impie de son père, / écrire ce qu'il ne veut pas et rejeter la vérité. / Un autre Japhétide qui a osé donner vie au peuple, / maintenant je nourris un aigle avec un foie qui se récrée encore et toujours : / Corse, le cœur, le poignard tu opposes à nos tyrans : / Si tu me donnes cette vengeance, je serai vengé ! ».

que le poème fut écrit par l'Amiral de la mer Océane : « Le ton de cette élégie est si franc, si vif, si naïf, si convaincu, qu'elle semble, à ces caractères, ne pouvoir provenir que de Colomb en personne[139] ». Par ailleurs, ajoute-il, le navigateur connaissait la versification latine et tous les détails narrés sont, selon lui, « conformes à l'histoire[140] ». De son côté, Jean Peretti, se fondant sur le fait que, dans cette poésie, « on parle du Roi Ferdinand au présent[141] » et que Fernando Colón, né en 1488, n'était pas encore prêtre au moment du décès de son père, suggère que l'année de composition se situe entre la mort de Christophe Colomb en 1506 et celle du roi d'Aragon, Ferdinand II, dix ans plus tard[142]. L'année suivante, sans donner plus de détail, Martin Casanova avance que l'élégie « a été écrite avant la mort de don Fernand[143] », le second fils de l'Amiral, c'est-à-dire avant 1539. Si, d'après lui, le navigateur « n'est pas l'auteur de cette poésie, elle a été composée par quelqu'un de son entourage, par quelqu'un qui avait une connaissance exacte de la vie de l'illustre prisonnier[144] ». Fernando Colón lui-même ? C'est la supposition que fait René Mattei en 1976[145]. En l'espace de trois années seulement, la datation a reculé de près de quatre décennies, mais un autre élément signale indubitablement que la composition du texte ne peut pas être antérieure à 1561 : Madrid en tant que cœur du pouvoir (« je partis pour Madrid, où régnait Ferdinand, roi d'Espagne » ou « je suis arrivé à Madrid [...] là où commande le roi Fernando d'Aragon »). Jusqu'à cette date, cette petite bourgade n'était pas la capitale du pays. La cour a longtemps été itinérante et ne s'y est fixée que sous l'impulsion de Philippe II, lequel commence à régner en 1556[146].

L'élégie est-elle même du XVIe siècle ? Dès sa découverte, une copie du document fut envoyée à l'Académie des Inscriptions et Belles-Lettres. Après examen par le médiéviste Gaston Paris, l'Institut estima, lors de la

139 A.-P. Fioravanti, « La patrie de Christophe Colomb », *Le Conservateur de la Corse*, 5e année, n° 226, jeudi 11 mars 1886, p. 2.

140 *Ibid.*

141 J. Peretti, *op. cit.*, p. 311.

142 *Ibid.*, p. 312. – Henri Schoen reprend les mêmes arguments. Se reporter à H. Schoen, *op. cit.*, p. 273-274.

143 M. Casanova, *La vérité sur l'origine et la patrie de Christophe Colomb avec un précis de sa vie*, *op. cit.*, p. 76.

144 *Ibid.*

145 R. Mattei, *op. cit.*, p. 90.

146 V. Balaguer, *op. cit.*, p. 176 ; E. Bayerri y Bertomeu, *op. cit.*, p. 622.

séance du 5 février 1886, que cette composition devait être reçue « avec beaucoup de défiance[147] », qu'il s'agissait d'« une pièce fabriquée[148] ». Le journal *Le Soleil* ayant rapporté de façon totalement erronée les conclusions de la société savante[149], Jean Peretti se félicita, tout d'abord, que l'éminent philologue eut reconnu que la pièce de vers datait effectivement du XVIe siècle[150], avant de revenir sur ses propos, à la suite des invectives d'Henry Harrisse[151] et de Laurent-Marie Casabianca[152]. Si l'erreur n'est pas imputable à l'abbé, il est incompréhensible, en revanche, qu'elle se soit perpétuée jusqu'au cinquième centenaire de la « découverte » sous la plume de René Massoni et de Jean-Jacques Bossa[153].

En l'état de nos connaissances, nous sommes contraints d'émettre des conjectures. Une première hypothèse renvoie à une écriture au XVIIe siècle dans la mesure où la complainte fut retrouvée parmi les papiers de Simone Morazzani, né en 1607 et décédé en 1669. En 1731, son parent et héritier, le général Simone Fabiani, aurait composé un texte sur la Corse et la Balagne, dont la septième strophe rend hommage à Christophe Colomb :

> Ô terre fortunée
> de notre Balagne,
> couronnée de monts et baignée par la mer,
> combien de souvenirs recèle
> ton doux ventre ? De toi est parti
> l'intrépide timonier qui a ouvert un monde[154].

---

147 « Informations diverses », *Comptes rendus des séances de l'Académie des Inscriptions et Belles-Lettres*, 30e année, n° 1, 1886, p. 15.

148 « Bulletin mensuel de l'académie des inscriptions », *Revue archéologique*, 3e série, t. VII, janvier-juin 1886, p. 290.

149 « Académie des Inscriptions & Belles-Lettres », *Le Soleil*, 14e année, n° 37, samedi 6 février 1886, p. 2.

150 J. Peretti, *op. cit.*, p. 312

151 H. Harrisse, *Christophe Colomb, la France et les Corses*, *op. cit.*, p. 8-9.

152 L.-M. Casabianca, *Le berceau de Christophe Colomb devant l'Institut de France et l'opinion publique*, *op. cit.*, p. 26.

153 R. Massoni, *op. cit.*, p. 38 ; J.-J. Bossa, *op. cit.*, p. 73. – Lire également H. Schoen, *op. cit.*, p. 274 ; R. Mattei, *op. cit.*, p. 90.

154 « O fortunata terra / Della nostra Balagna, / Di monti coronata e che il mar bagna, / Quante memorie serra, / Il tuo grembo gentil ? Da te partia / L'intrepido nocchier che un mondo apria ». « La patrie de Christophe Colomb », *Le Conservateur de la Corse*, jeudi 18 février 1886, *op. cit.*, p. 2. – Voir aussi J. Peretti, *op. cit.*, p. 316. Nous n'en avons trouvé aucune trace et nous devons donc nous contenter des informations relayées par *Le Conservateur de la Corse* et Jean Peretti.

Aurait-il eu connaissance de la pièce latine à l'heure d'écrire son propre poème ? Aurait-il pu en être le véritable auteur, ce qui reculerait de plusieurs décennies la date de son élaboration ? Sans les circonstances précises de la découverte de l'élégie de Monticello, ni l'actuelle localisation du document, il est difficile de répondre à ces interrogations. Signalons que Jean-Augustin Franceschi croit déceler dans le texte des détails suggérant une possible lecture de Filippo Casoni[155]. Si c'est le cas, ce qui est loin d'être évident car Franceschi ne donne aucune autre précision, le poème n'aurait pas pu être rédigé avant 1708, date à laquelle l'historien italien publie la première partie de ses *Annali della Repubblica di Genova del secolo decimo sesto.* Une dernière possibilité, dans l'hypothèse où l'auteur de l'élégie serait un lecteur de Casoni, renverrait au XIXe siècle. En effet, l'édition complète de son ouvrage date de 1799.

Que nous apporte finalement cette longue complainte poétique ? Elle fait partie de ces compositions qui appuient l'existence d'une tradition orale faisant de Calvi le berceau de Christophe Colomb. Mais de quand date exactement cette croyance ? Pour l'instant, les témoignages de ce genre les plus anciens remontent au XVIIIe siècle, peut-être un siècle plus tôt si l'élégie de Monticello était en possession de Simone Morazzani de son vivant.

Un autre exemple de datation hasardeuse provient de Jean Peretti. L'abbé signale la présence, dans l'église Saint-Jean-Baptiste de Calvi, d'un tableau « qui ne saurait être postérieur au XVe siècle », de style byzantin, représentant l'Immaculée Conception à la manière de Notre-Dame de la Guadeloupe, « dont le culte est si grand en Espagne », ajoute-t-il[156]. Pour l'ecclésiastique, il ne s'agit pas d'une peinture autochtone mais étrangère, dont l'introduction à Calvi pourrait résulter de l'occupation catalane ou bien d'un envoi à l'église calvaise par Christophe Colomb lui-même ou par les religieux du monastère royal de Santa María de Guadalupe, dans la province espagnole de Cáceres (Estrémadure)[157]. Dans l'Oratoire Saint-Antoine, un tableau semble correspondre à la description succincte de Jean Peretti. En effet, une peinture sur parchemin, d'une hauteur de 78 cm pour 66 de large, très lumineuse en

155 J.-A. Franceschi, *Réponse de l'abbé Franceschi à la brochure* Le berceau de Christophe Colomb *par l'abbé Casabianca*, *op. cit.*, p. 15.

156 J. Peretti, *op. cit.*, p. 345-346.

157 *Ibid.*

raison du choix des couleurs (ocre, blanc, bleu), met en avant la figure centrale de l'Immaculée Conception. Cela étant, les hypothèses de l'abbé ne sont guère valables. Ce tableau, qui se trouvait jadis dans la chapelle calvaise de Notre-Dame de la Serra avant son transfert dans l'Oratoire, ne correspond pas aux représentations estrémaduriennes de la Vierge de Guadeloupe, mais mexicaines. Le halo doré enserrant la mère de Jésus ne laisse aucun doute à ce sujet. L'œuvre est donc postérieure à 1531, date à laquelle la Vierge Marie serait apparue, selon la tradition mexicaine, à l'Indien Juan Diego. Le site du ministère français de la Culture, sur lequel est référencé le tableau, le date d'ailleurs du XVIe siècle[158]. Il n'y a donc pas d'apport catalan, ni de Christophe Colomb en personne car l'Amiral de la mer Océane est décédé en 1506. De même, pourquoi les moines du monastère de la province de Cáceres, en hommage duquel fut baptisé l'île de Guadeloupe[159], auraient envoyé un tableau de leur vierge, non pas avec les caractéristiques esthétiques espagnoles mais mexicaines ? Plutôt que d'y voir un argument en faveur de l'origine calvaise de Christophe Colomb, cette œuvre témoigne davantage des liens postérieurs (dans la seconde partie du XVIe siècle) entre les Calvais et l'Amérique.

En 1880, Martin Casanova signale de même la présence sur un des murs de l'église Sainte-Marie de Calvi d'une peinture de Saint-Christophe porteur du Christ qui lui rappelle celle que Juan de la Cosa, compagnon de Colomb lors de ses trois premiers voyages, a placé sur sa célèbre carte, premier planisphère connu [1500] mentionnant les territoires américains récemment découverts[160]. Si l'abbé est très laconique, il entend suggérer,

158 Toutes les informations concernant ce tableau proviennent de « POP : la plateforme ouverte du patrimoine » du ministère français de la Culture. Se reporter à https://www.pop.culture.gouv.fr.

159 « [...] che chiamò S. Maria di Guadalupe per diuotione, & preghi de' Frati della casa di quella vocatione, a' quali haueua promesso di mettere ad alcuna Isola il nome del suo Monasterio » [« qu'il baptisa Sainte-Marie-de-Guadeloupe, pour tenir la promesse qu'il avait faite à des moines d'Espagne, qui lui avaient demandé de donner le nom de leur monastère à l'une des îles qu'il découvrirait »]. F. Colombo, *Historie del S. D. Fernando Colombo...*, *op. cit.*, p. 98 [F. Colomb, *op. cit.*, p. 120].

160 M. Casanova, *La vérité sur l'origine et la patrie de Christophe Colomb à Calvi*, *op. cit.*, p. 43. – En 1886, Pierre Giffard reprend mot pour mot les propos de l'abbé dans diverses publications : P. Giffard, « La patrie de Christophe Colomb », *Le Figaro*, 32e année, 3e série, n° 27, mercredi 27 janvier 1886, p. 2 ; P. Giffard, « La patrie de Christophe Colomb », *Bulletin de la Société royale de géographie d'Anvers*, *op. cit.*, p. 191. – Sur l'histoire de la découverte du parchemin de Juan de la Cosa en 1832 à Paris, se reporter à N. Broc, « Autour des

une nouvelle fois, une relation étroite et ancienne entre l'Amiral de la mer Océane et Calvi. Néanmoins, non seulement les représentations de Saint-Christophe sont légion dans de multiples contextes, mais rien n'indique un lien spécifique entre l'Amérique et cette jolie église rose et beige dont Casanova omet de préciser, par ailleurs, que la construction a commencé en 1774 pour s'achever au XIXe siècle.

---

grandes découvertes : un siècle et demi d'énigmes et de controverses », *Revue historique*, 105e année, t. CCLXVI, n° 539, 1981, p. 153.

CONCLUSION

Ériger pour prouver

UNE PLAQUE COMMÉMORATIVE

Malgré des allégations gratuites et leur manque de scientificité, les premières études et la brochure de Martin Casanova trouvent un large écho auprès des autorités insulaires et d'une grande partie de la population qui s'enorgueillissent que le « découvreur » de l'Amérique puisse être né sur leur sol. Après avoir racheté les ruines de la maison de la rue *di u filu* à une vieille dame anglaise[1], la municipalité de Calvi annonce, le 13 février 1886, par la voix de son maire, François Puccinelli, qu'une plaque commémorative y serait apposée le 23 mai suivant, première étape avant l'érection d'une statue de l'Amiral de la mer Océane[2].

Finalement déplacée au 30 mai afin de ne pas coïncider avec deux autres réjouissances (cérémonies en l'honneur de Sainte-Restitude à Calenzana et de Pascal Paoli à l'Île-Rousse)[3], la fête calvaise se veut grandiose. Dès le soir du 29 mai, la ville, entièrement illuminée, pavoisée et décorée d'arcs de verdure et de guirlandes, accueille une retraite aux flambeaux suivie par une foule immense[4]. Mais, dans la nuit, la pluie est lourdement tombée et offre, au matin, un triste spectacle que narre avec talent Pierre Giffard :

---

1 « Christophe Colomb était-il corse ? », *L'Intermédiaire des chercheurs et curieux*, vol. XCVII, n° 1817, 15-30 septembre 1934, p. 666. – Le siège de Calvi durant l'été 1794 serait, apparemment, la cause de l'état dans lequel se trouvait la maison cent ans plus tard. Lire M. Letellier, *op. cit.*, p. 213.

2 « Comité de la statue de Christophe Colomb », *Le Conservateur de la Corse*, 5e année, n° 224, jeudi 25 février 1886, p. 2.

3 « Lettre », *Le Conservateur de la Corse*, 5e année, n° 235, jeudi 13 mai 1886, p. 1.

4 P. Giffard, « Les fêtes de Calvi », *Le Petit Bastiais*, 11e année, n° 1802, jeudi 3 juin 1886, p. 1 ; « Lettre », *Le Conservateur de la Corse*, 5e année, n° 238, jeudi 3 juin 1886, p. 2.

> […] des nuages gris, mal dégonflés, enveloppent encore l'horizon. Le soleil, ce beau soleil de mai qu'on aime tant, se cache derrière ce rideau humide et refuse aux réjouissances qui se préparent l'éclat de ses rayons.
>
> Les drapeaux qui flottent depuis hier à toutes les fenêtres pendent mouillés et tristes au bout de leurs hampes, et l'on dirait vraiment qu'une immense désillusion menace cette journée pâle[5].

Malgré le mauvais temps, le succès est au rendez-vous : dès huit heures du matin, une foule compacte se presse le long du chemin menant à l'église Saint-Jean-Baptiste où l'abbé Paul-Marie Leoni doit célébrer la messe, aidé par le révérend-père Lacome, du couvent dominicain de Corbara, lequel prononce un éloquent et vertueux discours sur Christophe Colomb[6]. Les autorités civiles et religieuses prennent ensuite la direction de la rue *di u filu* où l'assemblée assiste à la bénédiction de la plaque commémorative qui, aujourd'hui encore, signale la maison au passant ou au touriste :

Ici est né en 1441
Christophe Colomb
immortalisé par la découverte du Nouveau Monde
alors que Calvi était sous la domination génoise
Mort à Valladolid, le 20 mai 1506

La cérémonie se poursuit avec une longue série d'allocutions patriotiques. Le maire de Calvi, comme le vice-président du conseil d'arrondissement, Romulus Carli, donnent rendez-vous à la population dans six ans pour l'inauguration d'une statue sur une place de la ville, tout en signalant la future ouverture d'une souscription dans ce but[7] ; le docteur Bartoli indique sa fierté que « le Géant des mers » appartienne à la cité balanine « comme appartient à Ajaccio celui qu'on a surnommé le Géant des batailles[8] » ; tout aussi inspiré, l'écrivain Philippe Tonelli lit ses stances à Christophe Colomb[9] ; et ainsi de suite : l'avoué près le

5 P. Giffard, « Les fêtes de Calvi », *op. cit.*, p. 1.

6 Ce discours peut être consulté dans B.-P. Lacome, *op. cit.*

7 Le discours de François Puccinelli est retranscrit dans « Fêtes de Calvi (30 mai) », *Le Conservateur de la Corse*, 5e année, nº 244, jeudi 15 juillet 1886, p. 1-2. – L'intervention de Romulus Carli fait aussi l'objet d'une double transcription : « Les fêtes de Calvi (30 mai) », *Le Conservateur de la Corse*, 5e année, nº 239, jeudi 10 juin 1886, p. 1-2 ; R. Carli, « La patrie de Christophe Colomb », *Le Petit Bastiais*, 11e année, nº 1824, jeudi 24 juin 1886, p. 1-2.

8 Le discours du docteur Bartoli apparaît dans « Les fêtes de Calvi (30 mai) », *op. cit.*, p. 1-2.

9 P. Tonelli, « À Christophe Colomb », *Le Conservateur de la Corse*, 5e année, nº 238, jeudi 3 juin 1886, p. 2.

tribunal civil de Calvi Gaëtan Flach[10], le docteur Toussaint Malaspina[11], l'ancien magistrat Paul Galloni d'Istria, sans oublier les abbés Peretti et Casanova, prennent tour à tour la parole[12].

L'après-midi et la soirée sont consacrés à la fête populaire. Le beau temps est de retour. À quatorze heures, la fanfare municipale lance les régates à la voile et en aviron, puis ce sont les jeux (la bigue où les concurrents s'élancent sur un mât savonné, course de canards, parcours à trois jambes), avant, tard dans la soirée, un feu d'artifice tiré depuis la citadelle et un bal champêtre[13]. Pierre Giffard du *Petit Bastiais*, toujours aussi dithyrambique, promet que ces « bonnes journées pour la musique, bonnes journées pour l'éloquence, bonnes journées pour l'histoire » ouvrent « une ère de prospérité » pour Calvi[14]. La pose de la plaque sur la maison putative de Colomb n'est, en effet, qu'une première étape. S'appuyant sur un souhait émis par le Conseil d'arrondissement en juin 1882[15] et un décret signé au mois d'août suivant par le président de la République Jules Grévy, lequel autorise, « par voie de souscription publique », l'érection d'une statue de l'Amiral sur une place de la cité balanine[16], les partisans de l'hypothèse calvaise ne veulent pas manquer un rendez-vous avec l'Histoire, celui

---

10 Discours consultable dans « Les fêtes de Calvi (30 mai) », *op. cit.*, p. 1-2.

11 « Fêtes de Calvi (30 mai). Discours de M. le docteur Malaspina », *Le Conservateur de la Corse*, 5e année, n° 242, jeudi 1er juillet 1886, p. 2.

12 P. Giffard, « Les fêtes de Calvi », *op. cit.* p. 1-2 ; « Les fêtes de Calvi », *Le Petit Bastiais*, 11e année, n° 1800, lundi 31 mai 1886, p. 1 ; « Lettre », *Le Conservateur de la Corse*, jeudi 3 juin 1886, *op. cit.*, p. 2.

13 P. Giffard, « Les fêtes de Calvi », *op. cit.*, p. 2.

14 *Ibid.*

15 François Puccinelli, le maire de Calvi, proposa au Conseil d'arrondissement d'adopter la résolution suivante, ce qu'il fit : « La construction d'une place portant le nom de notre illustre concitoyen : son emplacement serait en face de cette mer, qui a sans doute inspiré son génie naissant, et nous affecterions à cet objet l'espace compris entre la Citadelle et la Basse-Ville ; sur cette place serait érigée une statue de Christophe Colomb ». « La ville de Calvi et Christophe Colomb », *Le Conservateur de la Corse*, 1re année, n° 36, jeudi 20 juillet 1882, p. 2.

16 « Décret du Président de la République Française », *op. cit.*, p. 1. – Le texte est le suivant : « Ajaccio, 20 septembre. Décret du Président de la République Française approuvant l'érection par voie de souscription publique d'une statue de Christophe Colomb à Calvi. Le Président de la République Française sur la proposition du Ministère de l'Intérieur, vu l'ordonnance du 10 juillet 1816 décrète : Art. Ier. – Est approuvée l'érection, par voie de souscription publique, d'une statue de Christophe Colomb, sur une place de la ville de Calvi (Corse). Art. 2. – Le Ministre de l'Intérieur est chargé de l'exécution du présent décret. Fait à Paris, le 6 août 1882. Signé : J. Grévy. Par le Président de la République. Le Ministre de l'Intérieur. Signé : René Goblet. »

du quatrième centenaire de la « découverte » de l'Amérique. L'élévation d'un monument à la gloire du navigateur matérialiserait, selon eux, son appartenance définitive à la Corse[17].

En attendant ce jour béni, chacun y va de son commentaire et imagine la forme que devrait prendre l'ouvrage. Martin Casanova verrait bien « des statues en bronze, représentant la *Foi*, la *Science*, la *Corse* et l'*Amérique* » tandis que « Christophe Colomb sera[it] représenté, partant du port de Palos, tenant dans la main gauche une lunette marine, indiquant avec la droite, dirigée vers le couchant, le Nouveau-Monde[18] ». Sous le pseudonyme de Jean Frollo, un éditorialiste partage ce point de vue : « [...] il faudrait que le grand navigateur eût l'œil fixé vers cet horizon sans bornes de l'Océan qu'il fouilla tant de fois de ses regards[19] ! ». Mais c'est Jean Peretti qui, d'une prose grandiloquente, formule le projet le plus grandiose :

> Depuis la tour Eiffel qui est le *great attraction* de l'exposition de Paris, on ne parle plus que de tours Eiffel en Europe, comme en Amérique.
>
> Nous voudrions une tour *Tour Christophe-Colomb*, et si nous devions en esquisser le projet, nous dirions :
>
> Cette tour s'élèvera au sommet de la citadelle de Calvi : aucun piédestal, nous le garantissons, n'est plus solide et ne saurait être plus approprié à cette œuvre ou plus digne de Christophe Colomb.
>
> Au fer de la tour Eiffel que rongera la rouille, toutes les provinces de la Corse se feront une gloire de substituer les plus belles variétés de leurs marbres.
>
> Toutes les nations du Nouveau Monde apporteront, en signe de reconnaissance, soit leurs plus beaux produits, soit leur argent ou leur or.

---

17 Quelques années plus tard, en 1891, Laurent-Marie Casabianca déniera au décret présidentiel autorisant l'érection d'une statue de Christophe Colomb toute validation de l'origine insulaire du navigateur et en profitera pour railler la naïveté de ses compatriotes : « Et qu'on ne vienne pas me dire qu'en autorisant, par un décret présidentiel, la ville de Calvi à ériger un monument à Christophe Colomb, le gouvernement a eu la pensée de consacrer la naissance du fameux navigateur dans cette ville ; car je répondrai que le gouvernement n'a pas plus eu cette pensée qu'il n'a eu la pensée d'enlever à Stratford-sur-Avon la gloire d'avoir donné le jour à Shakespeare, pour la donner à Paris, quand il a autorisé, il y a quelques années, la Capitale de la France à ériger à l'auteur d'*Hamlet* une statue à l'angle du Boulevard Haussmann et de l'Avenue de Messine. Ce n'est là qu'une pure formalité. Un décret est aussi nécessaire pour élever une statue qu'il est nécessaire d'obtenir une autorisation pour ouvrir une fruiterie ou un débit de liqueurs ». L.-M. Casabianca, « Correspondance », *Le Petit Bastiais*, 16e année, n° 3874, jeudi 9 juillet 1891, p. 2.

18 M. Casanova, « Deuxième lettre. Les ruines de la maison de Christophe Colomb à Calvi », *op. cit.*, p. 1.

19 J. Frollo, « Les fêtes de Calvi », *Le Petit Bastiais*, 11e année, n° 1675, dimanche 24 janvier 1886, p. 2.

Toutes les nations de l'Europe, qui ont de si grandes obligations à l'Amérique, et en particulier l'Espagne et l'Angleterre, apporteront aussi leur tribut pour élever un *monument unique* à celui qui leur en a ouvert la route.

Tous les arts et toutes les industries fourniraient leur appoint à cette œuvre universelle, et la statue de Christophe Colomb, colossal à proportion, la croix plantée à San Salvador, à la main, soutenu par la Religion et par la Science, s'élèverait dans les airs, visible de tous les points de l'horizon, dominant d'une part l'immensité des mers, et n'ayant, par ailleurs, d'autres bornes que les sommets les plus élevés des montagnes de la Corse[20].

LA PREMIÈRE PIERRE

Trois ans après cette cérémonie, quand sont publiés les premiers travaux de Laurent-Marie Casabianca, l'opinion publique est ébranlée, mais les partisans de la thèse calvaise ne baissent pas les armes. À l'approche du quatrième centenaire de la « découverte » de l'Amérique par Colomb, les colonnes du *Petit Bastiais* et, surtout, du *Conservateur de la Corse* dirigé par Ange-Pierre Fioravanti s'ouvrent largement aux arguments développés par Martin Casanova, Jean Peretti et bien d'autres. S'engage alors ce que J.-B. Bertoni appelle une « véritable lutte homérique[21] » pour faire jaillir la vérité, tandis que la pression commence à peser sur les épaules des édiles locaux. Les conseillers généraux François-Marie Pitti-Ferrandi, Étienne Palasnes de Champeaux, Sébastien Savelli et Luri Franceschi demandent en septembre 1888, lors d'une séance de l'assemblée, l'installation d'une commission provisoire chargée de prendre contact avec le gouvernement en vue de l'officialisation d'un autre comité, définitif cette fois, appelé à organiser des festivités en octobre 1892 et la souscription populaire pour la statue[22]. Les mois, les années passent, le provisoire perdure et

20 J. Peretti, « Le monument de Christophe Colomb », *Le Petit Bastiais*, 14e année, n° 3086, lundi 30 septembre 1889, p. 2.

21 J.-B. Bertoni, « Le quatrième Centenaire de Christophe Colomb », *Le Conservateur de la Corse*, 10e année, n° 506, jeudi 30 juillet 1891, p. 2.

22 La proposition est retenue et, après discussion, la commission provisoire est composée de dix conseillers généraux. A.-P. Fioravanti, « Le quatrième Centenaire de la découverte de l'Amérique par Christophe Colomb », *Le Conservateur de la Corse*, 7e année, n° 359, jeudi 4 octobre 1888, p. 1.

l'impatience commence à se faire sentir chez certains. À en croire Jean Peretti, la commission temporaire aurait ouvert le financement dès le 1er septembre 1890, alléguant le vote d'« une somme importante » par le Conseil municipal calvais et le don du bronze ou du marbre par un généreux donateur[23], mais il faut attendre le 25 mai 1891 pour que le conseil définitif soit officiellement constitué[24] et lance l'appel aux dons auprès des Corses de l'île et de la diaspora[25]. Pour ladite commission, « [i]l y a le sou de la charité, le sou des étrennes, le sou du plaisir procuré à l'enfance : et tous ces petits sous, nul ne les refuse dans notre cher pays de Corse à qui les demande. Aujourd'hui c'est le sou de la fierté nationale que la Corse demande à tous ses enfants ! Nul ne le refusera[26] ! ». Appel entendu par un professeur d'histoire anonyme qui, quelques mois plus tard, réitère un vibrant et universel appel patriotique dans les colonnes du *Conservateur de la Corse* :

> Les femmes de France doivent répondre à l'appel de Madame la Vicomtesse de Pitra, née de Ségur, pour honorer dignement l'insigne bienfaiteur de l'humanité, et elles doivent donner l'argent qu'exige l'érection de sa statue sur les ruines de son berceau ! Les négociants, les industriels et les cultivateurs ont à se souvenir de ce qu'ils doivent au grand homme. Les prêtres doivent saluer en lui un grand instrument de la divine Bonté. Les soldats et les marins doivent être heureux de contribuer à l'érection du monument de Celui qui a été le plus intrépide des Navigateurs, le plus heureux et le plus pacifique des conquérants. Les habitants des deux Mondes doivent glorifier le Héros

---

23 J. Peretti, « La statue de Christophe Colomb », *Le Conservateur de la Corse*, 9e année, n° 461, jeudi 18 septembre 1890, p. 1. – Selon *Le Petit Bastiais*, les dons auraient même commencé dès les festivités de 1886 à l'occasion de la pose de la plaque sur la maison de la rue *di u filu*. « Les fêtes de Calvi », *Le Petit Bastiais*, lundi 31 mai 1886, *op. cit.*, p. 1. – En ce qui concerne l'identité du généreux donateur, il s'agit de Toussaint Malaspina. J.-B. Bertoni, « Christophe Colomb », *Le Petit Bastiais*, 16e année, n° 3618, jeudi 15 janvier 1891, p. 1.

24 Présidée par Emmanuel Arène, député et président du Conseil général, assisté par Martin Casanova et Jean Peretti en tant que vice-présidents, la commission définitive se compose de près de 30 membres (un député, un ancien sénateur, des anciens magistrats, le sous-préfet et le maire de Calvi, un ingénieux, un médecin, un avocat, des conseillers généraux, municipaux et d'arrondissement). « Érection à Calvi d'une statue de Christophe Colomb autorisée par décret du Président de la république », *Le Conservateur de la Corse*, 10e année, n° 500, jeudi 18 juin 1891, p. 1.

25 « Le monument de Christophe Colomb », *Le Petit Bastiais*, 16e année, n° 3843, dimanche 31 mai 1891, p. 1 ; « Érection à Calvi d'une statue de Christophe Colomb autorisée par décret du Président de la république », *op. cit.*, p. 1.

26 « Le monument de Christophe Colomb », *Le Conservateur de la Corse*, 10e année, n° 508, jeudi 20 août 1891, p. 2.

> qui leur a montré la voie sans laquelle ils n'auraient pu ni se connaître, ni se fréquenter pour le plus grand bien de tous[27].

L'argent afflue assez rapidement comme le démontre la lecture du *Conservateur de la Corse* et du *Petit Bastiais* qui publient les comptes entre juillet 1891 et octobre 1892[28]. Outre le Conseil municipal de Calvi qui vote une forte subvention de 2 000 francs, plusieurs autres villes corses, du nord comme du sud, versent leur obole : Ajaccio[29] et Bastia[30] (200 francs chacune), Île Rousse[31], Bonifacio[32] et Sartène[33] (50 francs), Corbara[34] (40 francs), Cargèse[35] (30 francs), etc. François Puccinelli, le maire de Calvi, met également de sa poche (100 francs), de même que Jean Peretti[36], Ange-Pierre Fioravanti[37] ou James Fletcher, le Consul général des États-Unis… à Gênes[38] ! Il semble qu'une grande partie de la population de l'île se mobilise, à l'instar des Français et des Corses établis sur le continent (Toulouse[39],

27 « La Corse et Christophe Colomb », *Le Conservateur de la Corse*, 10e année, nº 520, jeudi 5 novembre 1891, p. 2. – Ne pourrait-il pas s'agir de J.-B. Quilichini, auteur quelques années plus tard, d'une histoire patriotique de l'Amiral ? Se reporter à J.-B. Quilichini, *Histoire sommaire de Christophe Colomb à l'usage des écoles*, Bastia, Imprimerie & Librairie Fabiani, 1897.

28 Dans les colonnes de son journal, Ange-Pierre Fioravanti se plaint cependant d'un début « lent, mais réel dans sa lenteur », une situation qu'il attribue à « la période des fortes chaleurs »… A.-P. Fioravanti, « Le IVe centenaire de Christophe Colomb », *op. cit.*, p. 1.

29 « Liste de souscription », *Le Conservateur de la Corse*, 10e année, nº 504, jeudi 16 juillet 1891, p. 1 ; « Le monument de Christophe Colomb », *Le Petit Bastiais*, 16e année, nº 3881, vendredi 17 juillet 1891, p. 2.

30 « Statue de Christophe Colomb à Calvi », *Le Conservateur de la Corse*, 10e année, nº 515, jeudi 1er octobre 1891, p. 2.

31 « Liste de souscription », *op. cit.*, p. 1 ; « Le monument de Christophe Colomb », *Le Petit Bastiais*, vendredi 17 juillet 1891, *op. cit.*, p. 2.

32 « Statue de Christophe Colomb à Calvi », *Le Conservateur de la Corse*, 10e année, nº 506, jeudi 30 juillet 1891, p. 2.

33 « Statue de Christophe Colomb à Calvi », *Le Conservateur de la Corse*, jeudi 1er octobre 1891, *op. cit.*, p. 2.

34 « Liste de souscription », *op. cit.*, p. 1 ; « Le monument de Christophe Colomb », *Le Petit Bastiais*, vendredi 17 juillet 1891, *op. cit.*, p. 2.

35 « Liste de souscription », *op. cit.*, p. 1 ; « Le monument de Christophe Colomb », *Le Petit Bastiais*, vendredi 17 juillet 1891, *op. cit.*, p. 2.

36 « Liste de souscription », *op. cit.*, p. 1.

37 « Érection à Calvi d'une statue de Christophe Colomb autorisée par décret du Président de la république », *op. cit.*, p. 1.

38 « Liste de souscription », *op. cit.*, p. 2.

39 « Statue de Christophe Colomb à Calvi », *Le Conservateur de la Corse*, jeudi 30 juillet 1891, *op. cit.*, p. 2.

Toulon[40], Marseille[41], Macon[42], Limoges[43], Paris[44], etc.), dans les territoires coloniaux et à l'étranger (Algérie[45], Saigon[46], Venezuela[47], Égypte[48]). Si l'espoir insensé d'un versement de 200 000 francs par l'Amérique – on ne sait pas s'il s'agit des États-Unis ou bien de l'ensemble des pays du continent – ne se concrétisera jamais[49], en quinze mois près de 10 000 francs sont collectés, une somme plus que rondelette[50]. Fort de l'enthousiasme

40 « Statue de Christophe Colomb à Calvi », *Le Conservateur de la Corse*, 11e année, n° 543, jeudi 14 avril 1892, p. 2.

41 « Le monument de Christophe Colomb à Calvi », *Le Petit Bastiais*, 17e année, n° 4254, vendredi 16 septembre 1892, p. 2 ; « Le monument de Christophe Colomb à Calvi », *Le Petit Bastiais*, 17e année, n° 4261, samedi 24 septembre 1892, p. 2 ; « Statue de Christophe Colomb à Calvi », *Le Conservateur de la Corse*, 11e année, n° 568, jeudi 6 octobre 1892, p. 3.

42 « Le monument de Christophe Colomb à Calvi », *Le Petit Bastiais*, vendredi 16 septembre 1892, *op. cit.*, p. 2.

43 « Le monument de Christophe Colomb à Calvi », *Le Petit Bastiais*, samedi 24 septembre 1892, *op. cit.*, p. 2 ; « Statue de Christophe Colomb à Calvi », *Le Conservateur de la Corse*, jeudi 6 octobre 1892, *op. cit.*, p. 3.

44 « Le monument de Christophe Colomb à Calvi », *Le Petit Bastiais*, samedi 24 septembre 1892, *op. cit.*, p. 2.

45 « Liste de souscription », *op. cit.*, p. 1-2 ; « Le monument de Christophe Colomb », *Le Petit Bastiais*, 16e année, n° 3892, jeudi 30 juillet 1891, p. 2 ; « Statue de Christophe Colomb à Calvi », *Le Conservateur de la Corse*, 11e année, n° 529, jeudi 7 janvier 1892, p. 2 ; « La statue de Christophe Colomb », *Le Petit Bastiais*, 17e année, n° 4115, mercredi 6 avril 1892, p. 2 ; « Statue de Christophe Colomb à Calvi », *Le Conservateur de la Corse*, jeudi 14 avril 1892, *op. cit.*, p. 2 ; « Le monument de Christophe Colomb à Calvi », *Le Petit Bastiais*, 17e année, n° 4242, vendredi 2 septembre 1892, p. 3 ; « Statue de Christophe Colomb à Calvi », *Le Conservateur de la Corse*, jeudi 6 octobre 1892, *op. cit.*, p. 3.

46 « La statue de Christophe Colomb », *Le Petit Bastiais*, 17e année, n° 4116, jeudi 7 avril 1892, p. 2 ; « Statue de Christophe Colomb à Calvi », *Le Conservateur de la Corse*, jeudi 14 avril 1892, *op. cit.*, p. 2.

47 « Statue de Christophe Colomb à Calvi », *Le Conservateur de la Corse*, 10e année, n° 527, jeudi 24 décembre 1891, p. 1 ; « Statue de Christophe Colomb à Calvi », *Le Conservateur de la Corse*, jeudi 7 janvier 1892, *op. cit.*, p. 2 ; « Statue de Christophe Colomb à Calvi », *Le Conservateur de la Corse*, jeudi 14 avril 1892, *op. cit.*, p. 2 ; « Le monument de Christophe Colomb à Calvi », *Le Petit Bastiais*, 17e année, n° 5276, mercredi 12 octobre 1892, p. 2.

48 « Statue de Christophe Colomb à Calvi », *Le Conservateur de la Corse*, jeudi 7 janvier 1892, *op. cit.*, p. 2 ; « Le monument de Christophe Colomb à Calvi », *Le Petit Bastiais*, 17e année, n° 4244, dimanche 4 septembre 1892, p. 2-3.

49 « Statue de Christophe Colomb à Calvi », *Le Conservateur de la Corse*, jeudi 1er octobre 1891, *op. cit.*, p. 2. – La rumeur a même couru un temps que les États-Unis allaient accorder la citoyenneté américaine aux Corses ! À ce sujet, consulter : « Le centenaire de Christophe Colomb », *Le Conservateur de la Corse*, jeudi 21 janvier 1886, *op. cit.*, p. 1 ; H. Harrisse, *Christophe Colomb, la France et les Corses*, *op. cit.*, p. 20.

50 « Liste de souscription », *op. cit.*, p. 2 ; « Le monument de Christophe Colomb », *Le Petit Bastiais*, vendredi 17 juillet 1891, *op. cit.*, p. 2 ; « Statue de Christophe Colomb à Calvi »,

populaire mais faute de temps pour lancer un appel à projets et faire sculpter la statue de Christophe Colomb pour le 12 octobre 1892, les autorités insulaires décident néanmoins de marquer l'événement en posant ce jour-là la première pierre du futur monument[51]. Casanova, Peretti, Fioravanti sont aux anges, mais l'orage menace.

Le gouvernement français, présidé dans ces années-là par Charles de Freycinet puis par Émile Loubet, s'il ne s'oppose pas ouvertement au projet corse, ne brille pas par un soutien démesuré, contrairement aux promesses antérieures[52] et à ses homologues espagnol et italien qui, eux, appuient les intentions de leur pays respectif[53]. Côté français, une prudente réserve est de mise, d'autant que, quelques semaines avant les cérémonies du quatrième centenaire, l'historien espagnol Francisco Uhagón affirme avoir découvert, dans des archives militaires madrilènes, la preuve irréfutable que l'Amiral de la mer Océane est né à Savone, un document dont les conclusions ont, depuis, été battues en brèche[54]. La trouvaille fait, cependant, grand bruit, au point que certains partisans de la thèse calvaise se demandent alors s'il faut poursuivre la souscription

Le Conservateur de la Corse, jeudi 30 juillet 1891, *op. cit.*, p. 2 ; « Statue de Christophe Colomb à Calvi », *Le Conservateur de la Corse*, jeudi 1er octobre 1891, *op. cit.*, p. 2 ; « Statue de Christophe Colomb à Calvi », *Le Conservateur de la Corse*, jeudi 7 janvier 1892, *op. cit.*, p. 2 ; « Le monument de Christophe Colomb à Calvi », *Le Petit Bastiais*, 17e année, n° 4068, dimanche 7 février 1892, p. 2 ; « La statue de Christophe Colomb », *Le Petit Bastiais*, mercredi 6 avril 1892, *op. cit.*, p. 2 ; « La statue de Christophe Colomb », *Le Petit Bastiais*, jeudi 7 avril 1892, *op. cit.*, p. 2 ; « Statue de Christophe Colomb à Calvi », *Le Conservateur de la Corse*, jeudi 14 avril 1892, *op. cit.*, p. 2 ; « Le monument de Christophe Colomb à Calvi », *Le Petit Bastiais*, vendredi 2 septembre 1892, *op. cit.*, p. 3 ; « Le monument de Christophe Colomb à Calvi », *Le Petit Bastiais*, vendredi 16 septembre 1892, *op. cit.*, p. 2 ; « Statue de Christophe Colomb à Calvi », *Le Conservateur de la Corse*, 11e année, n° 566, jeudi 22 septembre 1892, p. 2 ; « Le monument de Christophe Colomb à Calvi », *Le Petit Bastiais*, samedi 24 septembre 1892, *op. cit.*, p. 2 ; « Le monument de Christophe Colomb à Calvi », *Le Petit Bastiais*, 17e année, n° 4265, vendredi 30 septembre 1892, p. 2 ; « Statue de Christophe Colomb à Calvi », *Le Conservateur de la Corse*, jeudi 6 octobre 1892, *op. cit.*, p. 3 ; « Le monument de Christophe Colomb à Calvi », *Le Petit Bastiais*, 17e année, n° 5271, jeudi 6 octobre 1892, p. 2 ; « Le monument de Christophe Colomb à Calvi », *Le Petit Bastiais*, 17e année, n° 5273, samedi 8 octobre 1892, p. 2.

51 « Une ancienne polémique », *La Revue de la Corse historique, littéraire, documentaire et bibliographique*, 3e année, n° 18, novembre-décembre 1922, p. v.

52 J. Peretti, « Le monument de Christophe Colomb », *op. cit.*, p. 2.

53 Corso, « Le 4e centenaire de Christophe Colomb », *Le Petit Bastiais*, 16e année, n° 3629, mercredi 28 janvier 1891, p. 1 ; « L'anniversaire de Christophe Colomb », *Le Conservateur de la Corse*, 10e année, n° 483, jeudi 19 février 1891, p. 2.

54 Se reporter à F. R. de Uhagón, *op. cit.*

ou la suspendre[55]. Face à ce nouvel élément, à la campagne menée à Paris contre le projet par Laurent-Marie Casabianca et Henry Harrisse[56], laquelle trouve sur l'île un large écho dans les pages du *Journal de la Corse* dirigé par Paul Leca, au silence des plus hautes autorités françaises, ce sont l'orgueil et le patriotisme corses qui l'emportent. Le jeune député Emmanuel Arène[57], qui préside la commission d'organisation des festivités, résume la situation en ces termes :

> [...] Je sais bien que c'est extrêmement discuté, et que Calvi est au moins la sixième ou septième ville qui revendique Christophe Colomb ; mais je ne vois pas pourquoi nous en démordrions, car, dans le fatras des brochures, des articles et même des livres auquel a donné lieu la question, aucun document décisif n'est venu tirer la chose au clair.
>
> Nous continuons donc à préparer bien tranquillement notre petite fête corse. Ce ne sera pas aussi brillant qu'à Gênes, et je crains bien qu'on ne nous y envoie pas d'escadre, mais Christophe Colomb, même s'il y a erreur, peut sans inconvénient être honoré deux fois pour une[58].

Les craintes du parlementaire vont se confirmer en partie. En effet, l'État français finit par refuser de s'associer aux cérémonies, interdit à tous les fonctionnaires d'y participer, cependant que la garnison de Calvi est consignée[59]. Plus qu'une volonté d'humilier « les Calvais [...] et tous les Corses indistinctement » ou l'éclatante manifestation de l'impiété du gouvernement, comme le déclare Ange-Pierre Fioravanti dans son journal[60], cette décision tardive traduit surtout le doute qui s'est peu à peu instillé dans l'esprit de nombreux citoyens, qu'ils soient d'origine

55 A.-P. Fioravanti, « Le centenaire de Christophe Colomb », *Le Conservateur de la Corse*, 11e année, n° 560, jeudi 11 août 1892, p. 1.

56 Le premier, par exemple, estime ainsi que la souscription est « un manque de respect pour l'opinion publique, un audacieux défi jeté à l'histoire, un soufflet à la vérité, une indigne exploitation de la crédulité, une honte et un déshonneur pour notre terre natale ». L.-M. Casabianca, *Le berceau de Christophe Colomb devant l'Institut de France et l'opinion publique*, *op. cit.*, p. 6.

57 Sur le parcours de cet important politicien corse, se reporter à J.-P. Pellegrinetti, « Arène, Antoine, Sylvestre, Emmanuel », *Dictionnaire historique de la Corse*, éd. A.-L. Serpentini, Ajaccio, Albiana, 2006, p. 68-70.

58 E. Arène, « Les fêtes de Gênes », *Le Petit Bastiais*, 17e année, n° 4254, vendredi 16 septembre 1892, p. 1.

59 « Une reculade », *Le Conservateur de la Corse*, 11e année, n° 571, jeudi 27 octobre 1892, p. 1.

60 A.-P. Fioravanti, « Le gouvernement et les fêtes de Calvi », *Le Conservateur de la Corse*, 11e année, n° 571, jeudi 27 octobre 1892, p. 1.

corse ou non[61], et aussi, vraisemblablement, pour le gouvernement, l'envie de préserver de bonnes relations avec le voisin transalpin[62]. Si la « petite fête corse », selon l'expression d'Emmanuel Arène, ne peut compter sur le soutien des autorités nationales, elle ne va pas manquer de panache pour autant.

Durant près de trois jours, du lundi 10 au mercredi 12 octobre, la ville de Calvi est en liesse, heureuse de proposer aux nombreux visiteurs de l'île et d'ailleurs, arrivant dans des trains bondés[63] par la ligne inaugurée trois ans plus tôt, des réjouissances pour tous les goûts : cérémonies religieuses, concours de tir et d'illuminations, jeux populaires, régates, banquets, etc.[64]. Le premier soir, à partir de 19 heures, après un salut solennel, série de chants liturgiques devant le saint sacrement, une fanfare populaire entraîne une grande marche aux flambeaux, illuminant de bougies et de lanternes la cité largement pavoisée pour l'occasion[65]. Les rues s'animent au passage du cortège et de marins calvais manœuvrant un char à l'effigie d'une caravelle multicolore, à l'arrière de laquelle se dresse, fièrement, un drapeau corse : effet garanti[66] ! Si un vent violent, le libeccio, bien connu en Corse et en Italie, gâche les mêmes festivités du lendemain soir, il n'empêche pas, ce jour-là, la tenue d'un concours de tirs et de compétitions nautiques. Dès 9 heures, le marquis Christian de Villeneuve-Escaplon, député de la Corse depuis 1889, inaugure la rencontre richement dotée de dix récompenses (d'un fusil de chasse avec

61 L'abbé Laurent-Marie Casabianca n'est pas loin de tomber dans le péché capital de l'orgueil lorsqu'il affirme que le revirement gouvernemental lui doit beaucoup. L.-M. Casabianca, *Glorification religieuse de Christophe Colomb*, Paris, Librairie Ch. Poussielgue, 1892, p. 150.

62 « Une reculade », *op. cit.*, p. 1.

63 Il est difficile de vérifier cette information qui peut être exagérée dans la mesure où les organes de presse relatant les festivités sont acquis à la thèse calvaise. « Fêtes de Calvi », *Le Petit Bastiais*, 17e année, n° 5276, mercredi 12 octobre 1892, p. 3 ; A.-P. Fioravanti, « Les fêtes de Calvi », *Le Conservateur de la Corse*, 11e année, n° 570, jeudi 20 octobre 1892, p. 1 ; C., « Fêtes de Calvi. Deuxième journée », *Le Petit Bastiais*, 17e année, n° 5277, jeudi 13 octobre 1892, p. 2.

64 Le programme détaillé peut être consulté dans « Fêtes de Calvi à l'occasion du IVe centenaire de la découverte de l'Amérique par Christophe Colomb », *Le Conservateur de la Corse*, 11e année, n° 567, jeudi 29 septembre 1892, p. 2.

65 « La patrie de Christophe Colomb », *Almanach astrologique, scientifique, astronomique, physique, satirique, anecdotique, etc.*, 47e année, 1894, p. 72-73.

66 C., « Fêtes de Calvi. Première journée », *Le Petit Bastiais*, 17e année, n° 5276, mercredi 12 octobre 1892, p. 2 ; S., « Christophe Colomb et la Corse », *Journal des débats politiques et littéraires*, mercredi 19 octobre 1892, p. 3.

inscription sur plaque d'argent, offert par le prince Roland Bonaparte, à un coulant de serviette guilloché, plaqué argent)[67]. François Albertini, de Galeria, avec ses 19 points, décroche le premier prix, démontrant ainsi, selon *Le Petit Bastiais*, « la renommée d'adresse dont les Corses jouissent à si bon droit[68] ». Plus tard dans l'après-midi, ce sont trois régates (à la voile et en aviron) qui enthousiasment le public[69].

La journée du 12 octobre, 400 ans jour pour jour après la « découverte » de la première île antillaise, s'avère, cependant, la plus grandiose. À 9 heures, Monseigneur Emmanuelli, entouré d'une quarantaine de religieux, célèbre une messe dédiée à la Très Sainte Trinité, durant laquelle intervient une chorale de jeunes Bastiais qui chantent du Charles Gounod et exécutent une cantate à Christophe Colomb écrite pour l'occasion par Fortuné Thiers[70] :

Gloire à Colomb !
C'est lui, Colomb, le grand héros des mers,
À qui la Foi, lumineuse, intrépide,
Malgré les maux et les soucis amers,
Fit affronter l'immensité liquide.

Peuples, chantez son nom,
Que chaque écho de la terre réponde,
Hosannah, gloire à Colomb
Qui découvrit le Nouveau-Monde.

Gloire à Colomb !
Combien de temps, l'Océan a tenu
Entre ses bords les foules enchaînées !
Mais un sauveur, un Colomb est venu,
En le bravant, changer leurs destinées.

Peuples, chantez son nom,
Que chaque écho de la terre réponde,

---

67 « Fêtes de Calvi », *Le Petit Bastiais*, 17e année, no 5275, lundi 10 et mardi 11 octobre 1892, p. 1.

68 « Concours de tir », *Le Petit Bastiais*, 17e année, no 5279, samedi 15 octobre 1892, p. 2.

69 « Fêtes de Calvi », *Le Petit Bastiais*, mercredi 12 octobre 1892, *op. cit.*, p. 3. – La commission d'attribution des prix de tir, quant à elle, était composée de neuf membres, la plupart militaires à la retraite : messieurs Bianconi, Emmanuelli, Frataccci, Graziani, Leoni, Mariotti, Poggi, Santelli et Orsini. « Concours de tir », *Le Petit Bastiais*, 17e année, no 5279, samedi 15 octobre 1892, p. 2 ; « Les fêtes de Calvi », *Le Petit Bastiais*, 17e année, no 5283, jeudi 20 octobre 1892, p. 2.

70 A.-P. Fioravanti, « Les fêtes de Calvi », *op. cit.*, p. 1.

Hosannah, gloire à Colomb
Qui découvrit le Nouveau-Monde.

Gloire à Colomb !
Que l'Univers redise en son honneur,
L'hymne éternel de la reconnaissance,
Et qu'à jamais au grand Navigateur,
Calvi soit fier d'avoir donné naissance.

Peuples, chantez son nom,
Que chaque écho de la terre réponde,
Hosannah, gloire à Colomb
Qui découvrit le Nouveau-Monde[71].

Puis, à l'issue de la cérémonie religieuse, l'assemblée se rend sur une esplanade, dont la localisation exacte n'est pas précisée par les sources journalistiques, pour y bénir la première pierre du futur monument à Christophe Colomb. C'est l'occasion de plusieurs prises de paroles emplies de patriotisme[72]. Le discours de l'avoué Gaëtan Flach, par exemple, publié quelques jours plus tard dans les colonnes du *Conservateur de la Corse*, donne le ton, entre fierté et défi :

> Devenue maîtresse d'elle-même et de ses aspirations nobles et fières, la Corse procède aujourd'hui à la pose de la première pierre du splendide monument qui va s'élever à la mémoire du plus illustre de ses enfants, du plus grand navigateur que le monde ait connu depuis les Phéniciens et les Argonautes jusqu'à nos jours. [...] La réparation sera bientôt complète [...] et nulle haine, nulle jalousie, nulle machination antipatriotique n'empêchera notre Christophe Colomb d'avoir, ici, sa statue sous un ciel, en face d'une mer et sur un piédestal vraiment dignes de lui et de ses compatriotes enthousiasmés[73].

La journée est loin d'être terminée. À 15 heures, des animations pour enfants et adultes sont organisées dans la ville, notamment sur l'ancien boulevard Géry, aujourd'hui Wilson : mâts de cocagne desquels pendent moult friandises, courses amusantes et un énigmatique « bain russe »

71 « Fêtes de Calvi », *Le Petit Bastiais*, samedi 15 octobre 1892, *op. cit.*, p. 2 ; F. Thiers, « Cantate à Christophe Colomb », *Le Conservateur de la Corse*, 11e année, n° 570, jeudi 20 octobre 1892, p. 2 ; F. Thiers, « Cantate à Christophe Colomb », *Le Petit Bastiais*, 58e année, jeudi 22 juin 1933, p. 2.

72 A.-P. Fioravanti, « Les fêtes de Calvi », *op. cit.*, p. 1 ; « Fêtes de Calvi », *Le Petit Bastiais*, 17e année, n° 5277, jeudi 13 octobre 1892, p. 3.

73 A.-P. Fioravanti, « Les fêtes de Calvi », *op. cit.*, p. 1.

qui connaît, paraît-il, « un succès incroyable[74] ». Dans la soirée, c'est une nouvelle messe où résonne le *Te Deum*, avant la remise des prix individuels aux plus belles décorations et illuminations de balcons, portes et fenêtres[75], un feu d'artifice, puis des banquets populaires dans les quatre cafés de la ville[76]. Les notables, quant à eux, se réunissent dans la salle d'asile, le local accueillant en temps normal les enfants des familles pauvres, où des toasts célèbrent le succès des réjouissances calvaises et raillent l'absence des représentants de l'autorité nationale[77].

Revigorés par les festivités des trois derniers jours, les partisans de l'origine calvaise de Christophe Colomb se donnent un nouveau rendez-vous : « Messieurs, je ne vous dis pas adieu mais au revoir, dans quelques années nous reviendrons encore pour sceller à jamais l'édifice dont nous avons ce matin jeté la première pierre », lance le marquis de Villeneuve-Escaplon à l'assistance[78]. Quelques mois plus tôt, sur proposition de Jean Peretti, il avait été décidé, en effet, que l'inauguration de la statue de Christophe Colomb aurait lieu en 1896, afin de la faire coïncider avec la date de la réoccupation de Calvi par les Français[79]. Pourtant, rien ne se passe comme prévu et, rétrospectivement, les fêtes, plus qu'une nouvelle étape de la reconnaissance de la corsitude de l'Amiral de la mer Océane, ont tout du baroud d'honneur. Paris se range définitivement aux arguments des détracteurs de cette thèse, la souscription est annulée, la première pierre piteusement transférée sur les ruines de la prétendue maison natale de Christophe Colomb[80], laquelle est délaissée par les autorités locales. Dès 1891, un lecteur du *Petit Bastiais* se lamente que la

---

74 « Fêtes de Calvi », *Le Petit Bastiais*, mercredi 12 octobre 1892, *op. cit.*, p. 3.

75 Un jury composé de cinq membres décerne le prix du plus beau balcon à un certain Richard Ferry, tandis que celui des portes et fenêtres revient à égalité à Madame Clémentine, propriétaire de la boutique « Au souci d'or » et à Joseph Cruciani. « Fêtes de Calvi », *Le Petit Bastiais*, jeudi 13 octobre 1892, *op. cit.*, p. 3 ; « Fêtes de Calvi », *Le Petit Bastiais*, 17e année, nº 5280, dimanche 16 octobre 1892, p. 2.

76 C., « Fêtes de Calvi. Troisième journée », *Le Petit Bastiais*, 17e année, nº 5278, vendredi 14 octobre 1892, p. 2 ; A.-P. Fioravanti, « Les fêtes de Calvi », *Le Conservateur de la Corse*, 11e année, nº 570, jeudi 20 octobre 1892, p. 1.

77 C., « Fêtes de Calvi. Troisième journée », *Le Petit Bastiais*, 17e année, nº 5278, vendredi 14 octobre 1892, p. 2 ; A.-P. Fioravanti, « Les fêtes de Calvi », *op. cit.*, p. 1 ; « Fêtes de Calvi », *Le Petit Bastiais*, 17e année, nº 5314, jeudi 24 novembre 1892, p. 2.

78 C., « Fêtes de Calvi. Troisième journée », *op. cit.*, p. 2.

79 J.-B. Bertoni, « Le monument de Christophe Colomb à Calvi », *Le Petit Bastiais*, 17e année, nº 4177, dimanche 19 juin 1892, p. 2.

80 R. Massoni, *op. cit.*, p. 137 ; J. Guerrini-Graziani, *op. cit.*, p. 193.

demeure, dans un « état déplorable », « menace de tomber en ruines », et que rien ne soit fait pour la « conserver » et la « préserver des atteintes des gens peu scrupuleux qui ne ce cessent de [l']abîmer[81] ». La situation ne semble pas s'être améliorée avec le temps : quarante plus tard, Lorenzi de Bradi déplore « l'abandon dans lequel on laisse la maison du Grand Amiral de l'Océan, ouverte aux vents, à la pluie, aux couleuvres, aux lézards et aux ronces[82] » ; aujourd'hui, elle a quasiment disparu[83]. Sans parler de la plaque inaugurée en grande pompe le 30 mai 1886 qui, sous l'effet des embruns méditerranéens[84] et d'un acte de malveillance durant la seconde guerre mondiale[85], s'est détériorée. Il faut attendre 1980 pour que la municipalité, dirigée alors par Xavier Colonna, en fasse apposer une nouvelle[86].

L'ÉRECTION DE LA STATUE

Quid de la statue ? Les espoirs corses sont douchés mais non taris : vingt-deux ans après la pose de la première pierre, un nouveau comité se constitue dans le but de concrétiser le projet antérieur. Le notaire François Battestini, nouveau chantre de cette cause, peut même dévoiler, à cette occasion, qu'un prestigieux sculpteur a été trouvé : le Saumurois René Grégoire, Prix de Rome en 1899. Qui mieux qu'un Angevin pour représenter celui qui, dans sa jeunesse, a pris part, avec son « oncle paternel », à des expéditions au service du roi René d'Anjou[87] ? Mais nous sommes au printemps 1914 et, dès l'été, l'Europe entière entre,

81 « Lettres de Calvi », *Le Petit Bastiais*, 16e année, n° 3662, samedi 14 février 1891, p. 2.

82 L. de Bradi, *op. cit.*, p. 122.

83 O. Bianconi, « Préface », *Christophe Colomb calvais. Entre mythe et réalité* d'O. Bianconi et M. Vergé-Franceschi, Ajaccio, Éditions Alain Piazzola, 2020, p. 8.

84 C. Lignières, *op. cit.*, p. 198

85 J. Guerrini-Graziani, *op. cit.*, p. 182.

86 J.-B. Suzzoni, « Le VIIIe centenaire de la fondation de Calvi marqué hier par l'inauguration de la stèle de Christophe Colomb », *Corse-matin*, n° 11846, lundi 7 juillet 1980, p. H ; J.-B. Suzzoni, « L'évocation par le chanoine Flori du "Grand amiral des océans" », *op. cit.*, p. H.

87 « À la mémoire de Christophe Colomb, citoyen calvais », *Le Petit Bastiais*, 39e année, n° 93, vendredi 3 avril 1914, p. 1 ; « Réunion du 8 avril 1914 », *Société des Lettres, Sciences*

insouciante, dans une épouvantable guerre dont elle sortira exsangue : le projet calvais est à nouveau avorté. Ce n'est qu'en 1992, année du cinquième centenaire de la « découverte » de l'Amérique, que la municipalité de Calvi, dirigée alors par François Zanotti, se décide à réaliser le projet de statue tant espéré cent ans plus tôt[88]. Les 11 et 12 octobre, la population de la ville est invitée à participer à des festivités qui, par certains aspects (cérémonie religieuse dans la pro-cathédrale Saint-Jean-Baptiste, fête nautique, spectacle pyrotechnique[89]), ne sont pas sans évoquer, en version réduite, celles du siècle précédent. Deux moments clés ponctuent ces cérémonies : l'inauguration du monument et le défilé des enfants des écoles.

À midi, le dimanche 11 octobre, la foule et les autorités insulaires se pressent au pied de la citadelle pour assister à l'inauguration du monument à Christophe Colomb, dévoilé par la fille du peintre et sculpteur Damaso Maestracci qui, peu avant sa mort en 1976, avait proposé au maire une édition en bronze d'une de ses œuvres[90]. À un siècle de distance, le vœu de Martin Casanova, Jean Peretti, Ange-Pierre Fioravanti et de tant d'autres se réalisait enfin. Pourtant, à bien y regarder, il ne s'agit que d'un hommage *a minima*, triste et peu assumé par les autorités.

& Arts du Saumurois, 5e année, no 16, juillet 1914, p. 2 ; M.-J. Loverini et J.-F. Galletti, *op. cit.*, p. 128.

88 Des rencontres internationales sur Christophe Colomb avaient eu lieu à Calvi en juin 1984 en présence de plusieurs spécialistes (Albert Ronsin, Aldo Agosto, Jacques Heers, Joseph Chiari, Carlos Martinez Shaw, J.-A. Cancellieri, Lucien Saladini, Alberto Boscolo, Roger Caratini, etc.). Ce colloque, accompagné d'une exposition à La Poudrière…, avait certainement relancé l'intérêt pour la théorie calvaise. Lire : A. Maestracci, « À Calvi, le colloque sur Christophe Colomb », *La Corse – Le Provençal*, no 14562, mardi 4 juin 1985, p. 3 ; A. Maestracci, « Christophe Colomb calvais ? Et après ? », *La Corse – Le Provençal*, no 14563, mercredi 5 juin 1985, p. 3 ; A. Maestracci, « Les cinq visages de Christophe Colomb », *La Corse – Le Provençal*, no 14564, jeudi 6 juin 1985, p. 6 ; « Colloque sur Christophe Colomb. Vernissage de l'expo "Calvi au XVe siècle" et buffet campagnard », *Corse-Matin*, no 13625, mercredi 5 juin 1985, p. G ; J.-B. Suzzoni, « Les origines de Christophe Colomb », *Corse-Matin*, no 13624, mardi 4 juin 1985, p. B.

89 « Calvi : les festivités du cinquième centenaire », *op. cit.*, p. Q ; A. Maestracci, *op. cit.*, p. 8 ; J.-B. Suzzoni, « Cristofanu Culombu veille sur Calvi… », *Corse-Matin*, no 16299, lundi 12 octobre 1992, p. B ; J.-B. Suzzoni, « Calvi : les enfants célèbrent Cristofanu Culombu », *Corse-Matin*, no 16300, mardi 13 octobre 1992, p. C ; J.-B. Suzzoni, « Cristofanu Culombu, il y a 500 ans », *Corse-Matin*, no 16301, mercredi 14 octobre 1992, p. K.

90 A. Maestracci, « Christophe Colomb trône à l'entrée de la citadelle », *La Corse*, lundi 12 octobre 1992, p. 3 ; A. Maestracci, « Granit et bronze pour le navigateur », *La Corse*, mardi 13 octobre 1992, p. 8 ; J. Tristani, S. Cueille et P. Neri, *Corse, l'île réinventée. Damaso Maestracci*, Lyon, Lieux-Dits, 2016, p. 12.

Non seulement le premier édile de la ville présente la cérémonie comme une simple « requête de Calvi concernant Christophe Colomb calvais[91] » mais l'emplacement choisi et l'ouvrage lui-même ne paraissent pas à la hauteur du personnage historique. En 1892, dans les colonnes du *Petit Bastiais*, Noël Colonna s'émerveille de la localisation du futur édifice : « […] on ne pouvait choisir mieux. C'est une esplanade au pied de la citadelle, au bord de la mer bleue. Il sera là, le noble enfant de la Corse, ressuscité par le souvenir, contemplant encore les flots agités de l'onde que personne avant lui n'avait abordée de face, mais qu'il a vaincue, conquise, maîtrisée[92] ». Qu'en est-il un siècle plus tard ? Une place transformée en parking ! Le monument lui-même, relégué dans un recoin des remparts, est un amalgame assez disgracieux : un bloc de granit, telle une lourde pierre tombale, fend des rochers auxquels sont accrochés un autre morceau de pierre massif censé représenter la proue d'une caravelle et le petit buste en bronze figurant un Amiral au regard aussi pénétré qu'antipathique. Loin d'un Colomb altier, visionnaire et triomphant comme à Barcelone, Séville ou bien Gênes, pour ne donner que quelques exemples, c'est un navigateur amputé, statique, rabougri qu'offre Calvi en l'honneur de celui que, par ailleurs, sur de larges panneaux à l'entrée de la ville, elle continue de proclamer comme l'un de ses fils.

Le défilé des écoles maternelles et primaires le lendemain en tout début d'après-midi est, vraisemblablement, un moment d'enthousiasme collectif et juvénile. Une longue caravelle de huit mètres, fabriquée par les légionnaires du 2e régiment étranger de parachutistes, est promenée en ville suivie des enfants qui représentent les Rois Catholiques et Christophe Colomb (tous trois étrangement dupliqués), les courtisans, les marins, les Indiens, les vagues argentées de l'océan[93]. Cette reconstitution colorée de la « découverte », puisqu'il s'agit de figurer le départ de Palos, l'étape aux Canaries, l'arrivée aux Antilles et le retour triomphant[94], est marquée, cependant, par quelques approximations pédagogiquement fâcheuses : certains enfants sont déguisés en « Incas

91 A. Maestracci, « Christophe Colomb trône à l'entrée de la citadelle », *op. cit.*, p. 3.

92 N. Colonna, « Une promenade à Calvi », *Le Petit Bastiais*, 17e année, n° 4058, mercredi 27 janvier 1892, p. 1-2.

93 E. Pourquet, « Calvi commémore la découverte du Nouveau Monde », *Corse-Matin*, n° 16298, dimanche 11 octobre 1992, p. A ; A. Maestracci, « Cristofanu Culombu. Magnifique défilé des enfants pour une reconstitution historique », *op. cit.*, p. 8.

94 J.-B. Suzzoni, « Calvi : les enfants célèbrent Cristofanu Culombu », *op. cit.*, p. C.

et peaux rouges[95] », autant de peuples que le navigateur n'a jamais croisé durant ses quatre voyages… ! Par ailleurs, François Zanotti a annoncé la veille que la municipalité offrait à près de 300 écoliers un voyage à… Euro Disney, aujourd'hui Disneyland Paris, afin d'« ouvrir les yeux des jeunes Calvais sur le monde qui les entoure » et de leur permettre de « découvrir l'Amérique[96] ». Est-il certain que Mickey, Donald ou Dingo aient beaucoup à apprendre aux jeunes Calvais sur le projet colombin, sa réussite mais aussi les conséquences dramatiques que cette rencontre de deux mondes provoqua au sein des sociétés indiennes ? Balthazar Picsou peut-être en revanche… Que penser aussi de cette bague réalisée en or jaune 18 carats offerte par un joaillier d'origine calvaise et mise en jeu lors d'une loterie[97] ? N'est-elle pas, dans ce contexte, un cadeau pour le moins déplacé, symbole de la vénalité des conquérants qui soumirent les populations autochtones à l'esclavage afin de se procurer or, pierres précieuses et richesses ?

Si l'hypothèse corse a pu être qualifiée de « ridicule légende[98] » ou bien de « fatras d'arguties[99] », si elle apparaît pour certains comme « la plus futile[100] », « la plus absurde et étrange[101] » de toutes les théories avancées, nous ne sommes pas aussi sévère, du moins dans l'expression. D'un côté, rien ne prouve, en effet, que l'Amiral de la mer Océane soit né en Balagne. Depuis la fin du XIXe siècle, les chercheurs n'ont pu apporter qu'un faisceau de présomptions ou, pour reprendre la jolie formule de Jean Peretti, « un amas de sable[102] ». L'ecclésiastique a beau considérer

---

95 *Ibid.*

96 A. Maestracci, « Christophe Colomb trône à l'entrée de la citadelle », *op. cit.*, p. 3. – Lire aussi « Cristofanu Culombu redécouvre… Calvi », *Corse-Matin*, n° 16299, lundi 12 octobre 1992, p. A ; J.-B. Suzzoni, « Cristofanu Culombu veille sur Calvi… », *op. cit.*, p. B.

97 E. Pourquet, « La bague du Nouveau Monde », *Corse-Matin*, n° 16297, samedi 10 octobre 1992, p. P ; R. Albertini, « Au palais des Gouverneurs. Réception dans la salle capitulaire », *La Corse*, mardi 13 octobre 1992, p. 8.

98 Lettre d'Auguste Himly du 17 mars 1890 envoyée à Laurent-Marie Casabianca. L.-M. Casabianca, *Le berceau de Christophe Colomb devant l'Institut de France et l'opinion publique*, *op. cit.*, p. 11.

99 Lettre de P.-F. Leoni du 21 août 1889 envoyée à Laurent-Marie Casabianca. *Ibid.*, p. 34.

100 H. Vignaud, Études critique sur la vie de Colomb avant ses découvertes, *op. cit.*, p. 272-273.

101 « […] más absurda y extraña ». L. Astrana Marín, *op. cit.*, p. 345-346. – Lire également S., « Christophe Colomb et la Corse », *op. cit.*, p. 3 ; J. Marin, « Où est né Christophe Colomb ? L'irritant problème », *Petit Bastiais*, 48e année, n° 8, vendredi 3 novembre 1922, p. 1 ; G. Chocano Higueras, *op. cit.*, p. 150.

102 J. Peretti, *Christophe Colomb. Français, Corse & Calvais. Étude historique sur la patrie du grand Amiral de l'Océan*, *op. cit.*, p. 347.

que son poids équivaut à celui d'« un bloc de marbre[103] », la solidité du second l'emporte amplement sur la mouvance du premier. Néanmoins, l'hypothèse génoise n'est pas non plus exempte de doutes et la masse de documents de la *Raccolta Colombiana* offre un portrait de Christophe Colomb pour le moins fallacieux. Comment un homme plébéien, encore tisserand jusqu'à plus d'une vingtaine d'années, sans aucune formation maritime préalable, aurait-il pu avoir l'audace de proposer un projet aussi ambitieux et technique à des monarques européens ? Comme le signale fort bien Jean Guerrini-Graziani, Gênes a mis en avant « un héros sans racines émergeant d'une génération spontanée[104] ». Calvi a l'avantage d'exposer un cadre admissible en raison de son histoire singulière. Placer le berceau de l'Amiral de la mer Océane dans cette ville n'est donc pas une idée totalement saugrenue étant donné que la cité balanine était partie intégrante de la Sérénissime depuis des siècles et qu'elle jouissait, à ce titre, plus que d'autres localités corses, de privilèges significatifs. Un Colomb castillan, catalan, galicien, majorquin, grec, etc., s'avère plus difficilement acceptable. Mais un contexte logique ou vraisemblable n'implique pas forcément une vérité, d'autant que pratiquement toutes les villes de l'ancienne République de Gênes pourraient, dans ce contexte, porter la même revendication.

Si le navigateur était probablement ligurien en raison de la convergence des témoignages allant dans ce sens, sans que personne jusqu'à présent ne puisse fournir une localisation plus précise, l'hypothèse calvaise, au-delà du manque flagrant de preuves tangibles, a surtout souffert de trois plaies : l'amateurisme, l'imagination et le patriotisme de ses zélateurs. Depuis un siècle et demi, puisque la tendance perdure encore aujourd'hui, cette théorie a surtout été abordée par des historiens (très) amateurs. Sans souscrire à l'idée que l'étude historique serait réservée à une caste, force est de constater que, en l'espèce, la plupart des auteurs n'ont pas obéi aux règles minimales de la rigueur scientifique. Quand ils partent des sources véritables, les textes sont fréquemment, pour ne pas dire sciemment, tronqués ou mal transcrits ou traduits, générant pour les suivants peu précautionneux la répétition des erreurs initiales ; les à-peu-près et les rapprochements hasardeux sont transformés en preuves irréfutables au cours du temps ; des inscriptions et des documents

103 *Ibid.*
104 J. Guerrini-Graziani, *op. cit.*, p. 150.

sont inventés de toutes pièces ; etc. Quand Ange-Pierre Fioravanti en vient à conclure, par exemple, dans une saillie aux relents sexistes, que « [m]ême les poules, disent les femmes de cet endroit [Calvi], savent que Christophe Colomb est né dans cette ville[105] », l'érudition des partisans calvais ne s'en trouve-t-elle pas ruinée ? Conséquence de cet amateurisme, l'imagination a parfois remplacé le manque de documents. Si l'Histoire repose sur un récit, c'est-à-dire que les faits passent forcément par le tamis d'une écriture et que, en conséquence, ils peuvent susciter diverses interprétations, cette construction doit reposer sur des preuves. C'est le sens de la phrase de Marguerite Yourcenar qui, dans les carnets de notes de ses *Mémoires d'Hadrien*, affirme que « [q]uoi qu'on fasse, on reconstruit toujours le monument à sa manière. Mais c'est déjà beaucoup de n'employer que des pierres authentiques[106] ». En ce sens, Laurent-Marie Casabianca, alors même qu'il fut conspué par beaucoup, fit preuve de grande intelligence en rappelant que « l'histoire n'est pas le roman » et qu'« un tissu d'assertions gratuites, d'ingénieux sophismes[107] » ne saurait suppléer le manque d'informations. Enfin, au-delà de l'amateurisme et de la puissance de l'imagination, les partisans calvais, qui ne sont pas les seuls à s'être fourvoyés en la matière, ont affiché un patriotisme qu'Olivier Bianconi qualifie justement d'« aveuglant[108] ». Le but apologétique de la plupart de leurs travaux invalide le sérieux de leur entreprise.

Près de six-cents ans après sa naissance, Christophe Colomb reste donc un mystère. La harangue prospective du notaire François Battestini, lequel déclare en 1934 « [n]ous finirons bien par faire tomber le voile qui a caché jusqu'à nos jours le berceau corse et calvais de Christophe Colomb, et faire triompher la vérité[109] », risque de s'avérer un vœu pieux. Qui pis est, en écho à Michel Houellebecq dont l'un des romans a inspiré le sous-titre du présent ouvrage, l'hypothèse insulaire s'expose à n'être que la possibilité du *nihil*…

---

105 A.-P. Fioravanti, « Conclusion », *Le Conservateur de la Corse*, 11e année, nº 564, jeudi 8 septembre 1892, p. 1.

106 M. Yourcenar, *Mémoires d'Hadrien. Carnets de notes*, Paris, Gallimard, 1974, p. 342.

107 L.-M. Casabianca, *Le berceau de Christophe Colomb devant l'Institut de France et l'opinion publique*, *op. cit.*, p. 80.

108 O. Bianconi, « Préface », *op. cit.*, p. 8.

109 F. Battestini, « Les Génois à Calvi et Christophe Colomb », *La Corse touristique*, *op. cit.*, p. 19.

ANNEXE

Textes littéraires sur les liens entre Christophe Colomb et la Corse

LAURENT-CASSIEN PERETTI, *BONAPARTE OU LA FRANCE SAUVÉE* (1858)

[...]
Le ciel était chargé, le nuage creva :
À ce torrent fangeux le peuple s'abreuva.
Mille canaux divers en portèrent les ondes
Du sein de ma patrie aux confins des deux mondes.
Tout servit les desseins de l'homme audacieux,
De l'homme, dieu mortel, ange tombé des cieux.
Ce géant de poussière, orgueilleux Prométhée,
Mercure ingénieux, variable Protée,
Que le péril irrite et ne fait qu'enhardir ;
Dévoré du besoin de tout approfondir,
Sonde tous les secrets, ose tout entreprendre,
Et jusques aux enfers ne craint pas de descendre.
C'était peu que d'avoir animé de sa main
Et la toile muette et l'insensible airain,
Des rochers inconnus escaladé les cimes,
Sur un vaisseau fragile affronté les abîmes,
Et, prêtant à son œil un magique secours,
D'avoir du ciel lui-même interrogé le cours :
Par un mobile aimant tourné contre le pôle,
Il s'assura des mers le vaste monopole,
Et dédaignant l'appui du vieil astre du nord,
Il défia l'orage et s'éloigna du port.

Trop étroit dans le cercle où l'onde le resserre,
Il recula sa digue, il agrandit la terre.
Un pilote intrépide, un enfant de Cyrnos,
D'un monde fabuleux débrouillant le chaos,
Poursuivit en aveugle un dessein chimérique,
Et du sein de l'oubli fit surgir l'Amérique[1].
[...]

TONY RÉVILLON, *NOÉMI* (1878)

[...]

Le juif regarda encore une fois le *San-Stefano*, et, quittant la halle, il reprit sa place derrière le comptoir de la première pièce.

À peine était-il assis que la porte sur la rue s'ouvrit et se referma sur un jeune homme de haute taille qui portait le costume des capitaines de la marine marchande, la dalmatique bleue rayée de blanc et de jaune, et la barrette bleue à double filet d'argent. Quoique ce jeune homme parût à peine trente ans, ses cheveux blonds étaient déjà gris sur les tempes. Il avait une tête aux traits accentués, de beaux yeux bleus, brunis par la pensée, le teint hâlé du marin.

– Maître, dit-il, je me nomme Christophe Colomb. Je suis né en Corse et j'ai étudié à Pavie. Mais depuis l'âge de quatorze ans je n'ai d'autre patrie que la mer. Mes études, mes lectures, mes réflexions, mes voyages m'ont amené à cette conviction que la carte du monde que nous connaissons est incomplète. Pour les anciens, la terre s'arrêtait aux colonnes d'Hercule, et je suis allé aux îles Canaries, où les indigènes m'ont montré des objets façonnés de main d'homme que la mer avait apportés de l'Occident. Je crois qu'en dépassant les Canaries et en naviguant toujours à l'ouest, je trouverais une route nouvelle pour arriver plus promptement à l'Inde et à la Chine, qui doivent se prolonger à l'est bien plus loin qu'on ne l'a cru jusqu'ici[2]. [...]

---

1 L.-C. Peretti, *Bonaparte ou la France sauvée*, Paris, Librairie de Maillet Schmitz, 1858, p. 179-180 (ch. 10).

2 T. Révillon, *Noémi*, Paris, E. Dentu Éditeur, 1878, p. 10-11.

A.-F. MAESTRATI, « À CHRISTOPHE COLOMB, ENFANT DE LA CORSE » (1886)

De Calvi sur la mer plonge la silhouette.
Qui n'a vu ce rocher battu par la tempête ?
C'est là que vit le jour Colomb, fils de Cyrnos.
L'ouragan y mugit et sa voix engouffrée
Redit aux conquérants, en quête d'épopée,
Celle du grand Héros qui sut dompter les flots.

Mortel, prosterne-toi ! Cette ardeur qui t'enflamme
Est le seul trait d'amour que demande son âme.
Silence ! Que l'écho de ton hymne guerrier
Ne vienne pas troubler et sur sa tombe sombre
Le cyprès de la mort vaut mieux que le laurier.

Qu'il fut grand ! Plus puissant que la foudre qui gronde,
Il sut, par son génie, éblouir le vieux monde,
Sans le livrer, pourtant, aux jeux sanglants de Mars.
Enfant d'un Dieu de paix et né pour le comprendre,
Il put, sans l'offenser, surpasser Alexandre,
Les généraux de Sparte et Rome, et ses Césars.

Sur son char, couronné d'une vive auréole,
On le vit resplendir de l'un à l'autre pôle.
Oh ! Qu'il dut être beau quand, parcourant les mers,
Pensif, il contemplait une jalouse étoile
Qui, pour mieux l'égarer, s'enveloppait d'un voile,
Aimant à se noyer dans les cieux entr'ouverts[3] !

[...]

3 A.-F. Maestrati, « À Christophe Colomb, enfant de la Corse », *Le Conservateur de la Corse*, 5e année, n° 225, jeudi 4 mars 1886, p. 3.

ÉMILE BERGERAT, *CHRISTOPHE COLOMB FRANÇAIS* (1888)

[...] Dans une ruelle, pareille à celle de l'Algajola, nos guides nous arrêtent. Ils nous montrent une ruine. C'est plutôt, si j'ose m'exprimer ainsi, une ruine de ruine, car, à la vérité, il ne reste de ce qu'ils y voient que l'éboulement confus de quelques gravats sans forme architecturale apparente.

« Vous êtes dans la rue du Fil, nous disent avec émotion ces aimables gens. Les plus hospitaliers d'une ville qui est le chef-lieu de l'hospitalité corse.

– La rue du Fil ?... »

Et je dresse interrogativement la tête. Mais mon savant compagnon de voyage a vite paré au mauvais effet de mon ignorance, car il sait, lui, sa Corse sur le bout du doigt, et comme doit le savoir un petit-fils de Lucien Bonaparte.

« Est-ce là tout ce qui reste de la maison où il est né ? demande-t-il à nos gracieux cicérones en leur désignant le tas de moellons séculaires.

– Où est né qui ? insistai-je follement.

– Mais Christophe Colomb ! » sourit le prince.

Sans être un puits de science, je ne suis pas pourtant l'ignorant passionné que tout homme a le droit d'être par ces temps de doute historique et de bazardement général des traditions. À Charlemagne, où j'ai fait mes classes, je me rappelle qu'il était usuel et populaire, entre labadens et potaches, de répondre à cette question : « Où est né Christophe Colomb ? » par la facétie ci-dessous :

« Christophe Colomb est né dans un état voisin de la gêne » ; la « gêne » étant prise là pour la ville italienne qui porte ce nom, et où tous les historiens s'accordaient jusqu'à présent à donner le jour à ce grand homme. Mais venir en Corse pour y apprendre que le grand amiral des mers est né rue du Fil, à Calvi, c'était une surprise qui n'était pas dans le programme du voyage.

« Mais alors... repris-je, Christophe Colomb serait donc Français ?

– Il l'est, dit sévèrement un jeune prêtre qui venait de nous rejoindre. Voici sa maison natale, j'en ai les preuves. Suivez-moi. »

C'était à déchirer son diplôme de bachelier ! Nous le suivîmes donc, et il nous donna les preuves. Elles me parurent, comme au prince, indiscutables, Christophe Colomb était Calvais[4].

[...]

M. G. LE NOTRE, *LA PATRIE DE CHRISTOPHE COLOMB* (1891)

[...] le train, pendant notre conversation, s'était remis en route, et, à toute vapeur, traversait une forêt de pins ; à travers les troncs énormes, absolument droits, on apercevait une nappe d'azur : tout à coup la forêt cessa et le regard découvrit l'étendue de la mer Tyrrhénienne, parsemée d'îles. Rien n'est contagieux comme l'enthousiasme : nous ne pûmes retenir un cri d'admiration.

– « Voilà Gorgona, » continuait notre savant compagnon en nous désignant les îles qui, comme des taches bleuâtres, semblaient surgir de cette immensité ; « voilà Capraja » ; là-bas l'île d'Elbe, et derrière elle, Pianosa, Monte-Cristo, Giglio. Et que de souvenirs évoquent tous ces noms ! Cette ligne sombre qui ferme l'horizon, c'est la Corse, cette petite île si grande dans l'histoire, et d'où sont sortis les deux hommes qui ont le plus remué le monde.

– Napoléon.

– Et... ? ajoutai-je en hésitant.

– « Et Christophe Colomb » reprit notre interlocuteur du ton le plus naturel.

L'Anglais poussa une sorte de grognement et se mit à regarder par la portière opposée.

– « Voyons, voyons, entendons-nous, » fit mon ami, « j'ai toujours cru que Christophe Colomb était né à Gênes. Nous avons même vu hier, sur la place Aquaverde, la statue que la ville de Gênes lui a élevée comme au plus illustre de ses enfants : un cicerone a même poussé la

4 É. Bergerat, « Christophe Colomb français », *Le Petit Bastiais*, 13e année, n° 2812, dimanche 16 décembre 1888, p. 1. Republié dans *Souvenirs d'un enfant de Paris*, Paris, Bibliothèque Charpentier, 1913, t. IV, p. 296-297.

complaisance jusqu'à nous montrer sa maison natale… à Gênes, oui, à Gênes : je ne l'ai pas rêvé, peut-être ? »

– Non pas. Même ce cicerone aurait pu pousser la complaisance jusqu'à vous montrer, à Gênes même, les *deux maisons* qui passent pour avoir abrité les premiers jours de Christophe Colomb. […] Ces deux immeubles semblent bien, en effet, avoir appartenu à un Domenico Colombo ; la chose est prouvée, ou à peu près ; mais était-il le père de Christophe ? rien n'est plus douteux ; il y avait des Colombo à Gênes, à Savone, à Bordighiera, à Albano, à Sampierdarena, à Sestri, à Rivarolo, à Leicha, à San Remo… partout ; jamais nom ne fut plus répandu.

Il y avait donc bien évidemment dans les États de Gênes d'autres Colombo que le père de Christophe Colomb, et toutes les maisons historiques qu'on peut montrer aux touristes ne valent pas un acte authentique. […]

– Et, selon vous, Christophe Colomb serait né en Corse ?

– Oui, à Calvi[5].

[…]

A. T. MÉI, *LA DÉCOUVERTE DU NOUVEAU-MONDE PAR CHRISTOPHE COLOMB* (1891)

À Calvi, dans la Corse, au bord de la mer pure
Qui d'azur scintillant lui fait une ceinture,
Il naquit un enfant de l'onde et du vaisseau
Qui portait sur son front un signe prophétique…
La mer, pour l'endormir, lui chanta son cantique,
Et Dieu veilla sur son berceau.

Il grandit, cet enfant, sous l'aile du Génie,
De la création contemplant l'harmonie,
Et méditant… Soudain, un éclair, un rayon,

5 M. G. Le Notre, « La patrie de Christophe Colomb », *L'Universel illustré*, 6e année, vol. VI, n° 12, 21 mars 1891, p. 264-265.

Sorti de l'œil divin, illumina sa vie…
Il vit, comme on verrait un astre sous la nue,
Un monde sous notre horizon.

[…]

Ton nom ! Il est gravé dans le livre des âges,
Aux sommets radieux des éternelles pages,
Où le sort l'écrivit, martyr, avec tes pleurs…
Pleurs sacrés du génie, encre pure et divine !…
Front dont chaque rayon de gloire est une épine,
Les siècles te couvrent de fleurs !

Et toi, Corse, ô pays si pauvre qu'environne
Un éclat riche et pur, ajoute à la couronne
Qui ceint ton front altier ce fleuron tout nouveau !
Ton tyran de jadis t'en dispute la gloire…
Il est à toi, Cyrnos ! On grave dans l'histoire
Qu'en toi, Colomb eut son berceau[6] !

CORSICO, *CHRISTOPHE COLOMB* (1891)

[…]

II.

Maintenant, ô Colomb, les peuples en délire,
Éblouis de ta gloire, émus de ton martyre
Viennent te rendre hommage avec des cris joyeux.
Justice t'est rendue et là-haut, calme et pure,
Colomb, on pourrait voir resplendir ta figure,
Dans la sérénité grave des demi-dieux.

6 A. T. Méi, « La découverte du Nouveau-Monde par Christophe Colomb », *Le Conservateur de la Corse*, 10e année, n° 507, jeudi 6 août 1891, p. 2.

III.

Et bien, non, il te manque encore quelque chose,
Quoique ta gloire semble à son apothéose,
Car on veut renier la terre où tu naquis ;
Car on va saluer, sur la place de Gêne [sic],
Ton front qui semble encor s'incliner sur ta chaise.
Fils de la Corse aux verts maquis !

Pour qu'à ton cœur la plaie encore reste ouverte,
Comme l'on te vola jadis ta découverte,
De t'avoir mis au monde on nous ravit l'orgueil ;
Et Gênes te gardant comme on garde une proie,
Est là, folle, couvrant de ses chansons de joie
Les plaintes de ta mère en deuil.

Ah ! non, c'eût été trop, Colomb, d'avoir pour frères,
Sampiero, Paoli, ces héros légendaires
Qui, comme toi, marchaient vers leur but idéal :
Trop, de te voir debout sur cette même cime,
D'où notre Bonaparte, en un élan sublime,
A pris son vol impérial !

IV.

Ah ! j'entends ricaner l'ennemi séculaire,
Et je sens, bouillonnant d'une sainte colère,
Bondir mon cœur de Corse à ce rapt odieux ;
Mais non, car des Génois dédaignant les statues,
Colomb, aux Corses seuls tu souris dans les rues,
Et sur ton cher pays tu planes radieux[7] !

7 Corsico, « Christophe Colomb », *Le Conservateur de la Corse*, 10e année, n° 520, jeudi 5 novembre 1891, p. 2.

FÉLIX SANTINI, *LES ENFANTS DE LA CORSE* (1892)

À M. Denis Piazza,
ancien maire de Saint-Florent, mon meilleur ami.

I.

Soit revers, désastre ou victoire,
Corse, tu brilles dans l'histoire
De l'éclat pur de tes héros ;
Tu peux, ô ma fière patrie,
Comme la fière Cornélie,
Montrer au monde tes joyaux.

[…]

II.

Enfant de la *Cité fidèle*,
Génie à qui le ciel révèle,
En ton rêve, un monde nouveau,
Où vas-tu ? de la Ligurie
Qu'espérer ? Ah ! Crains pour ta vie
Si l'on soupçonne ton berceau !

Il part, et dans sa foi profonde
Il dit : « Je vois surgir un monde
Par-delà l'horizon lointain. »
À cet homme, errant sans patrie,
Gênes répond : « Quelle folie ! »
Et le repousse avec dédain.

[…]

Voilà subsides et galères !
Colomb, ris-toi des vents contraires,
Méprise les flots irrités ;
Et s'il est des marins rebelles,
Oh ! les trente Calvais fidèles
Sauront mourir à tes côtés[8].

[…]

ANTOINE DOMPIETRINI,
CHRISTOPHE COLOMB (1892)

À mon cher ami M. Zannettini Abraham,
maire et conseiller d'arrondissement, à Valle-d'Alessani.

C'est en Corse, à Calvi, là sur le bord de l'onde,
Et sous ce ciel d'azur que Colomb vint au monde.
Un ange aux ailes d'or visita son berceau,
Sur son front de génie il imprima le sceau.
De bonne heure, Colomb s'éprit de la nature,
Et de l'onde et du vent il aima le murmure.
Marin de son état, il traverse les mers
Contemplant jour et nuit l'ordre de l'univers.
[…]

Toi, Corse tant aimée, en grands hommes féconde,
Berceau de Bonaparte, étonnement du monde,
Ajoute à ta couronne un splendide fleuron,
Au rang de tes héros mets Christophe Colomb !

[…]

8 F. Santini, « Les enfants de la Corse », *Le Conservateur de la Corse*, 11e année, n° 546, jeudi 5 mai 1892, p. 2.

Gênes pour toi prépare une solennité,
Et cependant Génois tu ne l'as pas été.
Oui, Gênes que déteste et que maudit la Corse,
Car elle l'opprima par la ruse et la force,
Fidèle à son passé, veut s'arroger l'honneur
D'avoir donné le jour au Grand Navigateur.
C'est un crime de plus. N'est-ce pas assez, Gênes !
D'avoir à ce pays donné de lourdes chaînes ?
D'avoir porté chez nous le ravage et la mort,
Sans avoir d'autre droit que le droit du plus fort ?
Ah ! tu voudrais aussi nous ravir notre gloire ?
Jusqu'où va ton audace ? Ô Ciel ! peut-on le croire ?
Colomb, regarde-nous ! Colomb, du haut des cieux,
Sur ton pays natal jette un instant les yeux !
Tout un peuple en délire est ici qui te loue ;
C'est un culte, tu vois, que la Corse te voue.
De ta grande entreprise on a gravé les faits ;
Dans le bronze bientôt on gravera tes traits.
Honneur à toi, Calvi ! Sur ta plus belle place
Il nous sera donné de contempler sa face.
Une foule innombrable accourra dans tes murs ;
Tu seras un lieu saint pour les peuples futurs ;
Tu deviendras, Calvi, notre pèlerinage,
Et l'étranger de loin viendra te rendre hommage[9].

9 A. Dompietrini, « Christophe Colomb », *Le Conservateur de la Corse*, 11e année, n° 549, jeudi 26 mai 1892, p. 2.

PHILIPPE TONELLI,
« À CHRISTOPHE COLOMB » (1892)

Il naquit là, ce Corse !... et de son humble asile
Le temps, qui détruit tout, n'a pas tout effacé.
Quatre siècles pourtant sur ces lieux ont passé,
Laissant debout le toi, où la vague tranquille
De son chant l'a bercé !

Mais l'homme, plus cruel, l'homme, aux jours de tourmente,
Rongé par l'égoïsme et par les noirs soucis,
Laissa l'oubli jeter ses voiles épaissis
Sur le foyer désert, ruine aujourd'hui branlante,
Où Colomb s'est assis !

Tu vécus dans un temps où notre sombre histoire
Trouva ton nom trop pur : ce siècle meurtrier,
Dédaigna de cueillir un aussi beau laurier,
En laissant dans la nuit les traits de ta mémoire,
Honneur du monde entier !

Gênes, comme autrefois, superbe autant qu'injuste,
Veut te ravoir en vain à nos bords étonnés.
Oui, tu fus le premier de nos prédestinés !
Oui, ton nom, ton génie et ta foi si robuste,
Dieu nous les a donnés !

Voilà la vérité qu'en ce jour on proclame ;
Et Calvi, ton berceau, tout fier de son enfant,
Entonne sur la grève un hymne triomphant :
C'est ton apothéose !... à nos yeux, ô grande âme,
Apparais un instant[10] !

10 P. Tonelli, « À Christophe Colomb », *op. cit.*, p. 2.

JEAN WALLIS, *COLOMB* (1913)

À Henry de Schoen
A Cyrno forti propheta veuit

La plage de Calvi le vit partir un soir
Vers l'infini des monts, vers l'Espagne lointaine
L'oreille lourde encor de l'appel des sirènes
Qui fouettaient son désespoir.

Et ses yeux reflétaient les estuaires calmes
Où tremblent les voiliers,
Et le frissonnement mystérieux des palmes
S'enchantant dans la paix des grands lacs familiers.

À ceux qui lui disaient : « Que veut ton ombre inquiète ? »
Et pourquoi désirer des mondes inconnus,
Des plages de Calvi vit-on jamais prophète…
Et nul n'agrandira les états de Christus.

Il allait opposant le ténébreux silence,
Quand il eût infusé au cœur des matelots
De Palos de Moguer la divine espérance
Et que du moindre gueux il eût fait un héros,

Il s'enfonça dans le mystère des étoiles
Le long des jours dorés, le long des nuits de lait,
Et pour mieux accueillir celui qui s'en allait
Vers la gloire, les vents jouèrent dans les voiles.

Et puis il s'en revint mourir indifférent
Aux haines qui grondaient au pied du roi d'Espagne,

À toi Calvi, joyau sorti dans la Balagne,
À l'auguste splendeur de ton golfe d'argent[11].

S. BONIFACIO, « À CHRISTOPHE COLOMB » (1923)

Ô Christophe Colomb, par les rois rebuté !
Un mystère étonnant nous voile ta naissance ;
Mais nous le percerons, selon toute apparence,
Pour la gloire et l'honneur de l'Île de Beauté.

Nous croyons fermement, Amiral réputé,
Que tu reçus le jour et passas ton enfance
En Corse, où ta grande âme a puisé la constance
Pour arracher un monde à l'Océan dompté.

Deux villes aujourd'hui se disputent ta gloire ;
Chacune te réclame et t'exalte à l'envi,
Mais si tu fus génois, ton berceau fut Calvi.

Voici le jugement qu'adoptera l'Histoire :
Gênes peut t'honorer, Ô Marin triomphant ;
Avec raison, Calvi t'appelle *son enfant*[12].

11 J. Wallis, « Colomb », *Le Petit Bastiais*, 38e année, n° 213, mercredi 6 août 1913, p. 1.

12 « Christophe Colomb est-il né en Corse ? », *L'Information de Madagascar et Dépendances*, 2e année, n° 88, samedi 11 août 1923, p. 2.

J. DE LA PARATA, *UN VOYAGE EN CORSE* (1925)

[...]

Calvi est une ville curieuse : elle détache sur le ciel sa silhouette rébarbative de vieille citadelle. On sent que ces murs épais et comme noircis par le temps ont une histoire farouche, et le contraste est singulier entre les maisons ensoleillées de la ville basse, au bord de la mer, et les masures branlantes perchées sur le rocher de l'enceinte fortifiée. Tout cela, qui ne manque point de cachet, est morne et triste comme une ruine déserte.

– On affirme, dit notre chauffeur, que Christophe Colomb est né dans cette ville. Vous pourrez y voir sa maison, si le cœur vous en dit. Elle porte une inscription sur sa façade...

– Je croyais, dit M. Lauriston, que l'illustre navigateur était né à Gênes.

– Les Italiens le proclament avec une assurance troublante, convint Tchétché. Mais en réalité, il pouvait être Génois sans être né à Gênes : car au quinzième siècle, Calvi était sous domination génoise, si bien que Colomb se trouva, du même coup, être Corse et Génois.

– Voilà, dit M. Lauriston, qui devrait satisfaire tout le monde. La République de Gênes le peut statufier parce qu'il naquit dans une ville génoise, et Calvi le peut honorer d'être issu de parents corses. Je souhaiterais qu'il en fût de même pour quelques grands hommes dont certaines villes se disputent la paternité, et qui se partageraient ainsi pour la plus grande gloire des uns et des autres. Les Allemands chicanent Shakespeare à l'Angleterre, et prétendent que Vercingétorix était né sur les bords du Rhin, vraisemblablement d'une gretchen et d'un herr professor. Il est vrai que nous avons presque prouvé que Beethoven était Français. Mais j'ignorais que Christophe Colomb fût en litige.

– Cela, fit Laura, n'a pas une extrême importance.

– À la réflexion, concéda M. Lauriston, cela n'a pas une importance extrême. Les grands hommes appartiennent à l'humanité, et il y a quelque puérilité de la part d'une nation à les vouloir accaparer, tout comme si une nation n'était pas une fraction de l'humanité, et si le génie était une question de méridien terrestre. Aussi bien, Christophe Colomb est-il discutable, en tant que navigateur, car s'il découvrit l'Amérique, c'est par pur hasard, alors qu'il cherchait la route des Indes. Mais il a inventé une manière d'accommoder les œufs, et cela lui a valu une renommée que, pour ma part, je trouve exagérément amplifiée…

– De toute façon, dit Tchétché, on peut voir sa maison natale à Calvi. Ce serait un moins un commencement de preuve.

– Sans doute, convint mon beau-père. Mais vous remarquerez qu'on montre également, au château d'If, la cellule d'Edmond Dantès et le conduit souterrain qu'il creusa pour rejoindre l'abbé Faria. Or, ces deux personnages n'ont jamais existé que dans l'imagination d'Alexandre Dumas, et ainsi la vérité s'est substituée à la vérité historique, avec le concours des gardiens et des visiteurs, qui sont intéressés à créer du romanesque pour l'exploiter selon leur convenance. C'est ainsi, également, que plusieurs sanctuaires détiennent les restes d'un même saint, qui se trouve de la sorte être polycéphale par la vertu de sa canonisation[13]…

[…]

13 J. de la Parata, « Un voyage en Corse », *La Corse touristique. Organe mensuel des intérêts insulaires*, 2e année, n° 4, mars 1925, p. 15-16.

JOSEPH MAGGINI, *LA CORSE ET CHRISTOPHE COLOMB* (1934)

Amical hommage à M. le chanoine Castaing, l'éminent conférencier[14]

Oui, Christophe Colomb, ce grand navigateur
Qui dissipa la brume où sommeillait un monde,
A connu les élans maternels de ton cœur,
Ô ma Corse immortelle ! Ô brune enfant de l'onde !

Oui, ce génie ouvrant la route à sa valeur
Et fouillant, sans répit, l'immensité profonde
Des vastes océans aux vagues en fureur,
Se proclamait le fils de ta rive féconde.

Oui, sa voix le clamait à ses chers compagnons

---

14 Avant la seconde guerre mondiale, parmi les partisans de l'origine calvaise de Colomb, figure le chanoine Castaing, dont la biographie nous est en grande partie inconnue. Né en 1872 et ordonné prêtre du diocèse d'Auch en 1896, avant d'exercer, selon toute vraisemblance, quelques années plus tard à Toulon, nous savons par la presse que, en 1911, il donne une série de conférences à Calvi et à Bastia dans laquelle il défend l'origine corse de l'Amiral de la mer Océane, tout en raillant les « grincheux » et les « sceptiques » qui repoussent cette hypothèse. À croire *Le Petit Bastiais*, l'éloquence de l'orateur, « le charme de sa parole vibrante, pleine de verve et parfois émouvante », aurait provoqué « l'enthousiasme général ». Se reporter à : Calvius, « Une conférence sur Christophe Colomb », *Le Petit Bastiais*, 36ᵉ année, nº 60, mercredi 1ᵉʳ mars 1911, p. 1 ; « Conférence de M. le Chanoine Castaing », *Le Petit Bastiais*, 36ᵉ année, nº 65, lundi 6 mars 1911, p. 1 ; H. Vignaud, « Les thèses nouvelles sur l'origine de Christophe Colomb. Espagnol ! Juif ! Corse ! », *op. cit.*, p. 356. – Le Chanoine Castaing a, visiblement, donné cette même conférence dans une vingtaine de villes en France pendant deux décennies, dont le 5 mai 1920 dans la salle Fémina de Toulon et au Majestic-Cinéma de Marseille au début de l'année 1930. Lire A. Ambrosi-R., *op. cit.*, p. 226 ; J. Regnault, « Ce n'est pas Christophe Colomb qui a découvert l'Amérique », *Bulletin de l'Académie du Var*, XCIIᵉ année, 1924, p. 95. – Contrairement aux articles du *Petit Bastiais* publiés en 1911, l'archiviste Paul Graziani considère que l'ecclésiastique n'apporte « aucun éclaircissement sur la question mais ne f[ait] que réitérer des inexactitudes et des invraisemblances déplorables plus nuisibles qu'utiles ». P. Graziani, « Encore Christophe Colomb », *La Nouvelle Corse*, 11ᵉ année, nº 60, lundi 24 mars 1930, p. 1.

Qui scrutaient, avec lui, de lointains horizons
Où l'avenir dormait dans la nuit du mystère.

Il disait, en creusant de lumineux sillons
Vers l'inconnu peuplé d'ombres et de frissons :
« Calvy seul m'a vu naître, et la Corse est ma mère[15]. »

15 J. Maggini, *La voix du souvenir*, Paris, Éditions Eugène Figuière, 1934, s. p.

BIBLIOGRAPHIE

SOURCES PRIMAIRES

CHRONIQUES ET MANUSCRITS

ANGHIERA, Pietro Martire d', *De Orbe Novo Decades. I. Oceana Decas / Décades du Nouveau Monde. I. La décade océane*, éd., trad. et com. par Brigitte Hauvin, Paris, Les Belles Lettres, 2003.

ARGOTE DE MOLINA, Gonçalo, *Nobleza del Andalvzia*, Sevilla, Fernando Diaz, 1588.

BEMBO, Pietro, *Della istoria viniziana di M. Pietro Bembo Cardinale da lui volgarizzata. Libri dodici*, Milano, Dalla Società Tipografica de' Classici Italiani, 1809.

BERNÁLDEZ, Andrés, *Crónica de los Reyes Católicos*, ms, Biblioteca Nacional de España, 1701-1800 [Côte : Mss/1272].

BERNÁLDEZ, Andrés, *Crónica de los Reyes Católicos don Fernando y doña Isabel*, ms, Biblioteca Nacional de España, 1601-1700 [Côte : Mss/1359].

BERNÁLDEZ, Andrés, *Crónica de los Reyes Católicos*, ms, Biblioteca Nacional de España, 1778 [Côte : Mss/18215].

BERNÁLDEZ, Andrés, *Historia de los Reyes Católicos D. Fernando y Dª Isabel. Crónica inédita del siglo* XV, Granada, Imprenta y librería de D. José María Zamora, 1856.

BERNÁLDEZ, Andrés, *Historia de los Reyes Católicos D. Fernando y Doña Isabel*, Sevilla, Imprenta de D. José María Geofrin, 1870.

BERNÁLDEZ, Andrés, *Historia de los Reyes Católicos Don Fernando y Doña Isabel*, ms, Biblioteca Nacional de España, 1601-1700 [Côte : Mss/619].

CARDOSO, George, *Agiologio lvsitano dos sanctos, e varoens illvstres em virtvde do Reino de Portvgal*, Lisboa, Antonio Craesbeeck de Mello Impressor, 1666.

CASONI, Filippo, *Annali della Repubblica di Genova del secolo decimo sesto*, Genova, Nella Stamperia Casamara, 1799.

CASTELLANOS, Juan de, *Elegías de varones ilustres de Indias*, Madrid, Imprenta, de la publicidad, a cargo de M. Ribadeneyra, 1847.

Colección de documentos inéditos relativos al descubrimiento, conquista y organización de las antiguas posesiones españolas en América y Oceanía, sacados de los Archivos del Reino y muy especialmente del de Indias, edit. L. de Torres de Mendoza, Madrid, Imprenta de Manuel Hernández, 1878.

Colección de documentos inéditos relativos al descubrimiento, conquista y organización de las antiguas posesiones españolas de ultramar, Madrid, Establecimiento tipográfico « Sucesores de Rivadeneyra », 1894.

Colección de los viages y descubrimientos que hicieron por mar los españoles desde fines del siglo XV, edit. M. Fernández de Navarrete, Madrid, Imprenta Real, 1825.

COLOMB, Christophe, *La Découverte de l'Amérique. III. Écrits et documents. 1492-1506*, trad. par Soledad Estorach et Michel Lequenne, Paris, La Découverte, 1991.

COLOMB, Christophe, *Œuvres*, prés., trad. et annot. par Alexandre Cioranescu, Paris, Gallimard, 1961.

COLOMB, Fernando, *Christophe Colomb raconté par son fils*, trad. et annoté par Eugène Muller, préface de Jacques Heers, Paris, Librairie Académique Perrin, 1986.

COLOMBO, Fernando, *Historie del S. D. Fernando Colombo…*, Venetia, appresso Francesco de Francesci Sanese, 1571.

COLOMBO, Fernando, *Historie del Sig. Don Fernando Colombo*, Milano, Appresso Girolamo Bordoni, 1614.

COLÓN, Hernando, *Historia del Almirante*, Luis Arranz Márquez éd., Madrid, Dastin, 2000.

COLÓN, Cristóbal, *Libro de las Profecías*, Madrid, Testimonio Compañía Editorial, 1984.

COLÓN, Cristóbal, *Textos y documentos completos. Nuevas cartas*, Consuelo Varela y Juan Gil éd., Madrid, Alianza, 1992.

COLONNA, Angelo Francesco, *Colonna sagra. Cronologia degl' Hvomini illvstri di santità, et dignità del regno di Corsica*, ms, 1686 (Fonds Patrimonial, Médiathèque Sampiero d'Ajaccio).

COLONNA, Angelo Francesco, *Commentario delle glorie, e prerogative del Regno, e popoli di Corsica*, Roma, Nella Stamperia d'Angelo Bernabò, 1685.

Cristóbal Colón: Los cuatro viajes. Testamento, Consuelo Varela éd., Madrid, El Libro de Bolsillo, Alianza Editorial, 1992.

DORIA, Antonio, *Compendio de los successos que en la vida del Emperador Carlos Quinto, de gloriosa memoria, acontecieron*, 1571, http://bdh-rd.bne.es/viewer.vm?id=0000121593&page=1 (consulté le 05/04/2021).

ENNOXEDO, Pedro de, « Testamento y Codicilo de Cristóbal Colón », *Biblioteca Virtual Universal*, 2006, https://www.biblioteca.org.ar/libros/132187.pdf (consulté le 08/02/2021).

FERNÁNDEZ DE OVIEDO Y VALDÉS, Gonzalo, *Historia general y natural de las Indias, islas y tierra-firme del mar océano*, Madrid, Imprenta de la Real Academia de la Historia, 1851.

FILIPPINI, Anton-Pietro, *Istoria di Corsica*, Pisa, Presso Niccolò Capurro, 1831.

FILIPPINI, Anton-Pietro, « Chronique de Anton-Pietro Filippini », *Bulletin de la Société des Sciences historiques & naturelles de la Corse*, X^e^ année, fasc. 109-112, janvier-avril 1890, p. 1-373.

FOGLIETTA, Uberto, *Dell'Istorie di Genova*, Genova, Apresso gli Heredi di Girolamo Bartoli, 1597.

FOGLIETTA, Uberto, *Vberti Folietæ Clarorvm Ligvrvm Elogia. ad. Iannem. Andream Avriam. Dvcem Clarissimvm*, Rome, apud Vincentium Accoltu ; & Valente Panitium Socios, 1574.

GALÍNDEZ DE CARBAJAL, Lorenzo, *Memorial ó registro breve de los lvgares donde el Rey, y la Reyna Catolicos, N.os Sres, que hayan gloria, estuvieron cada año dende el año de sesenta é ocho en adelante...*, 1775.

GALLI, Antonii, *Genuensis opuscula historica de rebus gestis populi Genuensis, & de navigatione Columbi*, Milan, 1733.

GARIBÂY Y ÇAMÁLLOA, Esteban, *Compendio historial de las chronicas y vniversal historia de todos los Reynos d'España, donde se escriben las vidas de los Reyes de Castilla, y Leon*, Anvers, a costa d'el Autor, 1571.

GIOVIO, Paolo, *Elogia Virorum literis illustrium*, Basil., Petri Pernæ typographi, 1577.

GIOVIO, Paolo, *Pauli lovii novocomensis, episcopi Nucerini, Historiarum sui temporis*, Venetiis, apud Cominum de Tridino Montisferrati, 1553.

GIUSTINIANI, Agostino, *Annali della Repubblica di Genova*, Genova, Presso il Libraio Canepa, 1856.

GIUSTINIANI, Agostino, *Castigatissimi annali* con la loro copiosa tavola *della eccelsa & illustrissima republica di Genoa*, Genoa, 1537.

GONZAGÆ, Francisci, *De Origine Seraphicæ Religionis Franciscanæ ejusque progressibus, de Regularis Observanciæ institucione, forma administrationis et legibus, admirabilique eius propagatione*, 1587.

GREGORJ, Gio. Carlo, « Prefazione del traduttore », *Istoria di Corsica* di Pietro Cirneo, Parigi, Tipografia di Pihan Delaforest, 1834, p. VII-XXX.

GUICCIARDINI, Francesco, *La Historia di Italia*, Fiorenza, Loremzo Torrentino Impressor Ducale, 1561.

HAMY, Ernest-Théodore, « Francisque & André d'Albaigne, cosmographes lucquois au service de la France », *Études historiques et géographiques*, Paris, Ernest Leroux Éditeur, 1896, p. 241-260

HERRERA, Antonio de, *Descripción de las Indias occidentales*, Madrid, Oficina Real de Nicolás Rodríguez Franco, 1730.

JAUSSIN, Louis-Armand, *Mémoires historiques, militaires et politiques sur les principaux événemens arrivés dans l'Isle & Royaume de Corse, depuis le commencement de l'année 1738 jusques à la fin de l'année 1741*, Lausanne, Marc-Mic. Bousquet & Comp., 1758.

JUSTINIANO, Agostino, *Dialogo Nominato Corsica*, texte revu par M. de Caraffa, Bastia, Imprimerie et Librairie Ve Eugène Ollagnier, 1882.

LANCELOT VOISIN, Henri, *Les Trois Mondes*, éd. et annot. par Anne-Marie Beaulieu, Genève, Librairie Droz, 1997.

LAS CASAS, Bartolomé de, *Historia de las Indias*, Madrid, Imprenta de Miguel Ginesta, 1875.

LAS CASAS, Bartolomé, *Histoire des Indes*, trad. de Jean-Pierre Clément et Jean-Marie Saint-Lu, Paris, Seuil, 2002.

Lettere di Cristoforo Colombo, autografi conservati nel Palazzo Municipale di Genova, Génova, Município de Génova, 1912.

LIMPERANI, Gio. Paolo, *Istoria della Corsica*, Roma, Stamperia Salomoni, 1779-1780.

LÓPEZ DE GOMARA, Francisco, *La Historia general de las Indias*, Anvers, En casa de Juan Steelsio, 1554.

MARIANA, Juan de, *Historia General de España*, Toledo, Pedro Rodriguez, impresor del rey nuestro señor, 1601.

MARIZ, Pedro de, *Dialogos de varia historia...*, Coimbra, na Officina de Antonio de Mariz, 1594.

MELENDEZ, Iuan, *Tesoros verdaderos de las Yndias en la Historia de la gran Provincia de San Iuan Bautista del Peru*, Roma, Imprenta de Nicolas Angel Tinaisso, 1691.

MONTALBODDO, Francazio de, *Paesi novamente retrovati et novo mondo da Alberico Vesputio Florentino intitulato*, Milan, 1512, https://gallica.bnf.fr/ark:/12148/bpt6k58988n/f156.item (consulté le 05/04/2021).

MORATI DI MURO, Pietro, « Práttica Manuale », *Bulletin de la Société des Sciences historiques & naturelles de la Corse*, Ve année, fasc. 54-57, juin-septembre 1885, p. 1-354.

MORÉRI, Louis, *Le grand dictionnaire historique ou le mélange curieux de l'histoire sainte et profane*, Lyon, Jean Girin et Barthélémy Rivière, 1674.

OLIVESI, Paolo, *Serafici, e cronicali ragguagli della provincia minore osservante di Corsica*, Lucca, Apresso Iacinto Pacci, 1671.

« Ordenamiento de las Cortes de Toledo de 1480 », *Cortes de los antiguos reinos de León y de Castilla, publicadas por la Real Academia de la Historia*, Madrid, Establecimiento tipográfico de los sucesores de Rivadeyra, 1882, t. IV, p. 109-194.

PERAGALLO, Prospero, *Disquizioni colombine*, Lisbona, Tipografia Nazionale, 1893.

« Primera carta de Colón (1493) dirigida a Luis de Santángel », http://aix1.uottawa.ca/~jmruano/colon.pdf (consulté le 25/10/2020).

Raccolta di documenti e studi pubblicati dalla R. Commissione colombiana, Roma, Ministerio della pubblica istruzione, 1892-1896.

RAMUSIO, Giovanni Battista, *Delle navigationi et viaggi*, Venetia, Appresso I Givnti, 1606.

Relaciones y cartas de Cristóbal Colón, Madrid, Librería de la viuda de Hernando y C.ª, 1892.

SALVÁ, Miguel y Pedro SAINZ DE BARANDA, *Colección de documentos inéditos para la historia de España*, Madrid, Imprenta de la viuda de Cálero, 1850.

SALVINI, Gregorio, *Justification de la Révolution de la Corse*, prés., trad. et annot. d'Évelyne Luciani, Ajaccio, Albiana, 2013.

SIMÓN, Pedro, *Noticias historiales de las conquistas de tierra firme en las Indias Occidentales*, Bogotá, Imprenta de Medardo Rivas, 1882.

TASSO, Torquato, *La Jérusalem délivrée*, trad. par M. V. Philipon de la Madelaine, Paris, J. Mallet et Cie, Éditeurs, 1841.

PRESSE CORSE

Aigle (L')

– Articles cités :

« Les Calvais à M. Paul Leca », *L'Aigle. Journal de l'appel au peuple*, 11 juin 1881 (suppl.), s. p.

« Les Calvais et Colomb. Lettres », *L'Aigle. Journal de l'appel au peuple* (suppl.), 7e année, n° 372, samedi 21 mai 1881, p. 1.

« Les distractions ou la mauvaise foi de M. Leca », *L'Aigle. Journal de l'appel au peuple* (suppl.), 7e année, n° 372, samedi 21 mai 1881, p. 2.

« Lettre d'Émile Savelli à Paul Leca », *L'Aigle. Journal de l'appel au peuple*, 11 juin 1881 (suppl.), s. p.

« Lettre de P. Bozzo-di-Borgo à P. Leca », *L'Aigle. Journal de l'appel au peuple*, 11 juin 1881 (suppl.), s. p.

NICOLI, F., « L'Érostrate moderne », *L'Aigle. Journal de l'appel au peuple*, 11 juin 1881 (suppl.), s. p.

NICOLI, F., « La patrie de Christophe Colomb », *L'Aigle. Journal de l'appel au peuple*, 7e année, n° 369, samedi 30 avril 1881, p. 1-2.

« Note importante », *L'Aigle. Journal de l'appel au peuple*, 11 juin 1881 (suppl.), s. p.

P. C., « M. Leca réfuté par sa personne », *L'Aigle. Journal de l'appel au peuple*, 11 juin 1881 (suppl.), s. p.

P. C., « Un homme aux abois », *L'Aigle. Journal de l'appel au peuple*, 11 juin 1881 (suppl.), s. p.
« Préface », *L'Aigle. Journal de l'appel au peuple*, 7e année, n° 372, samedi 21 mai 1881 (suppl.), s. p.

– Articles consultés :

C. P., « La patrie de Christophe Colomb », *L'Aigle. Journal de l'appel au peuple*, 7e année, n° 368, samedi 23 avril 1881, p. 2-3.
C. P., « La patrie de Christophe Colomb », *L'Aigle. Journal de l'appel au peuple*, 7e année, n° 371, samedi 14 mai 1881, p. 2-3.
« Casanova et sa légion », *L'Aigle. Journal de l'appel au peuple*, 11 juin 1881 (suppl.), s. p.
« Farceur ou idiot ? », *L'Aigle. Journal de l'appel au peuple*, 7e année, n° 372, samedi 21 mai 1881 (suppl.), p. 2.
« Les chiens corses », *L'Aigle. Journal de l'appel au peuple*, 7e année, n° 372, samedi 21 mai 1881 (suppl.), p. 2.
« Le patriotisme de M. Paul Leca », *L'Aigle. Journal de l'appel au peuple*, 7e année, n° 372, samedi 21 mai 1881 (suppl.), p. 2.
« Leca-le-Solitaire », *L'Aigle. Journal de l'appel au peuple*, 11 juin 1881 (suppl.), s. p.
NICOLI, F., « Les deux Génois », *L'Aigle. Journal de l'appel au peuple*, 7e année, n° 379, samedi 9 juillet 1881, p. 1.
NICOLI, F., « Corses et Génois », *L'Aigle. Journal de l'appel au peuple*, 7e année, n° 380, samedi 16 juillet 1881, p. 1-2.
P. C., « Épilogue », *L'Aigle. Journal de l'appel au peuple*, 11 juin 1881 (suppl.), s. p.
P. C., « Les historiens et Christophe Colomb », *L'Aigle. Journal de l'appel au peuple*, 7e année, n° 372, samedi 21 mai 1881 (suppl.), p. 2.
P. C., « La patrie de Christophe Colomb », *L'Aigle. Journal de l'appel au peuple*, 7e année, n° 373, samedi 28 mai 1881, p. 2.
P. C., « Un coup de massue », *L'Aigle. Journal de l'appel au peuple*, 11 juin 1881 (suppl.), s. p.
« Rapport présenté à l'Académie Christophe Colomb, établie à Marseille, par M. le Conseiller de Figarelli son président d'honneur, dans la séance du 24 avril 1881 », *L'Aigle. Journal de l'appel au peuple*, 7e année, n° 372, samedi 21 mai 1881 (suppl.), p. 1-2.
T***, « De l'origine de Christophe Colomb », *L'Aigle. Journal de l'appel au peuple*, 2e année, n° 110, samedi 15 juillet 1876, p. 3-4.
T***, « De l'origine de Christophe Colomb », *L'Aigle. Journal de l'appel au peuple*, 2e année, n° 111, samedi 22 juillet 1876, p. 3-4.
U. C., « La patrie de Christophe Colomb », *L'Aigle. Journal de l'appel au peuple*, 7e année, n° 366, samedi 9 avril 1881, p. 2-3.

« Un document précieux », *L'Aigle. Journal de l'appel au peuple*, 11 juin 1881 (suppl.), s. p.
« Un fameux document », *L'Aigle. Journal de l'appel au peuple*, 7e année, n° 372, samedi 21 mai 1881 (suppl.), p. 2.

Bastia-Journal

– Articles cités :

PAOLI CESARINI, A.-Édouine, « Christophe Colomb était-il Corse ? », *Bastia-Journal*, 42e année, n° 17295, samedi 3 décembre 1927, p. 1-2.
PAOLI CESARINI, A.-Édouine, « Christophe Colomb était-il Corse ? », *Bastia-Journal*, 42e année, n° 17296, dimanche 4 décembre 1927, p. 1-2.
PAOLI CESARINI, A.-Édouine, « Christophe Colomb était-il Corse ? », *Bastia-Journal*, 42e année, n° 17297, lundi 5 et mardi 6 décembre 1927, p. 1-2.
PAOLI CESARINI, A.-Édouine, « Christophe Colomb était-il Corse ? », *Bastia-Journal*, 42e année, n° 17298, mercredi 7 décembre 1927, p. 1.
PAOLI CESARINI, A.-Édouine, « Christophe Colomb était-il Corse ? », *Bastia-Journal*, 42e année, n° 17300, vendredi 9 décembre 1927, p. 1-2.
PAOLI CESARINI, A.-Édouine, « Christophe Colomb était-il Corse ? », *Bastia-Journal*, 42e année, n° 17303, lundi 12 et mardi 13 décembre 1927, p. 1-2.
PAOLI CESARINI, A.-Édouine, « Christophe Colomb était-il Corse ? », *Bastia-Journal*, 42e année, n° 17304, mercredi 14 décembre 1927, p. 1-2.
PAOLI CESARINI, A.-Édouine, « Christophe Colomb était-il Corse ? », *Bastia-Journal*, 42e année, n° 17305, jeudi 15 décembre 1927, p. 1-2.
PAOLI CESARINI, A.-Édouine, « Christophe Colomb était-il Corse ? », *Bastia-Journal*, 42e année, n° 17307, samedi 17 décembre 1927, p. 1-2.
PAOLI CESARINI, A.-Édouine, « Christophe Colomb était-il Corse ? », *Bastia-Journal*, 42e année, n° 17310, mercredi 21 décembre 1927, p. 1-2.
PAOLI CESARINI, A.-Édouine, « Christophe Colomb était-il Corse ? », *Bastia-Journal*, 42e année, n° 17312, vendredi 23 décembre 1927, p. 1-2.
PAOLI CESARINI, A.-Édouine, « Christophe Colomb était-il Corse ? », *Bastia-Journal*, 42e année, n° 17315, lundi 26 et mardi 27 décembre 1927, p. 1-2.
PAOLI CESARINI, A.-Édouine, « Christophe Colomb était-il Corse ? », *Bastia-Journal*, 42e année, n° 17317, jeudi 29 décembre 1927, p. 1.
PAOLI CESARINI, A.-Édouine, « Le 12 octobre 1492-1934. Jour de Christophe Colomb », *Bastia-Journal*, 49e année, n° 18461, lundi 22 et mardi 23 octobre 1934, p. 2.
TROJANI, Antoine, « Christophe Colomb II », *Bastia-Journal*, 47e année, n° 18743, jeudi 23 juin 1932, p. 1.

– Articles consultés :

« Christophe Colomb naquit en Corse dans la ville de Calvi », *Bastia-Journal*, 40e année, no 16913, jeudi 23 septembre 1926, p. 1.

COLONNA CECCALDI, Tiburce, « Le centenaire de la découverte de l'Amérique célébré en France. Christophe Colomb revendiqué par une ville de Corse », *Bastia-Journal*, 4e année, no 1259, samedi 6 juillet 1889, p. 1-2.

« Érection de la statue de Christophe Colomb à Calvi », *Bastia-Journal*, 6e année, no 1971, vendredi 10 juillet 1891, p. 1-2.

FRANCESCHI, Jean-Augustin, « Christophe Colomb, Corse & Calvais », *Bastia-Journal*, 5e année, no 1673, jeudi 3 juillet 1890, p. 1-2.

GIAFFERI, Charles de, « Le testament de Christophe Colomb », *Bastia-Journal*, 37e année, no 15526, dimanche 25 juin 1922, p. 1.

GUITET-VAUQUELIN, P., « Christophe Colomb était-il Corse ? », *Bastia-Journal*, 40e année, no 16861, jeudi 29 juillet 1926, p. 1.

GUITET-VAUQUELIN, P., « Christophe Colomb était-il Corse ? Préface », *Bastia-Journal*, 42e année, no 17294, vendredi 2 décembre 1927, p. 1.

GUITET-VAUQUELIN, P., « Christophe Colomb vu par un marin », *Bastia-Journal*, 43e année, no 17511, vendredi 20 juillet 1928, p. 1.

« Le monument de Christophe Colomb à Calvi », *Bastia-Journal*, 6e année, no 2000, jeudi 13 août 1891, p. 2.

OMESSA, Henri, « Christophe Colomb né en Corse… », *Bastia-Journal*, 43e année, no 17484, samedi 23 juin 1928, p. 1.

PERETTI, Jean, « Christophe Colomb », *Bastia-Journal*, 5e année, no 1817, mercredi 17 décembre 1890, p. 1-2.

PERETTI, Jean, « Le berceau de Christophe Colomb devant l'Institut de France et l'opinion publique », *Bastia-Journal*, 5e année, no 1728, lundi 1er et mardi 2 septembre 1890, p. 1-2.

PERETTI, Jean, « Le berceau de Christophe Colomb devant l'Institut de France et l'opinion publique II », *Bastia-Journal*, 5e année, no 1729, mercredi 3 septembre 1890, p. 1-2.

PERETTI, Jean, « Le berceau de Christophe Colomb devant l'Institut de France et l'opinion publique III », *Bastia-Journal*, 5e année, no 1731, vendredi 5 septembre 1890, p. 1-2.

TROJANI, Antoine, « Christophe Colomb I », *Bastia-Journal*, 47e année, no 18737, jeudi 16 juin 1932, p. 1.

TROJANI, Antoine, « Christophe Colomb III », *Bastia-Journal*, 47e année, no 18755, jeudi 7 juillet 1932, p. 1.

X., « Une date mémorable », *Bastia-Journal*, 49e année, no 18452, vendredi 12 octobre 1934, p. 1.

Z., « La Corse est le berceau de Christophe Colomb », *Bastia-Journal*, n° 17394, mercredi 28 mars 1928, p. 3.

Conservateur de la Corse (Le)

– Articles cités :

« À M. Paul Leca, rédacteur en chef du *Journal de la Corse* », *Le Conservateur de la Corse*, 5e année, n° 224, jeudi 25 février 1886, p. 2.

A. M., « Christophe Colomb et la Corse », *Le Conservateur de la Corse*, 10e année, n° 490, jeudi 9 avril 1891, p. 2.

BERTONI, J.-B., « Le quatrième centenaire de Christophe Colomb », *Le Conservateur de la Corse*, 10e année, n° 506, jeudi 30 juillet 1891, p. 2.

CASANOVA, Martin, « Les ruines de la maison de Christophe Colomb à Calvi », *Le Conservateur de la Corse*, 1re année, n° 50, jeudi 26 octobre 1882, p. 1.

CASANOVA, Martin, « Deuxième lettre. Les ruines de la maison de Christophe Colomb à Calvi », *Le Conservateur de la Corse*, 1re année, n° 52, jeudi 9 novembre 1882, p. 1.

CASANOVA, Martin, « Christophe Colomb », *Le Conservateur de la Corse*, 2e année, n° 86, jeudi 5 juillet 1883, p. 2-3.

CASANOVA, Martin, « Lettre », *Le Conservateur de la Corse*, 5e année, n° 242, jeudi 1er juillet 1886, p. 2.

« Christophe Colomb », *Le Conservateur de la Corse*, 1re année, n° 5, jeudi 15 décembre 1881, p. 2.

« Christophe Colomb et la Corse », *Le Conservateur de la Corse*, 10e année, n° 515, jeudi 1er octobre 1891, p. 1-2.

« Comité de la statue de Christophe Colomb », *Le Conservateur de la Corse*, 5e année, n° 224, jeudi 25 février 1886, p. 2.

CORSICO, « Christophe Colomb », *Le Conservateur de la Corse*, 10e année, n° 520, jeudi 5 novembre 1891, p. 2.

CYRNOS, Paul de, « La patrie de Christophe Colomb », *Le Conservateur de la Corse*, 10e année, n° 511, jeudi 3 septembre 1891, p. 2.

« Décret du Président de la République Française », *Le Conservateur de la Corse*, 1re année, n° 45, jeudi 21 septembre 1882, p. 1-2.

« Dernière heure », *Le Conservateur de la Corse*, 9e année, n° 470, jeudi 20 novembre 1890, p. 1.

« Deux lettres à lire », *Le Conservateur de la Corse*, 9e année, n° 444, jeudi 22 mai 1890, p. 2.

« Discours de M. Casanova », *Le Conservateur de la Corse*, 5e année, n° 238, jeudi 3 juin 1886, p. 2.

DOMPIETRINI, Antoine, « Christophe Colomb », *Le Conservateur de la Corse*, 11e année, n° 549, jeudi 26 mai 1892, p. 2.
« Érection à Calvi d'une statue de Christophe Colomb autorisée par décret du Président de la République », *Le Conservateur de la Corse*, 10e année, n° 500, jeudi 18 juin 1891, p. 1.
« Fêtes de Calvi (30 mai). Discours de M. le docteur Malaspina », *Le Conservateur de la Corse*, 5e année, n° 242, jeudi 1er juillet 1886, p. 2.
« Fêtes de Calvi (30 mai) », *Le Conservateur de la Corse*, 5e année, n° 244, jeudi 15 juillet 1886, p. 1-2.
« Fêtes de Calvi à l'occasion du IVe centenaire de la découverte de l'Amérique par Christophe Colomb », *Le Conservateur de la Corse*, 11e année, n° 567, jeudi 29 septembre 1892, p. 2.
FIORAVANTI, Ange-Pierre, « La patrie de Christophe Colomb », *Le Conservateur de la Corse*, 5e année, n° 226, jeudi 11 mars 1886, p. 2.
FIORAVANTI, Ange-Pierre, « La patrie de Christophe Colomb », *Le Conservateur de la Corse*, 5e année, n° 228, jeudi 25 mars 1886, p. 1.
FIORAVANTI, Ange-Pierre, « La patrie de Christophe Colomb », *Le Conservateur de la Corse*, 5e année, n° 234, jeudi 6 mai 1886, p. 1.
FIORAVANTI, Ange-Pierre, « La patrie de Christophe Colomb », *Le Conservateur de la Corse*, 5e année, n° 235, jeudi 13 mai 1886, p. 1-2.
FIORAVANTI, Ange-Pierre, « La patrie de Christophe Colomb », *Le Conservateur de la Corse*, 5e année, n° 237, jeudi 27 mai 1886, p. 1-2.
FIORAVANTI, Ange-Pierre, « Réponse au *Journal de la Corse* du 1er juin », *Le Conservateur de la Corse*, 5e année, n° 238, jeudi 3 juin 1886, p. 2.
FIORAVANTI, Ange-Pierre, « La patrie de Christophe Colomb », *Le Conservateur de la Corse*, 5e année, n° 241, jeudi 24 juin 1886, p. 1-2.
FIORAVANTI, Ange-Pierre, « Le quatrième Centenaire de la découverte de l'Amérique par Christophe Colomb », *Le Conservateur de la Corse*, 7e année, n° 359, jeudi 4 octobre 1888, p. 1.
FIORAVANTI, Ange-Pierre, « Christophe Colomb », *Le Conservateur de la Corse*, 7e année, n° 365, jeudi 15 novembre 1888, p. 1.
FIORAVANTI, Ange-Pierre, « L'Institut de France de M. Casabianca », *Le Conservateur de la Corse*, 9e année, n° 446, jeudi 5 juin 1890, p. 2.
FIORAVANTI, Ange-Pierre, « L'Institut de France de M. Casabianca », *Le Conservateur de la Corse*, 9e année, n° 447, jeudi 12 juin 1890, p. 2.
FIORAVANTI, Ange-Pierre, « La lettre de M. Casabianca », *Le Conservateur de la Corse*, 9e année, n° 449, jeudi 26 juin 1890, p. 2.
FIORAVANTI, Ange-Pierre, « La vérité sur l'origine et la patrie de Christophe Colomb », *Le Conservateur de la Corse*, 9e année, n° 470, jeudi 20 novembre 1890, p. 1.

FIORAVANTI, Ange-Pierre, « À Calvi », *Le Conservateur de la Corse*, 10e année, n° 496, jeudi 21 mai 1891, p. 1-2.

FIORAVANTI, Ange-Pierre, « Le IVe centenaire de Christophe Colomb », *Le Conservateur de la Corse*, 10e année, n° 503, jeudi 9 juillet 1891, p. 1.

FIORAVANTI, Ange-Pierre, « Un monument à Christophe Colomb », *Le Conservateur de la Corse*, 10e année, n° 513, jeudi 17 septembre 1891, p. 2.

FIORAVANTI, Ange-Pierre, « Aux Corses », *Le Conservateur de la Corse*, 10e année, n° 526, jeudi 17 décembre 1891, p. 1.

FIORAVANTI, Ange-Pierre, « Le centenaire de Christophe Colomb », *Le Conservateur de la Corse*, 11e année, n° 560, jeudi 11 août 1892, p. 1.

FIORAVANTI, Ange-Pierre, « Conclusion », *Le Conservateur de la Corse*, 11e année, n° 564, jeudi 8 septembre 1892, p. 1.

FIORAVANTI, Ange-Pierre, « Une bonne nouvelle », *Le Conservateur de la Corse*, 11e année, n° 567, jeudi 29 septembre 1892, p. 2.

FIORAVANTI, Ange-Pierre, « Le tableau de Christophe Colomb », *Le Conservateur de la Corse*, 11e année, n° 568, jeudi 6 octobre 1892, p. 2.

FIORAVANTI, Ange-Pierre, « Les fêtes de Calvi », *Le Conservateur de la Corse*, 11e année, n° 570, jeudi 20 octobre 1892, p. 1-2.

FIORAVANTI, Ange-Pierre, « Le gouvernement et les fêtes de Calvi », *Le Conservateur de la Corse*, 11e année, n° 571, jeudi 27 octobre 1892, p. 1.

FIORAVANTI, Ange-Pierre, « Le portrait de Christophe Colomb », *Le Conservateur de la Corse*, 11e année, n° 579, jeudi 15 décembre 1892, p. 1.

FRANCESCHI, Jean-Augustin, « La Patrie de Christophe Colomb », *Le Conservateur de la Corse*, 9e année, n° 452, jeudi 17 juillet 1890, p. 1-2.

FRANCESCHI, Jean-Augustin, « Lettre », *Le Conservateur de la Corse*, 10e année, n° 515, jeudi 1er octobre 1891, p. 2.

« L'anniversaire de Christophe Colomb », *Le Conservateur de la Corse*, 10e année, n° 483, jeudi 19 février 1891, p. 2.

« La Corse et Christophe Colomb », *Le Conservateur de la Corse*, 10e année, n° 520, jeudi 5 novembre 1891, p. 1-2.

« La patrie de Christophe Colomb », *Le Conservateur de la Corse*, 5e année, n° 223, jeudi 18 février 1886, p. 1-2.

« La ville de Calvi et Christophe Colomb », *Le Conservateur de la Corse*, 1re année, n° 36, jeudi 20 juillet 1882, p. 2.

« Le centenaire de Christophe Colomb », *Le Conservateur de la Corse*, 5e année, n° 219, jeudi 21 janvier 1886, p. 1.

« Le monument de Christophe Colomb », *Le Conservateur de la Corse*, 10e année, n° 508, jeudi 20 août 1891, p. 1-2.

« Les fêtes de Calvi (30 mai) », *Le Conservateur de la Corse*, 5e année, n° 239, jeudi 10 juin 1886, p. 1-2.

« Lettre », *Le Conservateur de la Corse*, 5e année, nº 235, jeudi 13 mai 1886, p. 1.

« Lettre », *Le Conservateur de la Corse*, 5e année, nº 238, jeudi 3 juin 1886, p. 2.

« Liste de souscription », *Le Conservateur de la Corse*, 10e année, nº 504, jeudi 16 juillet 1891, p. 1-2.

MAESTRATI, A.-F., « À Christophe Colomb, enfant de la Corse », *Le Conservateur de la Corse*, 5e année, nº 225, jeudi 4 mars 1886, p. 3.

MÉI, A. T., « La découverte du Nouveau-Monde par Christophe Colomb », *Le Conservateur de la Corse*, 10e année, nº 507, jeudi 6 août 1891, p. 2.

PERETTI, Jean, « La statue de Christophe Colomb », *Le Conservateur de la Corse*, 9e année, nº 461, jeudi 18 septembre 1890, p. 1-2.

PLATO, Amicus, « Monsieur et Madame (à propos de Christophe Colomb) », *Le Conservateur de la Corse*, 9e année, nº 454, jeudi 31 juillet 1890, p. 2.

SANTINI, Félix, « Les enfants de la Corse », *Le Conservateur de la Corse*, 11e année, nº 546, jeudi 5 mai 1892, p. 2.

« Statue de Christophe Colomb à Calvi », *Le Conservateur de la Corse*, 10e année, nº 506, jeudi 30 juillet 1891, p. 2.

« Statue de Christophe Colomb à Calvi », *Le Conservateur de la Corse*, 10e année, nº 515, jeudi 1er octobre 1891, p. 2.

« Statue de Christophe Colomb à Calvi », *Le Conservateur de la Corse*, 10e année, nº 527, jeudi 24 décembre 1891, p. 1-2.

« Statue de Christophe Colomb à Calvi », *Le Conservateur de la Corse*, 11e année, nº 529, jeudi 7 janvier 1892, p. 2.

« Statue de Christophe Colomb à Calvi », *Le Conservateur de la Corse*, 11e année, nº 543, jeudi 14 avril 1892, p. 2.

« Statue de Christophe Colomb à Calvi », *Le Conservateur de la Corse*, 11e année, nº 566, jeudi 22 septembre 1892, p. 2.

« Statue de Christophe Colomb à Calvi », *Le Conservateur de la Corse*, 11e année, nº 568, jeudi 6 octobre 1892, p. 3.

THIERS, Fortuné, « Cantate à Christophe Colomb », *Le Conservateur de la Corse*, 11e année, nº 570, jeudi 20 octobre 1892, p. 2.

TONELLI, Philippe, « À Christophe Colomb », *Le Conservateur de la Corse*, 5e année, nº 238, jeudi 3 juin 1886, p. 2.

« Un patriote », *Le Conservateur de la Corse*, 1re année, nº 47, jeudi 5 octobre 1882, p. 3.

« Une correction à faire », *Le Conservateur de la Corse*, 5e année, nº 224, jeudi 25 février 1886, p. 2.

« Une reculade », *Le Conservateur de la Corse*, 11e année, nº 571, jeudi 27 octobre 1892, p. 1.

« Variétés », *Le Conservateur de la Corse*, 8e année, nº 419, jeudi 28 novembre 1889, p. 3-4.

– Articles consultés :

« À propos de Christophe Colomb », *Le Conservateur de la Corse*, 8e année, n° 400, jeudi 18 juillet 1889, p. 3.

A. B., « Article du *Bordeaux-Journal* », *Le Conservateur de la Corse*, 11e année, n° 571, jeudi 27 octobre 1892, p. 1.

ANGELINI, F., « Lettre », *Le Conservateur de la Corse*, 5e année, n° 224, jeudi 25 février 1886, p. 2.

ANTONINI, L. B., « Alla Città di Calvi. Patria di Cristoforo Colombo », *Le Conservateur de la Corse*, 12e année, n° 585, jeudi 26 janvier 1893, p. 2-3.

« Avis important à nos lecteurs », *Le Conservateur de la Corse*, 10e année, n° 520, jeudi 5 novembre 1891, p. 2.

BERGERAT, Émile, « Christophe Colomb Français », *Le Conservateur de la Corse*, 7e année, n° 367, jeudi 29 novembre 1888, p. 1-2.

BONETTI, « Bibliographie », *Le Conservateur de la Corse*, 11e année, n° 529, jeudi 7 janvier 1891, p. 2.

« Cani Corsi », *Le Conservateur de la Corse*, 9e année, n° 448, jeudi 19 juin 1890, p. 2.

CASABIANCA, Laurent-Marie, « Lettre », *Le Conservateur de la Corse*, 9e année, n° 432, jeudi 27 février 1890, p. 2.

CASABIANCA, Laurent-Marie, « Lettre », *Le Conservateur de la Corse*, 10e année, n° 505, jeudi 23 juillet 1891, p. 1.

CASANOVA, Martin, « Christophe Colomb », *Le Conservateur de la Corse*, 2e année, n° 87, jeudi 12 juillet 1883, p. 3-4.

CASANOVA, Martin, « Christophe Colomb », *Le Conservateur de la Corse*, 2e année, n° 89, jeudi 26 juillet 1883, p. 2.

« Christophe Colomb », *Le Conservateur de la Corse*, 6e année, n° 280, jeudi 24 mars 1887, p. 2-3.

« Christophe Colomb », *Le Conservateur de la Corse*, 6e année, n° 283, jeudi 14 avril 1887, p. 3.

« Christophe Colomb Corse », *Le Conservateur de la Corse*, 7e année, n° 336, jeudi 26 avril 1888, p. 3.

« Christophe Colomb et la Corse », *Le Conservateur de la Corse*, 9e année, n° 440, jeudi 24 avril 1890, p. 2.

« Christophe Colomb. Une statue à Calvi, sa ville natale », *Le Conservateur de la Corse*, 8e année, n° 401, jeudi 25 juillet 1889, p. 3.

« Colomb et Calvi », *Le Conservateur de la Corse*, 2e année, n° 89, jeudi 26 juillet 1883, p. 2.

« Découverte de l'Amérique », *Le Conservateur de la Corse*, 2e année, n° 61, jeudi 11 janvier 1883, p. 1.

ESCARD, F., « Christophe Colomb. Français, Corse et Calvais », *Le Conservateur de la Corse*, 8e année, n° 376, jeudi 31 janvier 1889, p. 2.

« Est-ce inutile ? », *Le Conservateur de la Corse*, 11e année, n° 563, jeudi 1er septembre 1892, p. 1-2.

EUSÈBE, « Christophe Colomb », *Le Conservateur de la Corse*, 11e année, n° 568, jeudi 6 octobre 1892, p. 2-3.

FIORAVANTI, Ange-Pierre, « Les statues », *Le Conservateur de la Corse*, 2e année, n° 61, jeudi 11 janvier 1883, p. 1.

FIORAVANTI, Ange-Pierre, « La patrie de Christophe Colomb », *Le Conservateur de la Corse*, 5e année, n° 227, jeudi 18 mars 1886, p. 1-2.

FIORAVANTI, Ange-Pierre, « À l'heure, Messieurs ! », *Le Conservateur de la Corse*, 5e année, n° 235, jeudi 13 mai 1886, p. 1.

FIORAVANTI, Ange-Pierre, « La patrie de Christophe Colomb », *Le Conservateur de la Corse*, 5e année, n° 236, jeudi 20 mai 1886, p. 2.

FIORAVANTI, Ange-Pierre, « Réponse au *Journal de la Corse* du 18 mai », *Le Conservateur de la Corse*, 5e année, n° 237, jeudi 27 mai 1886, p. 2.

FIORAVANTI, Ange-Pierre, « Réponse au *Journal de la Corse* du 25 mai », *Le Conservateur de la Corse*, 5e année, n° 237, jeudi 27 mai 1886, p. 2.

FIORAVANTI, Ange-Pierre, « Plus de chicanes », *Le Conservateur de la Corse*, 5e année, n° 237, jeudi 27 mai 1886, p. 3.

FIORAVANTI, Ange-Pierre, « La patrie de Christophe Colomb », *Le Conservateur de la Corse*, 5e année, n° 239, jeudi 10 juin 1886, p. 1.

FIORAVANTI, Ange-Pierre, « La patrie de Christophe Colomb », *Le Conservateur de la Corse*, 5e année, n° 240, jeudi 17 juin 1886, p. 2-3.

FIORAVANTI, Ange-Pierre, « Les Approbations », *Le Conservateur de la Corse*, 5e année, n° 244, jeudi 15 juillet 1886, p. 2.

FIORAVANTI, Ange-Pierre, « Quelle fécondité ! », *Le Conservateur de la Corse*, 5e année, n° 245, jeudi 22 juillet 1886, p. 2.

FIORAVANTI, Ange-Pierre, « La patrie de Christophe Colomb », *Le Conservateur de la Corse*, 6e année, n° 291, jeudi 9 juin 1887, p. 2.

FIORAVANTI, Ange-Pierre, « La patrie de Christophe Colomb », *Le Conservateur de la Corse*, 7e année, n° 338, jeudi 10 mai 1888, p. 2.

FIORAVANTI, Ange-Pierre, « Le quatrième centenaire de Christophe Colomb », *Le Conservateur de la Corse*, 9e année, n° 442, jeudi 8 mai 1890, p. 2.

FIORAVANTI, Ange-Pierre, « M le chanoine Casanova et son livre sur l'origine de Christophe Colomb », *Le Conservateur de la Corse*, 9e année, n° 453, jeudi 24 juillet 1890, p. 2.

FIORAVANTI, Ange-Pierre, « Les évolutions de M. Casabianca », *Le Conservateur de la Corse*, 9e année, n° 472, jeudi 4 décembre 1890, p. 2.

FIORAVANTI, Ange-Pierre, « Déclaration importante », *Le Conservateur de la Corse*, 10e année, n° 496, jeudi 21 mai 1891, p. 2.

FIORAVANTI, Ange-Pierre, « Réponse de l'abbé Franceschi », *Le Conservateur de la Corse*, 10e année, n° 500, jeudi 18 juin 1891, p. 1.

FIORAVANTI, Ange-Pierre, « L'effondrement de M. Casabianca », *Le Conservateur de la Corse*, 10e année, n° 501, jeudi 25 juin 1891, p. 1.

FIORAVANTI, Ange-Pierre, « Dernière heure », *Le Conservateur de la Corse*, 10e année, n° 504, jeudi 16 juillet 1891, p. 2.

FIORAVANTI, Ange-Pierre, « Réponse à la lettre du chanoine Casabianca », *Le Conservateur de la Corse*, 10e année, n° 505, jeudi 23 juillet 1891, p. 1-2.

FIORAVANTI, Ange-Pierre, « La prose de M. Casabianca », *Le Conservateur de la Corse*, 10e année, n° 508, jeudi 13 août 1891, p. 1.

FIORAVANTI, Ange-Pierre, « Les défenseurs de Gênes », *Le Conservateur de la Corse*, 10e année, n° 508, jeudi 20 août 1891, p. 2.

FIORAVANTI, Ange-Pierre, « La statue de Christophe Colomb », *Le Conservateur de la Corse*, 11e année, n° 557, jeudi 21 juillet 1892, p. 1.

FIORAVANTI, Ange-Pierre, « Le centenaire de Christophe Colomb », *Le Conservateur de la Corse*, 11e année, n° 559, jeudi 4 août 1892, p. 1.

FIORAVANTI, Ange-Pierre, « Le centenaire de Christophe Colomb », *Le Conservateur de la Corse*, 11e année, n° 561, jeudi 18 août 1892, p. 1.

FIORAVANTI, Ange-Pierre, « Toujours la patrie de Christophe Colomb », *Le Conservateur de la Corse*, 11e année, n° 562, jeudi 25 août 1892, p. 1-2.

FIORAVANTI, Ange-Pierre, « Le centenaire de Christophe Colomb », *Le Conservateur de la Corse*, 11e année, n° 576, jeudi 24 novembre 1892, p. 2.

FRANCESCHI, Jean-Augustin, « Réponse de l'abbé Franceschi », *Le Conservateur de la Corse*, 11e année, n° 535, jeudi 18 février 1892, p. 2.

FRANCESCHI, Jean-Augustin, « Réponse de l'abbé Franceschi », *Le Conservateur de la Corse*, 11e année, n° 540, jeudi 24 mars 1892, p. 2-3.

FRANCESCHI, Jean-Augustin, « Réponse de l'abbé Franceschi », *Le Conservateur de la Corse*, 11e année, n° 541, jeudi 31 mars 1892, p. 2-3.

FRANCESCHI, Jean-Augustin, « Réponse de l'abbé Franceschi », *Le Conservateur de la Corse*, 11e année, n° 542, jeudi 7 avril 1892, p. 2.

FRANCESCHI, Jean-Augustin, « Réponse de l'abbé Franceschi », *Le Conservateur de la Corse*, 11e année, n° 543, jeudi 14 avril 1892, p. 2-3.

FRANCESCHI, Jean-Augustin, « Réponse de l'abbé Franceschi », *Le Conservateur de la Corse*, 11e année, n° 544, jeudi 21 avril 1892, p. 2-3.

FRANCESCHI, Jean-Augustin, « Réponse de l'abbé Franceschi », *Le Conservateur de la Corse*, 11e année, n° 546, jeudi 5 mai 1892, p. 2.

GIFFARD, Pierre, « La patrie de Christophe Colomb », *Le Conservateur de la Corse*, 5e année, n° 221, jeudi 4 février 1886, p. 2.

« Il monumento a Colombo a New York », *Le Conservateur de la Corse*, 11e année, n° 549, jeudi 26 mai 1892, p. 2.

« Informations », *Le Conservateur de la Corse*, 11e année, n° 570, jeudi 20 octobre 1892, p. 2.

« Inscriptions et armoiries », *Le Conservateur de la Corse*, 5e année, n° 245, jeudi 22 juillet 1886, p. 2.

« IVe centenaire de la découverte du Nouveau-Monde. Hommage à Christophe Colomb, par l'érection de sa statue à Calvi », *Le Conservateur de la Corse*, 11e année, n° 560, jeudi 11 août 1892, p. 1.

« IVe centenaire de la découverte du Nouveau-Monde. Hommage à Christophe Colomb, par l'érection de sa statue à Calvi », *Le Conservateur de la Corse*, 11e année, n° 563, jeudi 1er septembre 1892, p. 1.

« L'article irréfutable », *Le Conservateur de la Corse*, 5e année, n° 234, jeudi 6 mai 1886, p. 1-2.

« La lettre de M. E. Savelli, de Speloncato », *Le Conservateur de la Corse*, 5e année, n° 244, jeudi 15 juillet 1886, p. 2.

« La patrie de Christophe Colomb », *Le Conservateur de la Corse*, 6e année, n° 300, jeudi 11 août 1887, p. 3.

« La patrie de Christophe Colomb », *Le Conservateur de la Corse*, 8e année, n° 413, jeudi 17 octobre 1889, p. 2.

« La question Casabianca », *Le Conservateur de la Corse*, 9e année, n° 450, jeudi 3 juillet 1890, p. 2.

« La statue de Christophe Colomb », *Le Conservateur de la Corse*, 10e année, n° 520, jeudi 5 novembre 1891, p. 2.

« Le 4e centenaire de Christophe Colomb », *Le Conservateur de la Corse*, 10e année, n° 484, jeudi 26 février 1891, p. 2.

« Le berceau de Christophe Colomb », *Le Conservateur de la Corse*, 8e année, n° 406, jeudi 5 septembre 1889, p. 3.

« Le centenaire de Christophe Colomb », *Le Conservateur de la Corse*, 9e année, n° 424, jeudi 2 janvier 1890, p. 2.

« Les lettres », *Le Conservateur de la Corse*, 5e année, n° 244, jeudi 15 juillet 1886, p. 2.

« Les origines de Christophe Colomb », *Le Conservateur de la Corse*, 8e année, n° 382, jeudi 14 mars 1889, p. 2.

« Le IVe centenaire de Christophe Colomb », *Le Conservateur de la Corse*, 11e année, n° 569, jeudi 13 octobre 1892, p. 2.

« Les traîtrises d'une mémoire », *Le Conservateur de la Corse*, 10e année, n° 508, jeudi 20 août 1891, p. 2.

LOUSI, Dom, « L'Espagne et Christophe Colomb », *Le Conservateur de la Corse*, 7e année, n° 360, jeudi 11 octobre 1888, p. 2.

MAESTRATI, A.-F., « Lettre », *Le Conservateur de la Corse*, 11e année, n° 566, jeudi 22 septembre 1892, p. 2.

MARCHI, Juliette, « À MM. Méi et Antomarchi, instituteurs, à propos de leurs odes sur Christophe Colomb », *Le Conservateur de la Corse*, 10e année, n° 520, jeudi 5 novembre 1891, p. 2.

« Où Christophe Colomb est-il né ? », *Le Conservateur de la Corse*, 2e année, n° 74, jeudi 12 avril 1883, p. 1.

PERETTI, Jean, « À M. le Directeur de la *Revanche* », *Le Conservateur de la Corse*, 5e année, n° 237, jeudi 27 mai 1886, p. 2.

PERETTI, Jean, « Aux Balanins », *Le Conservateur de la Corse*, 8e année, n° 417, jeudi 14 novembre 1889, p. 2-3.

PERETTI, Jean, « Aux Balanins (suite) », *Le Conservateur de la Corse*, 8e année, n° 418, jeudi 21 novembre 1889, p. 2.

PERETTI, Jean, « Lettre », *Le Conservateur de la Corse*, 8e année, n° 421, jeudi 12 décembre 1889, p. 2-3.

PERETTI, Jean, « Christophe Colomb », *Le Conservateur de la Corse*, 9e année, n° 430, jeudi 13 février 1890, p. 2-3.

PERETTI, Jean, « Calvais ou Génois ? », *Le Conservateur de la Corse*, 9e année, n° 450, jeudi 3 juillet 1890, p. 2.

PERETTI, Jean, « Lettre à Monsieur le Directeur de la *Tribune Corse* », *Le Conservateur de la Corse*, 10e année, n° 517, jeudi 15 octobre 1891, p. 1-2.

PERETTI, Jean, « Savone et Christophe Colomb », *Le Conservateur de la Corse*, 11e année, n° 562, jeudi 25 août 1892, p. 1.

SEBASTIANI, Marie, « Lettre », *Le Conservateur de la Corse*, 9e année, n° 457, jeudi 21 août 1890, p. 1.

SÉRAPHIN, « Christophe Colomb », *Le Conservateur de la Corse*, 6e année, n° 310, jeudi 20 octobre 1887, p. 1-2.

TOZZA, Albert, « Christophe Colomb », *Le Conservateur de la Corse*, 3e année, n° 154, jeudi 25 octobre 1884, p. 2-3.

« Un enciclica e Cristoforo Colombo », *Le Conservateur de la Corse*, 11e année, n° 549, jeudi 26 mai 1892, p. 2.

« Un monument à Christophe Colomb », *Le Conservateur de la Corse*, 10e année, n° 511, jeudi 3 septembre 1891, p. 2.

« Une bonne nouvelle », *Le Conservateur de la Corse*, 10e année, n° 504, jeudi 16 juillet 1891, p. 2.

« Une remarque », *Le Conservateur de la Corse*, 10e année, n° 505, jeudi 23 juillet 1891, p. 2.

« Une seule citation », *Le Conservateur de la Corse*, 10e année, n° 501, jeudi 25 juin 1891, p. 1.

Corse (La)

– Articles cités :

ALBERTINI, Rosine, « Succès de l'exposition philatélique », *La Corse – Le Provençal*, lundi 12 octobre 1992, p. 3.

ALBERTINI, Rosine, « Au palais des Gouverneurs. Réception dans la salle capitulaire », *La Corse – Le Provençal*, mardi 13 octobre 1992, p. 8.

MAESTRACCI, Alain, « Christophe Colomb calvais ? Et après ? », *La Corse – Le Provençal*, n° 14563, mercredi 5 juin 1985, p. 3.

MAESTRACCI, Alain, « Les cinq visages de Christophe Colomb », *La Corse – Le Provençal*, n° 14564, jeudi 6 juin 1985, p. 6.

MAESTRACCI, Alain, « Christophe Colomb trône à l'entrée de la citadelle », *La Corse – Le Provençal*, lundi 12 octobre 1992, p. 3.

MAESTRACCI, Alain, « Cristofanu Culombu. Magnifique défilé des enfants pour une reconstitution historique », *La Corse – Le Provençal*, mardi 13 octobre 1992, p. 8.

MAESTRACCI, Alain, « Granit et bronze pour le navigateur », *La Corse – Le Provençal*, mardi 13 octobre 1992, p. 8.

– Article consulté :

J. F., « Un peu d'histoire. Et la statue de Christophe Colomb ! », *La Corse – Le Provençal*, n° 14226, lundi 2 juillet 1984, p. 2.

Corse-Matin

– Articles cités :

« Calvi : les festivités du cinquième centenaire », *Corse-Matin*, n° 16296, vendredi 9 octobre 1992, p. Q.

CHIARI, Joseph, « Christophe Colomb, calvais », *Corse-Matin*, n° 13195, vendredi 30 mars 1984, p. A.

« Cristofanu Culombu redécouvre… Calvi », *Corse-Matin*, n° 16299, lundi 12 octobre 1992, p. A.

« Colloque sur Christophe Colomb. Vernissage de l'expo "Calvi au XVe siècle" et buffet campagnard », *Corse-Matin*, n° 13625, mercredi 5 juin 1985, p. G.

EMMANUELLI, Véronique, « Le mystère autour du tableau de Balagne sans doute éclairci », *Corse-Matin*, 4 novembre 2020, p. 10.

PACELLI, Jean-François, « Le mystérieux tableau jeté au rebut livre ses secrets », *Corse-Matin*, 2 novembre 2020, p. 5.

POURQUET, Emmanuelle, « La bague du Nouveau Monde », *Corse-Matin*, n° 16297, samedi 10 octobre 1992, p. P.

POURQUET, Emmanuelle, « Calvi commémore la découverte du Nouveau Monde », *Corse-Matin*, n° 16298, dimanche 11 octobre 1992, p. A.

SUZZONI, Jean-Baptiste, « Le VIIIe centenaire de la fondation de Calvi marqué hier par l'inauguration de la stèle de Christophe Colomb », *Corse-matin*, n° 11846, lundi 7 juillet 1980, p. H.

SUZZONI, Jean-Baptiste, « L'évocation par le chanoine Flori du "Grand amiral des océans" », *Corse-matin*, n° 11846, lundi 7 juillet 1980, p. H.

SUZZONI, Jean-Baptiste, « Les origines de Christophe Colomb », *Corse-Matin*, n° 13624, mardi 4 juin 1985, p. B.

SUZZONI, Jean-Baptiste, « Cristofanu Culombu veille sur Calvi… », *Corse-Matin*, n° 16299, lundi 12 octobre 1992, p. B.

SUZZONI, Jean-Baptiste, « Calvi : les enfants célèbrent Cristofanu Culombu », *Corse-Matin*, n° 16300, mardi 13 octobre 1992, p. C.

SUZZONI, Jean-Baptiste, « Cristofanu Culombu, il y a 500 ans », *Corse-Matin*, n° 16301, mercredi 14 octobre 1992, p. K.

– Articles consultés :

BALBONI, Julien, « Calvi. Pas touche aux origines de Christophe Colomb ! », *Corse-Matin*, 10 mai 2010.

« Cachet Christophe Colomb », *Corse-Matin*, n° 16297, samedi 10 octobre 1992, p. I.

CINCINATIS, Johanna, « Christophe Colomb : un atout touristique de plus pour Calvi », *Corse-Matin*, 2 septembre 2019.

EMMANUELLI, Véronique, « Calvi : au-delà du mythe de Christophe Colomb », *Corse-Matin*, 1er décembre 2020.

FLORI, Jean, « Le mystère Christophe Colomb. Une nouvelle étude dans les "Cahiers Corsica" », *Corse-Matin*, n° 13234, mercredi 9 mai 1984, p. A.

J. F., « Quand la haute et la basse ville s'opposaient pour célébrer… Christophe Colomb », *Corse-matin*, n° 11847, mardi 8 juillet 1980, p. G.

PADOVANI, Ghjilormu, « L'office de tourisme lève le voile sur la *semper fidelis* », *Corse-Matin*, lundi 13 juillet 2009, p. 18.

POURQUET, Emmanuelle, « Les Calvais et Colomb », *Corse-Matin*, n° 16297, samedi 10 octobre 1992, p. I.

« Quand le professeur Marcotorchino conte l'histoire de la cité… Christophe Colomb est calvais », *Corse-Matin*, n° 12748, vendredi 7 janvier 1983, p. F.

SUZZONI, Jean-Baptiste, « Calvi. La découverte du Nouveau Monde », *Corse-Matin*, n° 16300, mardi 13 octobre 1992, p. A.

« Ve centenaire : la population invitée les 11 et 12 octobre », *Corse-Matin*, n° 16296, vendredi 9 octobre 1992, p. M.

Corse touristique (La)

– Articles cités :

BATTESTINI, François, « Rendons à César », *La Corse touristique*, n° IX, 1932, p. 81-82.
BATTESTINI, François, « Les Génois à Calvi et Christophe Colomb », *La Corse touristique*, n° XI, 1934, p. 17-19.
PARATA, J. de la, « Un voyage en Corse », *La Corse touristique*, 2e année, n° 4, mars 1925, p. 15-18.

– Article consulté :

ROUX, Léon, « Christophe Colomb était-il Corse ? », *La Corse touristique*, n° VI, 1929, p. 193-194.

Drapeau (Le)

– Article cité :

« Christophe Colomb », *Le Drapeau. Journal Quotidien*, 3e année, n° 127, 4 juin 1891, p. 1-2.

– Articles consultés :

BERTONI, J.-B., « Le quatrième centenaire de Christophe Colomb », *Le Drapeau. Journal Quotidien*, 3e année, n° 172, mardi 28 juillet 1891, p. 1-2.
« La Corse et Christophe Colomb », *Le Drapeau. Journal Quotidien*, 3e année, n° 261, mercredi 11 novembre 1891, p. 1-2.
« Le 4e Centenaire de Christophe Colomb », *Le Drapeau. Journal Quotidien*, 3e année, n° 37, samedi 14 février 1891, p. 1-2.
PERETTI, Jean, « Toujours la patrie de Christophe Colomb », *Le Drapeau. Journal Quotidien*, 4e année, n° 196, mercredi 24 août 1892, p. 2.

Gazette de la Corse

– Article cité :

« À la gloire de Christophe Colomb. La Corse se doit d'honorer le nom d'un de ses plus illustres enfants », *Gazette de la Corse*, n° 34, lundi 29 mai 1939, p. 1.

– Articles consultés :

LORENZI, Germain, « Christophe Colomb », *Gazette de la Corse*, 9e année, n° 412, dimanche 23 août 1942, p. 1-2.
LORENZI, Germain, « Christophe Colomb », *Gazette de la Corse*, 9e année, n° 413, dimanche 30 août 1942, p. 1-2.
LORENZI, Germain, « Christophe Colomb », *Gazette de la Corse*, 9e année, n° 414, dimanche 6 septembre 1942, p. 1-2.

Journal de la Corse

– Articles cités :

LECA, Paul, « La patrie de Christophe Colomb », *Journal de la Corse*, 4e année, n° 169, mardi 19 avril 1881, p. 1-2.
LECA, Paul, « Encore Christophe Colomb », *Journal de la Corse*, 73e année, n° 3792, mardi 25 novembre 1890, p. 2.
LOCCICO, Léon de, « Le centenaire de Christophe Colomb », *Journal de la Corse*, 9e année, n° 455, mardi 25 mai 1886, p. 2.
LOCCICO, Léon de, « Les polémiques du *Conservateur* », *Journal de la Corse*, 9e année, n° 456, mardi 1er juin 1886, p. 2.

– Articles consultés :

CASABIANCA, Laurent-Marie, « Le Pape Léon XIII et Christophe Colomb », *Journal de la Corse*, 74e année, n° 3813, mardi 28 avril 1891, p. 1-2.
D. H., « Lettre », *Journal de la Corse*, 4e année, n° 180, mardi 5 juillet 1881, p. 1-2.
« L'abbé Fioravanti », *Journal de la Corse*, 8e année, n° 366, mardi 3 février 1885, p. 3.
« La patrie de Christophe Colomb », *Journal de la Corse*, 4e année, n° 173, mardi 17 mai 1881, p. 1-2.
LECA, Paul, « Les fêtes de Calvi », *Journal de la Corse*, 9e année, n° 457, mardi 8 juin 1886, p. 2.
LECA, Paul, « Toujours Christophe Colomb », *Journal de la Corse*, 73e année, n° 3794, mardi 9 décembre 1890, p. 1.
LECA, Paul, « Une lettre de M. Casanova », *Journal de la Corse*, 73e année, n° 3794, mardi 9 décembre 1890, p. 2.
LOCCICO, Léon de, « Réponse au *Conservateur* du 3 juin », *Journal de la Corse*, 9e année, n° 457, mardi 8 juin 1886, p. 2.
LOCCICO, Léon de, « Réponse au *Conservateur* du 27 mai », *Journal de la Corse*, 9e année, n° 457, mardi 8 juin 1886, p. 3.

LOCCICO, Léon de, « Le centenaire de Christophe Colomb », *Journal de la Corse*, 9e année, n° 456, mardi 1er juin 1886, p. 3.
LOCCICO, Léon de, « Réponse au *Conservateur* du 27 mai », *Journal de la Corse*, 9e année, n° 458, mardi 15 juin 1886, p. 2-3.
LOCCICO, Léon de, « Génois ou Calvais ? », *Journal de la Corse*, 9e année, n° 459, mardi 29 juin 1886, p. 3.

Messager corse (Le)

– Articles cités :

A. A., « Colombo », *Le Messager corse*, 1re année, n° 28, vendredi 8 mai 1874, p. 2.
CASANOVA, Martin, « Cristofaro Colombo », *Le Messager corse*, 1re année, n° 21, vendredi 20 mars 1874, p. 1.
CASANOVA, Martin, « Cristoforo Colombo », *Le Messager corse*, 1re année, n° 23, vendredi 3 avril 1874, p. 2-3.
CASANOVA, Martin, « Dell'origine du Cristoforo Colombo », *Le Messager corse*, 1re année, n° 25, vendredi 17 avril 1874, p. 3-4.

Pascal Paoli (Le)

– Articles cités :

« Gênes et la Corse », *Le Pascal Paoli. Journal républicain hebdomadaire*, 4e année, n° 145, dimanche 11 juillet 1886, p. 1-2.
GIAFFERI, Charles de, « La patrie de Christophe Colomb ou l'art d'accommoder les textes », *Le Pascal Paoli*, 50e année, n° 2057, 27 août 1932, p. 1.
GIAFFERI, Charles de, « La patrie de Christophe Colomb ou l'art d'accommoder les textes », *Le Pascal Paoli*, 50e année, n° 2059, 10 septembre 1932, p. 1.

– Articles consultés :

GIAFFERI, Charles de, « La patrie de Christophe Colomb ou l'art d'accommoder les textes », *Le Pascal Paoli*, 50e année, n° 2060, 17 septembre 1932, p. 1-2.
GIAFFERI, Charles de, « La patrie de Christophe Colomb ou l'art d'accommoder les textes », *Le Pascal Paoli*, 50e année, n° 2062, 1er octobre 1932, p. 1-2.
GIAFFERI, Charles de, « La patrie de Christophe Colomb ou l'art d'accommoder les textes », *Le Pascal Paoli*, 50e année, n° 2063, 8 octobre 1932, p. 1-2.
GIAFFERI, Charles de, « Christophe Colomb est-il né à Calvi ? », *Le Pascal Paoli*, 50e année, n° 2065, 22 octobre 1932, p. 1.
GIAFFERI, Charles de, « Christophe Colomb est-il né à Calvi ? », *Le Pascal Paoli*, 50e année, n° 2066, 29 octobre 1932, p. 1.

GIAFFERI, Charles de, « Christophe Colomb est-il né à Calvi ? », *Le Pascal Paoli*, 50e année, n° 2067, 5 novembre 1932, p. 1.

GIAFFERI, Charles de, « Christophe Colomb est-il né à Calvi ? », *Le Pascal Paoli*, 50e année, n° 2068, 12 novembre 1932, p. 1.

GIAFFERI, Charles de, « Christophe Colomb est-il né à Calvi ? », *Le Pascal Paoli*, 50e année, n° 2069, 19 novembre 1932, p. 1-2.

LECA, Paul, « Lettre du 15 juillet 1886 », *Le Pascal Paoli. Journal républicain hebdomadaire*, 4e année, n° 146, dimanche 18 juillet 1886, p 1.

Petit Bastiais (Le)

– Articles cités :

« À la mémoire de Christophe Colomb, citoyen calvais », *Le Petit Bastiais*, 39e année, n° 93, vendredi 3 avril 1914, p. 1.

ARÈNE, Emmanuel, « Les fêtes de Gênes », *Le Petit Bastiais*, 17e année, n° 4254, vendredi 16 septembre 1892, p. 1.

BATTESTINI, François, « L'ancre de la "Santa Maria", la caravelle de Christophe Colomb », *Le Petit Bastiais*, vendredi 4 septembre 1931, p. 2.

BATTESTINI, François, « Les Génois à Calvi et Christophe Colomb », *Le Petit Bastiais*, 58e année, dimanche 2 avril 1933, p. 1 et 3.

BATTESTINI, François, « Les Calvais en Amérique et les Américains à Calvi », *Le Petit Bastiais*, 58e année, n° 139, mercredi 26 juillet 1933, p. 1-2.

BATTESTINI, François, « Christophe Colomb lègue des sommes à des Calvais ses compatriotes », *Le Petit Bastiais*, 58e année, n° 147, vendredi 4 août 1933, p. 2.

BATTESTINI, François, « Christophe Colomb lègue des sommes à des Calvais ses compatriotes », *Le Petit Bastiais*, 58e année, n° 148, samedi 5 août 1933, p. 2.

BATTESTINI, François, « Christophe Colomb lègue des sommes à des Calvais ses compatriotes », *Le Petit Bastiais*, 58e année, n° 149, samedi 6 août 1933, p. 2.

BATTESTINI, François, « Christophe Colomb et la famille Girardi ou Gherardi », *Le Petit Bastiais*, 58e année, n° 155, lundi 14 et mardi 15 août 1933, p. 1-2.

BATTESTINI, François, « Christophe Colomb et la famille Girardi ou Gherardi », *Le Petit Bastiais*, 58e année, n° 156, mercredi 16 août 1933, p. 1.

BATTESTINI, François, « Les compagnons de Christophe Colomb étaient corses et calvais », *Le Petit Bastiais*, 58e année, n° 272, vendredi 29 décembre 1933, p. 1-2.

BATTESTINI, François, « La vérité historique doit être reconnue. Généalogie de la famille Colombo de Calvi », *Le Petit Bastiais*, 59e année, n° 115, jeudi 28 juin 1934, p. 1-2.

BATTESTINI, François, « La vérité historique doit être reconnue. Généalogie de la famille Colombo de Calvi », *Le Petit Bastiais*, 59e année, no 121, jeudi 5 juillet 1934, p. 1-2.

BERGERAT, Émile, « Christophe Colomb Français », *Le Petit Bastiais*, 13e année, no 2812, dimanche 16 décembre 1888, p. 1.

BERTONI, J.-B., « Christophe Colomb », *Le Petit Bastiais*, 16e année, no 3618, jeudi 15 janvier 1891, p. 1.

BERTONI, J.-B., « Le monument de Christophe Colomb à Calvi », *Le Petit Bastiais*, 17e année, no 4177, dimanche 19 juin 1892, p. 1-2.

C., « Christophe Colomb », *Le Petit Bastiais*, 11e année, no 1743, vendredi 5 mars 1886, p. 1-2.

C., « Fêtes de Calvi. Première journée », *Le Petit Bastiais*, 17e année, no 5276, mercredi 12 octobre 1892, p. 2.

C., « Fêtes de Calvi. Deuxième journée », *Le Petit Bastiais*, 17e année, no 5277, jeudi 13 octobre 1892, p. 2.

C., « Fêtes de Calvi. Troisième journée », *Le Petit Bastiais*, 17e année, no 5278, vendredi 14 octobre 1892, p. 2.

CALVIUS, « Une conférence sur Christophe Colomb », *Le Petit Bastiais*, 36e année, no 60, mercredi 1er mars 1911, p. 1.

CARLI, Romulus, « La patrie de Christophe Colomb », *Le Petit Bastiais*, 11e année, no 1824, jeudi 24 juin 1886, p. 1-2.

CASABIANCA, Laurent-Marie, « Correspondance », *Le Petit Bastiais*, 16e année, no 3874, jeudi 9 juillet 1891, p. 2.

CASANOVA, Martin, « Encore une bonne découverte relative à Christophe Colomb », *Le Petit Bastiais*, 17e année, no 4262, dimanche 25 septembre 1892, p. 1-2.

COLONNA, Noël, « Une promenade à Calvi », *Le Petit Bastiais*, 17e année, no 4058, mercredi 27 janvier 1892, p. 1-2.

« Concours de tir », *Le Petit Bastiais*, 17e année, no 5279, samedi 15 octobre 1892, p. 2.

« Conférence de M. le Chanoine Castaing », *Le Petit Bastiais*, 36e année, no 65, lundi 6 mars 1911, p. 1.

CORSO, « Le 4e centenaire de Christophe Colomb », *Le Petit Bastiais*, 16e année, no 3629, mercredi 28 janvier 1891, p. 1.

CORSO, « Le 4e Centenaire de la découverte de l'Amérique », *Le Petit Bastiais*, 17e année, no 5270, mercredi 5 octobre 1892, p. 1.

« Fêtes de Calvi », *Le Petit Bastiais*, 17e année, no 5275, lundi 10 et mardi 11 octobre 1892, p. 1-2.

« Fêtes de Calvi », *Le Petit Bastiais*, 17e année, no 5314, jeudi 24 novembre 1892, p. 2.

« Fêtes de Calvi », *Le Petit Bastiais*, 17e année, n° 5276, mercredi 12 octobre 1892, p. 3.
« Fêtes de Calvi », *Le Petit Bastiais*, 17e année, n° 5277, jeudi 13 octobre 1892, p. 3.
« Fêtes de Calvi », *Le Petit Bastiais*, 17e année, n° 5279, samedi 15 octobre 1892, p. 2.
« Fêtes de Calvi », *Le Petit Bastiais*, 17e année, n° 5280, dimanche 16 octobre 1892, p. 2.
FORMENTIN, Charles, « La nationalité de Christophe Colomb », *Le Petit Bastiais*, 17e année, n° 4249, samedi 10 septembre 1892, p. 1-2.
FROLLO, Jean, « Les fêtes de Calvi », *Le Petit Bastiais*, 11e année, n° 1675, dimanche 24 janvier 1886, p. 1-2.
« Gazette départementale », *Le Petit Bastiais*, 13e année, n° 2544, lundi 2 juillet 1888, p. 2.
GIFFARD, Pierre, « La patrie de Christophe Colomb », *Le Petit Bastiais*, 11e année, n° 1688, samedi 6 février 1886, p. 1-2.
GIFFARD, Pierre, « Les fêtes de Calvi », *Le Petit Bastiais*, 11e année, n° 1802, jeudi 3 juin 1886, p. 1-2.
« La patrie de Christophe Colomb », *Le Petit Bastiais*, 11e année, n° 1809, mercredi 9 juin 1886, p. 1.
« La statue de Christophe Colomb », *Le Petit Bastiais*, 17e année, n° 4115, mercredi 6 avril 1892, p. 2.
« La statue de Christophe Colomb », *Le Petit Bastiais*, 17e année, n° 4116, jeudi 7 avril 1892, p. 2.
« Le monument de Christophe Colomb », *Le Petit Bastiais*, 16e année, n° 3843, dimanche 31 mai 1891, p. 1-2.
« Le monument de Christophe Colomb », *Le Petit Bastiais*, 16e année, n° 3881, vendredi 17 juillet 1891, p. 2.
« Le monument de Christophe Colomb », *Le Petit Bastiais*, 16e année, n° 3892, jeudi 30 juillet 1891, p. 2.
« Le monument de Christophe Colomb à Calvi », *Le Petit Bastiais*, 17e année, n° 4068, dimanche 7 février 1892, p. 2.
« Le monument de Christophe Colomb à Calvi », *Le Petit Bastiais*, 17e année, n° 4242, vendredi 2 septembre 1892, p. 3.
« Le monument de Christophe Colomb à Calvi », *Le Petit Bastiais*, 17e année, n° 4244, dimanche 4 septembre 1892, p. 2-3.
« Le monument de Christophe Colomb à Calvi », *Le Petit Bastiais*, 17e année, n° 4254, vendredi 16 septembre 1892, p. 2.
« Le monument de Christophe Colomb à Calvi », *Le Petit Bastiais*, 17e année, n° 4261, samedi 24 septembre 1892, p. 2.
« Le monument de Christophe Colomb à Calvi », *Le Petit Bastiais*, 17e année, n° 4265, vendredi 30 septembre 1892, p. 2.

« Le monument de Christophe Colomb à Calvi », *Le Petit Bastiais*, 17e année, no 5271, jeudi 6 octobre 1892, p. 2.

« Le monument de Christophe Colomb à Calvi », *Le Petit Bastiais*, 17e année, no 5273, samedi 8 octobre 1892, p. 2.

« Le monument de Christophe Colomb à Calvi », *Le Petit Bastiais*, 17e année, no 5276, mercredi 12 octobre 1892, p. 2.

« Le portrait de Christophe Colomb », *Le Petit Bastiais*, 18e année, no 5604, mercredi 5 juillet 1893, p. 2.

« Le portrait de Christophe Colomb », *Le Petit Bastiais*, 18e année, no 5628, mercredi 2 août 1893, p. 1-2.

« Les fêtes de Calvi », *Le Petit Bastiais*, 11e année, no 1800, lundi 31 mai 1886, p. 1.

« Les fêtes de Calvi », *Le Petit Bastiais*, 17e année, no 5283, jeudi 20 octobre 1892, p. 2.

« Lettres de Calvi », *Le Petit Bastiais*, 16e année, no 3662, samedi 14 février 1891, p. 2.

MARIN, José, « Où est né Christophe Colomb ? L'irritant problème », *Petit Bastiais*, 48e année, no 8, vendredi 3 novembre 1922, p. 1.

ORSO, « Une grande œuvre », *Le Petit Bastiais*, 14e année, no 3009, vendredi 12 juillet 1889, p. 1.

PERETTI, Jean, « Le monument de Christophe Colomb », *Le Petit Bastiais*, 14e année, no 3086, lundi 30 septembre 1889, p. 2.

SAVELLI, Hortensius, « Discours sur l'origine de Christophe Colomb lu à Paris le 4 novembre 1840 devant une Société de Gens de Lettres », *Le Petit Bastiais*, 11e année, no 1798, samedi 29 mai 1886, p. 1-2.

SPONT, Henry, « Christophe Colomb était-il Corse ? », *Le Petit Bastiais*, 38e année, no 44, jeudi 13 février 1913, p. 1.

THIERS, Fortuné, « Cantate à Christophe Colomb », *Le Petit Bastiais*, 58e année, jeudi 22 juin 1933, p. 2.

« Un acte de vandalisme », *Le Petit Bastiais*, 9e année, no 1135, jeudi 17 juillet 1884, p. 2.

« Une protestation », *Le Petit Bastiais*, 14e année, no 3059, mardi 3 septembre 1889, p. 1.

WALLIS, Jean, « Colomb », *Le Petit Bastiais*, 38e année, no 213, mercredi 6 août 1913, p. 1.

– Articles consultés :

« À Christophe Colomb. Une statue à Calvi, sa ville natale », *Le Petit Bastiais*, 14e année, no 2993, mercredi 26 juin 1889, p. 1-2.

A. F., « Christophe Colomb était Corse », *Le Petit Bastiais*, 57e année, no 53, vendredi 8 avril 1932, p. 2.

A. M., « Christophe Colomb et la Corse », *Le Petit Bastiais*, 16e année, n° 3787, vendredi 27 mars 1891, p. 1.

A. M., « L'immortelle gloire de Colomb. Quatre siècles après », *Le Petit Bastiais*, jeudi 4 juillet 1929, p. 1.

« Appel patriotique », *Le Petit Bastiais*, 16e année, n° 4008, dimanche 6 décembre 1891, p. 2.

ARISTARQUE, « En visitant Calvi », *Le Petit Bastiais*, 52e année, n° 90, samedi 9 avril 1927, p. 1.

BATTESTINI, François, « Christophe Colomb n'est pas né à Gênes ? », *Le Petit Bastiais*, lundi 21 et mardi 22 juillet 1930, p. 2.

BATTESTINI, François, « Christophe Colomb, Corse et Calvais », *Le Petit Bastiais*, 57e année, n° 116, mercredi 22 juin 1932, p. 2.

BATTESTINI, François, « Les Génois à Calvi et Christophe Colomb », *Le Petit Bastiais*, 58e année, n° 93, samedi 3 juin 1933, p. 2.

BATTESTINI, François, « Les Génois à Calvi et Christophe Colomb », *Le Petit Bastiais*, 58e année, n° 94, dimanche 4 juin 1933, p. 1-2.

BATTESTINI, François, « Les rois d'Aragon et Calvi. Christophe Colomb et Antonio Calvo », *Le Petit Bastiais*, 58e année, n° 111, vendredi 23 juin 1933, p. 2.

BATTESTINI, François, « Les rois d'Aragon et Calvi. Christophe Colomb et Antonio Calvo », *Le Petit Bastiais*, 58e année, n° 112, vendredi 24 juin 1933, p. 2.

BATTESTINI, François, « Les familles Pontanabon-Stefani et Christophe Colomb », *Le Petit Bastiais*, 58e année, n° 130, samedi 15 juillet 1933, p. 2.

BATTESTINI, François, « Les familles Guirardi et Colombo sont originaires de Calvi et alliées », *Le Petit Bastiais*, 58e année, n° 156, mercredi 16 août 1933, p. 1-2.

BATTESTINI, François, « La vérité historique doit être reconnue. Généalogie de la famille Colombo de Calvi », *Le Petit Bastiais*, 59e année, n° 113, lundi 25 et mardi 26 juin 1934, p. 1-2.

BATTESTINI, François, « La vérité historique doit être reconnue. Généalogie de la famille Colombo de Calvi », *Le Petit Bastiais*, 59e année, n° 114, mercredi 27 juin 1934, p. 1.

BERTONI, J.-B., « La quatrième centenaire de Christophe Colomb », *Le Petit Bastiais*, 16e année, n° 3870, samedi 4 juillet 1891, p. 1-2.

BONETTI, « La patrie de Christophe Colomb », *Le Petit Bastiais*, 17e année, n° 4059, jeudi 28 janvier 1892, p. 3.

CALVESE, « Les Fêtes de Calvi », *Le Petit Bastiais*, 17e année, n° 5274, dimanche 9 octobre 1892, p. 1.

« Calvi », *Le Petit Bastiais*, 17e année, n° 4265, jeudi 29 septembre 1892, p. 1.

« Calvi. Patrie de Christophe Colomb », *Le Petit Bastiais*, 36e année, no 106, dimanche 16 avril 1911, p. 1-2.
« Calvi doit une statue à Christophe Colomb », *Le Petit Bastiais*, 7e année, no 367, jeudi 30 mars 1882, p. 1.
CASANOVA, Martin, « La patrie de Christophe Colomb », *Le Petit Bastiais*, 17e année, no 4263, lundi 26 et mardi 27 septembre 1892, p. 1-2.
« Centenaire de Christophe Colomb », *Le Petit Bastiais*, 16e année, no 3845, mercredi 3 juin 1891, p. 1.
« Centenaire de Christophe Colomb », *Le Petit Bastiais*, 16e année, no 3846, jeudi 4 juin 1891, p. 2.
« Centenaire de Christophe Colomb », *Le Petit Bastiais*, 17e année, no 5279, samedi 15 octobre 1892, p. 2.
« Christophe Colomb », *Le Petit Bastiais*, 17e année, no 4183, dimanche 26 juin 1892, p. 2.
« Christophe Colomb », *Le Petit Bastiais*, 43e année, no 83, mardi 15 janvier 1918, p. 1.
« Christophe Colomb Calvais », *Le Petit Bastiais*, samedi 26 décembre 1931, p. 1-2.
« Christophe Colomb, Corse et Calvais », *Le Petit Bastiais*, 47e année, no 37, jeudi 8 décembre 1921, p. 1-2.
« Christophe Colomb, Corse et Calvais », *Le Petit Bastiais*, 47e année, no 41, lundi 12 et mardi 13 décembre 1921, p. 1-2.
« Christophe Colomb, Corse et Calvais », *Le Petit Bastiais*, 47e année, no 49, jeudi 22 décembre 1921, p. 1-2.
« Christophe Colomb est-il né en Corse », *Le Petit Bastiais*, 48e année, no 288, jeudi 27 septembre 1923, p. 1.
« Christophe Colomb est-il né en Corse ? », *Le Petit Bastiais*, vendredi 30 mai 1930, p. 1-2.
« Christophe Colomb Français », *Le Petit Bastiais*, 14e année, no 2930, vendredi 19 avril 1889, p. 2.
« Christophe Colomb Français, Corse et Calvais », *Le Petit Bastiais*, 13e année, no 2578, dimanche 5 août 1888, p. 2.
« Christophe Colomb Français, Corse et Calvais », *Le Petit Bastiais*, 14e année, no 2897, dimanche 17 mars 1889, p. 1-2.
« Christophe Colomb Français, Corse & Calvais », *Le Petit Bastiais*, 14e année, no 2982, dimanche 16 juin 1889, p. 1-2.
« Colomb », *Le Petit Bastiais*, 16e année, no 3995, samedi 21 novembre 1891, p. 1.
DEMANCHE, Georges, « À travers la Corse », *Le Petit Bastiais*, 13e année, no 2532, mardi 19 juin 1888, p. 1.
DIAS, Lino, « Christophe Colomb », *Le Petit Bastiais*, 7e année, no 365, vendredi 26 mars 1882, p. 2.

E. P., « Christophe Colomb et les documents génois », *Le Petit Bastiais*, 57e année, n° 133, lundi 11 et mardi 12 juillet 1932, p. 3.

ECHO, « Le livre de M. Peretti », *Le Petit Bastiais*, 14e année, n° 2933, lundi 22 et mardi 23 avril 1889, p. 2.

« Encore Christophe Colomb », *Le Petit Bastiais*, 14e année, n° 2916, vendredi 5 avril 1889, p. 2.

« Éphémérides corses », *Le Petit Bastiais*, 8e année, n° 733, lundi 11 juin 1883, p. 1.

« Éphémérides corses », *Le Petit Bastiais*, 13e année, n° 2525, lundi 11 juin 1888, p. 2.

« Éphémérides corses », *Le Petit Bastiais*, 15e année, n° 3310, mercredi 11 juin 1890, p. 2.

ESCARD, F., « Christophe Colomb Français, Corse & Calvais », *Le Petit Bastiais*, 14e année, n° 2842, samedi 19 janvier 1889, p. 1-2.

FANTASIO, « La découverte de l'Amérique », *Le Petit Bastiais*, 15e année, n° 3381, jeudi 4 septembre 1890, p. 1.

« Fête à Calvi en l'honneur de Christophe Colomb en mémoire du 12 octobre 1492 », *Le Petit Bastiais*, 63e année, n° 221, dimanche 23 octobre 1938, p. 1.

« Fête à Calvi en l'honneur de Christophe Colomb en mémoire du 12 octobre 1492 », *Le Petit Bastiais*, 63e année, n° 222, lundi 24 et mardi 25 octobre 1938, p. 2.

« Fêtes de Calvi », *Le Petit Bastiais*, 17e année, n° 4248, vendredi 9 septembre 1892, p. 1.

« Fêtes de Calvi », *Le Petit Bastiais*, 17e année, n° 4260, vendredi 23 septembre 1892, p. 2.

FRANGINE, Louis de, « Colomb », *Le Petit Bastiais*, 43e année, n° 257, dimanche 7 juillet 1918, p. 1.

GIFFARD, Pierre, « Les fêtes de Calvi », *Le Petit Bastiais*, 11e année, n° 1797, vendredi 28 mai 1886, p. 1-2.

I. F., « À propos de Christophe Colomb », *Le Petit Bastiais*, 16e année, n° 3822, jeudi 7 mai 1891, p. 1.

« Information », *Le Petit Bastiais*, 14e année, n° 2952, dimanche 12 mai 1889, p. 1.

K., « Christophe Colomb Français, Corse & Calvais », *Le Petit Bastiais*, 13e année, n° 2795, jeudi 29 novembre 1888, p. 1.

K., « Christophe Colomb Français, Corse & Calvais », *Le Petit Bastiais*, 13e année, n° 2802, jeudi 6 décembre 1888, p. 1.

L., « La fête de Christophe Colomb à Corte », *Le Petit Bastiais*, 11e année, n° 1801, mardi 1er juin 1886, p. 1-2.

« La patrie de Christophe Colomb », *Le Petit Bastiais*, 7e année, n° 567, vendredi 1er décembre 1882, p. 1.

« La patrie de Christophe Colomb », *Le Petit Bastiais*, 63e année, jeudi 1er décembre 1938, p. 2.
« La patrie de Christophe Colomb », *Le Petit Bastiais*, 63e année, nº 262, samedi 10 décembre 1938, p. 4.
« La patrie de Christophe Colomb », *Le Petit Bastiais*, 63e année, nº 263, dimanche 11 décembre 1938, p. 4.
« La statue de Christophe Colomb », *Le Petit Bastiais*, 15e année, nº 3387, jeudi 11 septembre 1890, p. 1.
« La statue de Christophe Colomb », *Le Petit Bastiais*, 39e année, nº 104, mercredi 15 avril 1914, p. 1.
« Le centenaire de Christophe Colomb », *Le Petit Bastiais*, 13e année, nº 2733, mardi 25 septembre 1888, p. 2.
« Le centenaire de Christophe Colomb », *Le Petit Bastiais*, 15e année, nº 3205, vendredi 7 février 1890, p. 2.
« Le livre de M. l'abbé Peretti », *Le Petit Bastiais*, 14e année, nº 2864, dimanche 10 février 1889, p. 2.
« Le monument de Christophe Colomb », *Le Petit Bastiais*, 14e année, nº 3153, mardi 10 décembre 1889, p. 1.
« Le monument de Christophe Colomb à Calvi », *Le Petit Bastiais*, 16e année, nº 3840, jeudi 28 mai 1891, p. 3.
« Le monument de Christophe Colomb », *Le Petit Bastiais*, 16e année, nº 3966, samedi 24 octobre 1891, p. 2.
« Le monument de Christophe Colomb à Calvi », *Le Petit Bastiais*, 17e année, nº 4072, vendredi 12 février 1892, p. 2.
« Le quatrième centenaire de la découverte de l'Amérique par Christophe Colomb », *Le Petit Bastiais*, 13e année, nº 2744, samedi 6 octobre 1888, p. 1.
« Les origines de Christophe Colomb », *Les Petit Bastiais*, 101e année, nº 69, mercredi 16 et jeudi 17 juin 1976, p. 1.
« L'origine corse de Christophe Colomb », *Le Petit Bastiais*, 38e année, nº 29, mercredi 29 janvier 1913, p. 1-2.
MARTIN, Émile, « Le secret de Christophe Colomb », *Le Petit Bastiais*, 62e année, nº 204, samedi 2 octobre 1937, p. 1.
MARTIN, Émile, « Le secret de Christophe Colomb », *Le Petit Bastiais*, 62e année, nº 205, dimanche 3 octobre 1937, p. 1.
MARTIN, Émile, « Le secret de Christophe Colomb », *Le Petit Bastiais*, 62e année, nº 206, lundi 4 et mardi 5 octobre 1937, p. 1.
ORSINI, J., « La statue de Christophe Colomb », *Le Petit Bastiais*, 17e année, nº 4085, samedi 27 février 1892, p. 2.
ORSO, « Un patriote », *Le Petit Bastiais*, 11e année, nº 1800, lundi 31 mai 1886, p. 1.

P., « Pour la bibliographie de la Corse », *Le Petit Bastiais*, 59e année, n° 40, dimanche 1er avril 1934, p. 2.

PAOLI CESARINI, A.-Édouine, « Christophe Colomb et la Corse », *Le Petit Bastiais*, jeudi 25 novembre 1926, p. 2.

PAOLINI, J. M., « Pour Christophe Colomb », *Le Petit Bastiais*, lundi 20 et mardi 21 mai 1940, p. 3.

PERETTI, Jean, « La patrie de Christophe Colomb », *Le Petit Bastiais*, 11e année, n° 1678, mercredi 27 janvier 1886, p. 1.

PERETTI, Jean, « La patrie de Christophe Colomb », *Le Petit Bastiais*, 14e année, n° 3078, dimanche 22 septembre 1889, p. 1-2.

PERETTI, Jean, « Calvais ou Génois ? », *Le Petit Bastiais*, 15e année, n° 3387, jeudi 21 août 1890, p. 1-2.

PERETTI, Jean, « Génois ou Calvais ? », *Le Petit Bastiais*, 15e année, n° 3389, samedi 23 août 1890, p. 2.

PERETTI, Jean, « Toujours à propos de Christophe Colomb », *Le Petit Bastiais*, 16e année, n° 3830, samedi 16 mai 1891, p. 1.

PERETTI, Jean, « Toujours la patrie de Christophe Colomb », *Le Petit Bastiais*, 17e année, n° 4194, samedi 9 juillet 1892, p. 1.

PHILIPPON, « Christophe Colomb Corse », *Le Petit Bastiais*, 13e année, n° 2505, dimanche 20 mai 1888, p. 2-3.

PIERRE DES ÎLES, « La patrie de Christophe Colomb », *Le Petit Bastiais*, 17e année, n° 5289, jeudi 27 octobre 1892, p. 1.

PIERRE DES ÎLES, « Christophe Colomb est-il Corse ? », *Le Petit Bastiais*, 23e année, n° 196, samedi 20 août 1898, p. 1.

QUILICHINI, J.-B., « Christophe Colomb », *Le Petit Bastiais*, 20e année, dimanche 17 novembre 1895, p. 2.

R. C., « Christophe Colomb », *Le Petit Bastiais*, 11e année, n° 1798, samedi 29 mai 1886, p. 1.

ROUSTAN, Mario, « Améric Vespucci ou Christophe Colomb », *Le Petit Bastiais*, 50e année, n° 94, vendredi 6 février 1925, p. 1.

SERIEYX, W. « Christophe Colomb était Français », *Le Petit Bastiais*, 38e année, n° 31, samedi 1er février 1913, p. 1.

« Une statue à Christophe Colomb », *Le Petit Bastiais*, 13e année, n° 2369, lundi 9 janvier 1888, p. 2.

« Une visite à la Citadelle », *Le Petit Bastiais*, 36e année, n° 118, samedi 29 avril 1911, p. 1.

V***, « Les origines de Christophe Colomb », *Le Petit Bastiais*, 14e année, n° 2878, lundi 25 février 1889, p. 1-2.

Réveil de la Corse (Le)

– Articles consultés :

« Christophe Colomb, Sixte-Quint et les prêtres », *Le Réveil de la Corse et du Var. Journal de l'appel au peuple*, 15e année, n° 767, mercredi 28 août 1889, p. 2.
« Le monument de Christophe Colomb », *Le Réveil de la Corse. Journal de l'appel au peuple*, 17e année, n° 860, mercredi 3 juin 1891, p. 1.
« Le monument de Christophe Colomb », *Le Réveil de la Corse. Journal de l'appel au peuple*, 17e année, n° 867, mercredi 29 juillet 1891, p. 2.
« Le monument de Christophe Colomb », *Le Réveil de la Corse. Journal de l'appel au peuple*, 17e année, n° 871, mercredi 19 août 1891, p. 3.
R. H., « Le monument de Christophe Colomb », *Le Réveil de la Corse. Journal de l'appel au peuple*, 17e année, n° 866, mercredi 15 juillet 1891, p. 2.

Revue de la Corse (La)

– Articles cités :

AMBROSI-R., Ambroise, « À propos de Colomb », *La Revue de la Corse historique, littéraire, documentaire et bibliographique*, XIe année, n° 65, septembre-octobre 1930, p. 226-228.
BATTESTINI, François, « Un compagnon Corse de Christophe Colomb », *La Revue de la Corse ancienne et moderne, historique, littéraire et bibliographique*, XIIIe année, n° 75, mai-juin 1932, p. 120-123.
COLONNA DE CESARI ROCCA, Raoul, « La véritable origine de Christophe Colomb », *La Revue de la Corse historique, littéraire, documentaire et bibliographique*, 3e année, n° 13, janvier-février 1922, p. 1-14.
GRAZIANI, Paul, « Christophe Colomb et la Corse (première partie) », *La Revue de la Corse historique, littéraire, documentaire et bibliographique*, 3e année, n° 14, mars-avril 1922, p. 41-49.
GRAZIANI, Paul, « Christophe Colomb et la Corse (seconde partie) », *La Revue de la Corse historique, littéraire, documentaire et bibliographique*, 3e année, n° 15, mai-juin 1922, p. 71-77.
« Une ancienne polémique », *La Revue de la Corse historique, littéraire, documentaire et bibliographique*, 3e année, n° 18, novembre-décembre 1922, p. IV-V.
VIGNAUD, Henry, « Le lieu de naissance de Colomb. Prétendue énigme historique », *La Revue de la Corse historique, littéraire, documentaire et bibliographique*, 3e année, n° 17, septembre-octobre 1922, p. 136-153.

– Articles consultés :

CAPIFALI, Pierre, « Christophe Colomb Corse et Français », *La Revue de la Corse historique, littéraire, documentaire et bibliographique*, 3e année, nº 16, juillet-août 1922, p. 114-125.

CHIARISOLI, A., « Le lieu de naissance de Christophe Colomb », *La Revue de la Corse ancienne et moderne, historique, littéraire et bibliographique*, XIVe année, nº 79, janvier-février 1933, p. 1-5.

« Christophe Colomb était-il Corse ? », *La Revue de la Corse ancienne et moderne, historique, littéraire et bibliographique*, XIe année, nº 62, mars-avril 1930, p. 84-85.

COLONNA DE CESARI ROCCA, Raoul, « Fernand Colomb et les *Historie* », *La Revue de la Corse historique, littéraire, documentaire et bibliographique*, 3e année, nº 15, mai-juin 1922, p. 78-81.

COSTA, A., « Christophe Colomb était-il Corse ? », *La Revue de la Corse ancienne et moderne, historique, littéraire, documentaire et bibliographique*, 10e année, nº 60, novembre-décembre 1929, p. 287.

Tribune corse (La)

– Articles consultés :

CASABIANCA, Laurent-Marie, « Correspondance », *La Tribune corse*, 1re année, nº 23, dimanche 19 juillet 1891, p. 3.

CASABIANCA, Laurent-Marie, « La dernière à M. Peretti », *La Tribune corse*, 1re année, nº 24, dimanche 26 juillet 1891, p. 3.

CASABIANCA, Laurent-Marie, « La dernière à M. Peretti », *La Tribune corse*, 1re année, nº 25, dimanche 2 août 1891, p. 3.

CASABIANCA, Laurent-Marie, « La dernière à M. Peretti », *La Tribune corse*, 1re année, nº 26, dimanche 9 août 1891, p. 2-3.

CASABIANCA, Laurent-Marie, « La dernière à M. Peretti », *La Tribune corse*, 1re année, nº 27, dimanche 16 août 1891, p. 3.

CASABIANCA, Laurent-Marie, « La dernière à M. Peretti », *La Tribune corse*, 1re année, nº 28, dimanche 23 août 1891, p. 3.

CASABIANCA, Laurent-Marie, « La dernière à M. Peretti », *La Tribune corse*, 1re année, nº 29, dimanche 30 août 1891, p. 3.

Autres périodiques insulaires

– Articles cités :

A. A., « Colombo », *L'Observateur de la Corse*, 22e année, nº 1123, vendredi 1er mai 1874, p. 2-3.

BERNARDINI-SJŒSTEDT, Armand, « Un essai de vérification de l'hypothèse de l'origine corse de Christophe Colomb. Les Cristofari-Colombani de Terra-Rossa », *Corse Historique*, 1re année, n° 3, 1953, p. 3-12.

BERNARDINI-SJŒSTEDT, Armand, « Contribution à l'étude des origines de Christophe Colomb », *Corse Historique*, 1re année, n° 4, 1953, p. 3-36. [Contient six études : « L'identification par l'héraldique des ancêtres de Christophe Colomb », p. 5-9 ; « Observations sur les deux textes "italiens" de Christophe Colomb », p. 10-13 ; « Les Casenove dits Colomb et les Colonna dits Casanova », p. 14-18 ; « Étymologie des noms de Colonna et de Colombano », p. 19-23 ; « La signature de Christophe Colomb », p. 24-28 ; « Christophe Colomb corse et génois », p. 29-36]

DOMINIQUE, Pierre, « La mère des héros », *L'annu côrsu/L'année corse*, 16e année, n° 2, 1938, p. 96-98.

GRAZIANI, Paul, « Encore Christophe Colomb », *La Nouvelle Corse*, 11e année, n° 60, lundi 24 mars 1930, p. 1.

SALADINI, Lucien, « Les origines de Christophe Colomb. Étude comparative des thèses en présence génoise, espagnole, calvaise et cap-corsine », *Cahiers Corsica*, n° 103, 1983, p. 1-16.

SALADINI, Lucien, « Les origines de Christophe Colomb. Informations complémentaires », *Cahiers Corsica*, n° 123-124, 1988, p. 1-20.

– Articles consultés :

« À l'académie corse de Lyon », *Études corses*, LXXVIe année, n° 9, 1956, p. 82.

CASILE, « Christophe Colomb était-il corse ? », *Colomba. Hebdomadaire d'informations politiques, artistiques et littéraires*, n° 28, 20 juillet 1946, p. 3.

« Christophe Colomb, corse », *La Gazette corse*, n° 29, samedi 8 décembre 1877, p. 3.

GIAFFERI, Charles de, « Est-on dans le vrai en salissant la mémoire de Christophe Colomb ? », *L'île. Organe périodique de la « La pensée corse »*, IIIe année, n° 12-16, janvier-août 1936, p. 25-31.

LECA, Eugène, « L'origine de Christophe Colomb », *L'Avenir de la Corse*, 6e année, n° 161, 10 septembre 1867, p. 3.

PAOLI CESARINI, A.-Édouine, « Christophe Colomb le Grand Serviteur de Dieu, Éminent Bienfaiteur de l'Humanité. Lettre au Très Révérend Père Missionnaire François-Marie Paolini O. F. M., son illustre défenseur », *La Nacelle de Saint-François*, vol. XXVIII, n° 2-3, 1940, p. 17-37.

« Une découverte sous les ruines à Calvi », *Le Petit Corse*, 1re année, n° 80, jeudi-vendredi 3 novembre 1882, p. 3.

« Une illustration corse », *La Corse. Journal politique & littéraire*, 4e année, n° 195, mercredi 6 mai 1874, p. 2.

PÉRIODIQUES NON CORSES

– Articles cités :

« Académie des Inscriptions & Belles-Lettres », *Le Soleil*, 14e année, no 37, samedi 6 février 1886, p. 2.

« Acte de naissance de Christophe Colomb », *Revue étrangère de la littérature, des sciences et des arts*, t. XXXIX, 1841, p. 470.

Balsac, Pierre, « Où est né Christophe Colomb », *Hispaniola. Revue trimestrielle du comité français des amis de la République Dominicaine*, 1re année, no 2, 1938, p. 23-28.

Beaume, Georges, « Gênes ou Calvi ? », *La France de Bordeaux et du Sud-Ouest*, 47e année, vendredi 7 septembre 1934, 2.

Benvolio, « Un centenaire en perspective », *Le xixe siècle. Journal républicain conservateur*, 17e année, no 5112, mercredi 6 janvier 1886, p. 1.

Bonnet, Pierre, « Un cas intéressant de nomenclature. Le vrai nom et la véritable nationalité de Christophe Colomb », *Bulletin de la Société d'histoire naturelle de Toulouse*, 106e année, t. 107, fasc. 3 et 4, 1971, p. 357-392.

Carbia, Rómulo D., « Origen y patria de Cristóbal Colón. Crítica de sus fuentes históricas », *Revista de la Universidad de Buenos Aires*, año XV, t. XL, 1918, p. 131-178.

C. B., « Christophe Colomb… français », *Le Pays. Journal quotidien de la République nationale*, 43e année, no 39, lundi 9 février 1891, p. 1.

Capifali, Pierre, « L'origine corse de Christophe Colomb », *La revue hebdomadaire et son supplément illustré*, 30e année, no 41, 8 octobre 1921, p. 237-247.

« Christophe Colomb est-il né en Corse ? », *L'Information de Madagascar et Dépendances*, 2e année, no 88, samedi 11 août 1923, p. 2.

« Christophe Colomb était-il corse ? », *L'Intermédiaire des chercheurs et curieux*, vol. XCVII, no 1817, 15-30 septembre 1934, p. 666.

« Chronique du jour », *Le Charivari*, 52e année, mercredi 25 juillet 1883, p. 2.

Colonna Ceccaldi, Tiburce, « Christophe Colomb revendiqué par une ville de Corse », *Le Temps*, 29e année, no 10284, mardi 2 juillet 1889, p. 3.

Gallois, Lucien, « Christophe Colomb. À propos du IVe centenaire de la découverte de l'Amérique », *Bulletin des travaux de l'Université de Lyon*, t. V, 1892, p. 235-247.

Giffard, Pierre, « La patrie de Christophe Colomb », *Le Figaro*, 32e année, 3e série, no 27, mercredi 27 janvier 1886, p. 2.

Giffard, Pierre, « La patrie de Christophe Colomb », *Bulletin de la Société royale de géographie d'Anvers*, 10e année, t. XI, fasc. 1, 1886, p. 189-193.

González Blanco, Andrés, « Cristóbal Colón, natural de la isla de Córcega », *Por esos mundos*, no 221, 1913, p. 659-663.

GRIMM, Thomas, « La patrie de Christophe Colomb », *Le Petit Journal*, 30e année, no 10885, vendredi 14 octobre 1892, p. 1.

HARRISSE, Henry, « Christophe Colomb et la Corse », *Revue critique*, 18 juin 1883, p. 1-10.

HAUSSAIRE, Eugène, « Étude sur la véritable patrie de C. Colomb », *La vie et les voyages de Christophe Colomb* de Washington Irving, Paris, Librairie Ch. Delagrave, 1887, p. 10-14.

« Informations diverses », *Comptes rendus des séances de l'Académie des Inscriptions et Belles-Lettres*, 30e année, no 1, 1886, p. 15.

« La patrie de Christophe Colomb », *Almanach astrologique, scientifique, astronomique, physique, satirique, anecdotique, etc.*, 47e année, 1894, p. 72-73.

LE NOTRE, M. G., « La patrie de Christophe Colomb », *L'Universel illustré*, 6e année, vol. VI, no 12, 21 mars 1891, p. 264-267.

LETELLIER, Maurice, « La maison de Christophe Colomb à Calvi », *Le Magasin pittoresque*, no 1, 1er janvier 1913, p. 211-213.

LIGNIÈRES, Camille, « La mystérieuse origine de Christophe Colomb », *Mémoires de l'Académie de Nîmes*, VII e série, t. LIV, années 1951 à 1960, 1961, p. 197-221.

MANDONNET, Pierre, « La littérature du centenaire de la découverte de l'Amérique », *Revue Thomiste*, 1re année, 1893, p. 768-776.

MARCEL, Gabriel, « Christophe Colomb devant la critique. La jeunesse de l'amiral », *La géographie. Bulletin de la Société de géographie*, t. XII, 1905, p. 149-162.

O., « Souvenirs de la Corse », *Revue de Paris*, t. XXXII, 1841, p. 47-53.

P. R., « Toujours la nationalité de Colomb », *Journal de la Société des Américanistes*, nouvelle série, t. XXIII, fasc. 2, 1931, p. 465.

« Réunion du 8 avril 1914 », *Société des Lettres, Sciences & Arts du Saumurois*, 5e année, no 16, juillet 1914, p. 2.

REGNAULT, Jules, « Ce n'est pas Christophe Colomb qui a découvert l'Amérique », *Bulletin de l'Académie du Var*, XCIIe année, 1924, p. 95-108.

S., « Christophe Colomb et la Corse », *Journal des débats politiques et littéraires*, mercredi 19 octobre 1892, p. 3.

SCHOEN, Henri, « De l'origine corse de Christophe Colomb », *Mercure de France*, t. CI, no 374, 16 janvier 1913, p. 272-296.

SÉRAPHIN, « Christophe Colomb », *La Lanterne. Supplément hebdomadaire*, no 114, 5 septembre 1886, p. 1.

SPONT, Henry, « Christophe Colomb était-il Corse ? », *Le Petit Journal*, 51e année, no 18306, samedi 8 février 1913, p. 1.

TERRIÈRES, J., « Christophe Colomb était-il corse ? », *L'Intermédiaire des chercheurs et curieux*, vol. XCVII, no 1820, 15 novembre 1934, p. 829-830.

« Un chanoine marseillais affirme que Christophe Colomb aurait été corse », *Paris-Midi*, 20e année (nouvelle série), n° 1376, lundi 17 février 1930, p. 3.

VIGNAUD, Henry, « Les thèses nouvelles sur l'origine de Christophe Colomb. Espagnol ! Juif ! Corse ! », *Revue critique d'histoire et de littérature*, n° 18, 3 mai 1913, p. 338-356.

– Articles consultés :

BELTRÁN Y RÓZPIDE, Ricardo, « Cristóbal Colón y la Fiesta de la Raza », *Boletín de la Real Academia de la Historia*, t. 73, 1918, p. 200-203.

BERCH, Pierre, « La véritable patrie de Christophe Colomb », *L'Afrique du Nord illustrée. Grand Journal Hebdomadaire*, 17e année (nouvelle série), n° 83, 2 décembre 1922, p. 8.

« Bibliografia », *La Civiltà cattolica*, Anno quarantesimo, vol. IV, 1889, p. 340-357.

« Bibliographie », *Études religieuses, philosophiques, historiques et littéraires*, XXVIe année, t. XLVII, mai-août 1889, p. 337.

BRADI, Lorenzi de, « Où est né Christophe Colomb », *Comœdia*, n° 2508, mardi 24 août 1920, p. 2.

BROUWERS, Jan Willem, « Christophe Colomb », *Bulletin de la Société royale de géographie d'Anvers*, 16e année, t. XVII, 1892-1893, p. 165-181.

« Bulletin mensuel de l'académie des inscriptions », *Revue archéologique*, 3e série, t. VII, janvier-juin 1886, p. 290-291.

« Christophe Colomb est-il né en Corse », *L'Information de Madagascar et Dépendances*, 2e année, n° 89, samedi 19 août 1923, p. 1.

« Christophe Colomb identifié corse. Un mystère éclairci, un problème résolu », *La gazette du lundi*, 3e année, n° 31, lundi 13 avril 1936, p. 1, 4.

DONAVER, Federico, « Colombo e la Corsica », *Giornale ligustico di archeologia, storia e belle arti*, n° XVI, 1889, p. 470-475.

DESIMONI, Cornelio, « Cristoforo Colombo é egli nato in Calvi di Corsica ? », *Giornale ligustico di archeologia, storia e belle arti*, n° IV, 1877, p. 23-31.

DUPUCH, H., « Les origines corses de Christophe Colomb », *Bordeaux médical*, 1re année, n° 5, mai 1968, p. 1027-1030.

FORMENTIN, Charles, « La nationalité de Christophe Colomb », *La revue des conférences sténographiées. Revue populaire mensuelle*, 2e année, n° 13, 1er août 1892, p. 193-195.

FOUR DE LA LONDE, Marquis du, « La querelle Christophe Colomb », *La revue belge*, t. I, n° 1, 1933, p. 161-166.

FRANCO Y LÓPEZ, Luis, « Cristóbal Colón español, como nacido en territorio perteneciente al Reino de Aragón », *Boletín de la Real Academia de la Historia*, t. IX, 1886, p. 240-244.

HARRISSE, Henry, « Le lieu d'origine de Christophe Colomb », *Revue Historique*, t. XLII, fasc. 1, 1890, p. 182-184.

« Informations diverses », *Le Petit Médéen*, 1re année, no 11, dimanche 23 août 1891, p. 2.

K., « Christophe Colomb, Français, Corse et Calvais », *Annales catholiques*, nouvelle série, t. LXVI, no 4, 1888, p. 684-686.

K., « Christophe Colomb, Français, Corse et Calvais (suite et fin) », *Annales catholiques*, souvelle série, t. LXVII, no 1, 1889, p. 18-20.

« La légende et la vérité. Lieu de naissance de Christophe Colomb », *Le Courrier de Vaugélas*, 11e année, no 1, 1886, p. 5.

« La maison de Christophe Colomb », *La Liberté*, jeudi 8 septembre 1887, p. 2-3.

« Lieu de naissance de Christophe Colomb », *Le Courrier de Salies*, 1re année, no 4, jeudi 15 avril 1886, p. 2.

« Livres offerts », *Académie des Inscriptions et Belles-Lettres. Comptes rendus des séances de l'année 1890*, 4e série, t. XVIII, janvier-février 1890, p. 81-117.

MALASPINA, Toussaint, « Christophe Colomb. – Son lieu de naissance », *La revue politique et littéraire*, 5e année (2e série), t. X, no 43, 22 avril 1876, p. 400.

MAUREVERT, Georges, « Christophe Colomb était-il corse ? », *Union Républicaine. Journal quotidien de grande information et à reportage local illustré*, 15e année, no 2087, mardi 23 mai 1911, p. 1.

MONOD, G., « Christophe Colomb et la Corse », *La revue politique et littéraire*, 22 février 1890, p. 31-32.

« Noticias », *Boletín de la Real Academia de la Historia*, t. 88, abril-junio 1926, p. 899-909.

PERETTI, Jean, « Lettre de M. l'abbé Peretti », *Revue Historique*, t. XLIV, fasc. 1, 1890, p. 87-89.

POLI, Oscar de, « Les Colomb au service de France », *Annuaire du Conseil héraldique de France*, 6e année, 1893, p. 1-67.

SANS-PEUR, Jean « La patrie de Christophe Colomb », *La Presse*, 59e année (nouvelle série), no 150, mardi 18 octobre 1892, p. 1.

SAYOUS, André-Émile, « Christophe Colomb, Génois », *Revue Historique*, t. CLXXI, fasc. 3, 1933, p. 514-521.

SEJOUS, « L'origine de Christophe Colomb », *Revue Historique*, t. XXIX, fasc. 2, 1885, p. 316-340.

VIGNAUD, Henry, « Le tournoi de Christophe Colomb », *Journal de la Société des Américanistes*, t. XIV-XV, 1922, p. 222-223.

BROCHURES ET OUVRAGES

Œuvres citées

BACON, Henri, *Cica. La fille du bandit*, Paris, Librairie Ducrocq, 1889.

BERGERAT, Émile, *Souvenirs d'un enfant de Paris*, Paris, Bibliothèque Charpentier, 1913.

BERNARDINI-SJŒSTEDT, Armand, *Christophe Colomb*, Paris, Les Sept Couleurs, 1961.

BIANCONI, Olivier et Michel VERGÉ-FRANCESCHI, *Christophe Colomb calvais. Entre mythe et réalité*, Ajaccio, Éditions Alain Piazzola, 2020.

BOSSA, Jean-Jacques, *Christophe Colomb, marin corse, grand initié*, Paris, Buchet/Chastel, 1992.

CASABIANCA, Laurent-Marie, *Glorification religieuse de Christophe Colomb*, Paris, Librairie Ch. Poussielgue, 1892.

CASABIANCA, Laurent-Marie, *Le berceau de Christophe Colomb devant l'Institut de France et l'opinion publique*, Paris, H. Welter Éditeur, 1890.

CASABIANCA, Laurent-Marie, *Le berceau de Christophe Colomb et la Corse*, extrait de la *Revue du monde catholique* (des 1er juillet et 1er août 1889), Paris, H. Welter Éditeur, 1890.

CASANOVA, Martin, *La vérité sur l'origine et la patrie de Christophe Colomb avec un précis de sa vie*, Ajaccio, Imprimerie Nouvelle B. Robaglia, 1889.

CASANOVA, Martin, *Vie de Christophe Colomb écrite au point de vue de son origine française*, Tourcoing-Lille, Mouscron, Fondation Augustin Boisleux, 1889.

CASANOVA, Martin, *La vérité sur l'origine et la patrie de Christophe Colomb à Calvi*, Nîmes, C. Lacour Éditeur, 1996 [réimpression de l'édition de 1880].

CHIARI, Joseph, *Corsica : Columbus's Isle*, London, Barrie and Rockliff, 1960.

CHIARI, Joseph, *Christophe Colomb, corse*, Marseille, E. P. C, sans date.

FRANCESCHI, Jean-Augustin, *Réponse de l'abbé Franceschi à la brochure* Le berceau de Christophe Colomb *par l'abbé Casabianca*, Ajaccio, Imprimerie Joseph Pompeani, 1891.

GERONIMI, Victor, *Christophe Colomb. Corse du Niolu 1445-1506*, Bravone, Auto-édition, 2017.

GIAFFERI, Charles de et LE GENTIL, René, *Le Secret de Christophe Colomb*, Paris, Éditions Berger-Levrault, 1937.

GRAZIANI, N. P., *Discours prononcé à l'occasion de la pose de la première pierre où doit être érigée la statue de Christophe Colomb à Calvi le 12 octobre 1892*, Menton, Imprimerie coopérative mentonnaise, 1895.

GUERRINI-GRAZIANI, Jean, *Christophe Colomb démythifié*, Biguglia, Imprimerie Sammarcelli, 1991.

LACOME, B.-P., *Discours prononcé à l'occasion des fêtes de Christophe Colomb le 30 mai 1886, à Calvi*, Bastia, Imprimerie et Librairie Veuve Eugène Ollagnier, 1886.

MAGGIANI, Joseph, *La voix du souvenir*, Paris, Éditions Eugène Figuière, 1934.

MASSONI, René, *Christophe Colomb. Calvais – Corse – Génois*, Paris, Nouvelles Éditions Latines, 1992.

MATTEI, René, *Christophe Colomb est corse*, Ajaccio, Imprimerie Siciliano, 1976.

MUSELLI, Jean-Marie, *La Corse et Christophe Colomb*, Bordeaux, Imprimerie Nouvelle A. Bellier et Compagnie, 1892.

PAOLI-CESARINI, A.-Édouine, *La Corse est le berceau de Christophe Colomb*, trad. de l'espagnol par P. Guitet-Vauquelin, Bastia, Imprimerie Vve J. Santi et Fils, 1928.

PAOLI-CESARINI, A.-Édouine, *Christophe Colomb identifié corse*, Nice, Imprimerie de « l'éclaireur », 1932.

PAOLI-CESARINI, A.-Édouine, *Lettre Réponse à Monsieur le Comte Sainte Croix de la Roncière où l'auteur prouve pleinement par l'histoire, l'origine Corse-Calvaise de l'illustre Révélateur du Globe Christophe Colomb et sa nationalité française*, Bastia, Imprimerie de *Bastia-Journal*, 14 avril 1940.

PERETTI, Jean, *Christophe Colomb. Français, Corse & Calvais. Étude historique sur la patrie du grand Amiral de l'Océan*, Paris, Bastia, Chantrel Éditeur, Ollagnier Imprimeur, 1888.

PERETTI, Laurent-Cassien, *Bonaparte ou la France sauvée*, Paris, Librairie de Maillet Schmitz, 1858.

QUILICHINI, J.-B., *Histoire sommaire de Christophe Colomb à l'usage des écoles*, Bastia, Imprimerie & Librairie Fabiani, 1897.

RÉVILLON, Tony, *Noémi*, Paris, E. Dentu Éditeur, 1878.

SAVELLI, Hortensius, *Discours sur l'origine de Christophe Colomb lu à Paris le 4 novembre 1840, devant une Société de Gens de Lettres*, Bastia, Imprimerie Fabiani, 1842.

TONELLI, Philippe, *Seppa. Scènes de la vie corse*, Paris, Librairie Mondaine, Joseph Doucher Éditeur, 1890.

VALÉRY, Antoine-Claude, *Voyages en Corse, à l'île d'Elbe, et en Sardaigne*, Paris, Librairie de L. Bourgeois-Maze Éditeur, 1837.

VIGGIANI DELLA ROCCA, Angelo-Francesco, *Il poeta campestre, overro, Il Passatempo delle Conversazioni Domestiche*, Marsiglia, Stemparia di Marius Olive, 1845.

Œuvres consultées

BONNET, Pierre, *Non, Cristoforo Colombo n'est pas Christophe Colomb*, Toulouse, Imprimerie Occitane, 1987.

CORBANI, Paul, *Christophe Colomb corse. Histoires patriotiques. Nouvelle et contes*, Paris, Librairie artistique et littéraire, 1888.

MATTEI, Albert, *Les origines de Christophe Colomb*, Bastia, Éditions Anima Corsa, 2010.

SOURCES SECONDAIRES

OUVRAGES

Ouvrages cités

ALTOLAGUIRRE Y DUVALE, Ángel de, *¿Colón español? Estudio histórico-crítico*, Madrid, Imprenta del Patronato de Huérfanos de Intendencia e Intervención Militares, 1923.

ANTONETTI, Pierre, *Histoire de la Corse*, Paris, Éditions Robert Laffont, 1973.

ARRIGHI, Arrigo, *Histoire de Sampiero Corso ou guerre de l'indépendance (1553-1569)*, Bastia, Fabiani Frères Imprimeurs-Libraires, 1842.

ARRIGHI, Jean-Marie, *Histoire de la langue corse*, Quintin, Éditions Jean-Paul Gisserot, 2002.

ASTRANA MARÍN, Luis, *Cristóbal Colón. Su patria, sus restos y el enigma del descubrimiento de América*, Madrid, Editorial Voluntad, 1929.

BALAGUER, Víctor, *Cristóbal Colón*, Madrid, El progreso editorial, 1892.

BATTESTINI, François-Félix, *Calvi au XVIe siècle (1563-1607)*, Asnières, Éditions N. Ambrosini, 1968.

BAYERRI Y BERTOMEU, Enrique, *Colón tal cual fué. Los problemas de la nacionalidad y de la personalidad de Colón y su resolución más justificada*, Barcelona, Porter Libros, 1961.

BRADI, Lorenzi de, *La Corse inconnue*, Paris, Payot, 1928.

CALZADA, Rafael, *La patria de Colón. Obras completas*, Buenos Aires, Librería y Casa editora de Jesús Menéndez, 1926.

CANTINI, Micaela, *Le Cane Corso*, Paris, Éditions de Vecchi, 2003.

CHIECCHI, Giuseppe et GUALTIERI, Giorgio, *Le cane corso*, Paris, Éditions de Vecchi, 1994.

CHOCANO HIGUERAS, Guadalupe, *La cuna y orígenes de Cristóbal Colón*, Madrid, Real Academia de la Mar, 2006.

COLOMBANI, Philippe, *Les Corses et la couronne d'Aragon (fin XIIIe-milieu XVe siècle). Projets politiques et affrontements des légitimités*, Thèse de Doctorat en histoire, histoire de l'art et archéologie, Corte, Université de Corse Pascal Paoli, 2015.

COLOMBANI, Pierre, *L'Île Rousse racontée par l'un de ses enfants. Histoire et chroniques de la Préhistoire jusqu'à nos jours*, Nîmes, Lacour, 2005.

CÚNEO-VIDAL, Rómulo, *Cristóbal Colón, Genovés*, Barcelona, Casa Editorial Maucci, 1928.

DALBERA-STEFANAGGI, Marie-Josée, *La langue corse*, Paris, PUF, 2002.

DIDI-HUBERMAN, Georges, *Éparses. Voyage dans les papiers du ghetto de Varsovie*, Paris, Les Éditions de Minuit, 2020.

DUPRAT, Roger, *Christophe Colomb était français. Essai sur l'identité du Découvreur*, Paris, Godefroy de Bouillon, 1997.

ENSEÑAT DE VILLALONGA, Alfonso, *Cristóbal Colón: Noble genovés, Grande de España*, Madrid, Marcial Pons, 2018.

FERNÁNDEZ DURO, Cesáreo, *Colón y Pinzón*, Madrid, Imprenta y Fundición de Manuel Tello, 1883.

FERNÁNDEZ DURO, Cesáreo, *Colón y la Historia póstuma*, Madrid, Imprenta y Fundición de M. Tello, 1885.

GAÏ, Dom Jean-Baptiste, *La tragique histoire des Corses*, Paris, SPERAR, 1962.

GARCÍA DE LA RIEGA, Celso, *Cristóbal Colón ¿español?*, Madrid, Establecimiento tipográfico de Fortanet, 1899.

GARCÍA DE LA RIEGA, Celso, *Colón, español. Su origen y patria*, Madrid, Establecimiento tipográfico « Sucesores de Rivadeneyra », 1914.

GARRIGUE, Gérard, *Christophe Colomb le Catalan*, Millas, Confluences, 1992.

GOULD, Alicia B., *Nueva lista documentada de los tripulantes de Colón en 1492*, Madrid, Real Academia de la Historia, 1984.

GRILLO, Luigi, *Elogi di Liguri illustri*, Genova, Tipografia dei Fratelli Ponthenier, 1846.

HARRISSE, Henry, *D. Fernando Colón, historiador de su padre*, Sevilla, Imprenta y Librería Española y Extrangera de D. Rafael Tarascó, 1871.

HARRISSE, Henry, *Les Colombo de France et d'Italie, fameux marins du XVe siècle (1461-1492)*, Paris, Librairie Tross, 1874.

HARRISSE, Henry, *Christophe Colomb, la France et les Corses* [autre titre : *Christophe Colomb, les Corses et le gouvernement français*], Paris, H. Welter, 1890.

HORTA Y PARDO, Constantino, *La verdadera cuna de Cristóbal Colón*, New York, Imprenta de John B. Jonathan C°, 1912.

HOUELLEBECQ, Michel, *La possibilité d'une île*, Paris, J'ai lu, 2012.

JACOBI, Joseph-Marie, *Histoire générale de la Corse depuis les premiers temps jusqu'à nos jours (1835)*, Paris, Aimé André, Libraire, 1835.

La realidad y el deseo. Toponymie du découvreur en Amérique espagnole *de Carmen Val Julián, suivi de textes en hommage à l'auteur*, éd. J. Roger, M.-L. Ortega et M. Mestre-Zaragoza, Lyon, Presses de l'École Normale Supérieure, 2011.

LOVERINI, Marie-José et GALLETTI, Jean-Félix, *Calvi*, Aix-en-Provence, Édisud, 1991.

LUCIANI, Denis, *L'origine de la tête de Maure*, Bastia, Éditions Anima Corsa, 2013.

MADARIAGA, Salvador de, *Christophe Colomb*, Paris, Calmann-Lévy, 1968.

ORTEGA, Ángel, *La Rábida. Historia documental crítica*, Sevilla, Imprenta y Editorial de San Antonio, 1925.

Pacheteau, Claude, *Le cane corso*, Paris, Artémis Éditions, 2018.

Pasini, F. F., *La cuna y la tumba de Cristóbal Colón*, Buenos Aires, Imprenta, Litografía y Encuadernación de Jacobo Peuser, 1892.

Pergola, Stefanu, *L'Isula. Da eri à oghje...*, Ajaccio, Albiana, 2018.

Remy-Wilkin, Philippe, *Christophe Colomb. Le Découvreur et la Découverte : mythes et réalités*, Bruxelles, Édition Samsa, 2015.

Rocca, Pierre, *Connais-tu la Corse ?*, Paris, Agence Parisienne de Distribution, 1960.

Rodríguez Pinilla, Tomás, *Colón en España. Estudio histórico-crítico sobre la vida y hechos del descubridor del Nuevo Mundo*, Madrid, Establecimiento tipográfico de los sucesores de Rivadeneyra, 1884.

Romero Lema, Francisco, *La lengua de Cristóbal Colón*, La Coruña, Editorial Moret, 1969.

Rosa y López, Simón de, *Libros y autógrafos de D. Cristóbal Colón*, Sevilla, Imprenta de E. Rasco, 1891.

Rumeu de Armas, Antonio, *El « portugués » Cristóbal Colón en Castilla*, Madrid, Ediciones Cultura Hispánica del Instituto de Cooperación Iberoamericana, 1982.

Sédillot, René, *La grande aventure des Corses*, Paris, Fayard, 1969.

Serrano y Sanz, Manuel, *El archivo colombino de la Cartuja de las Cuevas. Estudio histórico y bibliográfico*, Madrid, Tipografía de Archivos, 1930.

Tristani, Julia, Cueille, Sophie et Neri, Pascale, *Corse, l'île réinventée. Damaso Maestracci*, Lyon, Lieux-Dits, 2016.

Uhagón, Francisco R. de, *La patria de Colón según los documentos de las órdenes militares*, Madrid, Librería de Fernando Fé, 1892.

Ulloa, Luis, *Christophe Colomb catalan*, Paris, Maisonneuve Frères, Éditeurs, 1927.

Valvasone, Erasmo di, *La caccia*, Roma, Liber Liber, 2012, p. 36, https://www.liberliber.it/mediateca/libri/v/valvason/la_caccia/pdf/valvason_la_caccia.pdf (consulté le 01/01/2021).

Vaquer Bennasar, Onofre, *¿Dónde nació Cristóbal Colón?*, Palma de Mallorca, El Tall editorial, 1991.

Varela, Consuelo, *Cristóbal Colón. Retrato de un hombre*, Madrid, Alianza Editorial, 1992.

Verdoni, Dumenica, *A Settimana Santa in Corsica. Une manifestation de la religiosité populaire*, Ajaccio, Albiana, 2003.

Vergé-Franceschi, Michel, *Henri le Navigateur et les grandes découvertes du Portugal*, Paris, Éditions du Félin, 2016.

Vignaud, Henry, *Études critiques sur la vie de Colomb avant ses découvertes*, Paris, H. Welter, 1905.

VILA VILAR, Enriqueta, *Les Corzo et les Mañara. Les Corses de Séville dans le commerce des Indes*, Ajaccio, Éditions Alain Piazzola, 2004.

VILLAT, Louis, *Histoire de Corse*, Paris, Ancienne Librairie Furne, Boivin & Cie, Éditeurs, 1914.

YOURCENAR, Marguerite, *Mémoires d'Hadrien. Carnets de notes*, Paris, Gallimard, 1974.

ZAS, Enrique, *Galicia, patria de Colón*, La Habana, Imprenta. P. Fernández y Ca, 1923.

Ouvrages consultés

BÁGUENA, Joaquín, *Memoria histórico-descriptiva del monasterio de Santa María de la Rábida*, Lérida, Imprenta Mariana, 1892.

BELTRÁN Y RÓZPIDE, Ricardo, *Cristóbal Colón y Cristóforo Columbo*, Madrid, Imprenta del Patronato de Huérfanos de Intendencia e Intervención Militares, Caracas, 1921.

BONILLA Y SAN MARTÍN, Adolfo, *Los mitos de la América precolombina*, Barcelona, Editorial Cervantes, 1923.

CARRERAS VALS, Rafael, *Los catalanes Juan Cabot y Cristóbal Colom. Novísima genealogía del descubridor del Nuevo Mundo según documentos inéditos*, Barcelona, Imprenta Altés, 1931.

CASTELLI, P. P., *Christophe Colomb. Poème épique*, Puebla, Imprimerie de Ignacio Moneda, 1881.

COLL, José, *Colón y La Rábida*, Madrid, Imprenta y Litografía de los Huérfanos, 1892.

COLONNA DE CESARI ROCCA, Raoul et VILLAT, Louis, *Histoire de la Corse*, Paris, Boivin & Cie, Éditeurs, 1916.

ENSEÑAT DE VILLALONGA, Alfonso, *Cristóbal Colón. Orígenes, formación y primeros viajes (1446-1484)*, Madrid, Ediciones Polifemo, 2009.

FABIÉ, Antonio María, *Algunos sucesos de la vida de Colón anteriores a su primer viaje a Indias. Ensayo crítico*, Madrid, Establecimiento tipográfico de Fortanet, 1893.

FERNÁNDEZ DURO, Cesáreo, *Nebulosa de Colón*, Madrid, Establecimiento tipográfico « Sucesores de Rivadeneyra », 1890.

HARRISSE, Henry, *Jean et Sébastien Cabot. Leur origine et leurs voyages*, Amsterdam, B. R. Grüner, 1968.

HEERS, Jacques, *Christophe Colomb*, Paris, Hachette, 1992.

HEVESY, André de, *Christophe Colomb ou l'heureux Génois*, Paris, Éditions Émile-Paul Frères, 1927.

HOUBEN, Heinrich H., *Christophe Colomb 1447-1506*, Paris, Payot, 1992.

IRVING, Washington, *Vida y viajes de Cristóbal Colón*, Valparaíso, Imprenta de la Patria, 1893.

LEIBOVICI, Sarah, *Christophe Colomb juif. Défense et illustrations*, Paris, Éditions Maisonneuve & Larose, 1986.

MARGRY, Pierre, *Les navigations françaises et la révolution maritime du* XIV*e* *au* XVI*e* *siècle*, Paris, Librairie Tross, 1867.

MONNER SANS, R., *Cristóbal Colón (rectificaciones é hipótesis)*, Buenos Aires, Imprenta, Litografía y Encuadernación de Jacobo Peuser, 1901.

MOSCONI-MALHERBE, Jacqueline, *Légendes de la Corse éternelle*, Monaco, Éditions du Rocher, 2016.

OTERO SÁNCHEZ, Prudencio, *España, patria de Colón*, Madrid, Biblioteca Nueva, 1922.

PASCAL-ESTIENNE, M. W., *Christophe Colomb et les Colomb en France*, Paris, Chamuel Éditeur, 1893.

ROSELLY DE LORGUES, Antoine François Félix, *Histoire posthume de Christophe Colomb*, Paris, Librairie académique Didier, Émile Perrin, Libraire-Éditeur, 1885.

ROSELLY DE LORGUES, Antoine François Félix, *Christophe Colomb*, Paris, Société générale de librairie catholique, 1887, troisième grande édition.

TAVIANI, Paolo Emilio, *Christophe Colomb, genèse de la grande découverte*, Paris, Éditions Atlas, 1980.

WIESENTHAL, Simon, *La voile de l'espoir. La mission secrète de Christophe Colomb*, Paris, Robert Laffont, 1992.

ZAS, Enrique, *Sí... ¡Colón Español!*, La Habana, Imprenta y Papelería de Rambla, Bouza y Margall, 1924.

ARTICLES

Articles cités

ARCE, Joaquín, « Sobre la lengua y el origen de Colón (A vueltas con la tesis de Madariaga) », *Arbor*, vol. 96, n° 275, 1977, p. 121-125.

BROC, Numa, « Autour des grandes découvertes : un siècle et demi d'énigmes et de controverses », *Revue historique*, 105e année, t. CCLXVI, n° 539, 1981, p. 127-160.

CIORANESCU, Alexandre, « Christophe Colomb : les sources de sa biographie », *La découverte de l'Amérique. Dixième stage international d'études humanistes (Tours, 1966)*, Paris, Vrin, 1968, p. 39-49.

CIORANESCU, Alexandre, « Christophe Colomb et ses biographes », *Europe*, n° 70, 1992, p. 14-23.

CRESPO SANZ, Antonio, « La descripción y cosmografía de España : el mapa que nunca existió », *Catastro*, n° 74, 2012, p. 83-109.

EMMANUELLI, René, « L'implantation génoise », *Histoire de la Corse*, éd. P. Arrighi, Paris, Privat, 1971, p. 183-213.

ENSEÑAT DE VILLALONGA, Alfonso, « El genovesismo de Colón corroborado por los auténticos documentos colombinos », *Hidalguía*, Año LIX, n° 352-353, 2012, p. 315-364.

GARCÍA-MERCADAL Y GARCÍA-LOYGORRI, Fernando, « La regulación jurídica de las armerías: apuntes de derecho heráldico español », *Emblemata*, n° 18, 2012, p. 259-297.

GLOËL, Matthias, « Los conceptos de España durante los Reinados de los Austrias », *Revista de Humanidades*, n° 38, 2018, p. 191-216.

GRAZIANI, Antoine-Marie, « Les ouvrages de défense en Corse contre les Turcs (1530-1650) », *La guerre de course en Méditerranée (1515-1830)*, éd. M. Vergé-Franceschi et A.-M. Graziani, Paris, Ajaccio, Presses de l'Université de Paris-Sorbonne, Éditions Alain Piazzola, 2000, p. 73-158.

GUTIÉRREZ CUADRADO, Juan, « Volviendo sobre la lengua de Colón », *Lengua y literatura en la época de los descubrimientos*, ed. T. Berchem y H. Laitenberger, Valladolid, Junta de Castilla y León, 1994, p. 221-245.

HAIMOVICH, Gregory, « El *Ritual formulario* de Juan Pérez Bocanegra y las relaciones entre géneros en los Andes », *Estudios Latinoamericanos*, n° 36-37, 2016-2017, p. 265-293.

HORRENT, J. « La langue de Christophe Colomb et l'italien », *Revue des langues vivantes*, 12e année, 1946, p. 224-232.

JEAN, Lionel, « Haïti. Repiblik d'Ayiti », *L'aménagement linguistique dans le monde*, http://www.axl.cefan.ulaval.ca/amsudant/haiti.htm (consulté le 06/01/2021).

« La Real Provisión Original que los Reyes Católicos otorgaron a Colón, a subasta por más de un millón de euros », *ABC*, 22 novembre 2018, https://www.abc.es/cultura/abci-real-provision-original-reyes-catolicos-otorgaron-colon-subasta-mas-millon-euros-201811221901_noticia.html (consulté le 20/03/2021).

LEQUENNE, Michel, « Christophe Colomb, l'homme et sa pensée », *La découverte de l'Amérique. III. Écrits et documents. 1492-1506*, trad. par Soledad Estorach et Michel Lequenne, Paris, La Découverte, 1991, p. 9-19.

MANZANO MANZANO, Juan, « ¿Por qué se incorporaron las Indias a la corona de Castilla? », *Revista de estudios políticos*, n° 5, 1942, p. 95-124.

MARTÍN BAÑOS, Pedro, « De la Ofir colombina a la Biblia complutense. El humanista Rodrigo Tous de Monsalve y sus *Apuntamientos* manuscritos de 1511 », *Espacios en la Edad Media y el Renacimiento*, ed. M. Morrás, Salamanca, SEMYR, 2018, p. 241-280.

MENÉNDEZ PIDAL, Ramón, « La lengua de Cristóbal Colón », *Bulletin Hispanique*, t. XLII, n° 1, 1940, p. 5-28.

RUMEU DE ARMAS, Antonio, « La época de Hernando Colón y su *Historia del Almirante* », *Boletín de la Real Academia Sevillana de Buenas Letras*, vol. 18, 1990, p. 7-25.

SCHAFROTH, M.-F., « Un régiment suisse dans la tourmente : cent-cinquantenaire de la dissolution du régiment Salis-Grison par décret de la convention en 1793 », *Revue Militaire Suisse*, n° 86, 1944, p. 73-84.

SUSINI, Jérôme, « Christophe Colomb était-il calvais, génois, galicien ? Une recherche ADN nous le dira bientôt », *Mare latinu*, France Bleu RCFM, vendredi 21 mai 2021, https://www.francebleu.fr/emissions/mare-latinu/rcfm/mare-latinu-christophe-colomb-etait-il-calvais-genois-galicien-une-analyse-adn-nous-le-dira-bientot (consulté le 24/05/2021).

TORRE Y FRANCO-ROMERO, Lucas de, « Cristóbal Colón fué extranjero. Prueba documental irrefutable », *Boletín de la Real Academia de la Historia*, t. 90, 1927, p. 227-236.

URVOY, Jean-Michel, « Guillaume de Casenove », 2007, http://cristobal-colon.blogspot.com/2007/08/guillaume-de-casenove.html (consulté le 08/03/2021).

VENTURINI, Alain, « Retour sur l'historiographie corse et ses problèmes. Une œuvre inachevée : le corpus critique des sources », *Bulletin de la Société des sciences historiques et naturelles de la Corse*, n° 740-741, 2012, p. 115-130.

VERGÉ-FRANCESCHI, Michel, « À tout seigneur tout honneur : Christophe Colomb Calvais ou Génois ? La vérité », *La Corse et les Amériques. Dix-huitièmes Journées Universitaires d'Histoire maritime de Bonifacio*, éd. M. Vergé-Franceschi, Ajaccio, Éditions Alain Piazzola, 2017, p. 15-47.

Articles consultés

GARCÍA GALLO, Alfonso, « Los virreinatos americanos bajo los Reyes Católicos (planteamiento para su estudio) », *Revista de Estudios Políticos*, n° 65, 1952, p. 189-209.

HERNANDO CUADRADO, Luis Alberto, « La tesis pidaliana acerca de la lengua de Cristóbal Colón », *R. Menéndez Pidal, R. Otero Pedrayo. Simposio celebrado en Madrid*, ed. M. Mourelle de Lema, A Coruña, Ediciós do Castro, 1991, p. 63-73.

VERGÉ-FRANCESCHI, Michel, « Christophe Colomb, Calvi et la Corse : une énigme résolue », *La Corse, la Méditerranée et les grands arsenaux européens du Moyen-Âge au XVIIIe siècle. Huitièmes Journées Universitaires de Bonifacio*, éd. M. Vergé-Franceschi, Ajaccio, Éditions Alain Piazzola, 2007, p. 113-145.

PRÉFACES, INTRODUCTIONS ET NOTICES

ARRANZ MÁRQUEZ, Luis, « Introducción », *Historia del Almirante* de Hernando Colón, Madrid, Dastin, 2000, p. 5-41.

BALARD, Michel, « Office de Saint-Georges – Du temps de sa domination sur la Corse », *Dictionnaire historique de la Corse*, éd. A.-L. Serpentini, Ajaccio, Albiana, 2006, p. 698-700.

BIANCONI, Olivier, « Préface », *Christophe Colomb calvais. Entre mythe et réalité* d'Olivier Bianconi et Michel Vergé-Franceschi, Ajaccio, Éditions Alain Piazzola, 2020, p. 7-10.

CADEDDU, Maria Eugenia, « Aragon », *Dictionnaire historique de la Corse*, éd. A.-L. Serpentini, Ajaccio, Albiana, 2006, p. 61-62.

CASTA, François-Joseph, « Érasme, saint », *Dictionnaire historique de la Corse*, éd. A.-L. Serpentini, Ajaccio, Albiana, 2006, p. 347-348.

CASTA, François-Joseph, « Frères mineurs (Franciscains) », *Dictionnaire historique de la Corse*, éd. A.-L. Serpentini, Ajaccio, Albiana, 2006, p. 400.

CASTA, François-Joseph, « Giustiniani, Agostino », *Dictionnaire historique de la Corse*, éd. A.-L. Serpentini, Ajaccio, Albiana, 2006, p. 462.

CASTA, Michel, « Fioravanti, Ange-Pierre », *Dictionnaire historique de la Corse*, éd. A.-L. Serpentini, Ajaccio, Albiana, 2006, p. 375.

CASTELLINI, Laetizia, « Calvi », *Dictionnaire historique de la Corse*, éd. A.-L. Serpentini, Ajaccio, Albiana, 2006, p. 181-183.

CINI, Marco, « Arrighi, Arrigo », *Dictionnaire historique de la Corse*, éd. A.-L. Serpentini, Ajaccio, Albiana, 2006, p. 72-73.

COLOMBANI, Philippe, « Istria, Vincentello d' », *Dictionnaire historique de la Corse*, éd. A.-L. Serpentini, Ajaccio, Albiana, 2006, p. 521.

« Da Vigo, Giovanni », https://www.treccani.it/enciclopedia/giovanni-da-vigo_%28Dizionario-Biografico%29 (consulté le 19/04/2021).

FRANZINI, Antoine, « Alphonse V d'Aragon », *Dictionnaire historique de la Corse*, éd. A.-L. Serpentini, Ajaccio, Albiana, 2006, p. 41.

GHERARDI, Eugène, « Casabianca, Laurent-Marie », *Dictionnaire historique de la Corse*, éd. A.-L. Serpentini, Ajaccio, Albiana, 2006, p. 216-217.

GUITET-VAUQUELIN, P., « Préface », *La Corse est le berceau de Christophe Colomb* d'A.-Édouine Paoli Cesarini, Bastia, Imprimerie Vve J. Santi et Fils, 1928, p. 7-8.

HEERS, Jacques, « Préface », *Christophe Colomb raconté par son fils* de Fernando Colomb, Paris, Librairie Académique Perrin, 1986, p. I-XIX.

MUSSO, Ricardo, « Milan », *Dictionnaire historique de la Corse*, éd. A.-L. Serpentini, Ajaccio, Albiana, 2006, p. 632-634.

MUSSO, Ricardo, « Office de Saint-Georges et la Corse », *Dictionnaire historique de la Corse*, éd. A.-L. Serpentini, Ajaccio, Albiana, 2006, p. 700-701.

PELLEGRINETTI, Jean-Paul, « Arène, Antoine, Sylvestre, *Emmanuel* », *Dictionnaire historique de la Corse*, éd. A.-L. Serpentini, Ajaccio, Albiana, 2006, p. 68-70.

PERGOLA, Philippe, « Formose », *Dictionnaire historique de la Corse*, éd. A.-L. Serpentini, Ajaccio, Albiana, 2006, p. 390.

ROVÈRE, Ange, « Casanova, Antoine Martin », *Comité des travaux historiques et scientifiques*, https://cths.fr/an/savant.php?id=112632 (consulté le 26/04/2021).

SERPENTINI, Antoine-Laurent, « Antonio Corso ou Antonio di Boccha Corzo », *Dictionnaire historique de la Corse*, éd. A.-L. Serpentini, Ajaccio, Albiana, 2006, p. 59.

SOLÍS DE LOS SANTOS, José, « Alfonso de Ulloa », *Real Academia de la Historia*, http://dbe.rah.es/biografias/4335/alfonso-de-ulloa (consulté le 15/03/2021).

INDEX DES NOMS DE PERSONNES

ALPHONSE V D'ARAGON : 81, 83
ALPHONSE V DU PORTUGAL : 86
ARÈNE, Emmanuel : 162, 166-167
ARRIGHI, Arrigo : 117, 124

BATTESTINI, François : 115, 126, 136-137, 142, 171, 176
BERGERAT, Émile : 180
BERNÁLDEZ, Andrés : 41, 46, 48, 70, 72-74, 76, 84
BERNARDINI-SJŒSTEDT, Armand : 63, 69-70
BONAPARTE, Napoléon : 18-19, 25, 117, 120, 144, 177-178, 184, 186
BONIFACIO, S. : 190
BOSSA, Jean-Jacques : 100, 114, 122, 124, 126, 130, 136, 147, 152
BRADI, Lorenzi de : 114, 119, 171

CAPIFALI, Pierre : 100, 114, 147
CARLI, Romulus : 158
CASABIANCA, Laurent-Marie : 21-24, 58, 79, 122-123, 125-126, 128, 141, 152, 160-161, 166-167, 176
CASANOVA, Martin : 18-20, 22-24, 47, 78, 80, 95-98, 105-109, 111-114, 117, 119, 121, 133-134, 136, 139, 141, 143, 151, 154-155, 157, 159-162, 165, 172
CASENOVE, Guillaume de : 86, 89-91, 95-96
CASONI, Filippo : 41, 69, 83, 100, 102, 153
CASTAING (chanoine) : 193
CHIARI, Joseph : 25, 63, 69, 91, 116, 136, 140, 144, 172
CIONARESCU, Alexandre : 16
COLÓN, Bartolomé : 42, 67-69, 90
COLÓN, Diego : 29-31, 33, 35-36, 38-39, 43, 66, 137-139
COLÓN, Fernando : 14, 16-17, 31, 40, 46-47, 57-62, 66, 68-69, 82-86, 89, 91, 96, 122-123, 134, 140-141, 150-151
COLÓN DE TOLEDO, Luis : 14-15
COLONNA DE CESARI ROCCA, Raoul : 92, 114
CORSICO : 183

DENIS (Père) : 92-93, 97, 102-103
DOMPIETRINI, Antoine : 186
DUPRAT, Roger : 82, 90

ENRÍQUEZ DE ARANA, Beatriz : 66
EUGÈNE IV : 77-78

FERDINAND II : 28, 32-33, 81-82, 149, 151
FERNÁNDEZ DE OVIEDO Y VALDÉS, Gonzalo : 47, 59, 65-66, 93, 113
FIESCO, Bartolomé de : 142-143
FILIPPINI, Anton-Pietro : 99-100, 114, 116, 132
FIORAVANTI, Ange-Pierre : 19-24, 80, 92, 96, 108-109, 111-112, 120, 147, 150, 161, 163, 165-166, 172, 176
FLACH, Gaëtan : 105, 159, 169
FRANCESCHI, Jean-Augustin : 23-24, 120, 136, 153

GALLO, Antonio : 38, 42, 57
GERONIMI, Victor : 66, 95, 126, 137

GIAFFERI, Charles de : 66, 72, 74, 136
GIFFARD, Pierre : 154, 157, 159
GIUBEGA, François-Xavier : 79, 97
GIUSTINIANI, Agostino : 36, 38, 41, 57-58, 73-74
GREGORJ, Giovanni Carlo : 94, 132-133, 136

HARRISSE, Henry : 24, 85, 91, 95, 107, 113, 122, 152, 166

ISABELLE Ire : 28-29, 33, 134, 137
ISTRIA, Vincentello d' : 77, 81

JACQUES II D'ARAGON : 77
JEAN DE CALABRE : 83, 85
JEAN II D'ARAGON : 28, 82-83, 86
JEAN II DU PORTUGAL : 32, 50

LAS CASAS, Bartolomé de : 14, 17, 27, 29, 31, 41, 44, 46, 48, 58, 60-61, 63, 67-69, 82, 84-86, 89, 91, 96, 113, 122, 127, 134, 144
LECA, Paul : 19-22, 120, 166
LE GENTIL, René : 72, 74, 136
LE NOTRE, M. G. : 181
LOUIS XI : 86, 90

MAESTRACCI, Damaso : 172
MAESTRATI, A.-F. : 179
MAGGINI, Joseph : 193
MARTIRE D'ANGHIERA, Pietro : 39, 46
MASSONI, René : 92, 95, 114, 124, 126-127, 129-130, 136-137, 143-144, 152
MATTEI, Antoine-Jean : 95, 138-139
MATTEI, René : 69, 114, 116, 126, 136, 139, 147, 151
MÉI, A. T. : 182
MONIZ PERESTRELLO, Felipa : 65, 90
MORATI DI MURO, Pietro : 79, 99, 114
MORAZZANI, Simone : 145, 152-153
MUSELLI, Jean-Marie : 100, 147

NIGAGLIONI, Michel-Édouard : 110-111

ODERICO, Nicolò : 35, 38, 40
OLIVESI, Paolo : 138-139

PAOLI, Pascal : 18, 112, 117, 119-120, 157, 184
PAOLI CESARINI, A.-Édouine : 25, 47, 66, 72-74, 124, 126-127, 129-130, 135-136, 139-140, 144, 147
PARATA, J. de la : 191
PERETTI, Jean : 21-24, 42, 58, 61-62, 79, 92, 94-95, 98, 100, 105, 108-109, 112, 114, 122-126, 130, 141, 147, 151-153, 159-163, 165, 170, 172, 174
PERETTI, Laurent-Cassien : 177
PÉREZ, Juan : 132-134, 136-138
PUCCINELLI, François : 109, 157-159, 163

RENÉ D'ANJOU : 82-85, 171
RÉVILLON, Tony : 178
ROIS CATHOLIQUES : 27-28, 32, 35, 38-39, 50, 56-57, 63-64, 71, 82, 84, 86, 91, 103, 134, 173

SALADINI, Lucien : 13, 70, 139, 147, 172
SALVINI, Gregorio : 113, 118-119
SAMBUCUCCIU D'ALANDU : 18
SAMPIERU CORSU : 18, 94, 119, 184
SANTINI, Félix : 185
SAVELLI, Émile : 20, 93
SAVELLI, Hortensius : 78, 93
SCHOEN, Henri : 104, 124, 126-127, 130, 147, 151, 189
SIMÉON DE BUOCHBERG, Jean-Jacques-François : 92-93, 97, 102-103

THIERS, Fortuné : 168
TONELLI, Philippe : 158, 188

VALÉRY (Antoine-Claude PASQUIN) : 132-133, 136
VERGÉ-FRANCESCHI, Michel : 92, 106, 108, 111-113, 120
VESPUCCI, Amerigo : 102-103
VIGNAUD, Henry : 16, 64, 86, 96

VILA VILAR, Enriqueta : 116
VINCENTELLO, Giovanni Antonio de : 114-115, 120

WALLIS, Jean : 189

ZANOTTI, François : 172, 174

INDEX DES NOMS DE LIEUX

Ajaccio : 19, 21, 70, 92, 95, 98, 110, 118, 120, 131, 158-159, 163
Amérique : 11, 13, 17-19, 24, 26, 29, 47, 51, 71, 80, 102, 104, 111, 113-114, 116, 132-133, 136, 154-155, 157, 160-161, 164, 172, 174, 178, 192
Aragon : 28, 30-32, 70, 77-78, 81-83, 86, 150-151

Balagne : 39, 74, 76, 93, 106, 110, 127, 131, 152, 174, 190
Baléares (îles) : 13, 30, 129
Bastia : 120, 193
Bonifacio : 77, 81, 108-109, 111, 120, 129, 131, 163

Calvi : 20-25, 32, 39, 72, 77-81, 85, 92-98, 103-104, 107, 110, 113, 115-121, 126-127, 129-133, 135-139, 141-142, 145, 148, 150, 153-155, 157-160, 162-163, 166-167, 169-170, 172-173, 175-176, 179-180, 182, 186-193
Cap-Corse : 120, 127
Castille : 28-33, 48, 64, 71, 91, 134
Catalogne : 13, 30, 81
Cogoleto : 42, 46
Corse : 13, 19, 21-23, 25, 30, 58-59, 62, 70-71, 74-78, 80-81, 94, 97-100, 103, 110, 113, 119-120, 123-125, 130, 135, 137-139, 141, 145, 147-150, 152, 159-162, 167, 169, 173, 178-191, 193-194
Cuccaro : 44

Espagne : 12, 24, 28, 31, 34, 45, 72, 84-86, 91, 103, 114-115, 138, 149-152, 154, 161, 189

Galice : 13, 86
Gênes : 11-12, 15, 24, 32-33, 35, 37-46, 48-50, 59, 62, 67, 69-70, 77-79, 83, 85, 91, 94, 98, 100, 102-105, 120, 124, 127, 132, 139, 141-142, 148-149, 163, 166, 173, 175, 181-182, 184-185, 187-188, 190-191

Haïti : 54, 56, 130
Hispaniola : 14, 54, 56, 82, 121, 123, 127-128, 130-131, 134, 142-143

Île-Rousse : 18, 66, 70, 72-75, 110, 145, 147, 163
Indes occidentales : 29, 107, 109, 113, 116, 135

Ligurie : 13, 40-43, 62, 95, 120, 148, 185
Lisbonne : 58, 87-90, 148, 150
Lombardie : 58-60, 62

Milan : 58-59, 61-62, 70, 78
Monticello : 145, 153

Nervi : 42-43, 46, 70
Niolu : 120, 129

Palos de la Frontera : 113, 137, 160, 173, 189
Paris : 21-22, 90-91, 135, 154, 159-160, 164, 166, 170, 174
Pavie : 60-62, 178
Plaisance : 48, 59-60, 65
Portugal : 12, 24, 50, 58, 65, 84, 86-87, 107, 137

Saint-Domingue (île et ville) : 66, 128, 143
Sainte-Catherine (île) : 126-127
Sainte-Croix (cap) : 109, 127
Saint-Jean-Baptiste (île) : 126
Saint-Michel (cap) : 127
Saint-Nicolas (port) : 128
Saint-Sauveur (île) : 126, 128-129
Saint-Vincent (cap) : 84, 86-87, 90
Savone : 42-44, 46, 98, 165, 182
Séville : 14, 35, 51, 59, 70, 79, 115-116, 120, 173

Valladolid : 47, 84, 158
Veragua : 71-76, 139

TABLE DES MATIÈRES

INTRODUCTION

La genèse du débat 11

La nébuleuse Colomb 11

Les sources 14

L'affrontement de deux camps 18

L'APATRIDE COLOMB 27

L'étranger 27

Le majorat de 1498 33

Une inscription italienne 39

La langue colombine 48

Les racines familiales 57

La parentèle de l'Amiral 66

LE CADRE CALVAIS 77

Calvi et la République de Gênes 77

Le silence de Christophe Colomb 81

L'ombre génoise 96

De mystérieuses disparitions 107

Les Calvais en Amérique 113

Une tradition orale 117

LA FORCE DE L'IMAGINAIRE 121

Des animaux et des hommes 121

Baptêmes onomastiques 126

L'origine de Juan Pérez 132

Un manque de scientificité 138
Des datations hasardeuses 145

CONCLUSION
Ériger pour prouver 157
Une plaque commémorative 157
La première pierre 161
L'érection de la statue 171

ANNEXE
Textes littéraires sur les liens entre Christophe Colomb et la Corse 177
Laurent-Cassien Peretti, *Bonaparte ou la France sauvée* (1858) . . . 177
Tony Révillon, *Noémi* (1878) 178
A.-F. Maestrati, « À Christophe Colomb, enfant de la Corse » (1886) 179
Émile Bergerat, *Christophe Colomb français* (1888) 180
M. G. Le Notre, *La Patrie de Christophe Colomb* (1891) 181
A. T. Méi, *La Découverte du Nouveau-Monde par Christophe Colomb* (1891) 182
Corsico, *Christophe Colomb* (1891) 183
Félix Santini, *Les Enfants de la Corse* (1892) 185
Antoine Dompietrini, *Christophe Colomb* (1892) 186
Philippe Tonelli, « À Christophe Colomb » (1892) 188
Jean Wallis, *Colomb* (1913) 189
S. Bonifacio, « À Christophe Colomb » (1923) 190
J. de la Parata, *Un voyage en Corse* (1925) 191
Joseph Maggini, *La Corse et Christophe Colomb* (1934) 193

BIBLIOGRAPHIE 195

INDEX DES NOMS DE PERSONNES 245

INDEX DES NOMS DE LIEUX 249

IMPRIM'VERT®

Achevé d'imprimer par Corlet,
Condé-en-Normandie (Calvados), en novembre 2021
N° d'impression : 173878 - dépôt légal : novembre 2021
Imprimé en France